Roger S. Pressman · Software Engineering – Grundkurs für Praktiker

Roger S. Pressman

Software Engineering
Grundkurs für Praktiker

McGraw-Hill Software Engineering
Hrsg.: Dipl.-Inform. John-Harry Wieken

McGraw-Hill Book Company GmbH

Hamburg · New York · St. Louis · San Francisco · Auckland · Bogotá · Guatemala
Lissabon · London · Madrid · Mailand · Mexiko · Montreal · New Delhi
Paris · San Juan · São Paulo · Singapur · Sydney · Tokio · Toronto

Titel der Originalausgabe:
Software Engineering: A Beginner's Guide
© Copyright 1988 by McGraw-Hill, Inc.

CIP-Titelaufnahme der Deutschen Bibliothek

Pressman, Robert S.:
Software engineering − Grundkurs für Praktiker /
Roger S. Pressman. [Übers.: Waltraud Hüsmert]. − Hamburg ;
New York [u.a.]: McGraw-Hill, 1989
  (McGraw-Hill software engineering)
  Einheitssacht.: Software engineering − a beginner's guide <dt.>
ISBN 3-89028-163-X

Der Verlag übernimmt für die Fehlerfreiheit der Programme keine Gewährleistung oder Haftung.
Der Verlag übernimmt keine Gewähr dafür, daß die beschriebenen Verfahren, Programme usw. frei von Schutzrechten Dritter sind.

© Copyright 1989 by McGraw-Hill Book Company GmbH, Hamburg

Alle Rechte vorbehalten. Das Werk einschließlich aller seiner Teile ist urheberrechtlich geschützt. Jede Verwertung außerhalb der engen Grenzen des Urheberrechtsgesetzes ist ohne Zustimmung des Verlages unzulässig und strafbar. Das gilt insbesondere für Vervielfältigungen, Übersetzungen, Mikroverfilmungen und die Einspeicherung und Verarbeitung in elektronischen Systemen.

Übersetzung: Waltraud Hüsmert, Berlin
Umschlaggestaltung: MBB Marketing Beratung Birkenau
Gesamtherstellung: Druckerei Bitsch GmbH, Birkenau

Printed in Germany

ISBN 3-89028-163-X

Inhalt

Über den Autor	XV
Vorwort des Herausgebers	XVII
Vorwort	XIX

Kapitel 1 Die Bedeutung der Software 1

Was ist Software?	3
Software-Charakteristika	3
Einsatzbereiche für Softwareprodukte	7
Die Software-Krise	10
Kernfragen und Probleme in den neunziger Jahren	10
Modelle des Software Engineering	11
Software Engineering: Eine Definition	12
Der klassische Lebenszyklus	13
Prototyp-Entwicklung	15
Techniken der vierten Generation	18
Die Kombination von Modellen	20
Allgemeiner Überblick über das Software Engineering	21
Zusammenfassung	24
Was das für Sie bedeutet	24
Weiterführende Lektüre	25
Aufgaben und Probleme zum Nachdenken	25

Kapitel 2 Das System verstehen 27

Entwickeln Sie oder verschaffen Sie sich eine Beschreibung des System-Anwendungsbereichs	29
Fragen Sie solange, bis Sie die allgemeine Systemfunktion verstehen	29
Beschreiben Sie die allgemeine Systemfunktion	30
Legen Sie die entscheidenden Ein- und Ausgaben fest	32
Listen Sie alle Randbedingungen auf, die das System beeinflussen	33
Erstellen Sie eine Kurzbeschreibung	36
Bestimmen Sie Prozesse und Entitäten auf höchster Ebene	37
Überprüfen Sie die Beschreibung des Anwendungsbereichs und wählen Sie Objekte aus	38
Überprüfen Sie die Beschreibung des Anwendungsbereichs und wählen Sie Prozesse aus	40

Ordnen Sie Prozesse und Objekte physikalischen Systemelementen zu	43
Erarbeiten Sie eine Kriterienliste für die Zuordnung und setzen Sie Prioritäten	43
Sehen Sie mindestens zwei alternative Zuordnungen vor	44
Beurteilen Sie die Realisierbarkeit jeder Zuordnungs-Alternative anhand bestimmter Kriterien	47
Entscheiden Sie sich für eine Zuordnung	48
Arbeiten Sie eine verfeinerte Beschreibung des Anwendungsbereichs für jedes zugeordnete Systemelement aus	50
Überprüfen Sie die Zuordnung noch einmal gemeinsam mit dem Kunden	51
Rechnen Sie mit der Notwendigkeit von Iterationen	52
Was das für Sie bedeutet	52
Weiterführende Lektüre	53
Aufgaben und Probleme zum Nachdenken	53

Kapitel 3 Problemanalyse ... 55

Verfeinern und klären Sie den Anwendungsbereich der Software	55
Bestimmen Sie Objekte und Operationen	57
Bestimmen Sie Objekte und Operationen, indem Sie die Beschreibung des Software-Anwendungsbereichs als Richtlinie nehmen	59
Benutzen Sie Objekte, um die Informations-Absender und -Empfänger zu bestimmen	63
Benutzen Sie Objekte, um Datenspeicher festzulegen	63
Benutzen Sie Objekte, um Datenelemente und Steuerdaten zu ermitteln	64
Benutzen Sie Operationen, um Daten- und Steuer-Transformationen zu bestimmen	64
Erkennen Sie drei grundlegende Analyse-Prinzipien und wenden Sie sie an	66
Analyse-Prinzip 1: Beurteilen Sie jede Komponente des Informationsbereichs	66
Analyse-Prinzip 2: Unterteilen Sie Objekte und Operationen, um eine Aufgabe hierarchisch zu gliedern	68
Analyse-Prinzip 3: Erstellen Sie ein grundlegendes Modell des Systems und erarbeiten Sie die Basis für ein Implementierungsmodell	70
Falls noch Unklarheiten bestehen, sollten Sie einen Prototyp entwickeln, um mit seiner Hilfe die Anforderungen zu klären	71

Beurteilen Sie den Anwendungsbereich der Software und stellen Sie fest, ob die Entwicklung eines Prototyps sinnvoll ist	72
Entwickeln Sie eine verkürzte Darstellung der Anforderungen mit Hilfe eines objektorientierten Ansatzes	73
Entwickeln Sie einen Prototyp auf dem Papier	73
Entwickeln Sie einen verkürzten Prototyp-Entwurf	74
Konstruieren, testen und verfeinern Sie den Software-Prototyp	74
Präsentieren Sie den Prototyp dem Kunden, der die Applikation erprobt und Änderungen vorschlägt	75
Wiederholen Sie die Prototyp-Schritte iterativ, bis alle Anforderungen formalisiert wurden oder bis sich der Prototyp zu einem Softwareprodukt entwickelt hat	76
Erstellen Sie ein Flußmodell der Software	76
Verwenden Sie Datenflußdiagramme, um zu zeigen, wie sich Daten durch die Software bewegen	77
Zeigen Sie mit Hilfe von Flußdiagrammen, wie die Steuerdaten die Software beeinflussen	82
Wenden Sie Flußmodell-Bewertungs-Regeln an	84
Erstellen Sie ein Data Dictionary, um Objektinhalte zu beschreiben	85
Beschreiben Sie den Ablauf von Daten- und Steuer-Funktionen	88
Beginnen Sie, über die Software-Validierung nachzudenken	90
Fügen Sie alles zusammen, um eine *Software-Spezifikation* zu bilden	91
Überprüfen Sie die Spezifikation auf Korrektheit, Konsistenz und Vollständigkeit	93
Sehen Sie Iterationen vor; widerstehen Sie der Versuchung, sich sofort ins Entwerfen oder Programmieren zu stürzen	94
Was das für Sie bedeutet	95
Weiterführende Lektüre	95
Aufgaben und Probleme zum Nachdenken	95

Kapitel 4 Softwareentwurf	97
Verfeinern Sie die *Software-Spezifikation* als Vorbereitung für den Entwurf	97
Beachten Sie die grundlegenden Entwurfs-Konzepte und wenden Sie sie an	98
Entwurfs-Prinzip 1: Erarbeiten Sie Darstellungen für Daten, Programmstruktur und Prozedur-Details	98
Entwurfs-Prinzip 2: Verstehen Sie die strukturellen Elemente, aus denen die Software-Architektur besteht	99

Entwurfs-Prinzip 3: Verstehen Sie Datenstrukturen und ihren Einfluß auf den Software-Entwurf 100
Entwurfs-Prinzip 4: Unterscheiden Sie zwischen architektonischen und prozeduralen Darstellungen der Software 103
Entwurfs-Prinzip 5: Berücksichtigen Sie die Wichtigkeit einer schrittweisen Verfeinerung bei der Erstellung eines Entwurfs 105
Entwurfs-Prinzip 6: Erkennen Sie die Bedeutung der Modularität für einen effektiven Entwurf 106
Entwurfs-Prinzip 7: Entwerfen Sie Software nach dem Geheimnisprinzip 108
Entwurfs-Prinzip 8: Definieren Sie Programm-Komponenten, die einen inneren Zusammenhang und funktionale Unabhängigkeit aufweisen 108
Entwurfs-Prinzip 9: Benutzen Sie Abstraktionen als Mittel zur Verfeinerung der Software und Erstellung effektiver Design-Beschreibungen 111

Beginnen Sie mit dem Datenentwurf, indem Sie Ihre während der Problemanalyse geleistete Arbeit ausbauen 116
    Überprüfen Sie das Data Dictionary und wählen Sie in Frage kommende Datenstrukturen aus 118
    Wenn komplexe Datenstrukturen aufgestellt werden müsen, vereinfachen Sie deren Organisation 119
    Wählen Sie geeignete interne Datenstrukturen aus .. 121
    Wenn es bereits ein geeignetes System für die Datenbank-Verwaltung gibt, erwerben Sie es 121

Erarbeiten Sie den Architekturentwurf 122
    Verfeinern Sie zur Vorbereitung des Entwurfs Ihr Flußmodell 122
    Stellen Sie fest, ob das Flußmodell Transformations- oder Transaktions-Charakteristika hat 126

Erarbeiten Sie die Programmstruktur mit Hilfe einer Transformations-Abbildung, wenn Transformationsfluß vorhanden ist 128
    Arbeiten Sie das Transformationszentrum heraus, indem Sie die Grenzen des ein- und ausgehenden Datenflusses bestimmen 129
    Erstellen Sie eine Gliederung für die erste Ebene der Funktionsstruktur 130
    Führen Sie eine Gliederung der zweiten Ebene aus, um eine vorläufige Programmstruktur zu erhalten .. 133
    Verfeinern Sie die Verarbeitungsbeschreibungen für jedes Modul in der Programmstruktur 135
    Verfeinern Sie den „Rohentwurf" der Programmstruktur mit Hilfe grundlegender Entwurfs-Prinzipien 136

Erarbeiten Sie die Programmstruktur mit Hilfe der
Transaktions-Abbildung, wenn ein Transaktionsfluß vorhanden ist 138
    Bestimmen Sie das Transaktionszentrum und die Fluß-
    Merkmale jedes Aktionspfades 140
    Bilden Sie das DFD auf eine für die Transaktions-
    Verarbeitung geeignete Programmstruktur ab 141
    Schlüsseln Sie die Transaktionsstruktur und die Struk-
    tur jedes Aktionspfades auf und verfeinern Sie beide 142
Erarbeiten Sie einen Prozedurentwurf für jedes in der Programmstruktur dargestellte Modul 145
    Wenden Sie die Philosophie der Strukturierten Pro-
    grammierung an, wenn Sie den Prozedurentwurf
    erarbeiten 145
    Verfeinern Sie die Ablaufbeschreibung für jedes
    Modul 149
    Benutzen Sie eine Programm-Entwurfs-Sprache, um
    die Datenstrukturen und die prozedurale Logik zu
    repräsentieren 149
Entwickeln Sie eine vorläufige Teststrategie, um Daten- und
Programmstruktur miteinander in Einklang zu bringen ... 157
Fügen Sie alles zu einem *Entwurfs-Dokument* zusammen . 157
Überprüfen Sie das *Entwurfs-Dokument* auf Übereinstim-
mung mit den Software-Anforderungen und auf technische
Qualität 159
Was das für Sie bedeutet 161
Weiterführende Lektüre 161
Aufgaben und Probleme zum Nachdenken 162

Kapitel 5   Codieren des Programms 165

Benutzen Sie das *Entwurfsdokument* als Leitfaden 166
Legen Sie anhand der Programmstruktur fest, in welcher
Reihenfolge die Module codiert werden 166
    Codieren Sie zuerst die Module, die sich auf einer nie-
    drigen Ebene der Programmstruktur befinden 168
    Erstellen Sie den Code für die globalen Datenstruk-
    turen 171
    Überprüfen Sie die lokalen Datenstrukturen und ent-
    scheiden Sie, wie diese mit Programmiersprachenkon-
    strukten implementiert werden können 173
    Definieren Sie alle Dateien unter Berücksichtigung
    der Programmiersprachen-Konventionen 174
Erstellen Sie den Sourcecode in einer Programmiersprache,
indem Sie den Prozedurentwurf als Leitfaden nehmen ... 174
Erlernen Sie die Grundlagen eines guten Programmierstils
und wenden Sie sie an 177

Codierregel 1: Streben Sie immer nach Einfachheit und Klarheit; versuchen Sie niemals unverständlichen oder schwer verständlichen Code zu erzeugen 177
Codierregel 2: Benutzen Sie selbsterklärende Variablennamen und einheitliche Konventionen bei der Typvereinbarung 178
Codierregel 3: Setzen Sie jedem Modul einen beschreibenden Vorspann voran 178
Codierregel 4: Führen Sie Regeln für eine aussagekräftige Kommentierung ein 181
Codierregel 5: Verwenden Sie einfache Anweisungen und ein einfaches Programm-Layout 182
Codierregel 6: Codieren Sie alle Ein- und Ausgaben so, daß der Datentransfer vereinfacht und die Fehlerüberprüfung verbessert wird 183
Codierregel 7: Streben Sie einen effizienten Code an, jedoch nicht auf Kosten der Lesbarkeit und Einfachheit 184

Prüfen Sie den entstandenen Code auf Korrektheit und Lesbarkeit 186
Was das für Sie bedeutet 186
Weiterführende Lektüre 187
Aufgaben und Probleme zum Nachdenken 187

Kapitel 6 Testen der Programme 189

Entwickeln Sie einen Testplan, der sowohl die Strategie als auch die näheren Einzelheiten beschreibt 189

Definieren Sie eine Methode, um jedes Modul in der Programmstruktur zu testen 191
Entwickeln Sie eine Integrationsstrategie zur Konstruktion des Gesamtsystems 191
Integrieren Sie Module, indem Sie sowohl im Topdown- als auch im Bottom-up-Verfahren testen 192
Definieren Sie eine Test-Strategie zur Programmvalidierung, die vor der Freigabe ausgeführt wird 197

Begreifen Sie grundlegende Testprinzipien und wenden Sie sie an 197

Testprinzip 1: Entwerfen Sie Testfälle mit dem Ziel, Fehler in der Software zu entdecken 197
Testprinzip 2: Entwerfen sie Tests systematisch; verlassen Sie sich nicht nur auf Ihre Intuition 198
Testprinzip 3: Entwickeln Sie eine Teststrategie, die auf der Modulebene beginnt 198
Testprinzip 4: Zeichnen Sie alle Testergebnisse auf und dokumentieren Sie alle Testfälle für eine erneute Anwendung bei der Software-Wartung 198

Entwerfen Sie Tests mit Hilfe von White-Box-Techniken . 199
    Definieren Sie Testfälle, indem Sie die Basis-Pfad-Technik benutzen............................ 199
    Zeichnen Sie ein Flußdiagramm; benutzen Sie dabei den Entwurf oder Code als Richtschnur 203
    Ermitteln Sie die zyklomatische Komplexität des Flußdiagramms 204
    Legen Sie eine Grundmenge von linear unabhängigen Pfaden fest 205
    Definieren Sie Testfälle, die die Ausführung jedes Pfades der Grundmenge veranlassen 206

Benutzen Sie Schleifentest-Techniken, um Fehler in Schleifen zu entdecken 207
Entwerfen Sie Testfälle mittels Black-Box-Techniken 211
Überprüfen Sie die Software-Test-Strategie, um sicherzustellen, daß sie vollständig ist....................... 216
Machen Sie sich klar, daß Debugging eine Konsequenz der Software-Tests ist 217
Wenden sie einen Satz von Debugging-Prinzipien an, wenn ein Fehler oder ein Symptom entdeckt wurden 218
    Debugging-Prinzip 1: Beurteilen Sie das Symptom sorgfältig und versuchen Sie, eine plausible Hypothese für seine Ursache aufzustellen 219
    Debugging-Prinzip 2: Benutzen Sie Debugging-Werkzeuge, soweit sie verfügbar sind............ 220
    Debugging-Prinzip 3: Nehmen Sie die Hilfe eines Kollegen in Anspruch, wenn die Ursache unklar bleibt 221
Was das für Sie bedeutet 221
Weiterführende Lektüre 222
Aufgaben und Probleme zum Nachdenken 222

Kapitel 7 Wartung............................. 225

Verstehen Sie einige Grundprinzipien der Modifikation und wenden Sie sie an 225
    Modifikationsprinzip 1: Beziehen Sie den Kunden zum frühestmöglichen Zeitpunkt ein 226
    Modifikationsprinzip 2: Vergewissern Sie sich, daß die Software-Spezifikation eine verbindliche Beschreibung des Leistungsumfangs enthält 226
    Modifikationsprinzip 3: Vergewissern Sie sich, daß der Architektur-Entwurf eine gute funktionale Unabhängigkeit aufweist 227
    Modifikationsprinzip 4: Entwerfen Sie eine Programmstruktur, die eine funktionale Hierarchie aufweist 228

Modifikationsprinzip 5: Behalten Sie beim Datenentwurf das Ziel im Auge, einfache, stabile Datenstrukturen zu verwenden 229
Modifikationsprinzip 6: Entwickeln Sie eine Entwurfsdokumentation, die das „aktuelle" Programm genau beschreibt, und bringen Sie sie auf den neuesten Stand, wenn Änderungen vorgenommen werden ... 230
Modifikationsprinzip 7: Benutzen Sie Regressionstests, um jede Änderung zu validieren 231
Modifikationsprinzip 8: Schätzen Sie ein, welche Auswirkungen eine Änderung haben kann, bevor Sie sie vornehmen 232
Modifikationsprinzip 9: Wenn eine tiefgreifende Änderung notwendig wird, wenden Sie die Grundsätze des Software Engineering rekursiv an 233
Modifikationsprinzip 10: Führen Sie bei der Programmentwicklung und bei allen tiefgreifenden Änderungen formale technische Reviews durch 234

Achten Sie darauf, daß Ihre Software-Darstellungen geändert werden können 234
Legen Sie ein Verfahren für die Software-Wartung fest .. 235
    Delegieren Sie die organisatorische Verantwortung für die Software-Wartung 236
    Legen Sie ein Berichtsschema für alle Änderungen fest 237
    Definieren Sie den Ablauf der Wartungshandlungen und alle wichtigen Entscheidungspunkte 238

Was das für Sie bedeutet 240
Weiterführende Lektüre 240
Aufgaben und Probleme zum Nachdenken 241

Anhang A   Software-Engineering-Checkliste 243

Anhang B   Software-Qualitätssicherung 249

Software-Qualitätssicherung 250
Software-Reviews 252
    Die Review-Sitzung 253
    Review-Berichte und -Aufzeichnungen 254
    Review-Richtlinien 254

Anhang C   Ein umfassendes Beispiel 257

Literaturverzeichnis 299

Index 301

Für Mathew und Michael

Über den Autor

Roger S. Pressman ist ein weltweit anerkannter Fachberater und Autor von Informatik-Büchern. Er hielt eine Professur für Informatik an der University of Bridgeport.

Als Industriepraktiker und Manager arbeitete Dr. Pressman an der Entwicklung von CAD/CAM-Systemen für eine fortschrittliche Konstrukions- und Produktionstechnik im Flugzeugbau. Auch im Bereich der wissenschaftlichen und der System-Programmierung bekleidete er wichtige Positionen.

Dr. Pressman ist Direktor des Unternehmens R.S. Pressman & Associates, Inc., einer Beratungsfirma, die auf Software-Engineering- und Schulungsmethoden spezialisiert ist. In seiner Funktion als leitender Berater unterstützt er Firmen bei der Einführung effektiver Praktiken des Software Engineering.

Vorwort des Herausgebers

Mit der fortschreitenden Entwicklung der modernen Industriegesellschaft zu einer Informationsgesellschaft wächst die ohnehin große Bedeutung der Software für die Volkswirtschaft.

Sie wird immer stärker zu einer der essentiellen Grundlagen des Wohlstands und Lebensstandards jedes einzelnen.

Diese Gesellschaft stellt durch die wachsende Flexibilisierung, Individualisierung, das Zusammenwachsen der Märkte und internationale Kooperationen immer größere Ansprüche an die Güte, Menge und Schnelligkeit der benötigten Informationen und somit der Softwareprodukte.

Software ist aber immer noch ein junges Produkt, das in einem hochgradig dynamischen, oft durch Termin- und Kostendruck geprägten Umfeld entsteht. Der Vorsprung älterer Technologien, beispielhaft seien Maschinenbau und Elektrotechnik genannt, die einen breiten ingenieurwissenschaftlichen und industriellen Erfahrungsfundus besitzen, wird erst seit der „Softwarekrise" systematisch aufgearbeitet.

Hier wurden in den letzten 20 Jahren eine Reihe von Vorgehensweisen, Methoden, Techniken und Werkzeugen entwickelt, die jetzt in die Praxis einfließen.

Damit ist die Zielrichtung dieser Reihe umschrieben. Sie soll den ***praxisrelevanten*** „state of the art" präsentieren und gezielt Lösungsmöglichkeiten für Probleme aufzeigen, die bei der Umsetzung von Ideen in erfolgreiche Softwareprodukte auftreten.

Persönliche Qualifikation und Weiterbildung im Bereich des Software Engineering sind das Rüstzeug für die Entwicklung der Software von morgen und somit für jeden einzelnen Software-Ingenieur.

Nur wenn ein Software-Ingenieur moderne Methoden des Software Engineering beherrscht, kann er in der zunehmend von der modernen Softwaretechnologie und wachsender Automatisierung der eigentlichen Codierung geprägten Softwareproduktion bestehen.

Nur mit diesen Methoden ist das Ziel einer höheren Produktivität, schnellerem Durchsatz und größerer Flexibilität für die Softwareproduzenten, höherer Qualität, besserer individueller Anpassung und geringerer Kosten für die Softwareanwender, zu erreichen.

Diese Reihe soll durch
- praxiserfahrene Autoren, die eine verständliche Darstellung der Thematik garantieren,

- sorgfältige Themenauswahl, die mit jedem weiteren Band der Reihe einen neuen wichtigen Baustein zur Beherrschung und Anwendung moderner Methoden und Problemlösungen bereitstellt und
- die Übersetzung entsprechender Werke aus anderen Sprachen, die den Blick auf den internationalen Stand richten
ihren Teil dazu beitragen.

Der vorliegende Titel erfüllt diese Kriterien in nahezu idealer Weise. Er stellt mit seinem Leitfadencharakter den richtigen Einstieg sowohl in die Softwaretechnik als auch in die Reihe Software Engineering dar.

Hier wird beispielhaft ein durchgängiger, methodischer Weg für die Erstellung von Softwareprodukten aufgezeigt.

Dabei lernt der Leser eine Reihe von Methoden und Techniken in ihrer Bedeutung für den Entwicklungsprozeß kennen und kann sie so einordnen.

R.S. Pressman ist auf Grund seiner langjährigen Arbeit in der industriellen Softwareentwicklung sowie seiner Beratungs- und Lehrtätigkeit der ideale Autor für einen solchen Titel.

Der wichtigste Garant für preiswerte und qualitativ hochwertige Software ist die Motivation und Begeisterungsfähigkeit des Entwicklungsteams. Lassen Sie es nicht zu, daß die Methodik diese zuschüttet; pflegen und kultivieren Sie sie durch eine adäquate Software Engineering Methodik.

Allen Analytikern, Designern, Programmierern, dem EDV-Management, sowie allen anderen an der Entwicklung und Wartung von Softwareprodukten beteiligten Personen (sowie denen, die es noch werden wollen) wünsche ich, daß Ihnen der Software Engineering Grundkurs für Praktiker durch die eine oder andere Anregung für Ihre täglichen Arbeit eine Hilfe sein wird.

Stuttgart, im September 1989 *John-Harry Wieken*

Herausgeber und Verlag sind jederzeit für Kritik, Anregungen und Verbesserungsvorschläge dankbar.

Vorwort

Als in den späten sechziger Jahren das Konzept des Software Engineering zum ersten Mal vorgeschlagen wurde, schien es eine radikale Idee zu sein. Schließlich galt Programmieren ja eher als Kunst denn als Ingenieur-Disziplin; und oft genug wurde über Software erst nachgedacht, wenn sie schon fertig war.

Inzwischen hat sich die Erkenntnis durchgesetzt, daß Software die treibende Kraft hinter den Systemen der Hochtechnologie ist. Dennoch sind auf dem Gebiet der Software-Entwicklung noch längst nicht alle Probleme gelöst. Software-Entwickler (egal ob Studienanfänger oder ergraute Veteranen) mühen sich ab, den Anforderungen ihrer Auftraggeber entsprechende, hochwertige Programme zu konstruieren. Die Programme werden oft zu spät ausgeliefert; sie sind zuweilen unzuverlässig, und sie lassen sich häufig nur schwer modifizieren. In dem Maße jedoch, in dem die Anwendung einer *Disziplin des Software Engineering* zunimmt, wird sich dies ändern.

Bei großen Software-Projekten in der Industrie werden die Grundsätze des Software Engineering bereits regelmäßig angewandt. Ganz gleich, ob es sich um ein Banksystem oder einen Roboter, um Flugelektronik oder medizinische Geräte handelt: eine disziplinierte Methode der Software-Entwicklung ist hier ein *Muß*. Dennoch existieren Mißverständnisse im Überfluß bezüglich der Anwendbarkeit des Software Engineering. Weil Software Engineering hauptsächlich bei industriellen Großprojekten eine Rolle spielt, ist die Ansicht immer noch weit verbreitet, daß eine ingenieurmäßige Methode der Software-Entwicklung nur bei sehr umfangreichen Programmen sinnvoll sei. Nichts wäre falscher als dies!

Intelligent eingesetzt und den Erfordernissen der jeweiligen Anwendung entsprechend modifiziert, läßt sich die Methode des Software Engineering auf Programme jeder Größenordnung anwenden. Methoden, die uns befähigen, ein Problem zu analysieren, eine solide Lösung zu entwerfen, sie effektiv zu implementieren und gründlich zu testen, sind für einen Studenten, der als Hausarbeit kurzfristig ein Programm erstellen soll, wie für einen Software-Praktiker, der ein neues rechnergestütztes System entwickelt, gleichermaßen wertvoll. Je früher man die Methoden des Software Engineering erlernt, desto größer wird die Geschicklichkeit sein, mit der man Software-Probleme lösen kann.

Das vorliegende Buch hat das Ziel, schrittweise in das Software Engineering auf einer Detailebene einführen, die von Studenten des Grundstudiums oder Anfängern im industriellen Bereich leicht angewandt werden kann. Es ist nicht als umfassende Behandlung des Themas gedacht, sondern als „Leitfaden", der die Methoden des Software Engineering als Folge von Arbeitsschritten und Prinzipien darstellt, die man anwenden kann, um Software-Projekte erfolgreich durchzuführen. Die Beschreibung der einzelnen Schritte kann auch als „Checkliste" benutzt werden, mit deren Hilfe man sich vergewissern kann, alle wichtigen Aktivitäten des Software Engineering ausgeführt zu haben.

Software Engineering: Grundkurs für Praktiker ist so aufgebaut, daß es als ergänzende Lektüre für einen Einführungskurs ins Programmieren, aber auch als primäres Lehrbuch zur Einführung ins Software Engineering benutzt werden kann. Welche Programmiersprache verwendet wird, spielt dabei keine Rolle, da das Buch programmiersprachenunabhängig ist. Auch für projektorientierte Seminare, in denen die Prinzipien des Software Engineering angewendet werden, ist dieses Buch ein hilfreicher Leitfaden.

Es sollte angemerkt werden, daß die Methodik des Software Engineering der Kreativität des Entwicklers keinesfalls abträglich ist. Im Gegenteil: Durch die Anwendung einer systematischen, rationalen Methode zur Problemdarstellung, -Lösung und -Implementierung kann *Software Engineering – Grundkurs für Praktiker* dabei helfen, Kreativität freizusetzen, da ein großer Teil der Konfusion, der Fehlansätze und Frustrationen, die oft mit der Entwicklung von Software einhergehen, wegfällt.

In seinem Aufbau unterscheidet sich das Buch ein wenig von den herkömmlichen Lehrbüchern. Jedes Kapitel (mit Ausnahme des ersten) behandelt eine Haupt-Aktivität des Software Engineering. System-Engineering, Problemanalyse, Entwurf, Codieren, Testen und Wartung werden als aufeinanderfolgende Phasen beschrieben. Innerhalb der Kapitel wurde die jeweilige Aktivität des Software Engineering mit all ihren Einzelschritten, Prinzipien und Konzepten optisch vom erklärenden Text abgesetzt. Statt eines Überblicks über mögliche Alternativen wird eine einzige, zusammenhängende Methode vermittelt, so daß der Leser ein brauchbares Modell zur Anwendung des Software Engineering erhält. Das Buch enthält außerdem drei Anhänge: (1) eine Checkliste aller im Buch beschriebenen Schritte als Hilfe bei laufenden Projekten; (2) eine Einführung in Techniken der Software-Qualitätssicherung, bei der formale technische Reviews im Vordergrund stehen, und (3) ein umfassendes Beispiel, das die Anwendung aller Schritte des Software Engineering illustriert.

Jeder Autor, der ein Buch über Software Engineering schreibt, begeht eine Unterlassung, wenn er nicht seine Anerkennung für die Hunderte von Verfassern ausdrückt, die regelmäßig ihre Beiträge zur Fachliteratur leisten. Diese Pädagogen, Wissenschaftler und in der Industrie tätigen Praktiker haben meine Auffassung des Software Engineering beeinflußt und zweifellos das vorliegende Buch in seiner Substanz mitgestaltet. Ich möchte außerdem den Kritikern dieses Buches meinen Dank aussprechen: John Beider, University of Scranton; Robert Glass, University of Seattle; und Allen

Tucker, Colgate University. Ihre konstruktive Kritik und ihre Vorschläge waren mir eine unschätzbare Hilfe. Schließlich habe ich auch in den Jahren als Professor an der Universität von Bridgeport wichtige Einsichten gewonnen, wie sich neue Konzepte vermitteln lassen. Die in diesem Buch verwendete Methode verdankt viel den Studenten, die meine Seminare für Software Engineering und verwandte Themen besucht haben.

Ein Buch zu schreiben, gleichzeitig als Dozent zu arbeiten und eine erfolgreiche Beraterpraxis zu führen, ist eine Ansammlung substantieller Herausforderungen. Meine Familie – Barbara, Mathew und Michael – gaben mir die Unterstützung, diesen Herausforderungen zu begegnen. Dafür möchte ich ihnen danken.

Roger S. Pressman

Kapitel 1
Die Bedeutung der Software

Vor einigen Jahren führte eine der weltweit größten Firmen – ein Industriegigant, dessen Produktpalette in der Hochtechnologie von CAT-Scannern bis hin zu Gasturbinen reicht – eine Studie durch, um abschätzen zu können, welche Technologien am Ende des zwanzigsten Jahrhunderts den vermutlich größten Einfluß auf die Gesellschaft haben würden. Die so entstandene Liste der vierundzwanzig wichtigsten Technologien (z.B. Mikroelektronik, Werkstoffkunde, Gentechnologie) enthielt kaum Überraschungen, ließ aber dennoch eine recht verblüffende Tatsache erkennen.

Bei achtzehn von vierundzwanzig maßgeblichen Technologien war die Realisierung ohne die entsprechende Entwicklung von Computer-Software nicht möglich – Software, die Ingenieure beim Durchführen von Analysen zur sachgerechten Anwendung bestimmter Technologien unterstützt; in Herstellungsverfahren integrierte Software, mit deren Hilfe Technologie in praktische Produkte umgewandelt wird; in Produkten der auf den Markt gebrachten Technologie enthaltene Software; Software, die dem Management effiziente Entscheidungen bezüglich des Technologie-Einsatzes ermöglicht. Kurz: Software ist der Dreh- und Angelpunkt nahezu jeden Aspektes der Firmenpolitik.

Software ist also eine treibende Kraft. Ihr Einfluß übersteigt den neuerer und leistungsfähiger Computer bei weitem. Sie ist zum entscheidenden Element des Informationszeitalters geworden: Ohne sie können wir nicht mehr leben!

Die Konstruktion rechnergestützter Systeme bleibt also weiterhin eine bedeutende Herausforderung, und oft genug ist hierbei die Software der größte Stolperstein. Wir schreiben Programme, die nicht korrekt ablaufen, Programme, die zwar laufen, aber nicht das tun, was wir wollen, Programme, die sich beim Auftreten von Fehlern nur mit großem Aufwand ändern oder korrigieren lassen, Programme, die um Monate oder sogar Jahre zu spät freigegeben werden können.

Ein auf der Titelseite des *Wall Street Journal* erschienener Artikel faßte die bedenklichsten Aspekte dieser Situation so zusammen:

Schon der geringste Programmfehler kann die leistungsfähigste Maschine zur Strecke bringen – und das oft mit katastrophalen Folgen. In den letzten fünf Jahren wurden durch fehlerhafte Software Seeleute getötet, Patienten zu Krüppeln gemacht, Firmen nachhaltig geschädigt und der Handel mit Staatspapieren fast zum Einsturz gebracht. Wenn das Militär und die Industrie sich zur Handhabung von Systemen außerordentlicher Komplexität auf Software verlassen, werden solche Probleme wahrscheinlich noch zunehmen..."[1]

Die sich im Zusammenhang mit Software für uns ergebenden Probleme haben viele Ursachen. Oft verlangt die zunehmende Komplexität moderner rechnergestützter Systeme eine Software, die das ganze Können selbst des erfahrensten Programmierers in Anspruch nimmt. Uns fehlt eine umfassende Bibliothek von Software-„Bausteinen", die uns die Programmentwicklung erleichtern würden. Wir schreiben Programme in einem kommerziellen Umfeld, das in immer kürzerer Zeit zu immer geringeren Kosten immer mehr Funktionen verlangt. Dennoch lassen sich viele Probleme der Software-Entwicklung bis in die Anfänge des *Programmierens* zurückverfolgen. In der Anfangszeit (um 1960) war Programmieren eine Art Kunst; jeder Programmierer schrieb Software in Ad-hoc-Manier. Wir verstanden relativ wenig von Problemanalyse, Programm-Entwurf und Testen – was wir wußten, war, wie Assemblersprache, FORTRAN oder COBOL angewendet werden können, um mit ihrer Hilfe ein Programm zu schreiben. Meist trug eine einzige Person die Verantwortung für die Erstellung und Wartung eines Computerprogramms. Man schrieb es, man brachte es zum Laufen und man war zur Stelle, um Fehler zu beheben oder um es irgendwann zu erweitern. Heute sieht das alles ganz anders aus.

So wie rechnergestützte Systeme immer komplexer geworden sind, sind die Anforderungen, die an Software gestellt werden, exponentiell gewachsen. Ein einzelner Mensch kann unmöglich die gesamte Software erstellen, die für ein umfangreiches Datenbankverwaltungs-System, eine ausgeklügelte PC-Anwendung oder eine automatisierte Fabrikationszelle erforderlich ist. John Musa[2] beschreibt das Problem so: „Man muß sich die Sache wie ein sehr dickes Buch vorstellen, das jedoch nicht von drei, sondern von dreihundert Autoren geschrieben wird, von denen jeder nur einige Abschnitte schreibt – und Sie versuchen nun, dies alles zu einem sinnvollen Ganzen zusammenzusetzen."

Oft müssen Teams von Software-Entwicklern zusammenarbeiten, um knappe Terminvorgaben einzuhalten. Fehlerhafte Programme, früher als *Fait accompli* hingenommen, sind in Systemen, die Kraftwerke kontrollieren, den Flugverkehr regeln oder Patienten auf der Intensivstation überwachen, nicht mehr zu tolerieren.

Die in der Anfangszeit etablierte „Kunst des Programmierens" genügt den Anforderungen der modernen Software-Entwicklung nicht mehr. Heute brauchen wir eine disziplinierte Methode – eine Methode, die man als *Software Engineering* bezeichnet.

---

[1] Davis, B., „As Complexity Rises, Tiny Flaws in Software Pose a Growing Threat", *The Wall Street Journal*, Bd. CCIX, Nr. 19, 28. Januar 1987, S. 1.
[2] Musa, J., et al., *Software Reliability*, McGraw-Hill, 1987.

In den letzten zwei Jahrzehnten haben Software-Entwickler in der ganzen Welt erkannt, daß Software ein Produkt ist, das in etwa auf die gleiche Weise konstruiert werden kann wie andere, herkömmlichere Produkte. Wenn wir also qualitativ hochwertige Computerprogramme auf industriellem Niveau entwickeln wollen, müssen wir bei dieser Entwicklung ingenieurmäßig vorgehen. Wir müssen eine Disziplin anwenden, die Verfahren, Methoden und Werkzeuge umfaßt, mit deren Hilfe wir den Prozeß der Software-Entwicklung kontrollieren, eine Technologie anwenden, die einheitlich und rationell ist und Automatisierung so integriert, daß die Fähigkeiten des Menschen erweitert werden.

Noch etwas anderes haben wir gelernt. Viele Techniken des Software Engineering, die für umfangreiche Software-Projekte geeignet sind, lassen sich auch mit Erfolg auf jede andere Aufgabe der Software-Entwicklung anwenden – wie klein sie auch sein mag. Hiermit stehen uns allen Methoden zur Verfügung, die es uns ermöglichen, ein Problem zu analysieren, eine solide Lösung zu entwerfen und diese Lösung effektiv zu implementieren und gründlich zu testen. Dieses Buch will dabei helfen, diese Methoden zu verstehen und anzuwenden.

Was ist Software?

Noch vor zwanzig Jahren hätte nicht einmal ein Prozent der Bevölkerung den Begriff „Software" erklären können. Heute meinen dagegen die meisten Akademiker und ein großer Teil der Bevölkerung zu wissen, was es mit der Software auf sich hat. Wissen sie das wirklich?

Die Definition von Software in einem Lehrbuch könnte so aussehen:

Software: (1) Instruktionen (Computerprogramme), die bei der Ausführung auf einem Digitalcomputer gewünschte Funktionen und Leistungen hervorbringen; (2) Datenstrukturen, die eine adäquate Informationsverarbeitung durch die Programme ermöglichen, und (3) Dokumente, die Operationen und Benutzung der Programme beschreiben.

Zweifellos wären auch andere, vollständigere Definitionen möglich. Formale Definitionen helfen uns jedoch kaum weiter. Wir müssen die charakteristischen Eigenschaften von Software verstehen, bevor wir beurteilen können, welche Methode zu ihrer Entwicklung zweckmäßig ist.

Software-Charakteristika

Um sich einen Begriff von Software und damit letztlich auch vom Software Engineering machen zu können, ist es wichtig, jene charakteristischen Merkmale näher zu betrachten, die die Software von anderen von Menschen gefertigten Produkten unterscheiden. Bei der Konstruktion von Hardware beispielsweise nimmt der menschliche kreative Prozeß (Analyse, Design, Konstruktion und Testen) schließlich greifbare Gestalt an. Wenn wir einen neuen Computer konstruieren, verwandeln sich unsere ersten Skizzen, unsere Konstruktionszeichnungen und unsere Versuchsaufbauten in ein physisches Produkt (VLSI-Chips, Gedruckte Schaltungen, Netzteile etc.) Obwohl auch Software verschiedene physische Formen annehmen kann, ist sie im wesentlichen ein logisches Systemelement, dessen Charakteristika sich von denen der Hardware erheblich unterscheiden.

Software wird entwickelt oder ingenieurmäßig konstruiert; sie wird nicht im klassischen Sinne hergestellt

Obwohl zwischen der Entwicklung von Software und dem Herstellen von Hardware Ähnlichkeiten bestehen, handelt es sich um zwei grundverschiedene Tätigkeiten. Zwar setzt hervorragende Qualität in beiden Fällen ein gutes Design voraus; jedoch kann die anschließende Herstellung bei der Hardware Qualitätsprobleme mit sich bringen (beispielsweise kann eine Maschine zur Fertigung einer Hardware-Komponente ihre Kalibrierung verlieren), die bei der Software nicht existieren (oder sich leicht beheben lassen). Der Erfolg beider Tätigkeiten hängt von den sie ausführenden Menschen ab; dennoch ist die Relation zwischen den für die Aufgabe eingesetzten Menschen und der erzielten Arbeitsleistung eine völlig andere. Bei der Fertigung von Hardware lassen sich Produktionssteigerungen durch den Einsatz von mehr Menschen erreichen – für die Software gilt oft das Gegenteil. Der Einsatz zusätzlicher Mitarbeiter in einem Software-Projekt kann den Kommunikationsbedarf steigern, und Kommunikation kostet Zeit. Beide Tätigkeiten führen zwar zur Konstruktion eines „Produktes", aber die Methoden sind verschieden.

Software-Kosten entstehen hauptsächlich bei der Entwicklung, Hardware-Kosten dagegen in der Fertigung. Im Mittelpunkt unserer Überlegungen zur Software-Erstellung sollte deshalb die Verbesserung der Herstellung stehen.

Software verschleißt nicht

Abb. 1.1 zeigt die Ausfallrate für Hardware im Verhältnis zur Zeit. Diese oft als „Badewannen"-Kurve bezeichnete Relation läßt erkennen, daß Hardware in der ersten Zeit ihres Bestehens relativ hohe Ausfallraten aufweist (diese Ausfälle sind oftmals auf Design- oder Fertigungsmängel zurückzuführen); nachdem diese Fehler behoben sind, sinkt die Ausfallrate für eine bestimmte Zeit auf ein gleichbleibend niedriges Niveau. Danach steigt die Ausfallrate jedoch erneut an, da die Hardware-Komponenten durch die kumulativen Auswirkungen von Staub, Vibration, unsachgemäßem Gebrauch, großen Temperaturschwankungen und vielen anderen schädlichen Umwelteinflüssen in Mitleidenschaft gezogen werden. Mit einfachen Worten: Die Hardware zeigt irgendwann Verschleißerscheinungen.

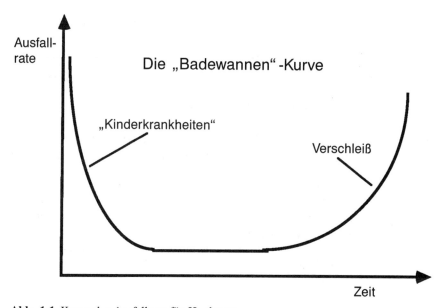

Abb. 1.1 Kurve der Ausfallrate für Hardware

Software ist dagegen für die umweltbedingten Schäden, die den Verschleiß der Hardware verursachen, unempfindlich. Theoretisch müßte deshalb die Kurve der Ausfallrate bei der Software wie in Abb. 1.2 verlaufen. Unentdeckt gebliebene Fehler werden in der ersten Lebensphase eines Programms hohe Ausfallraten verursachen. Nachdem diese Fehler jedoch (hoffentlich ohne das Hinzufügen neuer Fehler) behoben sind, müßte die Kurve wie dargestellt abflachen. Obwohl Abb. 1.2 eine grobe Vereinfachung existierender Modelle für Software-Ausfallraten darstellt, dürfte die daraus zu ziehende Schlußfolgerung eindeutig sein: Software verschleißt nicht, sie *wird trotzdem unbrauchbar*!

Dieser vermeintliche Widerspruch wird am ehesten beim Betrachten von Abb. 1.3 verständlich. Die Software ist im Laufe ihres Bestehens Veränderungen unterworfen (Wartung). Notwendig werden diese Veränderungen, weil Fehler behoben werden, die

Software muß gewartet werden

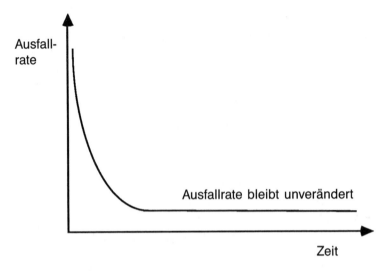

Abb. 1.2 Idealisierte Kurve der Ausfallrate für Software

Software an neue Computer oder Betriebsumgebungen angepaßt wird oder die Benutzer Funktionserweiterungen verlangen. Bei diesen Modifikationen fließen wahrscheinlich einige neue Fehler ein, was die mit Spitzen versehene Kurve der Ausfallrate in Abb. 1.3 erklärt. Bevor die Kurve zur ursprünglichen gleichbleibenden Ausfallrate zurückkehren kann, ist eine weitere Änderung notwendig, die wiederum eine erneute Spitze der Kurve verursacht. Allmählich beginnt das minimale Niveau der Ausfallrate anzusteigen – die Software wird durch Veränderungen unbrauchbar.

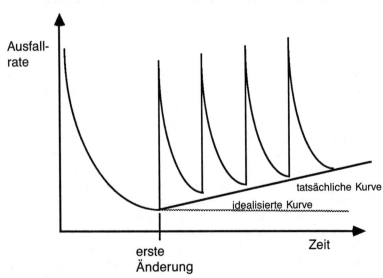

Abb. 1.3 Tatsächliche Kurve der Software-Ausfallrate

Der Unterschied zwischen Hardware und Software wird durch einen anderen Aspekt des Verschleißes unterstrichen. Eine abgenutzte Hardware-Komponente wird gegen ein „Ersatzteil" ausgetauscht. Für Software gibt es keine Ersatzteile. Jeder Software-Ausfall ist ein Indiz für einen Fehler im Entwurf oder einen Fehler in jenem Prozeß, in dessen Verlauf der Entwurf in einen lauffähigen Code umgesetzt wird. Die Wartung von Software ist deswegen eine beträchtlich komplexere Aufgabe als die Wartung von Hardware.

Software wird in den meisten Fällen nach Kundenwünschen entworfen und nicht aus vorhandenen Komponenten zusammengesetzt

Betrachten wir einmal, wie die Steuer-Hardware für ein mikroprozessor-gestütztes Produkt entworfen und konstruiert wird. Der Entwurfs-Ingenieur zeichnet ein einfaches Schema der digitalen Schaltung, nimmt einige grundsätzliche Analysen vor, um zuverlässiges Funktionieren sicherzustellen, und geht dann zu dem Regal mit den Katalogen für digitale Komponenten, integrierte Schaltkreise genannt. Jeder integrierte Schaltkreis (oft als „IC" oder „Chip" bezeichnet) hat eine Typenbezeichnung, eine festgelegte und geprüfte Funktion, ein genau definiertes Interface und standardisierte Richtlinien, ihn zu integrieren. Nachdem die einzelnen Komponenten ausgewählt wurden, können sie per Katalog bestellt werden.

Leider müssen Software-Entwickler auf diesen Luxus verzichten. Von wenigen Ausnahmen abgesehen gibt es keine Kataloge für Software-Komponenten.[3] Zwar läßt sich auch Software nach Katalog bestellen, allerdings ist dies nur für komplette Programme möglich und nicht in Form von Komponenten, die sich in neue Programme eingliedern lassen.[4] Obwohl über „wiederverwendbare Software" sehr viel geschrieben wurde, sind bis heute nur wenig greifbare Erfolge zu verzeichnen.

Einsatzbereiche für Softwareprodukte

Software kann stets dann verwendet werden, wenn eine festgelegte Folge prozeduraler Schritte (d.h., ein Algorithmus) definiert ist (eine bemerkenswerte Ausnahme von dieser Regel ist Expertensystem-Software).

---

[3] Obwohl „Subroutine-Bibliotheken" seit Jahrzehnten bestehen, beschränkt sich ihre Verwendungsmöglichkeit auf spezielle mathematische und Datenverarbeitungs-Funktionen.

[4] Neue Techniken des *objekt-orientierten Programmierens* haben Bibliotheken von „Objekten" hervorgebracht, die in neue Programme eingefügt werden können. Dieser Ansatz ist zwar vielversprechend, aber noch nicht sehr weit verbreitet.

Informations-Inhalt und -Determiniertheit sind wichtige Faktoren, um den Charakter einer Software-Anwendung zu verstehen. Inhalt bezieht sich auf die Bedeutung und Form der ein- und ausgehenden Information. Viele kaufmännische Anwendungen benutzen beispielsweise stark strukturierte Eingabe-Daten (eine Datenbasis) und erzeugen formatierte „Reporte". Software zur Steuerung einer automatisierten Maschine (eine numerische Steuerung beispielsweise) akzeptiert diskrete Daten-Elemente von begrenzter Struktur und bringt in schneller Folge einzelne Maschinenbefehle hervor.

Informations-Indeterminiertheit bezieht sich auf die Vorhersagbarkeit von Reihenfolge und Zeitpunkt der Eingaben eines Programms. Ein Programm zur Meßdaten-Analyse akzeptiert Daten in einer festgelegten Reihenfolge, führt ohne Unterbrechung einen oder mehrere Analysealgorithmen aus und erzeugt Ergebnisdaten in Report- oder grafischem Format. Solche Anwendungen sind determiniert. Ein Mehrplatz-Betriebssystem dagegen akzeptiert Eingaben unterschiedlichen Inhalts und in beliebiger Reihenfolge, führt Algorithmen aus, die durch externe Bedingungen unterbrochen werden können, und erzeugt Ausgaben, die abhängig von Umgebung und Zeit variieren. Anwendungen mit diesen Merkmalen sind nicht determiniert.

Es ist nicht ganz einfach, Software-Anwendungen in sinnvolle allgemeine Kategorien zu gliedern. Mit zunehmender Komplexität der Software schwindet die Möglichkeit einer übersichtlichen Unterteilung. Die folgenden Software-Anwendungsgebiete lassen die Breite des Einsatzspektrums von Software erkennen:

System-Software. System-Software ist eine Sammlung von Programmen, die bestimmte Service-Funktionen für andere Programme leisten. Einige System-Programme (z.B. Compiler, Editoren und Dienstprogramme zur Dateiverwaltung) verarbeiten komplexe, aber determinierte Informationsstrukturen. Andere Systemanwendungen (z.B. Betriebssystem-Komponenten, Treiber, Modems) verarbeiten größtenteils nicht determinierte Daten. In beiden Fällen ist das Gebiet der System-Software durch folgende Merkmale gekennzeichnet: intensive Interaktion mit der Computer-Hardware; intensiver Gebrauch durch mehrere Benutzer; konkurrierende Operationen, die eine Prozessorvergabestrategie, Ressourcenteilung und eine ausgeklügelte Prozeßverwaltung erfordern; komplexe Datenstrukturen; vielfache externe Interfaces.

Realzeit-Software. Software, die Ereignisse zum Zeitpunkt ihres Auftretens mißt/analysiert/steuert, wird als *Realzeit-Software* bezeichnet. Sie umfaßt verschiedene Elemente: eine Datensammlungs-Komponente, die Information aus einer externen Umgebung sammelt und formatiert, eine Analyse-Komponente, die Information den Anforderungen der Applikation entsprechend umwandelt, eine Steuerungs-/Ausgabe-Komponente, die auf die externe Umgebung reagiert, und eine Überwachungs-Komponente, die die anderen Komponenten so koordiniert, daß eine Antwort in Realzeit (in der Regel innerhalb einer Millisekunde bis zu einer Minute) gewährleistet ist. Zu beachten ist, daß der Begriff „Realzeit" etwas anderes bedeutet als „interaktiv" oder „Timesharing". Ein Realzeit-System muß innerhalb strikter Zeitvorgaben antworten. Die Antwortzeit eines interaktiven (oder Timesharing)-Systems kann dagegen normalerweise überschritten werden, ohne daß dies katastrophale Folgen hätte.

Kaufmännische Software. Informationsverarbeitung im kaufmännischen Bereich ist das umfangreichste Gebiet der Software-Anwendung. Einzelne „Systeme" (z.B. Lohnbuchhaltung, Debitoren/Kreditoren-Buchhaltung, Lagerverwaltung) haben sich zu Management-Informations-System(MIS)-Software entwickelt, die auf eine oder mehrere umfangreiche Datenbanken mit Geschäftsinformationen zugreift. Anwendungen in diesem Bereich bereiten vorhandene Daten so auf, daß kaufmännische Abläufe oder Management-Entscheidungen erleichtert werden. Neben den konventionellen Datenverarbeitungsanwendungen umfassen kaufmännische Applikationen auch interaktive Prozesse (z.B. Kassenterminal-Systeme).

Technisch-wissenschaftliche Software. Technisch-wissenschaftliche Software ist durch rechenintensive Algorithmen gekennzeichnet. Ihre Anwendungen erstrecken sich von der Astronomie bis zur Vulkanologie, von Belastungs-Analysen für Kraftfahrzeuge bis zur Berechnung der Umlaufbahnen von Raumfähren, von der Molekularbiologie bis hin zur automatisierten Industrieproduktion. Neue Anwendungen innerhalb des technisch-wissenschaftlichen Gebiets bewegen sich jedoch weg von konventionellen numerischen Algorithmen. Computer Aided Design, System-Simulation und andere interaktive Anwendungen weisen mittlerweile auch Eigenschaften von Realzeit- und sogar von System-Software auf.

Eingebettete Software. Intelligente Produkte sind mittlerweile fast im gesamten Konsumgüter- und Industriebereich nicht mehr wegzudenken. Eingebettete Software ist in Festwertspeichern enthalten und dient der Steuerung von Produkten und Systemen der Konsumgüter- und gewerblichen Industrie. Sie besitzt in den meisten Fällen sämtliche Merkmale, die bereits für Software der Realzeit-Kategorie beschrieben wurden, allerdings mit einem wichtigen Unterschied – eingebettete Software existiert niemals in einem Computer, der von dem Produkt oder System, das überwacht oder gesteuert wird, räumlich getrennt ist; d.h., wenn sich das Produkt bewegt, bewegt sich die Software mit ihm. Eingebettete Software kann sehr eng begrenzte und kaum vermutete Funktionen erfüllen (z.B. die Tastatur-Abfrage in einem Mikrowellenherd) oder wichtige Funktions- und Steuermöglichkeiten bieten (z.B. Digitalfunktionen in einem Auto wie Kraftstoffkontrolle, Anzeigen an einem Armaturenbrett oder Bremssysteme).

Software für Personal Computer. Die Software für den Personal-Computer(PC)-Markt hat im letzten Jahrzehnt einen bemerkenswerten Aufschwung erfahren. Textverarbeitung, Desktop Publishing, Spreadsheets, Computergrafik, Spiele, Datenbankverwaltung, private und gewerbliche Finanzsoftware, externer Netz- oder Datenbank-Zugriff sind nur einige unter Hunderten von Anwendungsmöglichkeiten. Programme für Personal Computer bieten nach wie vor die Dialogschnittstellen. Das wichtigste Merkmal, das PC-Software von Programmen unterscheidet, die für größere Computer entwickelt wurden, ist die Zahl der existierenden Programmkopien. Viele populäre PC-Programme sind gegenwärtig in tausendfacher Kopie in Gebrauch.

Künstliche Intelligenz. KI-Software benutzt nicht-numerische Algorithmen zur Lösung komplexer Probleme, die sich einer Berechnung oder direkten Analyse entziehen. Das derzeit aktivste KI-Gebiet sind die *Expertensysteme*, die auch als wissensbasierte Systeme bezeichnet werden. Weitere Anwendungsgebiete für KI-Software sind Mustererkennung (visuell und akustisch), automatisches Beweisen, Robotik und Computerspiele.

Die Software-Krise

Der Begriff *Software-Krise* bezieht sich auf eine Reihe von Problemen, denen man bei der Entwicklung von Software begegnet. Er beschränkt sich nicht auf das Problem der Software, die „nicht richtig funktioniert"; vielmehr sind unter dem Begriff „Software-Krise" alle die Probleme subsumiert, die damit zusammenhängen, wie wir Software entwickeln, wie wir ein ständig wachsendes Volumen existierender Software warten und wie wir am besten mit der zunehmenden Nachfrage nach mehr Software Schritt halten können. Obwohl von einer Software-Krise zu reden als melodramatisch kritisiert werden könnte, erfüllt der Begriff einen nützlichen Zweck; er charakterisiert reale Probleme, mit denen man in allen Bereichen der Software-Entwicklung konfrontiert ist.

Kernfragen und Probleme in den neunziger Jahren

Die Software-Krise ist durch viele Probleme gekennzeichnet. Software-Ingenieure (und Studenten, die es werden möchten) mühen sich damit ab, Programme ordnungsgemäß zu analysieren, zu entwerfen, zu codieren und zu testen. *„Ich habe so wenig Zeit,* *deshalb fange ich am besten gleich mit dem Codieren an"* – hat schon so manchen Praktiker ins Unglück gestürzt. Wie aber können wir es anders machen? Wie analysieren wir ein Software-Problem? Was müssen wir beim Entwurf beachten, damit qualitativ hochwertige Programme entstehen? Wie codieren wir am besten? Welche Testmethode ist die wirkungsvollste? Wie sollten Programme aussehen, damit andere sie in den folgenden Jahren modifizieren (warten) können? Die Software-Krise dauert deswegen an, weil zu viele von uns auf diese Fragen noch keine Antwort wissen.

Wir stoßen jedoch nicht nur auf technische Fragen und Schwierigkeiten. Die für die Software-Entwicklung verantwortlichen Manager konzentrieren sich auf die kaufmännischen Probleme: (1) hinsichtlich Zeit- und Kostenaufwand kommt es oft zu groben Fehleinschätzungen; (2) die „Produktivität" von Software-Entwicklern hat mit der Nachfrage nach ihren Dienstleistungen nicht Schritt gehalten; und (3) die Qualität der Software ist häufig alles andere als adäquat. Überschreitungen des Kostenrahmens um erhebliche Größenordnungen sind keine Seltenheit, und Zeitpläne werden um Monate oder Jahre überschritten. Es wird wenig unternommen, um die Produktivität der Software-Praktiker zu steigern. Bei neuen Programmen führt die Fehlerhäufigkeit zur Unzufriedenheit der Kunden und untergräbt ihr Vertrauen.

Manager konzentrieren sich auf betriebswirtschaftliche Probleme

Nachdem wir zunächst die schlechten Nachrichten präsentiert haben, nun zu den guten: Jedes der oben geschilderten Probleme läßt sich lösen. Eine ingenieurmäßige Methode der Software-Entwicklung, gepaart mit kontinuierlicher Verbesserung der Techniken und Werkzeuge, ist hierzu der Schlüssel.

Ein Problem (das wir als unumstößliches Faktum betrachten müssen) wird jedoch bleiben. Software wird einen immer größeren Prozentsatz der Gesamtentwicklungskosten für rechnergestützte Systeme verschlingen. In den USA werden jährlich fast 80 Milliarden Dollar für die Entwicklung, den Kauf und die Wartung von Software ausgegeben. Sicherlich wäre es besser gewesen, die mit der Software-Entwicklung zusammenhängenden Probleme ernster zu nehmen.

Modelle des Software Engineering

Die Software-Krise wird nicht über Nacht verschwinden. Der erste Schritt zu einer Lösung ist das Erkennen der Probleme und ihrer Ursachen. Die Lösungen selbst müssen jedoch eine praktische Hilfe für den Software-Entwickler sein, die Qualität der Software erhöhen und es schließlich der „Software-Welt" ermöglichen, mit der „Hardware-Welt" Schritt zu halten.

Den besten Weg zur Überwindung der Software-Krise gibt es nicht. Wir können aber dadurch, daß wir umfassende Methoden für alle Phasen der Software-Entwicklung, bessere Werkzeuge zur Automatisierung dieser Methoden, mächtigere Bausteine für die Software-Implementierung und bessere Techniken für die Software-Qualitätssicherung zu einer übergreifenden Philosophie für die Koordination, Steuerung und das Management miteinander verbinden, zu einer Methode der Software-Entwicklung gelangen – einer Methode, die wir als *Software Engineering* bezeichnen.

Software Engineering: Eine Definition

Software Engineering wurde folgendermaßen definiert: „das Aufstellen und Benutzen fundierter, ingenieurmäßiger Prinzipien, um auf ökonomische Weise Software zu erstellen, die zuverlässig ist und effizient auf realen Maschinen läuft." Zwar werden etliche noch umfassendere Definitionen vorgeschlagen; alle aber betonen die Notwendigkeit einer ingenieurmäßigen Software-Entwicklung.

Software Engineering ist eine natürliche Folgeerscheinung der Hardware- und System-Entwicklung. Es besteht aus drei Schlüsselelementen – Methoden, Werkzeuge und Prozeduren – die den Manager in den Stand setzen, den Prozeß der Software-Entwicklung zu kontrollieren und die dem Praktiker die Grundlage verschaffen, hochwertige Software ökonomisch zu erstellen. Jedes dieser Elemente werden wir in den folgenden Abschnitten kurz beleuchten.

Die Methoden des Software Engineering liefern das technische Know-how zum Erstellen von Software. Sie umfassen ein breitgefächertes Aufgabenfeld: Projektplanung und Kostenvoranschläge; Anforderungsanalyse für System und Software; Design der Datenstruktur, Programmarchitektur und Algorithmen; Codieren; Testen; und Warten. Die Methoden des Software Engineering führen oft eine spezielle Sprache oder graphische Notation sowie Kriterien in bezug auf die Qualität der Software ein.

CASE

Die Werkzeuge des Software-Engineering dienen der automatisierten oder halbautomatisierten Unterstützung dieser Methoden. Für jede der erwähnten Methoden existieren heute unterstützende Werkzeuge. Wenn diese Werkzeuge so integriert werden, daß die von einem Werkzeug hervorgebrachte Information von einem anderen benutzt werden kann, besitzen wir ein System zur Unterstützung der Software-Entwicklung – die Bezeichnung dafür lautet *Computer-Aided Software Engineering* (CASE). CASE kombiniert Software, Hardware und eine Software-Engineering-Datenbank (eine Datensammlung, die wichtige Informationen über Analyse, Design, Codieren und Testen enthält), um eine Software-Engineering-Umgebung zu schaffen, die dem CAD/CAE (Computer Aided Design/Engineering) für Hardware entspricht.

Die Verfahren des Software Engineering sind der Kitt, der die Methoden und Werkzeuge verbindet und eine rationelle und termingerechte Software-Entwicklung ermöglicht. Die Verfahren legen fest, in welcher Reihenfolge die Methoden angewendet werden, welche Unterlagen (Dokumente, Reporte, Formulare usw.) erforderlich sind, welche Kontrollen dabei helfen, die Qualität zu sichern und Änderungen zu koordinieren, und sie definieren die Meilensteine, anhand derer Software-Manager Fortschritte beurteilen können.

Software Engineering besteht aus mehreren Komponenten. Diese Komponenten umfassen die oben dargestellten Methoden, Werkzeuge und Verfahren. Die Art und Weise, in der sie angewendet werden, wird häufig mit dem Begriff *Software-Engineering-Modell* bezeichnet. Welches Modell für das Software Engineering gewählt wird, hängt von der Natur des Projekts und der Anwendung, den zu benutzenden Methoden und Werkzeugen und von den Anforderungen des Kunden ab, für den die Software erstellt wird. Im folgenden werden drei vieldiskutierte (und auch umstrittene) Modelle erörtert.

Der klassische Lebenszyklus

Abb. 1.4 zeigt das Software-Engineering-Modell des klassischen Lebenszyklus. Zuweilen als „Wasserfall-Modell" bezeichnet, erfordert das Lebenszyklus-Modell ein systematisches, phasenweises Vorgehen bei der Software-Entwicklung, das mit der Systembeschreibung beginnt und über Analyse, Design, Codieren, Testen und Warten fortschreitet.

Das Wasserfall-Modell

Nach dem Muster des konventionellen Engineering-Zyklus umfaßt das Lebenszyklus-Modell die folgenden Tätigkeiten:

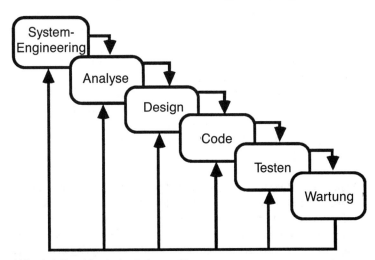

Abb. 1.4 Der klassische Lebenszyklus

System-Engineering und -Analyse. Da die Software immer Teil eines größeren Systems ist, werden als erstes die Anforderungen für alle Systemelemente festgelegt; eine Untermenge dieser Anforderungen wird dann als Bestandteil der Software festgelegt. Dieses Vorgehen auf Systemebene ist unumgänglich, wenn die Software mit anderen Komponenten wie Hardware, Menschen und Datenbanken zusammenarbeiten soll. Zu System-Engineering und -Analyse gehört das Sammeln der Anforderungen auf Systemebene und – in geringerem Umfang – Entwurf und Analyse auf höchster Ebene.

Software-Anforderungs-Analyse. Der Prozeß des Sammelns von Anforderungen wird intensiviert und speziell auf die Software ausgerichtet. Um sich ein klares Bild von der zu erstellenden Software zu verschaffen, muß der Systemanalytiker genaue Vorstellungen vom Anwendungsbereich (in Kapitel 3 näher beschrieben) der Software ebenso wie von der verlangten Funktion, Leistung und von den benötigten Schnittstellen haben. Die an das System wie auch an die Software gestellten Anforderungen werden zusammen mit dem Kunden dokumentiert und überprüft.

Entwurf. Software-Entwurf ist im Grunde ein in Etappen verlaufender Prozeß, der sich auf drei verschiedene Programmeigenschaften richtet: Datenstruktur, Software-Architektur und prozedurale Einzelheiten. Der Entwurfs-Prozeß setzt die Anforderungen in eine Softwaredarstellung um, deren Qualität beurteilt werden kann, bevor man mit dem Codieren beginnt. Wie die Anforderungen wird auch der Entwurf dokumentiert.

Codieren. Der Entwurf muß in eine maschinenlesbare Form übersetzt werden. Dies geschieht während der Codierphase. Bei einem ausreichend detaillierten Entwurf ist das Codieren ein natürliches Ergebnis, da es fast mechanisch ausgeführt werden kann.

Testen. Nachdem der Code erzeugt wurde, wird das Programm getestet. Der Testprozeß richtet sich einerseits auf die logischen Interna der Software, damit sichergestellt ist, daß sämtliche Anweisungen getestet wurden, andererseits auf die funktionellen Externa; d.h., es werden Tests durchgeführt, die sicherstellen sollen, daß die Resultate der definierten Eingaben auch tatsächlich den gewünschten Ergebnissen entsprechen.

Wartung. Zweifellos wird die Software nach Übergabe an den Kunden Modifikationen unterworfen sein (eine mögliche Ausnahme ist eingebettete Software). Solche Änderungen werden beispielsweise deswegen notwendig sein, weil Fehler entdeckt wurden, weil die Software an veränderte Außenbedingungen angepaßt werden muß (z.B. könnten ein neues Betriebssystem oder neue

Peripherieeinrichtungen Änderungen erfordern), oder weil der Kunde funktionale Erweiterungen oder Leistungsverbesserungen wünscht. Bei der Software-Wartung wird jeder der vorangegangenen Lebenszyklus-Schritte noch einmal auf ein existierendes Programm angewendet, ohne daß neue Schritte hinzukommen.

Der klassische Lebenszyklus ist das älteste und das am häufigsten benutzte Modell des Software Engineering. Dennoch hat die Kritik daran in den letzten Jahren sogar seine aktiven Befürworter dazu veranlaßt, seine universelle Anwendbarkeit in Zweifel zu ziehen. Unter den Problemen, die die Anwendung des klassischen Lebenszyklus-Modells aufwirft, sind folgende:

1. Reale Projekte lassen sich selten in die im Modell vorgesehenen Etappen aufteilen. Immer wieder ist ein iteratives Vorgehen notwendig, das jedoch zu Problemen bei der Anwendung des Modells führt.

2. Der Kunde hat oft Schwierigkeiten, sämtliche Anforderungen von vornherein explizit zu benennen. Der klassische Lebenszyklus setzt dies jedoch voraus, so daß die zu Beginn vieler Projekte unweigerlich vorhandene Unsicherheit die Anwendung dieses Modells erheblich erschwert.

3. Vom Kunden wird Geduld verlangt. Eine funktionierende Programmversion ist erst in einer späteren Projektphase verfügbar. Falls ein gravierender Fehler unentdeckt bleibt, bevor das funktionierende Programm überprüft wird, kann das katastrophale Folgen haben.

Wir haben es also mit sehr konkreten Problemen zu tun. Dennoch nimmt das klassische Lebenszyklus-Modell einen wichtigen Platz im Software Engineering ein. Es stellt einen Rahmen bereit, in dem sich die Methoden für Analyse, Design, Codieren, Testen und Wartung unterbringen lassen. Wir werden außerdem sehen, daß die Schritte des klassischen Lebenszyklus-Modells den allgemeinen Schritten, die in sämtlichen Modellen des Software Engineering vorkommen, sehr stark ähneln. Der klassische Lebenszyklus bleibt das meistverbreitete prozedurale Modell des Software Engineering. Auch wenn es seine Schwächen hat, ist es wesentlich besser als ein völlig planloses Vorgehen bei der Software-Entwicklung.

Prototyp-Entwicklung

In vielen Fällen hat ein Kunde die allgemeinen Zwecke der Software umrissen, aber keine Einzelheiten hinsichtlich Eingaben, Verarbeitung oder Ausgaben festgelegt. In anderen Fällen ist sich der Entwickler vielleicht nicht sicher über die Effizienz eines

Algorithmus, die Anpaßbarkeit eines Betriebssystems oder die Form, in der die Mensch-Maschine-Interaktion ablaufen sollte. In diesen und vielen anderen Fällen ist möglicherweise die Methode der *Prototyp-Entwicklung* vorzuziehen.

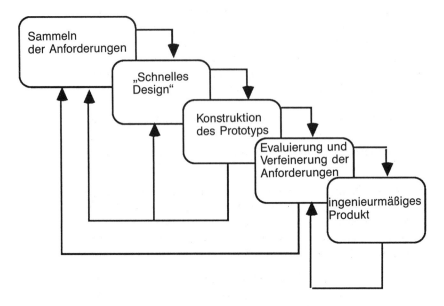

Abb. 1.5 Prototyp-Entwicklung

Der Prozeß der Prototyp-Entwicklung ermöglicht es dem Entwickler, ein Modell des zu erstellenden Programms zu schaffen. Das Modell – oder der Prototyp – kann konstruiert werden, um einen oder mehrere Aspekte einer Mensch-Maschine-Schnittstelle, einen komplizierten Algorithmus (dessen Verhalten noch unklar ist) oder eine Reihe von Funktions- oder Leistungsanforderungen, die noch zweifelhaft sind, darzustellen. Das Modell kann drei Formen annehmen:

Papier-Prototyp. Dieses „Papier-und-Bleistift-Modell" veranschaulicht einige Aspekte der Software und dient im allgemeinen dazu, Mensch-Maschine-Schnittstellen zu repräsentieren. Beispielsweise können verschiedene Dialoge dargestellt werden, damit sich der künftige Benutzer vorstellen kann, wie die Kommunikation ablaufen wird.

Realisierung eines Prototyps. Dabei wird ein bestimmter Teil der von der gewünschten Software geforderten Funktionalität implementiert. Das Modell läuft auf einem Computer, um ein „Gefühl" für das zu entwickelnde Programm zu vermitteln.

Ein existierendes Programm. Dabei wird ein voll funktionsfähiges Programm verwendet, das die gewünschte Funktion teilweise oder ganz leistet, jedoch andere Merkmale aufweist, die in einem neuen Entwicklungsschritt verbessert werden sollen.

Abb. 1.5 zeigt die einzelnen Phasen des Prototyp-Modells. Wie alle Methoden der Software-Entwicklung beginnt auch die Prototyp-Entwicklung mit dem Sammeln von Anforderungen. Entwickler und Kunde definieren zusammen die allgemeinen Zwecke der Software, halten fest, welche Anforderungen bereits feststehen, und umreißen die Bereiche, in denen weitere Definitionen notwendig sind. Dann wird ein „schneller Entwurf" erstellt. Bei dem schnellen Entwurf werden hauptsächlich jene Aspekte der Software dargestellt, die für den Benutzer sichtbar sein werden (z.B. Eingabe-Verfahren und Ausgabe-Formate). Der schnelle Entwurf führt zur Konstruktion eines Prototyps (wobei man nicht vergessen sollte, daß der Prototyp ein Modell auf dem Papier sein kann). Der Prototyp wird vom Kunden/Benutzer auf seine Brauchbarkeit überprüft und dient außerdem dazu, die Anforderungen an die zu entwickelnde Software zu verfeinern. In einem iterativen Prozeß wird der Prototyp dann „getunt", um die Anforderungen des Benutzers zu erfüllen, während der Entwickler zugleich ein genaueres Bild von den zu erfüllenden Anforderungen bekommt. Im Idealfall dient der Prototyp als ein Mechanismus zur Festlegung von Software-Anforderungen. Wenn ein funktionierender Prototyp konstruiert worden ist, versucht der Entwickler, vorhandene Programmfragmente zu benutzen oder setzt Werkzeuge ein (z.B. Reportgeneratoren, Window Manager), die ein schnelles Generieren funktionierender Programme ermöglichen.

Die Phasen des Prototyp-Modells

Analog zum klassischen Lebenszyklus kann die Prototyp-Entwicklung als Modell des Software Engineering aus folgenden Gründen problematisch sein:

1. Der Kunde sieht eine anscheinend funktionierende Version der Software vor sich und ist sich nicht darüber im klaren, daß der Prototyp „mit Spucke und Bindfaden" zusammengehalten wird und daß wir in der Eile, mit der er zum Funktionieren gebracht wurde, nicht auf die Qualität der Gesamt-Software oder die langfristige Wartbarkeit geachtet haben. Wenn der Kunde dann erfährt, daß das Produkt neu konstruiert werden muß, fühlt er sich düpiert und verlangt, daß aus dem Prototyp mit „ein paar Handgriffen" ein funktionsfähiges Produkt gemacht wird. Zu oft läßt sich das für die Software-Entwicklung verantwortliche Management dann erweichen.

2. Damit ein Prototyp funktioniert, macht der Entwickler hinsichtlich der Implementierung oft Kompromisse. Ein Betriebssystem oder eine Programmiersprache, die eigentlich ungeeignet sind, werden möglicherweise einfach deswegen benutzt, weil sie

verfügbar und bekannt sind; ein ineffizienter Algorithmus wird möglicherweise nur implementiert, um die eigenen Fähigkeiten zu beweisen. Nach einiger Zeit stellt sich der Entwickler dann vielleicht auf diese Umstände ein, weil er vergessen hat, warum sie für ein Softwareprodukt ungeeignet sind. Die alles andere als ideale Wahl ist damit zu einem integralen Bestandteil des Systems geworden.

Trotz dieser Probleme ist die Prototyp-Entwicklung ein probates Modell des Software Engineering. Es ist allerdings notwendig, am Anfang die Spielregeln festzulegen; Kunde und Entwickler müssen sich darüber einig sein, daß der Prototyp nur deshalb konstruiert wird, um als Mechanismus zur Definition der Anforderungen zu dienen. Danach wird er weggeworfen (oder überarbeitet). Die endgültige Version der Software wird im Hinblick auf Qualität und Wartbarkeit konstruiert.

Techniken der vierten Generation

Der Begriff *fourth-generation-techniques* (4GT) umfaßt eine große Palette von Software-Werkzeugen, die eines gemeinsam haben: jedes von ihnen setzt den Software-Entwickler in den Stand, Charakteristika der Software auf einer hohen Abstraktionsebene zu spezifizieren. Der Software-Entwickler spezifiziert also, *was* die Software leisten soll, jedoch nicht die Details der Implementierung, die sich auf das *Wie* beziehen. Software-Werkzeuge, die auf Techniken der vierten Generation basieren, führen zu einem Programmiersprachen-Sourcecode, der auf der Basis der Spezifikation des Entwicklers automatisch generiert wird.

Eine Software-Entwicklungs-Umgebung, die das 4GT-Modell unterstützt, umfaßt gegenwärtig einige oder alle der folgenden Werkzeuge: nichtprozedurale Sprachen für Datenbankabfragen, Reportgenerierung, Datenverarbeitung, Bildschirm-Interaktion und -Definition, Codeerzeugung, hochentwickelte Graphikmöglichkeiten und/oder Spreadsheet- Eigenschaften. Jedes dieser Werkzeuge existiert bereits, allerdings nur für sehr spezielle Anwendungsbereiche. Derzeit ist keine 4GT-Umgebung verfügbar, die sich mit gleicher Leichtigkeit auf jede der in diesem Kapitel beschriebenen Kategorien der Software anwenden ließe.

Das 4GT-Modell des Software-Engineering wird in Abb. 1.6 dargestellt.

Wie die anderen Modelle beginnt 4GT mit dem Sammeln der Anforderungen. Im Idealfall beschreibt der Kunde die Anforderungen, die dann mit Hilfe eines 4GT direkt in einen funktionsfähigen Prototyp umgesetzt werden. In der Praxis ist dies jedoch nicht durchführbar. Der Kunde ist sich möglicherweise hinsichtlich der Anforderungen nicht sicher, er kann bekannte Fakten vielleicht nicht eindeutig benennen, und er ist vielleicht nicht imstande oder willens, Informationen in einer für ein 4GT-Werkzeug geeigneten Weise zu spezifizieren. Hinzu kommt, daß die derzeitigen 4GT-Werkzeuge noch nicht so ausgereift sind, daß sie mit wirklich „natürlicher" Sprache umgehen können; daran wird sich auch in absehbarer Zeit nichts ändern. Zum gegenwärtigen Zeitpunkt ist der für andere Modelle beschriebene Dialog zwischen Kunde und Entwickler ein unverzichtbarer Bestandteil auch der 4GT-Methode.

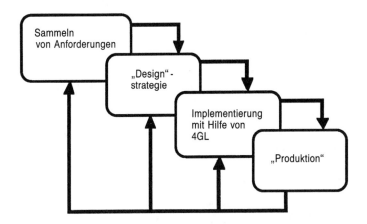

Abb. 1.6 Softwareentwicklung mit Techniken der vierten Generation

Bei weniger umfangreichen Anwendungen ist es vielleicht möglich, von der Anforderungssammlung direkt zur Implementierung überzugehen und dabei eine nichtprozedurale *fourth-generation language* (4GL) zu verwenden. Bei größeren Projekten ist es jedoch auch dann, wenn eine 4GL benutzt wird, unumgänglich, eine Design-Strategie für das System zu entwickeln.

Der letzte Schritt in Abb. 1.6 enthält das Wort „Produktion". Um eine 4GT-Implementierung in ein Produkt zu verwandeln, muß der Entwickler sorgfältige Tests durchführen, eine aussagekräftige Dokumentation erarbeiten sowie alle anderen „Übergänge" ausführen, die auch in den Software-Engineering-Modellen erforderlich sind. Außerdem muß die nach der 4GT-Methode entwickelte Software so konstruiert sein, daß eine effektive Wartung möglich ist.

Software-Erstellung nach dem 4GT-Modell ist ausgiebig und oft auch in übertriebener Weise diskutiert worden. Die Befürworter sprechen von einer drastischen Verkürzung der Entwicklungszeit und einer außerordentlich gesteigerten Produktivität der Entwickler. Die Gegner wenden ein, daß die derzeitigen 4GT-Werkzeuge keineswegs so viel leichter zu handhaben seien als Programmiersprachen, daß der mit Hilfe solcher Werkzeuge erzeugte

Für und wider das 4GT-Modell

Sourcecode „ineffizient" und daß die Wartbarkeit umfangreicher Software-Systeme, die mit Hilfe von 4GT entwickelt wurden, fraglich sei.

Die Behauptungen beider Seiten sind nicht einfach von der Hand zu weisen. Obwohl es nicht ganz leicht ist, Fakten von Vermutungen zu unterscheiden (es existieren nur wenige zuverlässige Studien), ist die Feststellung berechtigt, daß 4GT in einem ständig zunehmenden Anwendungsbereich benutzt wird und daß diese Techniken im Laufe der Zeit immer ausgefeilter werden.

Die Kombination von Modellen

Die in den vorigen Abschnitten erörterten Modelle des Software Engineering werden oft als *alternative* Methoden und nicht als Ansätze gesehen, die sich gegenseitig ergänzen. In vielen Fällen können und sollten die Modelle jedoch kombiniert werden, damit ein Projekt von ihren jeweiligen Vorteilen profitieren kann. Sie schließen sich auf keinen Fall gegenseitig aus!

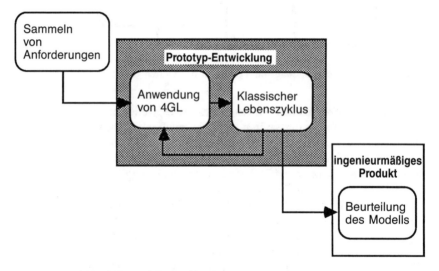

Abb. 1.7 Modell-Kombination

Abb. 1.7 zeigt eine Möglichkeit, die drei Modelle in einem einzigen Projekt der Software-Entwicklung zu kombinieren. In allen Fällen steht die Phase des Sammelns von Anforderungen am Anfang. Anschließend kann entweder das Konzept des klassischen Lebenszyklus (System-Engineering und Software-Anforderungs-Analyse) oder die bei der Prototyp-Entwicklung verwendete weniger formale Problemdefinition gewählt werden. In beiden Fällen ist die Kommunikation zwischen Kunde und Entwickler notwendig.

Ob es sinnvoll ist, einen Prototyp zu entwickeln, ergibt sich aus der Art der geplanten Anwendung. Wenn die Anforderungen in bezug auf die Funktion und Leistung der Software klar genug umrissen sind, mögen die Spezifikations-Methoden des klassischen Lebenszyklus-Modells anwendbar sein. Sollte die Applikation jedoch eine intensive Mensch-Maschine-Interaktion verlangen oder bisher noch nicht überprüfte Algorithmen, Ausgabe- oder Steuerungstechniken erfordern, so mag die Entwicklung eines Prototyps angebracht sein. In einigen dieser Fälle kann, um den Prototyp schnell zu entwickeln, eine Sprache der vierten Generation benutzt werden. Nachdem der Prototyp dann evaluiert und verfeinert wurde, können die Design- und Implementierungsschritte des klassischen Lebenszyklus angewandt werden, um die Software ingenieurmäßig, also methodisch zu konstruieren.

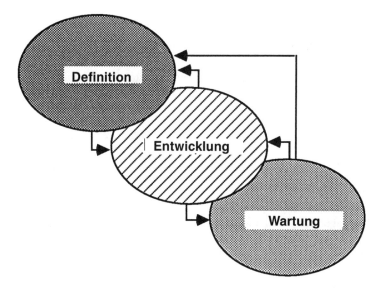

Abb. 1.8 Allgemeine Phasen des Software-Engineering-Prozesses

Bei der Wahl der Modelle für das Software Engineering sollte man nicht dogmatisch sein. Welche Methode man wählt, sollte sich aus der Art der Anwendung ergeben. Durch die Kombination mehrerer Methoden kann das Ganze mehr als die Summe seiner Teile sein.

Allgemeiner Überblick über das Software Engineering

Der Prozeß des Software Engineering umfaßt, unabhängig vom gewählten Modell, generell drei Phasen (Abb. 1.8). Diesen drei Phasen, *Definition*, *Entwicklung* und *Wartung*, begegnet man in allen

Projekten der Software-Entwicklung – ungeachtet des Anwendungsbereichs und des Umfangs oder der Komplexität eines Projekts.

Die Definitionsphase richtet sich auf das *WAS*. Während dieser Phase versucht der Software-Ingenieur festzulegen, welche Informationen verarbeitet werden sollen, welche Funktion und Leistung verlangt wird, welche Schnittstellen benötigt werden, welchen Beschränkungen das Design unterworfen ist und wie die Validierungskriterien aussehen müssen, nach denen die Qualität des Systems beurteilt werden kann. Es wird festgelegt, welchen Schlüsselanforderungen das System und die Software genügen müssen. Obwohl die in der Definitionsphase angewandten Methoden sich je nach gewähltem Modell (oder gewählter Modell-Kombination) unterscheiden, werden die folgenden drei Schritte in irgendeiner Form ausgeführt:

Systemanalyse. Wie bereits in unserer Darlegung des klassischen Lebenszyklus beschrieben, definiert die Systemanalyse die Funktion jedes Elements in einem rechnergestützten System und legt die Eigenschaften der Software definitiv fest.

Software-Projekt-Planung. Nachdem der Anwendungsbereich der Software feststeht, werden Ressourcen zugeteilt, Kostenvoranschläge gemacht sowie Arbeitsabschnitte und Zeitpläne festgelegt.

Anforderungsanalyse. Der für die Software definierte Anwendungsbereich gibt die Richtung vor; bevor jedoch die Arbeit beginnen kann, bedarf es einer detaillierten Definition der zu verarbeitenden Daten sowie der Software-Funktion.

Im Mittelpunkt der Entwicklungsphase steht das *WIE*. Der Softwareingenieur versucht in dieser Phase den Entwurf der Datenstruktur und der Software-Architektur zu definieren und festzulegen, wie die prozeduralen Details implementiert werden sollen, wie der Entwurf in eine Programmiersprache (oder eine nichtprozedurale Sprache) übersetzt wird und in welcher Art und Weise die Tests ausgeführt werden sollen. Die in der Entwicklungsphase angewandten Methoden unterscheiden sich je nach gewähltem Modell (oder gewählter Modell-Kombination). Die folgenden drei Schritte werden jedoch auf jeden Fall in irgendeiner Form vorkommen:

Software-Entwurf. Der Entwurf übersetzt die Anforderungen an die Software in graphische, tabellarische oder sprachbasierte Darstellungen, die Datenstruktur, -architektur und prozedurales Design beschreiben.

Codieren. Die Design-Ergebnisse müssen in eine künstliche Sprache — dies kann eine konventionelle Programmiersprache oder eine nichtprozedurale (4GL) Sprache sein — übersetzt werden, deren Befehle dann vom Computer ausgeführt werden können. Die Übersetzung findet während des Codier-Schrittes statt.

Software-Tests. Nachdem die Software in maschinenausführbarer Form implementiert ist, muß sie getestet werden, um etwaige Fehler funktionaler, logischer oder programmiertechnischer Art aufzuspüren.

Die Wartungsphase besteht aus *Änderungen* im Zusammenhang mit der Fehlerberichtigung, aus Anpassungen, die durch eine Weiterentwicklung der Software-Umgebung notwendig werden, und aus Programm-Erweiterungen und -Verbesserungen aufgrund geänderter Kundenwünsche. In der Wartungsphase werden erneut die Schritte der Definitions- und Entwicklungsphasen angewendet, jedoch im Kontext der vorhandenen Software. Man begegnet in dieser Phase drei Arten von Modifikationen:

Korrektur. Auch bei noch so sorgfältiger Qualitätssicherung wird der Kunde wahrscheinlich Fehler in der Software entdecken. *Korrigierende Wartung* ändert die Software, um Fehler zu beheben.

Adaptation. Im Laufe der Zeit wird sich die ursprüngliche Umgebung (z.B. CPU, Betriebssystem, Peripherie), für die die Software entwickelt worden ist, wahrscheinlich ändern. *Adaptive Wartung* bedeutet eine Modifikation der Software, um sie Veränderungen ihrer externen Umgebung anzupassen.

Verbesserung. Wenn der Kunde die Software anwendet, werden ihm zusätzliche Funktionen einfallen, die nützlich sein könnten. *Perfektionierende Wartung* erweitert die Software über ihre ursprünglichen Funktionsanforderungen hinaus.

Die in unserem allgemeinen Überblick über das Software Engineering beschriebenen Phasen und die mit ihnen einhergehenden Schritte werden durch eine Reihe von übergreifenden Aktivitäten ergänzt. Um die Qualität sicherzustellen, erfolgt nach Abschluß jedes Schrittes eine Überprüfung. Damit gewährleistet ist, daß für den späteren Gebrauch vollständige Informationen über System und Software zur Verfügung stehen, wird eine Dokumentation erstellt und überprüft. Eine Änderungskontrolle wird eingerichtet, so daß Änderungen genehmigt und nachvollzogen werden können.

Im Modell des klassischen Lebenszyklus sind die in diesem Abschnitt beschriebenen Phasen und Schritte ausdrücklich festgelegt. Bei den Modellen der Prototyp-Entwicklung und der 4GT sind einige dieser Schritte implizit, jedoch nicht explizit definiert. Die

Methoden jedes Schrittes können von Methode zu Methode verschieden sein; der Gesamtansatz, der Definition, Entwicklung und Wartung erfordert, bleibt jedoch unverändert. Man kann jede dieser Phasen diszipliniert und mit Hilfe wohldefinierter Methoden bewältigen oder sich planlos durch sie hindurchwursteln. Auf jeden Fall aber wird man sie durchlaufen.

In den folgenden Kapiteln werden Sie die einzelnen Schritte kennenlernen, die Sie befähigen, das Konzept des Software Engineering auf große und kleine Projekte anzuwenden. Statt die Planung eines Software-Problems „über den Daumen zu peilen", werden Sie über eine Reihe bewährter Schritte verfügen, mit deren Hilfe Sie bei disziplinierter Anwendung die Qualität Ihrer Computerprogramme verbessern können.

Zusammenfassung

Software nimmt heute bei der Entwicklung rechnergestützter Systeme und Produkte eine Schlüsselrolle ein. In den letzten vier Jahrzehnten hat sich die Software von einem spezialisierten Werkzeug zur Problemlösung und zur Informationsanalyse zu einem eigenen Industriezweig entwickelt. Doch die „Programmier"-Kultur und -Geschichte der Anfangszeit haben bis heute nicht gelöste Probleme geschaffen. Software ist zu einem Engpaß bei der Weiterentwicklung rechnergestützter Systeme geworden.

Software Engineering ist eine Disziplin, die Methoden, Werkzeuge und Verfahren zur Entwicklung von Software integriert. Es wurden mehrere Modelle des Software Engineering vorgeschlagen; jedes von ihnen weist Stärken und Schwächen auf. Alle haben jedoch mehrere allgemeine Phasen gemeinsam. Die in diesen allgemeinen Phasen vorkommenden Schritte und die innerhalb jedes Schrittes angewendeten Methoden sollen in den folgenden Kapiteln beschrieben werden.

Was das für Sie bedeutet

Als Software-Praktiker wird Ihnen die Bedeutung dieses Buches für Sie persönlich nach Lektüre dieses Kapitels klar vor Augen stehen. Aber auch als Student, der gerade erst mit dem Studium der Informatik und des Software Engineering beginnt, ist es vielleicht schwierig für Sie einzusehen, was die in diesem Kapitel erörterten „industriellen" Probleme und Methoden mit Ihrer gegenwärtigen Situation zu tun haben. „Schließlich werde ich ganz auf mich allein gestellt an kleinen Programmen arbeiten", mögen Sie protestieren. „Muß ich wirklich über Software Engineering Bescheid wissen?" Sie müssen, und das aus folgenden Gründen:

Jedes Programm, das Sie entwickeln, auch wenn es nicht sehr umfangreich ist, sollte den Anforderungen eines Kunden entsprechen (in Ihrer derzeitigen Situation ist Ihr Dozent Ihr Kunde). Die Anforderungen müssen in ein Computerprogramm von hoher Qualität übersetzt werden. Der Entwurf vollbringt diese Übersetzung und hilft Ihnen, die Qualität Ihrer Lösung zu beurteilen. Nachdem diese Lösung codiert ist (in Pascal, C oder einer anderen höheren Programmiersprache), sollte sie gründlich getestet werden, um einwandfreies Funktionieren sicherzustellen. Jede dieser Handlungen ist ein Schritt des Software-Engineering und wird in einem der folgenden Kapitel detailliert beschrieben. Diese Schritte verstanden zu haben, bringt Sie Ihrem Ziel, ein Software-Profi zu werden, ein Stück näher.

Weiterführende Lektüre

Brooks, F., *The Mythical Man-Month*, Addison-Wesley, 1975.

Kidder, T., *The Soul of a New Machine*, Little-Brown, 1981.

Pressmann, R.S., *Software Engineering: A Practitioner's Approach*, 2. Aufl., McGraw-Hill, 1987.

Aufgaben und Probleme zum Nachdenken

1.1 In vielen Fällen ist es die Software und nicht die Hardware, durch die sich neue Produkte unterscheiden. Wählen Sie fünf im Handel befindliche Produkte aus und zeigen Sie, wie sich die Version der einen Firma von der der anderen durch die Software unterscheidet.

1.2 Nennen Sie ein einschlägiges Beispiel für ein Programm, das in jeder Software-Kategorie vorhanden ist. Beschreiben Sie es kurz.

1.3 Finden Sie eines oder mehrere Beispiele für „Horrorgeschichten" im Zusammenhang mit Software (Situationen, in denen Software für ein Individuum, eine Firma oder eine Regierung Probleme verursacht hat), die durch die Presse gegangen sind.

1.4 Beschreiben Sie ein klassisches Modell der Hardware-Entwicklung. Wodurch unterscheidet es sich vom klassischen Software-Lebenszyklus?

1.5 Wodurch unterscheiden sich System Engineering und Software Engineering?

1.6 Denken Sie sich einen Fall aus, in der die Entwicklung eines Prototyps ein brauchbares Modell für die Software-Entwicklung sein könnte. Können Sie Beispiele nennen, in denen Prototypen für die Entwicklung von Hardware eine Rolle spielten?

1.7 Warum ist die Wartung von Software schwierig? Welche Eigenschaften eines Computerprogramms machen es wartungsfreundlich?

1.8 Informieren Sie sich über Techniken der vierten Generation und nennen Sie ein Beispiel für ein „Programm", das mit Hilfe dieser Techniken entwickelt wurde.

1.9 Entwickeln Sie auf der Grundlage des zum Schluß dieses Kapitels beschriebenen allgemeinen Überblicks über das Software Engineering ein spezielles Modell, das sich auf Ihre Studien-Aufgaben anwenden läßt.

1.10 Wodurch unterscheidet sich Ihrer Ansicht nach ein Software-Entwicklungsprojekt, das im Team durchgeführt wird, von einem Einpersonen-Projekt? Auf welche Art unterstützt Software Engineering die Arbeit eines Entwicklungs-Teams?

Kapitel 2
Das System verstehen

Beim langsamen (und oft schmerzhaften) Übergang in das Informationszeitalter hören wir oft den Beriff „High Technology", mit dem sowohl Firmen als auch ihre Produkte beschrieben werden. Wenn „High Technology" als Adjektiv benutzt wird, bezeichnet es fast immer den Einsatz *rechnergestützter Systeme*.

Ein rechnergestütztes System vereinigt in sich eine Gruppe von *Systemelementen*, die in ihrer Kombination eine oder mehrere Funktionen ausführen, um einen bestimmten, expliziten Zweck zu erfüllen. Obwohl es viele Möglichkeiten gibt, ein rechnergestütztes System zu beschreiben, ist der gebräuchlichste Ansatz, folgende Elemente zu charakterisieren: Software, Hardware, Menschen, Information, Dokumente und Verfahrensweisen.

In diesem Buch werden wir unsere Aufmerksamkeit auf die Software und die Ingenieur-Disziplin zu ihrer Entwicklung richten. Dabei darf man jedoch keinesfalls aus den Augen verlieren, daß Software niemals für sich allein besteht. Software muß immer in Verbindung mit Hardware benutzt werden; sie muß (in unterschiedlichem Umfang) mit Menschen interagieren; sie greift auf Datenträger zu; sie sollte dokumentiert werden; und sie ist Teil der Organisation einer einzelnen Person oder Firma. Deshalb müssen wir Software im Kontext eines rechnergestützten Systems betrachten. Bevor das Software Engineering beginnt, müssen wir eine Reihe von System-Engineering-Schritten anwenden, damit die Software im richtigen Kontext gesehen werden kann.

An dieser Stelle wenden Sie vielleicht ein: „Ich konstruiere doch gar keine rechnergestützten Systeme; ich entwerfe und schreibe nur relativ kleine Programme. Mit diesem Kapitel kann ich bestimmt nichts anfangen."

Seien sie sich dessen nicht so sicher! Selbst das kleinste Programm läßt sich als Teil eines Systems betrachten.

Nehmen wir beispielsweise ein kleines Programm zur numerischen Integration[1] einer Funktion $f(x)$. Abhängig von der Komplexität des zur Integration benutzten Algorithmus kann ein solches Programm in weniger als 50 Pascal- oder FORTRAN-Zeilen geschrieben werden. Dennoch läßt sich das Programm in einem System-Kontext betrachten. Der Algorithmus zur Integration ist in

---

[1] Einfach ausgedrückt, berechnet man mit Hilfe der numerischen Integration den Inhalt der Fläche unter der Kurve $y = f(x)$, begrenzt durch die beiden Werte $x = a$ und $x = b$.

einer Formelsammlung (Dokument) enthalten und muß in eine Programmiersprache (Software) übersetzt werden. Das Programm wird von einem Computer (Hardware) ausgeführt, der bestimmte Systembefehle (Software) zum Aufrufen des Integrations-Programms hat. Diese müssen für den Benutzer (eine Person) des Programms dokumentiert sein (Prozeduren). Input (Information) für den Algorithmus muß mit Hilfe einer Tastatur (Hardware) oder durch Zugriff auf eine Datei (Information) eingegeben werden, und Ergebnisse (Information) müssen auf einem Bildschirm oder Drucker (Hardware) ausgegeben werden.

Bevor ein Programm zur numerischen Integration geschrieben (oder gekauft) werden kann, muß jede der Komponenten, die im obigen Abschnitt in Klammern stehen, *festgelegt* und entsprechend *zugeordnet* worden sein. Diese Festlegung und Zuordnung ist die Aufgabe eines System-Ingenieurs. Selbstverständlich ist System Engineering für ein Programm, das so einfach wie unser obiges Beispiel ist, ziemlich unkompliziert – dennoch ist es unumgänglich. Die Gründlichkeit, mit der das System Engineering ausgeführt wird, wird sich auf die Vollständigkeit der Software-Lösung auswirken.

Die Aufgabe des System-Ingenieurs besteht darin, die gewünschte Funktion und Leistung des zu konstruierenden Systems festzustellen und zu analysieren und diese Funktion und Leistung dann jedem der in Abb. 2.1 gezeigten Systemelemente zuzuordnen. Der Prozeß der *Zuordnung* ist der Dreh- und Angelpunkt des System Engineering. Nachdem die Zuordnung abgeschlossen ist, kann jedes Systemelement so spezifiziert werden, daß eine Grundlage für alle anschließenden Arbeiten vorhanden ist.

Die so festgelegten Funktionalitäten und Leistungsmerkmale bilden die Grundlage jedes Software Engineering. Es ist deshalb wichtig, daß wir unsere schrittweise Einführung in die Prinzipien des Software Engineering auf der Systemebene beginnen.

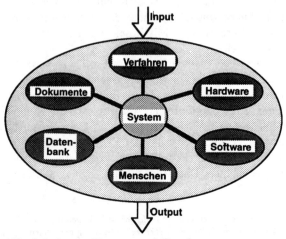

Abb. 2.1 System-Elemente und Zuordnung

Entwickeln Sie oder verschaffen Sie sich eine Beschreibung des System-Anwendungsbereichs

Um Funktion und Leistung eines rechnergestützten Systems zu verstehen, müssen wir mit einer allgemeinen *Beschreibung des Anwendungsbereichs* beginnen. Die Beschreibung des Anwendungsbereichs legt die entscheidenden Systemziele fest und setzt uns in den Stand, wesentliche Systemfunktionen und wichtige Leistungsparameter abzuleiten. In einigen Fällen wurde der Anwendungsbereich von dem Individuum oder der juristischen Person (hier als „Kunde" bezeichnet), die die Entwicklung eines rechnergestützten Systems in Auftrag gegeben haben, bereits angegeben. In der Mehrzahl der Fälle muß der Systementwickler jedoch zusammen mit dem Kunden eine umfassende Beschreibung des Anwendungsbereichs erstellen. Ungeachtet dessen jedoch, wer nun den Anwendungsbereich beschreibt, sollten folgende Einzelschritte ausgeführt werden.

Fragen Sie solange, bis Sie die allgemeine Systemfunktion verstehen

Bevor der Prozeß des Software Engineering beginnen kann, müssen wir uns über die allgemeine Funktion des rechnergestützten Systems sowie die Rolle der Software innerhalb dieses Systems im klaren sein. Im Idealfall erhalten wir von unserem Kunden eine detaillierte Beschreibung der Systemfunktion. In der Realität muß der Software-Ingenieur jedoch eine Reihe von Fragen formulieren, die dem Kunden helfen, seine Bedürfnisse präzise und eindeutig zu beschreiben.

Zunächst sollten sich die Fragen auf den Output konzentrieren. Welche Informationen oder Steuerdaten soll das System erzeugen? Welches Format, welchen Inhalt und welche Struktur haben die Ausgabe-Daten? Werden sie in Report-Form, als grafische Darstellungen oder in einem spezialisierten Format benötigt? Wer macht von den Ausgabe-Daten Gebrauch? Welche anderen Systeme benutzen die Ausgabe-Daten? Antworten auf Fragen wie diese helfen dem Software-Ingenieur, die allgemeinen Systemziele einzukreisen und zu einer impliziten Beschreibung der Systemfunktion zu gelangen.

Als nächstes sollten sich die Fragen auf den Input richten. Welche Informationen oder Steuerdaten akzeptiert das System als Input? Werden die Eingabe-Daten im Dialog bereitgestellt? Welche Plausibilitätsprüfung und Kontrollen sind erforderlich? Welches Format müssen die Eingaben haben? Woher kommen die Eingaben?

Aus den Antworten des Kunden auf Fragen, die die Ein- und Ausgaben betreffen, werden sich oft wesentliche Informationen über die Systemfunktion ergeben. Wenn der Kunde etwa mitteilt, daß „ein Histogramm, das die Durchschnittszensuren der Studenten in jedem Informatik-Seminar darstellt", als Output erzeugt werden soll, können wir daraus folgern, daß (1) wahrscheinlich eine Funktion zur Berechnung des Notendurchschnitts erforderlich sein wird, (2) eine Funktion, die Histogramme (grafischen Output) erzeugt, entwickelt oder erworben werden muß, und (3) Daten aus mehr als einem Seminar verarbeitet werden müssen.

Als Drittes folgen dann Fragen, die darauf abzielen, unser Wissen über die verlangte Systemfunktion zu präzisieren. Die Gültigkeit unserer Schlußfolgerungen aus den Antworten des Kunden auf unsere Fragen zum Input und Output wird daran überprüft, wie der Kunde die Arbeitsweise des Systems beschreibt. Anhand weiterer Fragen wird versucht, jede aus den Ein-/Ausgabe-Anforderungen abgeleitete Funktion zu klären. Die Antworten auf diese Fragen führen zusammen mit den früheren Antworten zu einer schriftlich fixierten Beschreibung des Anwendungsbereichs.

Beschreiben Sie die allgemeine Systemfunktion

Eine Beschreibung der allgemeinen Systemfunktion ist oftmals eine Kurzbeschreibung, die die allgemeinen Ziele des rechnergestützten Systems umreißt. In diesem Abschnitt wird klar und eindeutig beschrieben, welche Funktion(en) das System ausführen soll und welche Informationen es benötigt und erzeugt. Die Beschreibung des Anwendungsbereichs für das Programm zur numerischen Integration könnte beispielsweise so lauten:

Es soll ein System entwickelt werden, das mit Hilfe numerischer Verfahren das Integral einer Funktion $f(x)$ zwischen den Integrationsgrenzen a und b berechnet. Lediglich Funktionen der Form $f(x) = px^3 + qx^2 + rx + s$ sollen berücksichtigt werden.

Diese Beschreibung des Anwendungsbereichs läßt viele Fragen offen. Soll das „System" computerisiert oder manuell sein? Welcher Genauigkeitsgrad wird verlangt? Wie werden die Funktion $f(x)$ und die Integrationsgrenzen a und b beschrieben? Wie schnell muß die Integration ausgeführt werden?

Wenn die Beschreibung des Anwendungsbereichs verfeinert wird (um Antworten auf die vorhergehenden und auf neue Fragen zu erhalten), passiert zweierlei: die Funktion wird bestimmt und analysiert, und die Rolle jedes Systemelements wird festgelegt. Wenn zum Beispiel nur ein Näherungswert benötigt wird, es nicht auf Geschwindigkeit ankommt und die Methode der Implementierung unwichtig ist, könnte die beste Zuordnung in diesem Fall eine rein manuelle sein: grafische Integration mit Hilfe von Papier und Bleistift. Die geeigneten Systemelemente sind eine Person, Instruktionen (Verfahren) und eine grafische Darstellung von $f(x)$ auf Millimeterpapier (Information). Falls es dagegen auf große Genauigkeit ankommt und in jeder Minute Hunderte von Integralen berechnet werden müssen, ist eine rechnergestützte Lösung notwendig. In diesem Fall wären die geeigneten Systemelemente Hardware, Software, Menschen, Dokumente, Informationen und Verfahren.

Bei sehr einfachen Aufgaben wie etwa der numerischen Integration ergibt sich der Prozeß des Bestimmens, Analysierens und Zuordnens oft von allein. Zur Lösung komplexerer Aufgaben müssen wir jedoch systematischer vorgehen.

Beginnen wir unsere Erörterung eines systematischen Ansatzes, indem wir eine kompliziertere Aufgabe betrachten: ein rechnergestütztes System, das es einem Automobil (und seinem Fahrer) ermöglicht, auf der Autobahn eine konstante Geschwindigkeit einzuhalten („Tempostat"). Eine Beschreibung des Anwendungsbereichs könnte zunächst so lauten:

Das Tempostat-System hält die Fahrgeschwindigkeit konstant, wenn der Fahrer es eingeschaltet hat. Die Geschwindigkeit wird so lange beibehalten, bis das System abgeschaltet wird oder bis der Fahrer die Bremse betätigt.

Diese Beschreibung umfaßt sowohl den Zweck des Systems als auch seine allgemeine Funktion. Es enthält außerdem Hinweise auf die benötigte Information (eine Geschwindigkeitseinstellung) sowie auf die erzeugte Information (Aufrechterhaltung einer konstanten Geschwindigkeit). Viele Einzelheiten wurden jedoch nicht berücksichtigt. Wir haben den Zweck und die allgemeine Funktion des Systems auf einer hohen *Abstraktionsebene* beschrieben. Das heißt, daß funktionelle Details bisher unberücksichtigt blieben, eine präzise Festlegung des Inputs und Outputs noch nicht erfolgt ist und Implementierungsdetails generell weggelassen wurden. Es ist jedoch festzuhalten, daß der Verzicht auf solche Einzelheiten auf dieser Stufe der Systembeschreibung völlig akzeptabel ist. Unsere Aufgabe besteht nicht darin, einen detaillierten Entwurf für den Tempostaten zu entwickeln – das kommt erst später an die Reihe – sondern den Anwendungsbereich zu beschreiben.

Dies mag manchem Leser sinnlos und überflüssig vorkommen, da ja schon die Bezeichnung „Tempostat" eine Vielzahl von Funktionen und Leistungsmerkmalen impliziert. Tatsächlich kann unser „Verständnis" der Funktion eines Tempostaten jedoch genauso viele Probleme aufwerfen, wie es löst.

Der Begriff Tempostat ist eine *prozedurale Abstraktion*. Für den informierten Leser enthält er eine ganze Gruppe von Funktionen und Leistungsmerkmalen. Wenn wir diese prozedurale Abstraktion benutzen, implizieren wir bestimmte Systemfunktionen auf höchster Ebene. Dennoch müssen wir uns vor der Annahme hüten, daß jeder, der den Begriff *Tempostat* liest, notwendigerweise Funktion, Input/Output und Implementierungsdetails in genau der gleichen Weise interpretieren wird. Selbstverständlich gibt es verschiedene Möglichkeiten, wie solche Temporegler für Autos funktionieren können, und es gibt auch mehrere Wege, sie zu implementieren. Der Gebrauch einer prozeduralen Abstraktion kann deshalb hilfreich, manchmal aber auch gefährlich sein. Die Verwendung solcher Abstraktionen ermöglicht es, daß mehrere Menschen in einer präzisen Art und Weise über ein Konzept sprechen können. Abstraktionen können allerdings auch Probleme schaffen, da jeder Gesprächsteilnehmer voraussetzt, daß seine Auffassung des Systems von den anderen geteilt wird.

Deshalb müssen wir die Vorstellungen über das System schriftlich festhalten. Ein erfahrener System-Ingenieur hat es einmal so ausgedrückt: „Alle sind sich immer darüber einig, daß eine Systembeschreibung korrekt ist – bis sich jemand dazu entschließt, sie schriftlich niederzulegen."

Es gibt viele Möglichkeiten, eine Beschreibung der allgemeinen Systemfunktion zu entwickeln. In fast allen Fällen ist es jedoch sinnvoll, sie anfangs sehr einfach zu halten. Die erste Beschreibung oder Skizze der allgemeinen Systemfunktionen sollte deshalb aus einem einfachen Satz bestehen (einem Subjekt, einem Verb und einem Objekt). Eine Beschreibung der allgemeinen Systemfunktion eines Tempostaten könnte etwa so lauten:

Das Tempostat-System hält die Fahrgeschwindigkeit aufrecht.

Anschließende Iterationen dieses einfachen Satzes können und werden Subjekt, Verb und Objekt präzisieren, um mehr Einzelheiten und weniger Ambiguität zu erreichen. Unsere ursprüngliche Beschreibung des Anwendungsbereichs für einen Tempostaten könnte vielleicht die erste Iteration des obigen einfachen Satzes darstellen. Als ein erster Schritt verschafft uns der einfache Satz jedoch einen Mechanismus, der uns hilft, unsere Gedanken präzise und zugleich effektiv zu organisieren.

Legen Sie die entscheidenden Ein- und Ausgaben fest

Unabhängig vom Anwendungsbereich dient jedes rechnergestützte System der *Informationsverarbeitung*: Eingabedaten werden vom System in Ausgabedaten transformiert. Als nächster Schritt bei der Erarbeitung einer Beschreibung des Anwendungsbereichs werden deshalb die grundlegenden Ein- und Ausgaben des rechnergestützten Systems beschrieben. In den ersten Phasen des System Engineering empfiehlt es sich oft, die vom System zu transformierenden Daten in zwei große Kategorien zu gliedern: Datenelemente und

Steuerdaten. Ein *Datenelement* ist jede System-Eingabe oder -Ausgabe, die einen Informationsgehalt hat und von der Software eines rechnergestützten Systems transformiert (d.h., modifiziert, reorganisiert, berechnet, kombiniert) wird. Rechnerische oder kombinatorische Algorithmen transformieren Datenelemente im allgemeinen in irgendeiner Weise. Ein *Steuerdatum* impliziert generell das Auftreten einer bestimmten Aktion oder eines bestimmten Ereignisses oder löst eine bestimmte Aktion oder ein bestimmtes Ereignis aus.

Um den Unterschied zwischen Datenelementen und Steuerdaten zu verdeutlichen, nehmen wir an, daß das Tempostat-System dem Fahrer gestattet, die gewünschte Geschwindigkeit auf einer numerischen Tastatur am Armaturenbrett einzutippen (Vorsicht: Dialogschnittstelle). Die gewünschte Geschwindigkeit ist ein Datenelement − d.h., ein System-Input, der von der Tempostat-Software verarbeitet und in einen Geschwindigkeits-Grenzwert transformiert wird. Um den Tempostaten auszuschalten, muß der Fahrer auf das Bremspedal treten oder einen *Tempostat-Ausschalt-Knopf* drücken. Beide Handlungen lösen einen Impuls aus, der von der Tempostat-Software gelesen wird. Da dieser Impuls nicht in irgendeiner signifikanten Weise transformiert (modifiziert, reorganisiert, berechnet, kombiniert) wird, sondern ein *Ereignis* darstellt, das eine unmittelbare Veränderung der Systemfunktion bewirkt, könnte er als Steuerdatum betrachtet werden.

In vielen Fällen ist die Unterscheidung zwischen Datenelementen und Steuerdaten ziemlich spitzfindig. Alle Steuerdaten werden zu einem bestimmten Grad von Software verarbeitet und transformiert, und viele reine Datenelemente können letzten Endes in irgendeiner Weise die Systemfunktion steuern.

Listen Sie alle Randbedingungen auf, die das System beeinflussen

Spezifikation und Design eines rechnergestützten Systems stoßen aus vielen Gründen auf Einschränkungen:

- Rentabilitätserwägungen können sowohl die technischen als auch die menschlichen Ressourcen, die für ein Projekt eingesetzt werden können, begrenzen.
- Die Charakteristika des einen Systemelements können sich einschränkend auf die Spezifikation und das Design eines anderen Systemelements auswirken.
- Die Umgebung, in der das System arbeiten soll, kann äußere Einschränkungen für die Funktionsweise und die Leistung des Systems mit sich bringen.

Wie sich solche Randbedingungen auf ein System auswirken, kann an einem einfachen Beispiel gezeigt werden:

Eine Firma, die sich mit Produktionsautomatisierung befaßt, plant die Entwicklung eines extrem preisgünstigen Roboters, der für Montagearbeiten in kleineren Produktionsunternehmen eingesetzt werden kann. Eine vorbereitende Marktstudie läßt erkennen, daß die Kosten möglichst niedrig gehalten werden müssen, wenn man in diesen spezialisierten Markt vordringen möchte. Damit die Steuereinrichtung des Roboters (Robot Control Unit, RCU) möglichst preiswert ist, fällt die Entscheidung zugunsten eines Personal Computers mit einem maximalen Adreßraum von 512 Kbytes; ausschlaggebend für diese Wahl sind die niedrigen Kosten und die allgemeine Zuverlässigkeit.

Die Wichtigkeit der Hardware

Die Entscheidung für die PC-Hardware könnte gravierende Einschränkungen zur Folge haben. Steuerprogramme müssen so geschrieben werden, daß sie in den adressierbaren Speicher von 512 K passen. Beim Aufstellen der Algorithmen muß darauf geachtet werden, daß die erforderliche Leistung zur Steuerung des Roboters im Rahmen der hardwaremäßigen Leistungsbegrenzung des PCs erzielt werden kann. Bei der Wahl einer Programmiersprache zur Implementierung wird man sich unter den in der Industrie bewährten Sprachen, die für den PC verfügbar sind, umsehen müssen. Das „Standard"-Betriebssystem des PCs muß modifiziert werden, um den spezialisierten Multitasking-Anforderungen einer Robotersteuerung zu genügen.

Jede dieser Einschränkungen verkörpert die Auswirkungen der Hardware auf die Software-Elemente; die Wahl der Hardware wiederum wurde von Wirtschaftlichkeitserwägungen geleitet (z.B. niedrige Kosten).

Doch warum sollte man sich damit abgeben, solche Beschränkungen aufzulisten? Anscheinend steht die Hardware bereits fest, und wir können an dieser Entscheidung kaum etwas ändern. Dem Software-Entwickler bleibt ohnehin nichts anderes übrig, als mit der bereits vorhandenen Umgebung zu leben.

Man muß sich jedoch darüber im klaren sein, daß solch eine fatalistische Haltung manchmal kontraproduktiv sein kann. Obwohl die PC-Hardware (in unserem Beispiel) bereits ausgewählt wurde, ist es möglicherweise noch nicht zu spät, „sich anders zu besinnen", wenn die der Software auferlegten Beschränkungen so gravierend sind, daß (1) die Entwicklung der Software unverhältnismäßig lange dauern würde, was die Kosten der Software-Entwicklung ins Astronomische treiben würde; (2) das Erreichen der erforderlichen Steuerungsleistung nicht garantiert werden kann; oder (3) Modifikationen des Standard-Betriebssystems nicht möglich sind.

Wenn wir solche Einschränkungen auflisten, nehmen wir implizit eine Überprüfung vor. Jede Beschränkung bedeutet ein potentielles Problem bei der Entwicklung eines oder mehrerer Systemelemente. Wenn dieses Problem nicht gelöst werden kann, sollte der System-Ingenieur noch einmal die Gründe der Beschränkung betrachten und versuchen, das System so zu beschreiben, daß die Beschränkung beseitigt wird.

Einige Beschränkungen lassen sich jedoch nicht so mühelos beseitigen. Nehmen wir z.B. den Entwickler eines Bankterminal-Netzes für eine große Verbraucherbank. Das Netz besteht aus mehreren Computern und der entsprechenden Software, einer Datenbank, menschlichem Bedienungspersonal sowie grundlegender Dokumentation und Verfahren. Die Verarbeitungsfähigkeiten der Hardware, die Organisation der Datenbank, die Anforderungen der ungeschulten menschlichen „Operateure" (der Bankkunden) und viele andere Faktoren werden eine Reihe von Beschränkungen diktieren, die bei der Entwicklung dieses rechnergestützten Systems beachtet werden müssen. Außerdem ergeben sich aus der Natur der Anwendung *implizite Beschränkungen*:

1. Angemessene Sicherheit ist notwendig, damit die Interessen der Bank und ihrer Kunden geschützt werden;

2. Zuverlässigkeit ist notwendig, damit die Kunden problemlos mit dem Bankterminal umgehen können;

3. Ausbaufähigkeit ist notwendig, damit das Netz einem Wachstum der Bankgeschäfte angepaßt werden kann;

4. Erweiterungsfähigkeit ist notwendig, damit die Bank ihr Dienstleistungsangebot erweitern kann, um konkurrenzfähig zu bleiben.

Alle diese impliziten Beschränkungen sollten zu diesem Zeitpunkt aufgelistet werden. Jede von ihnen impliziert, daß bestimmte Systemelemente spezielle Eigenschaften aufweisen und in vielen Fällen spezielle Funktionen ausführen müssen.

Ist eine Berücksichtigung der Beschränkungen auch bei „kleineren" Aufgaben sinnvoll? Die Antwort lautet uneingeschränkt „Ja"! Bei einer erneuten Betrachtung unseres weiter oben erörterten Beispiels der numerischen Integration sehen wir, daß die ausdrücklichen und die impliziten Beschränkungen bei der Lösung dieser Aufgabe die Brauchbarkeit des Systems beeinflussen. Die ursprüngliche Beschreibung des Anwendungsbereichs für die numerische Integration besagt ausdrücklich, daß die zu integrierenden Funktionen auf die Formel

$$f(x) = px^3 + qx^2 + rx + s$$

begrenzt sind.

Offensichtlich haben wir viele nützliche Funktionen ausgeschlossen und so das Einsatzspektrum des Systems eingeschränkt. Eine Analyse der Aufgabe wird außerdem implizite Beschränkungen aufdecken. Der Kunde könnte beispielsweise andeuten, daß die Eingaben für das Programm interaktiv erfolgen sollten – damit schränkt er die Ein-/Ausgabe ein und verlangt implizit eine benutzerfreundliche Dialogschnittstelle. Eine Analyse könnte aber auch aufdecken, daß die numerische Integration 100 000 Integrationen in weniger als 100 Millisekunden ausführen muß. Diese extrem hohe Leistungsanforderung schließt jeden menschlichen Eingriff aus und beschränkt den Systementwurf dahingehend, daß sie spezialisierte Hard- und Software erfordert.

Erstellen Sie eine Kurzbeschreibung

Wenn wir jeden der Schritte, die mit der Entwicklung einer Beschreibung des Anwendungsbereichs für ein rechnergestütztes System verbunden sind, richtig ausgeführt haben, haben wir nun folgende Informationen zu Papier gebracht:

- Eine Beschreibung der allgemeinen Systemfunktion
- Eine Auflistung der wesentlichen Ein-/Ausgabe-Datenelemente
- Eine Auflistung wichtiger System-Beschränkungen

Diese Informationen sind die Grundlage einer kurzen, allgemeinverständlichen Darstellung der allgemeinen Funktionsweise und Eigenschaften des Systems. Diese Darstellung sollte so abgefaßt sein, daß wichtige Systemfunktionen genau und einfach beschrieben werden. Sie sollte Verweise auf wichtige Datenelemente und Steuerdaten enthalten und beschreiben, wie diese Elemente mit den wesentlichen Systemfunktionen zusammenhängen. Weil diese Darstellung der maßgebliche Input für die folgenden Schritte des System-Engineering ist, sollte sie sehr sorgfältig ausgearbeitet werden. Oft ist es der Mühe wert, sie iterativ zu erarbeiten, also mit einer ersten Skizze zu beginnen, „sie erst einmal liegen zu lassen" und dann darauf zurückzukommen, um eine zweite (und eventuell sogar eine dritte) Skizze zu erstellen.

Jede Iteration (ein besseres Wort wäre vielleicht *Überarbeitung*) der Beschreibung des Anwendungsbereichs beseitigt Mehrdeutigkeit und verhilft uns zu mehr Einzelheiten. Dies läßt sich anhand unserer ersten Skizze für die Beschreibung des Anwendungsbereichs für das (oben erörterte) Tempostatsystem verdeutlichen:

Das Tempostat-System hält die Fahrgeschwindigkeit aufrecht.

Obwohl diese Beschreibung den Anwendungsbereich definiert, enthält sie kaum Einzelheiten und muß noch präzisiert werden. Nach Gesprächen mit dem Kunden schreiben wir:

Das Tempostat-System hält die Fahrgeschwindigkeit konstant, wenn der Fahrer es eingeschaltet hat. Die Geschwindigkeit wird so lange beibehalten, bis das System abgeschaltet wird oder bis der Fahrer die Bremse betätigt.

Das ist schon besser, aber immer noch relativ ungenau. Wir müssen wissen, welche Abweichung von der konstanten Geschwindigkeit akzeptabel ist, welcher Mechanismus benutzt werden soll, um die Geschwindigkeit „einzustellen", und durch welchen Mechanismus das System abgeschaltet wird. Außerdem müssen wir etwaige implizite Anforderungen oder Beschränkungen ermitteln (z.B. Sicherheitsmerkmale). Wichtig ist jedoch, daß wir nicht festzulegen brauchen, wie das System seine Funktion ausführen wird. Zu diesem Zeitpunkt besteht unsere Aufgabe ausschließlich darin, das Problem so explizit wie möglich zu formulieren. Eine dritte Skizze sieht so aus:

Das Tempostat-System hält die Fahrgeschwindigkeit gemäß einem vom Fahrer bestimmten nominalen Geschwindigkeitswert innerhalb eines Toleranzbereichs von +/− 3 km/h konstant. Der nominale Geschwindigkeitswert kann vom Fahrer auf zwei Arten eingestellt werden: (1) durch Betätigen einer **Geschwindigkeits-Einstell-Taste**, wenn das Auto mit einer Geschwindigkeit von 70 km/h oder mehr fährt, oder (2) durch Eingeben der gewünschten Geschwindigkeit auf einer Tastatur am Armaturenbrett. Daten der Kraftübertragung werden in Intervallen von 0,1 Sek. überprüft, und einmal pro Sekunde wird ihr Durchschnitt ermittelt. Das System paßt einmal pro Sekunde die Geschwindigkeit an. Der Tempostat wird automatisch außer Betrieb gesetzt, wenn die nominale Geschwindigkeit unter 70 km/Std. fällt. Außerdem kann der Fahrer das System durch Betätigen der Bremse oder Drücken eines **Tempostat-Aus-Knopfes** abschalten.

Mit jeder Überarbeitung werden mehr Einzelheiten festgelegt; zugleich tauchen jedoch weitere Fragen auf. Die weiteren Schritte der System-Engineering-Methode bestehen darin, Antworten auf diese Fragen zu finden.

Bestimmen Sie Prozesse und Entitäten auf höchster Ebene

Wir haben ein rechnergestütztes System als ein Gefüge von zusammenhängenden Elementen beschrieben, die eine zuvor festgelegte Aufgabe erfüllen, indem sie eine Reihe von Funktionen ausführen, bei denen in irgendeiner Weise Informationen transformiert werden. Jedes Systemelement führt eine oder mehrere Funktionen aus oder trägt zu einer oder mehreren Funktionen bei, in denen Daten umgeformt werden, um die Aufgabe des Systems zu erfüllen. Wenn wir ein System unter diesem Gesichtspunkt beschreiben, nehmen wir einen *funktionsorientierten* Standpunkt ein.

Ein rechnergestütztes System läßt sich aber auch aus einer *objektorientierten* Perspektive betrachten. In diesem Fall wird das System beschrieben, indem man *Objekte* (auch *Entitäten* genannt) herausarbeitet, die innerhalb der allgemeinen Systemumgebung existieren. Jedes Objekt ist eine Abstraktion, die sowohl Daten als auch die zur Verarbeitung der Daten erforderlichen Prozesse umfaßt. Ein Objekt repräsentiert jedes beliebige Objekt der realen Welt (etwa einen Roboter oder ein Bankterminal) oder spezifische Subkomponenten, die das Objekt umfaßt. Objektorientierte Methoden (bei der Software-Entwicklung) werden in Kapitel 3 beschrieben.

Die mit der Bestimmung von Prozessen und Objekten auf höchster Ebene verbundenen Einzelschritte setzen uns in den Stand, das gesamte rechnergestützte System zu beschreiben. Im wesentlichen verfeinern diese Schritte die Beschreibung des Anwendungsbereichs und verschaffen uns eine Grundlage für die Zuordnung von Funktionen und Leistungen zu bestimmten Systemelementen.

Überprüfen Sie die Beschreibung des Anwendungsbereichs und wählen Sie Objekte aus

Wenn wir noch einmal auf unsere Kurzbeschreibung des allgemeinen Anwendungsbereichs des rechnergestützten Systems zurückkommen, können wir eine relativ einfache Methode zur Auswahl der Objekte entwickeln.

1. Die allgemeinverständliche Kurzdarstellung, die den Anwendungsbereich des Systems beschreibt, wird überprüft, um sicherzustellen, daß die Information auf einer einheitlichen Detaillierungsebene dargestellt wird. Die Darstellung darf also nicht gleichzeitig funktionale Beschreibungen auf höchster Ebene und detaillierte Implementierungs-Angaben enthalten.

2. Die Objekte werden bestimmt, indem man jedes Substantiv oder substantivisch verwendete Wort unterstreicht und in eine einfache Tabelle einträgt. Auch Synonyme sollten notiert werden.

3. Attribute von Objekten werden ermittelt, indem man alle Adjektive unterstreicht und sie dann ihren jeweiligen Objekten (Substantiven) zuordnet.

Als Beispiel betrachten wir noch einmal das in diesem Kapitel erörterte preisgünstige Industrierobotersystem zur Ausführung von Montagearbeiten. Für diesen Roboter wurde die folgende allgemeinverständliche Kurzdarstellung des Anwendungsbereichs ausgearbeitet:

Der PGR (Preisgünstiger Roboter) 1000 ist ein preisgünstiges Industrierobotersystem, das Montagearbeiten ausführt. Der Roboter wird mittels einer Programmierkonsole programmiert, das es dem Operateur gestattet, Raumpunkte für die Roboterarm-Bewegung und Koordinationskommandos für das Greifen einzugeben. Weitere Befehle können über ein Terminal in der Roboter-Programmiersprache ROBL eingegeben werden. Wenn der Programmiervorgang abgeschlossen ist, wird ein vollständiges ROBL-Programm im Speicher abgelegt und von der Robot Control Unit (RCU) interpretiert. Die RCU liest die ROBL-Befehle und decodiert jeden Befehl. Die RCU interpoliert Bewegungs-Steuerungs-Koordinaten für die Roboterbewegung, erzeugt Steuerimpulse, die das Servosystem des Roboters aktivieren und interpretiert die Meßdaten der Servosystem-Sensoren. Das RCU-Terminal ermöglicht es dem Operateur, durch das Simulieren jeder ROBL-Anweisung die Roboterbewegungen vorherzusehen und die Roboter-Bewegungslinie auf dem Bildschirm anzuzeigen.

Man muß sich darüber im klaren sein, daß diese Kurzdarstellung nur eines von mehreren Informations-Elementen ist, die das PGR-System beschreiben. Neben dieser Kurzbeschreibung werden die maßgeblichen Ein-/Ausgaben separat aufgelistet, Leistungsmerkmale definiert, explizite und implizite Randbedingungen festgehalten und die Funktion des Gesamtsystems detaillierter beschrieben.

Die obige Darstellung beantwortet viele Fragen, wirft aber auch viele neue auf: Wie wird die Programmierkonsole benutzt, um den Roboter zu programmieren? Welche Struktur hat die ROBL-Sprache? Welche physische Konfiguration besitzt der PGR? Welche Leistungsmerkmale werden verlangt? Diese und andere Fragen lassen sich mit Hilfe der oben erwähnten zusätzlichen Informationen beantworten oder werden genauer spezifiziert, wenn spätere System-Engineering-Schritte durchgeführt werden.

Wenn wir nun die drei Einzelschritte anwenden, mit deren Hilfe wir die Beschreibung des Anwendungsbereichs überprüfen und Entitäten bestimmen können, stellen wir fest, daß die kurze, allgemeinverständliche Darstellung auf einer einheitlichen Detaillierungsebene abgefaßt wurde. Wir kehren nun zu dieser Kurzdarstellung zurück und unterstreichen sämtliche Substantive (die möglichen Objekte):

Der PGR (Preisgünstiger Roboter) 1000 ist ein preisgünstiges **Industrierobotersystem**, das **Montagearbeiten** ausführt. Der **Roboter** *wird mittels einer* **Programmierkonsole** *programmiert, das es dem* **Operateur** *gestattet,* **Raumpunkte** *für die* **Roboterarm-Bewegung** *und* **Koordinationskommandos** *für das Greifen einzugeben. Weitere* **Befehle** *können über ein* **Terminal** *in der* **Roboter-Programmiersprache ROBL** *eingegeben* werden. Wenn der Programmiervorgang abgeschlossen ist, wird ein vollständiges **ROBL-Programm** im **Speicher** abgelegt und von der **Robot Control Unit (RCU)** interpretiert. Die **RCU** liest die **ROBL-Befehle** und decodiert jeden **Befehl**. Die **RCU** interpoliert **Bewegungs-Steuerungs-Koordinaten** für die **Roboterbewegung**, erzeugt **Steuerimpulse**, die das **Servosystem** des Roboters aktivieren und interpretiert die **Meßdaten** der **Servosystem-Sensoren**. Das **RCU-Terminal** ermöglicht es dem **Operateur**, durch das Simulieren jeder **ROBL-Anweisung** die **Roboterbewegungen** vorherzusehen und die **Roboter-Bewegungslinie** auf dem **Bildschirm** anzuzeigen.

Jedes der durch halbfette Schreibweise hervorgehobenen Objekte wird in Tabelle 2.1 eingetragen. Da wir oft verschiedene Bezeichnungen für ein und dasselbe Objekt verwenden, werden auch solche gleichbedeutenden Bezeichnungen in der Tabelle vermerkt. Allerdings ist die Tabelle noch unvollständig. Die Spalte *Zuordnung* wird in einem späteren System-Engineering-Schritt ausgefüllt.

Überprüfen Sie die Beschreibung des Anwendungsbereichs und wählen Sie Prozesse aus

Die Prozesse, die ein rechnergestütztes System ausführt, sind direkt an die Gesamtfunktion des Systems gebunden. Wir kommen nun noch einmal auf unsere Kurzdarstellung zurück, die den Anwendungsbereich für das rechnergestützte System beschreibt. Eine relativ einfache Methode zur Auswahl der Prozesse besteht aus folgenden beiden Einzelschritten:

Methoden der Prozeßauswahl

1. Prozesse werden ermittelt, indem man alle Verben bzw. Prädikate unterstreicht und jeden Prozeß mit der entsprechenden Entität verbindet.

2. Attribute von Prozessen werden ermittelt, indem man alle Adverbien unterstreicht und sie dann mit ihren jeweiligen Prozessen (Verben) verbindet.

Dieses Verfahren läßt sich anhand des Robotersystem-Beispiels verdeutlichen. Diesmal unterstreichen wir jedoch die „Aktions"-Verben (beispielsweise „liest" oder „berechnet"), um wichtige Systemprozesse zu definieren:

Der PGR (Preisgünstiger Roboter) 1000 ist ein preisgünstiges Industrierobotersystem, das Montagearbeiten **ausführt.** Der Roboter wird mittels einer Programmierkonsole **programmiert**, das es dem Operateur **gestattet**, Raumpunkte für die **Roboterarm-Bewegung** und **Koordinationskommandos** für das Greifen **einzugeben**. Weitere Kommandos **können** über ein Terminal in der Roboter-Programmiersprache ROBL **eingegeben werden.** Wenn der Programmiervorgang abgeschlossen ist, **wird** ein vollstän-

Tabelle 2.1 Objekt-Tabelle

Objekt-Bezeichnung	Synonym	Zuordnung
Industrierobotersystem		
Montagearbeiten		
Programmierkonsole		
Operateur		
Raumpunkte		
Roboterarm-Bewegung		
Koordinationskommandos	Kommandos	
Terminal	RCU-Terminal	
Roboter-Programmiersprache	ROBL	
ROBL-Programm		
Speicher		
RCU		
ROBL-Befehle	Befehle	
Bewegungs-Steuerungs-Koordinaten		
Roboterbewegung		
Steuerimpulse		
Servosystem		
Meßdaten		
Servosystem-Sensoren		
Roboter-Bewegungslinie	Roboterarm-Bewegung	
Bildschirm	RCU-Terminal	

diges ROBL-Programm im Speicher *abgelegt* und von der Robot Control Unit (RCU) *interpretiert*. Die RCU *liest* die ROBL-Befehle und *decodiert* jeden Befehl. Die RCU *interpoliert* Bewegungs-Steuerungs-Koordinaten für die Roboterbewegung, *erzeugt* Steuerimpulse, die das Servosystem des Roboters *aktivieren* und *interpretiert* die Meßdaten der Servosystem-Sensoren. Das RCU-Terminal *ermöglicht* es dem Operateur, durch das *Simulieren* jeder ROBL-Anweisung die Roboterbewegungen *vorherzusehen* und die Roboter-Bewegungslinie auf dem Bildschirm *anzuzeigen*.

Tabelle 2.2 Prozeß-Tabelle

Prozeß	Auslöser	Objekt
ausführt	Robotersystem	Montagearbeiten
wird programmiert	Robotersystem	
gestattet	Lehrsystem	Operateur
einzugeben	Operateur	Raumpunkte
können eingegeben werden Befehle		
wird abgelegt	ROBL-Programm	
interpretiert	ROBL-Programm	
	RCU	
liest	RCU	ROBL-Befehle
decodiert	RCU	ROBl-Befehle
interpoliert	RCU	Bewegungs-Koord.
erzeugt	RCU	Steuerimpulse
aktiviert	RCU	Servosystem
interpretiert	RCU	Feedback
vorherzusehen	Operateur	Bewegungslinie
simulieren	ROBL-Befehle	
anzuzeigen	Bewegungslinie	

Jeder in dieser Kurzbeschreibung halbfett markierte Prozeß wird in Tabelle 2.2 eingetragen. Die Tabelle enthält also den Prozeß, die Entität (*Auslöser* genannt), die den Prozeß auslöst, und das Objekt, auf das durch den Prozeß eingewirkt wird.

In den Tabellen 2.1 und 2.2 sind alle wichtigen Objekte und Prozesse für ein rechnergestütztes System zusammengefaßt. Die *Prozeß-Tabelle* (Tabelle 2.2) kann dazu benutzt werden, Objekte und die auf sie einwirkenden Prozesse miteinander zu verknüpfen. Man muß jedoch darauf achten, daß die endgültige Version der Prozeßtabelle tatsächlich Verweise auf alle Objekte enthält, die in der Objekt-Tabelle (Tabelle 2.1) enthalten sind; eine Ausnahme bilden lediglich Objekte, die außerhalb der Systemgrenzen liegen.

Zu diesem Zweck müssen wir uns noch einmal die Kurzbeschreibung vornehmen, die den Anwendungsbereich des Systems enthält. Prozesse, die nicht explizit benannt worden sind, müssen aus den Formulierungen dieser Darstellung abgeleitet werden. So taucht z.B. die Entität **Roboterarm-Bewegungen** in Tabelle 2.2 nicht auf. Bewegungen des Roboterarms ergeben sich aus den einzelnen Raumpunkten (**Bewegungssteuerungs-Koordinaten**), die als ROBL-Anweisungen repräsentiert sind und über die Programmierkonsole programmiert werden. Die RCU löst die Bewegungen des Roboterarms aus, indem sie die entsprechenden Steuerimpulse an das Servosystem des Roboters sendet. Ein weiterer Eintrag in der Prozeßtabelle könnte deshalb so aussehen:

Prozeß	Auslöser	Objekt
ausgelöst durch	Roboterarm-Bewegung	RCU

Eine entsprechende Analyse wird für alle Entitäten durchgeführt, die nicht in Tabelle 2.2 vorkommen.

Ordnen Sie Prozesse und Entitäten physikalischen Systemelementen zu

Der Schritt der Zuordnung ist der Kernpunkt des erfolgreichen System Engineering. Bisher haben wir wichtige Informationen gesammelt und dokumentiert und dabei alle mit dem System verbundenen Objekte sowie die auf sie einwirkenden Prozesse definiert. Wir haben die Objekte und die mit ihnen verbundenen Prozesse beschrieben, ohne uns darum zu kümmern, welches spezielle Systemelement es uns ermöglichen wird, ein gegebenes Objekt oder einen Prozeß zu implementieren. Wir haben also ein *essentielles* Modell des Systems entwickelt – ein Modell, das Objekte und Verarbeitungsanforderungen beschreibt, ohne ihre Implementierung zu berücksichtigen.

Der Prozeß der Zuordnung führt uns zu einem *Implementierungsmodell* des Systems. In dieser Phase dient das Implementierungsmodell lediglich dazu, festzulegen, wie die von dem rechnergestützten System auszuführenden Aufgaben unter den in Frage kommenden Systemelementen aufgeteilt werden. Das Implementierungsmodell beantwortet also folgende Frage: „Welche Funktion haben {Software / Hardware / Menschen / Datenbank / Dokumentation / Prozeduren} in diesem System?"

Die mit der Zuordnung verbundenen Schritte resultieren oft in mehreren Alternativlösungen für ein Systemproblem. Jede Alternative wird bewertet, und zum Schluß wird eine endgültige System-Zuordnung festgelegt.

Erarbeiten Sie eine Kriterienliste für die Zuordnung und setzen Sie Prioritäten

Der Prozeß der Zuordnung wird von vielen Parametern gesteuert. Wirtschaftliche Erwägungen, frühere Erfahrungen, allgemeiner Risikograd, verfügbares Personal und Terminvorgaben sind nur einige der vielen Faktoren, die die endgültige Zuordnung beeinflussen können. Neben diesen allgemeinen Kriterien hat jedes Projekt der Systementwicklung seine eigenen, spezifischen Kriterien.

So muß sich beispielsweise die Entwicklung eines rechnergestützten Systems für Flugzeuge an Faktoren wie Zuverlässigkeit und Gewicht orientieren. Ein System der Flugelektronik ist außerdem „maßgeschneidert"; es wird gemäß den Kundenwünschen auf einen Flugzeugtyp abgestimmt und muß Leistungseigenschaften besitzen, die einen sicheren Betrieb des Flugzeugs garantieren. Diese Anforderungen in bezug auf Höchstleistung und Zuverlässigkeit resultieren möglicherweise in redundanten Zuordnungen; d.h., eine der Software zugeordnete Funktion wird zusätzlich durch ein Hardware-Subsystem sichergestellt. Man muß sich darüber im klaren sein, daß die für die Zuordnung relevanten Kriterien in vielen Fällen Design-Beschränkungen mit sich bringen. Deshalb können wir bei der Beurteilung alternativer Zuordnungen für das rechnergestützte System unsere bereits früher angefertigte Liste der Randbedingungen wieder benutzen.

Sehen Sie mindestens zwei alternative Zuordnungen vor

Jemand hat einmal gesagt: „Wenn man ein Problem nicht mindestens auf zwei verschiedene Arten lösen kann, hat man es wahrscheinlich nicht richtig verstanden!" Diesen (zugegebenermaßen anfechtbaren) Standpunkt werden wir bei unserer Zuordnung innerhalb rechnergestützter Systeme einnehmen. Statt also eine einzige Lösung vorzusehen (unter „Lösung" verstehen wir die Zuordnung von Systemelementen) arbeiten wir mindestens zwei, besser noch mehr Zuordnungen in groben Zügen aus. Anschließend vergleichen wir unsere aufgelisteten Zuordnungs-Kriterien mit den potentiellen Systemlösungen und wählen zum Schluß die Zuordnung aus, die am ehesten den von uns aufgestellten Kriterien entspricht.

Damit dieser Prozeß der Zuordnung klarer wird, betrachten wir einen kleineren Teilbereich eines Systems zur Produktionsautomatisierung — ein Fließband-Sortier-System (FBSS). Als Ausgangspunkt dient uns folgende Beschreibung des Anwendungsbereichs für das FBSS:

Das FBSS muß so konzipiert sein, daß über ein Fließband transportierte Kisten identifiziert und am Ende des Bandes in einen von sechs Behältern entsprechend einsortiert werden. Die Kisten laufen an einer Sortierstation vorbei, wo sie identifiziert werden. Anhand einer seitlich aufgedruckten Identifikationsnummer (ein geeigneter Balkencode wäre vorzusehen) werden die Kisten auf die Behälter verteilt. Die Anordnung der transportierten Kisten ist zufällig, die Zwischenräume sind gleich. Das Band bewegt sich langsam.

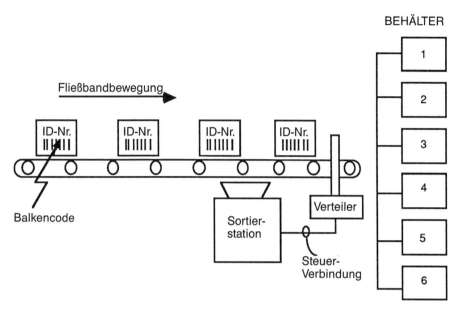

Abb. 2.2 Schematische Darstellung des Fließband-Sortier-Systems

Abb. 2.2 zeigt eine schematische Darstellung des FBSS. Bevor Sie weitergehen, sollten Sie alle Fragen auflisten, die Sie dem Kunden stellen würden, wenn Sie der System-Ingenieur wären. Die Antworten auf diese Fragen werden Ihnen helfen, geeignete Zuordnungs-Alternativen zu erkennen.

Zu den vielen Fragen, die gestellt und beantwortet werden sollten, gehören folgende:

1. Wie viele unterschiedliche Identifikationsnummern müssen verarbeitet werden, und welche Form haben sie?
2. Mit welcher Geschwindigkeit (m/s) bewegt sich das Fließband, und wie groß ist der Abstand zwischen den Kisten in cm?
3. Wie weit ist die Sortierstation von den Behältern entfernt?
4. Wie groß ist der Zwischenraum zwischen den Behältern?
5. Was soll geschehen, wenn eine Kiste keine oder keine korrekte Identifikationsnummer hat?
6. Was passiert, wenn ein Behälter voll ist?
7. Müssen den Bestimmungsort der Kisten oder den Inhalt der Behälter betreffende Informationen an andere Stellen im Produktionsautomatisierungs-System weitergeleitet werden? Ist Realzeit-Datenerfassung notwendig?

8. Welche Fehler-/Ausfallrate ist akzeptabel?
9. Welche Bestandteile des Fließbandsystems existieren bereits und sind funktionsfähig?
10. Welche zeitlichen und welche finanziellen Einschränkungen müssen beachtet werden?

Bitte denken Sie daran, daß sich die obigen Fragen auf Prozesse, Objekte und Leistungsmerkmale beziehen und uns helfen, den Zweck des Systems zu verstehen und die Beschreibung des Anwendungsbereichs zu verfeinern. Der System-Ingenieur fragt den Kunden nicht, *wie* die Aufgabe implementiert werden soll, sondern er fragt ihn, *was* verlangt wird.

Falls wir akzeptable Antworten bekommen, schlagen wir mehrere alternative Lösungen vor. Wir müssen dabei beachten, daß Funktion und Leistungsmerkmale bei jeder Zuordnung verschiedenen Elementen des Gesamtsystems zugewiesen werden.

Zuordnung 1. Eine Sortierkraft wird geschult und an der Sortierstation eingesetzt. Er oder sie liest die Kistenaufschrift und schiebt die Kiste in den entsprechenden Behälter.

Zuordnung 1 stellt eine rein manuelle (aber dennoch effektive) Lösung des FBSS-Problems dar. Primäres Systemelement ist hier der Mensch (die Sortierkraft), der alle Sortier-Funktionen ausführt. Eventuell ist eine gewisse Dokumentation (in Form einer Tabelle, die Identifikations-Nr. und Behälter-Ort miteinander verknüpft, sowie eine Prozedurbeschreibung für die Schulung der Sortierkraft) erforderlich. Bei dieser Zuordnung kommen also nur die Elemente Mensch und Dokumentation ins Spiel.

Zuordnung 2. An der Sortierstation werden eine Steuereinheit und ein Balkencode-Leser eingesetzt. Der Balkencode-Output wird an die programmierbare Steuereinheit eines mechanischen Verteilermechanismus weitergeleitet. Der Verteiler läßt die Kiste zu dem entsprechenden Behälter gleiten.

Für Zuordnung 2 werden Hardware- (Balkencode-Leser, programmierbare Steuerung, Verteiler-Hardware etc.), Software- (für den Balkencode-Leser und die programmierbare Steuerung) und Elemente einer Datenbank (eine Verweistabelle, die Kisten-ID und Behälter-Ort miteinander verknüpft) benutzt, um eine vollautomatisierte Lösung zu erreichen. Wahrscheinlich gehören zu jedem dieser System-Elemente entsprechende Handbücher und andere Dokumentation, so daß ein weiteres allgemeines Systemelement hinzukommt.

Zuordnung 3. Ein Balkencode-Leser und eine Steuereinheit werden an der Sortierstation eingesetzt. Der Balkencode-Output wird an einen Roboterarm weitergegeben, der eine Kiste ergreift und sie zu dem entsprechenden Behälterort bewegt. Zuordnung 3 benutzt allgemeine Systemelemente und dazu ein *Makro-Element* – den Roboter. Wie bei Zuordnung 2 werden Hardware, Software, eine Datenbank und Dokumentation als allgemeine Elemente verwendet. Der Roboter ist ein Makro-Element des FBSS und enthält selbst wiederum allgemeine Systemelemente.

Wenn man nun diese drei alternativen Zuordnungen für das FBSS betrachtet, wird deutlich, daß die gleiche Funktion verschiedenen Systemelementen zugewiesen werden kann. Um die effektivste Zuordnung zu finden, sollte jede Alternative anhand bestimmter Zuordnungskriterien überprüft werden.

Beurteilen Sie die Realisierbarkeit jeder Zuordnungs-Alternative anhand bestimmter Kriterien

Nachdem Sie mehrere Zuordnungs-Alternativen erarbeitet haben, müssen diese anhand der bereits beschriebenen Zuordnungs-Kriterien beurteilt werden. Nachstehende allgemeine Kriterien sind eine Orientierungshilfe zur Auswahl einer Systemkonfiguration, die darauf basiert, daß bestimmten Systemelementen eine bestimmte Funktion und Leistung zugewiesen wird:

Planungs-Überlegungen. Kann die Konfiguration im Rahmen der bestehenden Kosten- und Zeitvorgaben realisiert werden? Wie groß ist das Risiko, Kostenvoranschläge und Terminvorgaben zu überschreiten?

Wirtschaftliche Erwägungen. Stellt die Konfiguration wirklich die rentabelste Lösung dar? Läßt sie sich erfolgreich vermarkten? Wird der Gewinn schließlich das Entwicklungsrisiko rechtfertigen?

Technische Analyse. Existiert die zur Entwicklung aller Systemelemente benötigte Technologie? Sind Funktion und Performanz sichergestellt? Läßt sich die Konfiguration adäquat warten? Sind technische Ressourcen vorhanden? Welche Risiken sind mit der Technologie verbunden?

Einschätzung der Produktionsbedingungen. Sind Produktionsmöglichkeiten und -Anlagen verfügbar? Besteht ein Engpaß bei notwendigen Bauteilen? Ist eine adäquate Qualitätssicherung möglich?

Menschliche Probleme. Ist geschultes Personal für die Entwicklung und Fertigung vorhanden? Gibt es politische Probleme? Versteht der Kunde die Funktionsweise des Systems?

Schnittstellen zur Umgebung. Läßt sich die geplante Konfiguration adäquat an die externe Systemumgebung anpassen? Ist die Kommunikation zwischen Maschine und Maschine und zwischen Mensch und Maschine adäquat gelöst?

Juristische Erwägungen. Bringt die Konfiguration nicht tragbare Haftungsrisiken mit sich? Können Eigentumsrechte adäquat geschützt werden? Könnte es zu Verletzungen von Urheber- oder Patentrechten kommen?

Es ist wichtig, daß der System-Ingenieur auch bestehende Standard-Lösungen für die Probleme des Kunden in Erwägung zieht. Existiert bereits ein äquivalentes System? Könnte die Lösung zu wesentlichen Teilen von dritter Seite bezogen werden?

Das Anwenden der Zuordnungs-Kriterien führt zur Auswahl einer spezifischen Systemkonfiguration und zur Spezifikation von Funktion und Leistungsmerkmalen, die den Elementen Hardware, Software (und Firmware), Menschen, Datenbank, Dokumentation und Verfahren zugewiesen bzw. zugeordnet sind. Jedes Systemelement berücksichtigt einen bestimmten Aspekt des System-Anwendungsbereichs. Die Rolle des Hardware Engineering, Software Engineering, Human Engineering und Datenbank-Engineering besteht darin, den Anwendungsbereich zu präzisieren und eine funktionsfähige Systemkomponente zu schaffen, die sich adäquat mit den anderen Systemelementen verbinden läßt.

Selbstverständlich können Sie die obengenannten allgemeinen Kriterien nicht unbedingt auf jedes Problem anwenden, mit dem Sie als Entwickler konfrontiert sind. So könnte z.B. die Einschätzung der Produktionsbedingungen für kleine Systeme, die hauptsächlich aus Software bestehen, irrelevant sein. Jedes der anderen sechs Kriterien läßt sich jedoch auf Software-Projekte jeder Größenordnung anwenden.

Entscheiden Sie sich für eine Zuordnung

Quantitativ beurteilen

Obwohl es viele Möglichkeiten gibt, die Zuordnungs-Kriterien anzuwenden und eine der vorgeschlagenen Alternativen auszuwählen, ist es am effektivsten, eine quantitative Beurteilung vorzunehmen, indem man ein Bewertungsschema für alle Kriterien entwickelt und jedes Kriterium entsprechend seiner allgemeinen Wichtigkeit und/oder seiner Bedeutung für die Implementierung des rechnergestützten Systems gewichtet. Unter Einbeziehung sowohl eines Einstufungswertes als auch eines damit verbundenen Gewichtungsfaktors wurde Tabelle 2.3 entwickelt.

Mit Hilfe der Tabelle wird jedes Kriterium anhand einer Skala von 1 bis 5 gewichtet; die Bewertung 1 heißt „von geringer Bedeutung", die Note 5 „von entscheidender Bedeutung". Die Gewich-

Tabelle 2.3 Bewertung der Zuordnungskriterien

Kriterien	Gewichtung	Alternativen 1	2	3
Projekt/Wirtschaftliche Erwägungen				
früher Liefertermin	4	5/20	2/ 8	2/ 8
Entwicklungskosten	2	5/10	3/ 6	2/ 4
Betriebskosten	5	1/ 5	5/25	4/25
Projektrisiko	3	5/15	4/12	2/ 9
Technische/Produktions-Erwägungen				
technische Bestandteile existieren	3	5/15	5/15	4/12
Wartungsfreundlichkeit	5	4/20	3/15	2/10
Zuverlässigkeit	5	2/10	4/20	3/15
Leistungsfähigkeit	4	1/ 4	5/20	4/16
Verfügbarkeit von Komponenten	3	5/15	4/12	4/12
Komplexität der Konfiguration	4	5/20	4/16	2/ 8
Grad des technischen Risikos	3	5/15	4/12	3/ 9
Grad des technischen Risikos				
Menschliche Probleme				
Schulungs-Anforderungen	3	4/12	4/12	3/ 9
Einfachheit der Schnittstelle	3	3/ 9	5/15	5/15
Grad der Akzeptanz	3	3/ 9	5/15	5/15
Umgebungs-Schnittstellen				
Integrationsfähigkeit	4	5/20	4/16	3/12
Erweiterungsfähigkeit	4	1/ 4	4/16	4/16
Portabilität	2	5/10	3/ 6	3/ 6
Gesamtgewichtung		213	241	201

tung dient dazu, die relative Bedeutung jedes Kriteriums zu ermitteln.

Jede Alternative wird mit Noten von 1 bis 5 bewertet; die Note 1 bedeutet, daß ein Kriterium nicht ausreichend, die Note 5, daß es hervorragend erfüllt wird. Die Bewertungen werden durch zwei von einem Schrägstrich getrennte Zahlen dargestellt. Der erste Wert ist die vom Systementwickler vergebene Grundbenotung, während der zweite Wert die gewichtete Note darstellt (Grundnote multipliziert mit der Gewichtung). „Früher Liefertermin" in Tabelle 2.3 wird z.B. als ziemlich wichtig erachtet (gewichtet mit 4). Alternative 1 erfüllt dieses Kriterium sehr gut, erhält also die Grundnote 5 und die Gesamtgewichtung (Gewichtung × Grundnote) 20. Alternative 2 ist demnach niedriger eingestuft worden; sie hat die Grundnote 2 und somit die Gesamtgewichtung 8 erhalten.

Wenn man sich bei der Entscheidung für eine der Zuordnungsalternativen ausschließlich auf die Tabelle stützen würde (was im allgemeinen nicht zu empfehlen ist), müßte man Zuordnung 2 wählen. In der Realität können jedoch relativ unbestimmte Faktoren wie Vorlieben des Kunden, frühere Erfahrungen oder Managementpolitik möglicherweise die Wahl einer anderen Alternative vorschreiben.

Nachdem man sich für eine Zuordnung entschieden hat, beginnt der Prozeß der Systemspezifikation. In früheren Schritten haben wir ein grundlegendes Modell des Systems beschrieben. Nach Auswahl einer bestimmten Zuordnung beginnen wir mit der Spezifikation eines Implementierungsmodells, das durch Problemanalyse und Design hindurch beibehalten wird.

Arbeiten Sie eine verfeinerte Beschreibung des Anwendungsbereichs für jedes zugeordnete Systemelement aus

Mit Hilfe der Informationen, die wir während der in diesem Kapitel bereits beschriebenen Schritte gesammelt und dokumentiert haben, sind wir jetzt in der Lage, jedes der zugeordneten Systemelemente zu beschreiben. Nun werden alle mit Hardware, Software, Menschen, Datenbaml, Dokumenten und Verfahren verbundenen Prozesse und Objekte – jedes für sich – beschrieben. Praktisch wenden wir die vorhergehenden Schritte erneut an, um nun eine Beschreibung des Anwendungsbereichs für jedes Systemelement auszuarbeiten.

Warum befassen wir uns aber überhaupt damit, den Anwendungsbereich jedes Elements zu dokumentieren, wenn unser Hauptinteresse der Software gilt? Weil wir, um Software adäquat konstruieren zu können, verstehen müssen, wie sie mit anderen Systemelementen *zusammenwirkt*. Wenn rechnergestützte Systeme versagen, liegt das nicht immer an fehlerhafter Software, sondern daran, daß die Software *im Zusammenhang* mit der Hardware oder einer Datenbank oder einem menschlichen Operateur nicht funktioniert. Um die Funktion von Computerprogrammen zu verstehen, müssen wir alle Systemelemente begreifen, die sich auf jene Programme auswirken. Und genau das ist der Grund, warum wir eine Beschreibung des Anwendungsbereichs für jedes Systemelement ausarbeiten.

Der in diesem Kapitel bereits angesprochene Prozeß der Iteration wird nun auf der Ebene der Systemelemente angewendet. Die Beschreibung des Anwendungsbereichs für das Software-Element (für Zuordnung 2) des FBSS-Systems könnte beispielsweise so lauten:

Die FBSS-Software empfängt Input-Information von einem Balkencode-Leser in an die Fließbandgeschwindigkeit angeglichenen Zeitintervallen. Die Balkencode-Daten werden in ein Kisten-Identifizierungs-Format decodiert. Die Software schlägt in einer Datenbank mit 1000 Einträgen nach, um die richtige Behälterposition für die Kiste, die sich gerade beim Leser (Sortierstation) befindet, herauszufinden. Zum Festhalten der Verteil-Position und Reihenfolge jeder Kiste hinter der Sortierstation wird eine First-in-First-out-Struktur benutzt.

Die FBSS-Software empfängt außerdem als Input Impulse von einem Taktgeber. Sie dienen dazu, das Steuersignal für den Verteilmechanismus zu synchronisieren. Die Software erzeugt das Steuersignal für den Verteiler in Abhängigkeit von den zwischen Sortierstation und Verteiler generierten Impulsen, um die Kiste richtig zu positionieren... usw.

Zu beachten ist, daß diese Beschreibung des Anwendungsbereichs der Software verschiedene Implementierungsdetails enthält (z.B. Datenbasis mit 1000 Einträgen, Taktgeber), die von anderen zugeordneten Systemelementen abgeleitet wurden. Entsprechende Beschreibungen werden für die Hardware, die menschlichen Tätigkeiten und für andere Systemelemente ausgearbeitet.

Überprüfen Sie die Zuordnung noch einmal gemeinsam mit dem Kunden

In ihrem Bestseller *In Search of Excellence* behaupten Thomas Peters und Robert Waterman, daß erfolgreiche Geschäftspolitik „kundennah" sein sollte. Um auf Dauer erfolgreich zu sein, müsse eine Firma also auf die Bedürfnisse ihrer Kunden eingehen.

Die meisten erfolgreichen System-Ingenieure richten sich ebenfalls nach diesem Motto. Um erfolgreich zu sein, muß ein rechnergestütztes System die Bedürfnisse seiner Anwender befriedigen. Um sicherzugehen, daß diese Bedürfnisse erfüllt werden, sollten sämtliche System-Funktionen überprüft werden, bevor wir mit der Arbeit fortfahren.

Bei kleineren Projekten, bei denen die Software das hauptsächliche Systemelement ist, ist der Kunde vielleicht ein Kollege, ein Professor (während des Studiums), eine andere Abteilung (in einer großen Firma) oder sogar Sie selbst. Die Reviews mögen informell sein; notwendig sind sie dennoch. Bei größeren rechnergestützten Systemen werden an diesem Punkt wahrscheinlich formellere Reviews durchgeführt werden. Im Mittelpunkt steht jedoch immer die gleiche Frage: Haben wir das spezifiziert, was der „Kunde" wollte? Die nachstehende Checkliste enthält weitere wichtige Punkte:

1. Sind die Hauptfunktionen eindeutig und aussagekräftig definiert?

2. Sind die Schnittstellen zwischen den Systemelementen definiert?
3. Sind für das System als Ganzes und für jedes einzelne Element Leistungsgrenzen festgelegt?
4. Sind Design-Beschränkungen für jedes Element festgehalten worden?
5. Wurde die beste Alternative ausgewählt?
6. Ist die Lösung technisch durchführbar?
7. Wurde ein Mechanismus zur System-Validierung und Verifikation erarbeitet?
8. Besteht Konsistenz zwischen allen Systemelementen?

Rechnen Sie mit der Notwendigkeit von Iterationen

Die zum Begreifen des Systems erforderlichen Schritte wurden als abgegrenzte, aufeinanderfolgende Phasen dargestellt. Der Prozeß des Software Engineering vollzieht sich jedoch nicht unbedingt sequentiell! Häufig braucht der Software-Ingenieur „mehrere Anläufe", um eine Funktion oder ihre Leistung adäquat zu definieren.

Nach einem mit dem Kunden gemeinsam vorgenommenen Review des Systems werden Modifikationen der Systemspezifikation notwendig sein. Vielleicht wurde gerade eine neue Technologie eingeführt, oder eine besonders hinderliche Randbedingung soll gemildert werden. Vielleicht hat der Kunde auch seine Meinung geändert. Diese und viele andere Gründe werden wahrscheinlich Iterationen erfordern.

Was das für Sie bedeutet

Die Systeme, an denen Sie als Student und zu Beginn Ihrer Laufbahn arbeiten, werden wahrscheinlich „reine Software" sein. Das Programm wird also das einzige Systemelement sein, das entwickelt werden muß. Dennoch werden die Erörterungen dieses Kapitels für Ihre Arbeit hilfreich sein.

Selbst das einfachste Programm läßt sich im Systemzusammenhang betrachten. Menschen, Dokumentation, Prozeduren, Daten und Hardware werden zweifellos in bestimmtem Umfang berücksichtigt werden.

Wenn Sie nicht aufpassen, fallen Sie dem unwiderstehlichen Drang zum Opfer, einfach loszulegen – die Lösung zu codieren, ohne an das System als Ganzes zu denken. Zu viele Studenten und viele Praktiker in der Industrie geben diesem Drang nach und wenden dann eine Methode an, die sich am passendsten mit „Achtung, Feuer, Zielen" umschreiben läßt. Die in diesem Kapitel beschriebenen Schritte und die in Kapitel 3 erörterten Analyse-Schritte geben Ihnen eine Methode an die Hand, Ihr Ziel zu fixieren, bevor Sie Ihre Munition verschossen haben, damit Sie erstklassige Software konstruieren, die den Anforderungen des Kunden entspricht.

Weiterführende Lektüre

Athey, T.H., *Systematic Systems Approach*, Prentice-Hall, 1982.

Blanchard, B.S., und W.J. Fabrycky, *Systems Engineering and Analysis*, Prentice-Hall, 1981.

Menamin, S., und J. Palmer, *Essential Systems Analysis*, Yourdon Press, 1985.

Weinberg, G., *An Introduction to General System Thinking*, Wiley-Interscience, 1976.

Weinberg, G., *On the Design of Stable Systems*, Wiley-Interscience, 1979.

Aufgaben und Probleme zum Nachdenken

2.1 Arbeiten Sie eine Systembeschreibung für jedes der nachstehend aufgeführten „Software-only"-Systeme aus und wenden Sie dabei jeden der in diesem Kapitel umrissenen Schritte an. Spielen Sie die Rolle des Kunden, wenn es um die Spezifikation der Anforderungen geht. Als Ergebnis Ihrer Arbeit sollten Sie eine oder mehrere allgemeinverständliche Kurzdarstellungen abfassen.
a. Ein „Zensurenbuch-"System, das es Professoren ermöglicht, Test- und Prüfungszensuren der Studenten einzugeben, Durchschnittsnoten zu berechnen und Auszeichnungen für besondere Leistungen auszustellen. Das System soll auf dem Großrechner der Universität implementiert werden.
b. Ein „Agenda-System", das als Terminkalender zum Notieren wichtiger Verabredungen dient. Dieses System soll auf einem PC implementiert werden.
c. Ein „Adreßbuch"-System, das eine Liste von Geschäftspartnern, Kunden und Bekannten mit Adresse, Firma, Telefonnummer, persönlichen Angaben und Schlüsselwörtern zur Kategorisierung der Einträge umfaßt. Das System sollte interaktiv sein, so daß ein Name (oder ein Merkmal) durch direkte Abfrage auffindbar ist. Dieses System soll auf einem PC implementiert werden.
d. Ein System, das Ihr Dozent beschreibt.

2.2 Nennen Sie fünf Beispiele für prozedurale Abstraktionen, denen Sie im Alltagsleben begegnen. Nennen Sie fünf Beispiele für prozedurale Abstraktionen, denen Sie beim Programmieren begegnet sind.

2.3 Nennen Sie drei Beispiele für Datenabstraktionen, denen Sie im Alltagsleben begegnen. Nennen Sie drei Beispiele für Datenabstraktionen, denen Sie beim Programmieren begegnet sind.

2.4 Arbeiten Sie Objekt- und Prozeß-Tabellen für eines oder mehrere der in Aufgabe 2.1 beschriebenen Systeme aus.

2.5 Beschreiben Sie den Prozeß der Zuordnung mit eigenen Worten. Nennen Sie ein Beispiel für eine Zuordnung in irgendeinem High-technology-System.

2.6 Arbeiten Sie eine Systemspezifikation für ein „Desktop-publishing-System" aus und wenden Sie dabei die in diesem Kapitel beschriebenen Schritte an. Orientieren Sie sich bei der Definition der Systemanforderungen an den besten Eigenschaften von Systemen wie *PageMaker* oder *ReadySetGo*. Ihre Arbeit sollte die Ausarbeitung einer allgemeinverständlichen Kurzbeschreibung, Objekt- und Prozeß-Tabellen und die Definition von Zuordnungskriterien umfassen.

Kapitel 3
Problemanalyse

Die Entwicklung von Software, sei es im Rahmen des Studiums oder einer kommerziellen Tätigkeit, erfordert Problemlösungsfähigkeiten. Deshalb beschäftigt sich dieses Kapitel mit der *Problemanalyse* – einer Tätigkeit im Software Engineering, die das zu lösende Problem explizit beschreibt und als Grundlage für den Entwurf einer Lösung dient.

Am Anfang der Problemanalyse steht eine umfassende Vorstellung von dem zu entwerfenden rechnergestützten System. Welchen Grundzweck erfüllt es? Wie arbeitet die Software mit anderen Systemelementen zusammen? Welche Randbedingungen werden der Software durch die anderen Systemelemente auferlegt? Diese und viele andere Fragen wurden in Kapitel 2 im Zusammenhang mit den Phasen der System-Entwicklung angesprochen. Wenn diese Phasen sorgfältig durchlaufen wurden, wurde sowohl für die Software als auch für das System als Ganzes eine Beschreibung des Anwendungsbereichs erarbeitet. Die Beschreibung des Anwendungsbereichs für die Software (in Kapitel 2 als Teil der Systembeschreibung erstellt) wird zum Ausgangspunkt unserer Analyse und Problemlösung. Der Teil der Beschreibung, der die Software betrifft, wurde im Hinblick auf das Gesamtsystem formuliert, also so, daß der Leser Funktionen und Leistungsmerkmale auf höchster Ebene verstehen kann; auf die detaillierte Beschreibung der Anforderungen wurde zu diesem Zeitpunkt noch verzichtet. Die Software-Beschreibung enthält für den Software-Ingenieur noch keine ausreichenden Informationen; deshalb besteht der erste Schritt der Problemanalyse darin, die Beschreibung des Anwendungsbereichs dahingehend zu verfeinern, daß sie den Erfordernissen der Software-Entwicklung entspricht.

Verfeinern und klären Sie den Anwendungsbereich der Software

Ausgehend von der Beschreibung des Anwendungsbereichs wird der Anwendungsbereich der Software durch ein Eingabe-Verarbeitung-Ausgabe-Modell dargestellt. Die Software-Funktionen werden verfeinert, um wichtige Prozesse zu präzisieren. Input und Output jedes Prozesses werden spezifiziert.

Diese Verfeinerung des Anwendungsbereichs verringert im wesentlichen den *Abstraktionsgrad* der Softwarebeschreibung. Dies läßt sich anhand eines Auszuges aus der Beschreibung von Software für das digitale Armaturenbrett eines Autos, beschrieben im Hinblick auf das Gesamtsystem, verdeutlichen:

Die Software für das digitale Armaturenbrett (DAB-SW) erfaßt Daten über die Geschwindigkeit und den Kraftstoffverbrauch vom Antrieb bzw. vom Subsystem für den Kraftstoffdurchfluß, berechnet die momentane Geschwindigkeit (km/h) und den momentanen Benzinverbrauch (km/l) und zeigt diese Daten, wie in Abb. .... dargestellt, digital an. Außerdem warnt DAB-SW den Fahrer vor...

Der Software-Ingenieur muß diese Beschreibung des Anwendungsbereichs verfeinern und präzisieren. Wendungen wie „erfaßt Daten über die Geschwindigkeit und den Kraftstoffverbrauch", „berechnet" und „zeigt diese Daten digital an" müssen präzisiert und verdeutlicht werden, bevor die Arbeit fortgesetzt werden kann. Wenn wir bei unserem Beispiel eines digitalen Armaturenbretts bleiben, so ließe sich der erste Abschnitt der auf Systemebene erfolgten Beschreibung folgendermaßen erweitern:

Die Software für das digitale Armaturenbrett (DAB-SW) erfaßt die Fahrgeschwindigkeit, indem sie in Intervallen von 0,1 Sekunden ein von analog zu digital gewandeltes Rotationssignal des Antriebes liest. Von dem eingelesenen Rotationssignal wird in Intervallen von 0,5 Sekunden der Durchschnitt und (mittels physikalischer Parameter) aus Umdrehungen pro Minute die Geschwindigkeit in km/h berechnet. Die Geschwindigkeitsanzeige wird zweimal pro Sekunde aktualisiert. Die Daten des Kraftstoff-Flusses werden von einem Analog-Sensor in der Kraftstoffzuleitung, der den Durchfluß mißt, erfaßt. Der Analogwert des Durchflusses wird ins Digitalformat konvertiert und von der DAB-Software eingelesen. Die Durchflußrate (in Millilitern pro Sekunde) wird in Intervallen von 0,2 Sek. gelesen. Die aus der Geschwindigkeitsberechnung erhaltenen Daten werden mit den Daten des Kraftstoff-Flusses kombiniert, um die durchschnittlichen km pro l zu errechnen. Der Benzinverbrauch wird in Intervallen von 1,0 Sek. angezeigt. Das Ausgabeformat der Geschwindigkeits- und Benzinverbrauchs-Anzeigen wird in Abb. ... gezeigt...

Da die Verarbeitung durch die DAB-Software zeitkritisch ist, enthält die verfeinerte Beschreibung des Anwendungsbereichs der Software eine Reihe impliziter Leistungseinschränkungen (z.B. „Die Durchflußrate wird in Intervallen von 0,2 Sek. gelesen"). Der Software-Ingenieur hat jedoch nicht versucht, ein Implementierungsmodell für die DAB-Software zu beschreiben. Die mit der Implementierung verbundenen Einzelheiten (z.B. die Zahl der zu benutzenden Mikroprozessoren, die für die Konvertierung von analog zu digital zu verwendende Skalierung und andere physikalische Spezifikationen) werden – trotz ihrer großen Wichtigkeit – zu diesem Zeitpunkt noch nicht beschrieben. Die Problemanalyse beginnt, wenn die Beschreibung des Software-Anwendungsbereichs abgeschlossen ist. Der darauffolgende Analyseschritt nimmt die Beschreibung des Anwendungsbereichs als Ausgangspunkt und schließt mit einer detaillierten *Software-Spezifikation* ab.

Bestimmen Sie Objekte und Operationen

In Kapitel 2 haben wir einen Ansatz der Systemanalyse beschrieben, mit dessen Hilfe wir Prozesse und Informations-Objekte für ein rechnergestütztes System bestimmen. Diesen Ansatz verfeinern wir nun für die Software, indem wir *Objekte* und die mit ihnen verbundenen *Operationen* (manchmal auch *Methoden* genannt) bestimmen. Im Software-Bereich kann ein *Objekt* als eine Datenstruktur (eines oder mehrere in bestimmter Weise organisierte Datenelemente) und eine Sammlung von Prozeduren, die die Datenstruktur bearbeiten, betrachtet werden. In der Terminologie der Informatik ist ein Objekt eine Abstraktion, die mit einer physischen Gegebenheit in der realen Welt korrespondiert.

Objekte und Operationen lassen sich für jede Software definieren; sie ermöglichen ein besseres Verständnis von Algorithmen und Datenstrukturen. So sind z.B. unter den vielen potentiellen Objekten der Software für das digitale Armaturenbrett (DAB) das **Rotationssignal des Antriebs**, die **Durchflußrate**, die **Geschwindigkeitsanzeige** und die **Anzeige des Benzinverbrauchs**. Zu den DAB-Software-Operationen, die auf diese Objekte angewandt werden, gehören: **einlesen**, **konvertieren**, **kombinieren** und **anzeigen**. In manchen Fällen lassen sich Objekte durch Definieren einer *Klasse* kategorisieren. Eine Klasse enthält eine Beschreibung von Attributen (Datenstruktur und prozedurale Komponenten), die gleichartige Objekte gemeinsam haben können. Bei der DAB-Software könnten die Objekte **Rotationssignal des Antriebs** und **Durchflußrate** zur Klasse **Analogsignale** gehören. Alle Objekte innerhalb dieser Klasse hätten dann bestimmte Attribute (z.B. Acht-Bit-Format, Skalenfaktor) und Operationen (z.B. **Konvertieren**) gemeinsam.

Der objektorientierte Ansatz zur Problemanalyse ist nicht auf komplexe rechnergestützte Systeme, die viele verschiedene Elemente in sich vereinigen, beschränkt, sondern läßt sich selbst auf relativ einfache Software-Applikationen anwenden. Dies wird deutlich, wenn wir z.B. ein Computergrafik-System betrachten, das konventionelle Display-Hardware und -Software zum Zeichnen zweidimensionaler geometrischer Primitiva kombiniert: Polygone, Splines und Kegelschnitte. Mit Hilfe einer Maus kann ein Benutzer jedes der geometrischen Gebilde bewegen, drehen, maßstabsgerecht vergrößern oder verkleinern und kolorieren. Alle mit dem Computergrafik-System verwalteten Objekte gehören zu einer

Objektklasse, die als **Primitiva** bezeichnet wird. Abb. 3.1 zeigt eine *Klassenhierarchie* geometrischer Primitiva. **Polygon, Kegelschnitt** und **Spline** repräsentieren jeweils eine *Unterklasse* von Objekten, die eine Reihe von Merkmalen aufweisen, die allen Objekten dieser Klasse zugeordnet werden können. Alle Kegelschnitte lassen sich beispielsweise durch folgende Relation beschreiben:

$$ax^2 + bxy + cy^2 + dx + ey + f = 0$$

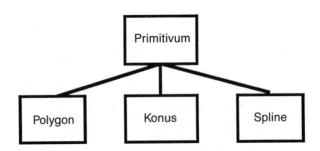

Abb. 3.1 Klassenhierarchie für geometrische Primitiva

Deshalb kann die Klassenhierarchie, wie Abb. 3.2 zeigt, erweitert werden. Bitte beachten Sie, daß jede der Subklassen (**Kegelschnitt, Spline, Polygon**) sämtliche Merkmale der Grafik-Primitiva (jedes kann eine Farbe annehmen, gedreht werden etc.) erbt, darüber hinaus aber auch individuelle Merkmale besitzen kann. Jedes der Kegelschnitt-Objekte (**Parabel, Ellipse** etc.) erbt die Basis-Attribute aller Kegelschnitte (die Attribute ihrer Klasse oder Subklasse).

Wir können außerdem Operationen mit Klassen, Subklassen und bestimmten Objekten verbinden. Für das oben beschriebene Computergrafik-System lassen sich beispielsweise die folgenden Operationen definieren:

erstelle.Primitivum   erstellt ein Grafik-Primitivum
bestimme.Position   bestimmt die *x,y*-Position eines Objekts
ermittle.Position   findet die *x,y*-Position eines Objekts wieder
bestimme.Orientierung   legt den Drehwinkel fest

und viele andere. Während der Problemanalyse ist es unsere Hauptaufgabe, Objekte und Operationen festzulegen. Jedes Objekt und jede Operation wird unter Berücksichtigung der Anforderungen beschrieben, die im Hinblick auf Funktion und Leistungsfähigkeit der Software erfüllt werden müssen. Später, in der Designphase, werden die Objekte in einzelne Datenstrukturen übersetzt;

aus den Operationen werden dann Prozeduren, die diese Datenstrukturen bearbeiten.[1]

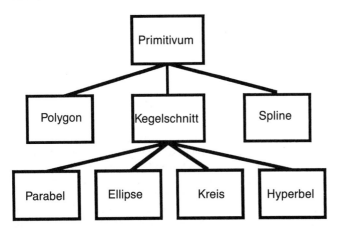

Abb. 3.2 Erweiterte Klassen-Hierarchie

Die folgenden Schritte erweitern den in Kapitel 2 eingeführten Ansatz zum Bestimmen von Objekten und Operationen

Bestimmen Sie Objekte und Operationen, indem Sie die Beschreibung des Software-Anwendungsbereichs als Richtlinie nehmen

Mit der gleichen Methode, mit der wir (in Kapitel 2) die System-Objekte und -Prozesse festgelegt haben, bestimmen wir nun die Software-Objekte und -Operationen. Die Unterschritte beim Bestimmen von System-Objekten werden dabei im Hinblick auf die Software formuliert:

1. Die Kurzbeschreibung des Anwendungsbereichs der Software wird daraufhin überprüft, ob Information auf einer einheitlichen Detailebene dargestellt wurde. Damit wird sichergestellt, daß diese Kurzbeschreibung nicht zugleich funktionale Beschreibungen auf höchster Ebene und detaillierte Implementierungsangaben enthält.
2. Objekte werden bestimmt, indem man jedes Substantiv oder jedes substantivisch verwendete Wort unterstreicht und in eine einfache Tabelle einträgt. Auch Synonyme sollten notiert werden.

---

[1] Ein relativ neuer, als *objekt-orientierteels Programmieren* bezeichneter Ansatz des Software Engineering benutzt spezielle Programmiersprachen (z.B. Smalltalk oder C++) zur Implementierung von Objekten und Operationen. Aber auch dann, wenn wir nicht vorhaben, eine objektorientierte Programmiersprache zu benutzen, ist das Definieren von Objekten und Operationen ein wichtiger Teil der Problemanalyse.

3. Attribute von Objekten werden durch Unterstreichen aller Adjektive und Zuordnung zu ihren jeweiligen Objekten (Substantiven) bestimmt.

Um die Anwendung dieser Unterschritte auf eine Beschreibung des Software-Anwendungsbereichs zu illustrieren, betrachten wir noch einmal die Beschreibung der Software für das in Kapitel 2 dargestellte Fließband-Sortier-System. Hier noch einmal die ursprüngliche Beschreibung des Software-Anwendungsbereichs:

Die FBSS-Software empfängt Input-Information von einem Balkencode-Leser in an die Fließbandgeschwindigkeit angeglichenen Zeitintervallen. Die Balkencode-Daten werden in ein Kisten-Identifizierungs-Format decodiert. Die Software schlägt in einer Datenbank mit 1000 Einträgen nach, um die richtige Behälterposition für die Kiste, die sich gerade beim Leser (Sortierstation) befindet, herauszufinden. Zum Festhalten der Verteil-Position und Reihenfolge jeder Kiste hinter der Sortierstation wird eine First-in-First-out-Struktur benutzt.

Die FBSS-Software empfängt außerdem als Input Impulse von einem Taktgeber. Sie dienen dazu, das Steuersignal für den Verteilmechanismus zu synchronisieren. Die Software erzeugt das Steuersignal für den Verteiler in Abhängigkeit von den zwischen Sortierstation und Verteiler generierten Impulsen, um die Kiste richtig zu positionieren...

Wir wenden nun die beschriebenen Unterschritte an:

Die **FBSS-Software** empfängt **Input-Information** von einem **Balkencode-Leser** in an die **Fließbandgeschwindigkeit** angeglichenen **Zeitintervallen**. Die **Balkencode-Daten** werden in ein **Kisten-Identifizierungs-Format** decodiert. Die **Software** schlägt in einer **Datenbank mit 1000 Einträgen** nach, um die richtige **Behälterposition** für die **Kiste**, *die sich gerade beim* **Leser** (**Sortierstation**) befindet, herauszufinden. Zum Festhalten der **Verteil-Position** und **Reihenfolge** jeder **Kiste** hinter der **Sortierstation** wird eine **First-in-First-out-Struktur** benutzt.
Die **FBSS-Software** empfängt außerdem als **Input Impulse** von einem **Taktgeber**. Sie dienen dazu, das **Steuersignal** für den **Verteilmechanismus** zu synchronisieren. Die **Software** erzeugt *das* **Steuersignal** für den **Verteiler** in Abhängigkeit von den zwischen **Sortierstation** und **Verteiler** generierten **Impulsen**, um die **Kiste** richtig zu positionieren...

Ein kurzer Blick auf die halbfett hervorgehobenen Substantive zeigt, daß jedes von ihnen entweder *ein Datenelement* (z.B. **Balkencode-Daten**) repräsentiert, das von der Software eingegeben, transformiert oder ausgegeben werden wird; ein *Steuerdatum* (z.B. **Steuersignal**), das benutzt wird, um eine Software-Funktion auszulösen, zu koordinieren oder zeitlich zu regeln; einen *Datenspeicher* (z.B. eine **Datenbank mit 1000 Einträgen**), der benutzt wird, um Information für späteren Gebrauch zu speichern; einen *Datenabsender* (z.B. **Balkencode-Leser**), der eine Informationsquelle für die Software ist, oder einen *Datenempfänger* (z.B.

Tabelle 3.1 Objekt-Tabelle

Objekt-Name	Synonym	Typ
Balkencode-Leser	Leser	Absender
Zeitintervalle		Steuerdatum
Fließbandgeschwindigkeit		Datenelement
Balkencode-Daten		Datenelement
Kisten-Identifizierungsformat		Datenelement
Datenbank		Datenspeicher
Behälterposition		Datenelement
FIFO-Liste		Datenspeicher
Verteil-Position		Datenelement
Input		Steuerdatum
Impuls		Steuerdatum
Taktgeber		Absender
Steuersignal		Steuerdatum
Verteilmechanismus	Verteiler	Empfänger

Verteilmechanismus), der die von der Software erzeugte Information akzeptiert. Alle diese Objekte werden auch mit ihren *Synonymen* in Tabelle 3.1 eingetragen.

Analog zu den in Kapitel 2 beschriebenen Unterschritten zur Bestimmung von Systemprozessen legen wir folgende Unterschritte zur Identifizierung von Operationen fest:

1. Operationen werden bestimmt, indem man alle Verben und Prädikate (die wahrscheinlich Fallabfragen implizieren) unterstreicht und jede Operation dem entsprechenden Objekt zuordnet.

2. Attribute von Operationen werden ermittelt, indem alle Adverbien unterstrichen und ihrer jeweiligen Operation (Verb) zugeordnet werden.

Bei unserem FBSS-Beispiel sähe das so aus:

Die FBSS-Software *empfängt* Input-Information von einem Balkencode-Leser in an die Fließbandgeschwindigkeit angeglichenen Zeitintervallen. Die Balkencode-Daten werden in ein Kisten-Identifizierungs-Format *decodiert*. Die Software *schlägt* in einer Datenbank mit 1000 Einträgen *nach*, um die richtige Behälterposition für die Kiste, die sich gerade beim Leser (Sortierstation) befindet, *herauszufinden*. Zum *Festhalten* der Verteil-Position und Reihenfolge jeder Kiste hinter der Sortierstation wird eine First-in-First-out-Struktur benutzt.

Tabelle 3.2 Operations-Tabelle

Operation	Objekt	Typ
empfängt	Input-Information Balkencode-Leser Taktgeber	Datentrans.
angleichen	Zeitintervalle Fließbandgeschwindigkeit	Steuertrans.
decodiert	Balkencode-Daten Kisten-ID-Format	Datentrans.
schlägt nach	Datenbank	Datentrans.
herausfinden	Behälterposition	Datentrans.
festhalten	FIFO-Liste	Steuertrans.
erzeugt	Steuersignal	Steuertrans.
generiert	Impulse	Steuertrans.

Die FBSS-Software *empfängt* außerdem als Input Impulse von einem Taktgeber. Sie dienen dazu, das Steuersignal für den Verteilmechanismus zu *synchronisieren*. Die Software *erzeugt* das Steuersignal für den Verteiler in Abhängigkeit von den zwischen Sortierstation und Verteiler *generierten* Impulsen, um die Kiste richtig zu *positionieren*...

Einige der in dieser Kurzbeschreibung notierten Operationen (Verben) beziehen sich auf Funktionen, die direkt durch Software implementiert werden müssen (z.B. **empfangen, nachschlagen, erzeugen**). Diese Operationen befinden sich im sogenannten *Lösungsraum* dieses Problems. Unser Ziel ist es, alle Objekte und Operationen, die im Lösungsraum liegen, zu entwerfen und zu implementieren.

Andere Operationen (z.B. **synchronisieren, positionieren**) sind Teil dessen, was als *Problemraum* bezeichnet wird; sie beziehen sich auf Prozesse, die von anderen Systemelementen (z.B. Hardware, Menschen) ausgeführt werden. Nur die zum Lösungsraum gehörenden Operationen werden in Tabelle 3.2 eingetragen. Bei der Beschreibung des Anwendungsbereichs für das FBSS wurden wesentliche Operations-Attribute nicht berücksichtigt.

Mit Hilfe der Tabellen 3.1 und 3.2 können die wesentlichen Datenelemente und Steuerdaten und ihre Ursprünge oder Bestimmungen, Datenspeicher und wichtigen Software-Funktionen herausgearbeitet werden. Alle in die Tabellen eingetragenen Elemente und Funktionen lassen sich nun weiter verfeinern; dazu werden die hier beschriebenen Analyse-Unterschritte stets von neuem angewandt.

Benutzen Sie Objekte, um die Informations- Absender und -Empfänger zu bestimmen

Eine als Programm-Eingabe dienende Information muß von einem externen Objekt (z.B. einem Computer-Terminal, einem menschlichen Benutzer, einer Maschine) erzeugt und an ein externes Objekt ausgegeben werden. Ein Objekt, das Information für die Software erzeugt, wird als *Absender* oder *Informationsquelle*, und ein Objekt, das von der Software hervorgebrachte Informationen oder Steuerdaten akzeptiert, als *Empfänger* oder *Informationssenke* bezeichnet.

Es ist wichtig, Absender und Empfänger zu identifizieren, weil beide einen Einfluß auf die Spezifikation und das Design der Software haben. Diese externen Objekte werden der Funktion und Leistung der Software oftmals Beschränkungen auferlegen und auch diktieren, in welcher Weise Information vom System ein- oder ausgegeben wird. In unserem FBSS-Beispiel wurden Absender und Empfänger in Tabelle 3.1 bestimmt. Der **Taktgeber** sendet jedesmal, wenn ein Antriebsrad des Fließbandes eine Umdrehung macht, einen Impuls. Dadurch kann sich die FBSS-Software mit der Fließbandbewegung synchronisieren. Der **Verteilmechanismus** empfängt die Daten und Steuersignale, die die Position des Behälters und die entsprechenden Aktivierungsbefehle spezifizieren und erforderlich sind, um eine Kiste in den entsprechenden Behälter gleiten zu lassen, von der FBSS-Software.

Benutzen Sie Objekte, um Datenspeicher festzulegen

Viele Software-Anwendungen machen von einem Objekt Gebrauch, das Daten entweder temporär oder permanent speichert. In einigen Fällen ist der Datenspeicher transient und existiert nur für die Dauer einer Programmausführung (z.B. Puffer, Stacks, Message Pools). In anderen Fällen wird ein Datenspeicher permanent aufrechterhalten (z.B. eine Ablagedatei oder eine Datenbank). Datenspeicher wurden in Tabelle 3.1 ermittelt.

Die FBSS-Software benutzt zwei Datenspeicher: (1) eine **Datenbank** für Teilenummer/Behälterposition, die die notwendige Information enthält, um die Kiste zu dem passenden Behälter zu leiten, und (2) eine **First-in-First-out-Struktur**, die die Behälterpositionen für die den Barcode-Leser passierenden Kisten „behält", bis sie den Verteil-Mechanismus erreicht haben. Der Taktgeber liefert die zur Synchronisierung benötigte Information.

Die Spezifikation von Datenspeichern liefert uns die Grundlage für ein wichtiges Element des Software-Entwurfs (das als *Datenentwurf* bezeichnet und in Kapitel 4 erörtert wird). Deshalb werden diese Objekte bereits jetzt ermittelt und in Tabelle 3.1 dargestellt.

Benutzen Sie Objekte, um Datenelemente und Steuerdaten zu ermitteln

Informationsfluß (die Bewegung von Daten- oder Steuer-Elementen zwischen verschiedenen software-gestützten Funktionen) existiert ungeachtet des Anwendungsbereichs der Software. Gemäß der in Kapitel 2 vorgeschlagenen Definition verstehen wir unter einem *Datenelement* jede Ein- oder Ausgabe, die Information zum Inhalt hat und die durch einen in der Software implementierten Algorithmus transformiert (z.B. modifiziert, reorganisiert, berechnet, kombiniert) wird. Ein *Steuerdatum* bedeutet das Vorkommen einer bestimmten Aktion oder eines bestimmten Ereignisses. Alternativ kann ein Steuerdatum einen *Steuerprozeß* auslösen, der in einer bestimmten Aktion oder einem bestimmten Ereignis resultiert.

Durch die Bestimmung von Datenelementen und Steuerdaten bereiten wir die Entwicklung eines (später in diesem Kapitel beschriebenen) *Flußmodells* für die Software vor. Das Flußmodell stellt Objekte und Operationen anhand sequentieller Informationstransformationen dar und ist ein Mechanismus, der zu einem effektiven *Architekturdesign* führt (Kapitel 4). Datenelemente und Steuerdaten (Objekte) für die FBSS-Software sind in Tabelle 3.1 enthalten.

Benutzen Sie Operationen, um Daten- und Steuer-Transformationen zu bestimmen

Eine *Datentransformation* ist eine Operation (eine Softwareprozedur), die Eingabe-Datenelemente in Ausgabe-Datenelemente transformiert. Beispiele für Datentransformationen sind: eine Operation, die die Lohnsteuer berechnet, eine Operation, die die zweidimensionale Drehung eines Polygons ausführt, eine Operation, die die Beanspruchung eines Auslegers berechnet, oder eine Operation, die ein ganzes Textstring gegen ein anderes austauscht. Datentransformations-Operationen bilden die Grundlage von Eingabe-Verarbeitung-Ausgabe-Modellen für Software.

Der Vorgang einer Datentransformation läßt sich anhand der Software für eine gebräuchliche Registrierkasse betrachten. Eine der vielen Operationen dieser Software berechnet die Mehrwertsteuer beim Einkauf von Waren. Diese Datentransformation – nennen wir sie **Mehrwertsteuerberechnung** – akzeptiert die Datenelemente **steuerpflichtige Summe** und **Steuersatz** als Eingabe und erzeugt das Datenelement **Mehrwertsteuer** als Ausgabe. Die Transformation hat die Form:

Mehrwertsteuer = steuerpflichtige Summe × Steuersatz

Obwohl **Mehrwertsteuerberechnung** eine sehr einfache Datentransformation ist, weist sie viele Merkmale auch äußerst komplexer Transformationen auf. Eingabe-Datenelemente werden mit Hilfe eines Algorithmus transformiert, der in der Datentransformation enthalten ist, und es werden Ausgabe-Datenelemente erzeugt.

Eine *Steuertransformation* ist eine Operation, die Datenelemente und Steuerdaten akzeptiert und einen Algorithmus anwendet, um Steuerdaten zu erzeugen, die das Auftreten eines Ereignisses anzeigen oder eine Aktion auslösen. Eine Steuertransformation läßt sich im wesentlichen als die Aktion betrachten, die auftritt, wenn ein „Schalter betätigt wird". Ein einzelnes Ereignis führt also eine Aktion herbei, die durch die Steuer-Transformation initiiert wurde. Beispiele für Steuer-Transformationen sind: eine Operation, die das Steuersignal **Stummschaltung** von einer Fernbedienung empfängt und ein **Ton-aus**-Signal zu den digitalen Schaltungen des Fernsehapparats sendet, eine Operation, die die **Etagenanzeige** für den Lift eines Hotels überwacht und ein Signal ertönen läßt, wenn die gewünschte Etage erreicht ist, und eine Operation, die eine Alarmanlage einschaltet, wenn ein **Einbruchsmelder** ausgelöst wurde. Jede dieser Steuer-Transformationen akzeptiert ein Steuerdatum als Eingabe und erzeugt ein Steuerdatum als Ausgabe.

Definition der Steuertransformation

Damit der Gebrauch von Steuer-Transformationen deutlicher wird, nehmen wir an, daß die FBSS über einen Notschalter verfügen muß, damit ein Operateur das Fließband sofort anhalten kann. Statt jedoch einfach den Strom abzuschalten, überwacht die FBSS-Software die Schalterstellung und löst eine Abschalt-Prozedur aus, wenn der Schalter betätigt wird. Eine Operation mit der Bezeichnung **Überwache Schalterstellung** ist eine Steuertransformation, die als Eingabe ein Steuerdatum **Schalter betätigt** empfängt und eine Abschaltprozedur auslöst, die in einem Steuerdatum als Ausgabe (**Strom abschalten**) resultiert.

Daten- und Steuer-Transformationen werden zu einem oder mehreren Software-Modulen (gesondert benannte Software-Komponenten), die in einer Programmiersprache entworfen und implementiert werden müssen. Obwohl wir bei unserer Analyse-Arbeit wahrscheinlich nicht jedes benötigte Modul ermitteln werden, erhalten wir brauchbare Anhaltspunkte für den Umfang und die Komplexität der zu erstellenden Software. Außerdem erleichtert die Bestimmung von Operationen (Daten- und Steuer-Transformationen) die Entwicklung eines *Flußmodells* der Software – ein Thema, das wir in diesem Kapitel noch erörtern werden.

Tabelle 3.2 listet die FBSS-Operationen auf und legt fest, ob sie Daten- oder Steuer-Attribute aufweisen. Bitte beachten Sie, daß jede Operation in eines oder mehrere Module übersetzt werden könnte, die entworfen und implementiert werden müssen, um den Zweck der FBSS-Software zu erfüllen.

Erkennen Sie drei grundlegende Analyse-Prinzipien und wenden Sie sie an

Mit der Bestimmung von Objekten und Operationen haben wir das Fundament für die Entwicklung eines Software-Modells gelegt, das in einen Entwurf übersetzt werden kann. Bevor wir jedoch fortfahren und die zur Vervollständigung des Software-Modells erforderlichen Schritte beschreiben, wollen wir in einem kleinen Exkurs die grundlegenden Analyse-Prinzipien betrachten, die sich auf alle Problemlöse-Verfahren anwenden lassen. Wenn Sie sich an diese Prinzipien halten, werden Sie mit sehr viel größerer Wahrscheinlichkeit gute Software-Modelle entwickeln.

Gefahr von Fehlinformation

Bei der Analyse der Software für ein rechnergestütztes System besteht ständig die Gefahr der Fehlinterpretation oder Fehlinformation. Das Dilemma jedes Software-Ingenieurs läßt sich am ehesten begreifen, wenn man den Ausspruch eines anonymen (berüchtigten) Kunden wiedergibt: *„Ich weiß, daß Sie glauben, Sie hätten verstanden, was ich Ihrer Ansicht nach gesagt habe, aber ich bezweifle, ob Sie sich darüber im klaren sind, daß das, was Sie gehört haben, gar nicht das ist, was ich eigentlich meinte..."*

In den letzten zehn Jahren wurden verschiedene Methoden der Software-Analyse und -Spezifikation entwickelt. Obwohl jede dieser Analyse-Methoden ihre eigene Notation und Vorgehensweise hat, sind sie durch einige grundlegende Prinzipien miteinander verwandt:

1. Der *Informationsbereich* wie auch der funktionale Bereich eines Problems muß dargestellt und begriffen werden.

2. Die Aufgabe muß so *gegliedert* werden, daß Details schichtweise (oder hierarchisch) freigelegt werden.

3. Das System wird zuerst durch die Darstellung *grundlegender* Information modelliert und dann verfeinert, um *Implementierungsdetails* zu spezifizieren.

Diese Prinzipien anzuwenden, heißt, ein Problem systematisch anzugehen. Als nächstes soll nun jedes dieser Prinzipien erörtert und gezeigt werden, wie es systematisch angewandt werden kann.

Analyse-Prinzip 1:
Beurteilen Sie jede Komponente des Informationsbereichs

Alle Software-Anwendungen können zusammenfassend als *Daten-*

verarbeitung[2] bezeichnet werden. Interessanterweise enthält dieser Begriff den Schlüssel zu unserem Verständnis von Software-Anforderungen. Software wird erstellt, um *Daten* zu verarbeiten, um Daten von einer Form in eine andere zu transformieren; d.h., es werden Eingaben akzeptiert und in bestimmter Weise manipuliert, und es werden Ausgaben erzeugt. Diese grundlegende Beschreibung trifft zu, ob wir nun Batch-Software für ein System zur Lohnbuchhaltung oder eingebettete Realzeit-Software zur Kontrolle des Treibstoff-Verbrauchs eines Flugzeugmotors konstruieren.

Der Informationsbereich umfaßt drei verschiedene Komponenten der von Computerprogrammen verarbeiteten Daten: (1) *Datenfluß*, (2) *Dateninhalt* und (3) *Datenstruktur*. Wenn man den Informationsbereich wirklich verstehen will, muß man jede dieser Komponenten analysieren.

Der Datenfluß repräsentiert, wie sich Daten oder Steuersignale auf ihrem Weg durch ein System verändern. Wie in Abb. 3.3 zu sehen ist, wird die Eingabe zu Zwischen-Daten transformiert, die dann zur Ausgabe umgewandelt werden. Auf diesem Transformationsweg (oder diesen -wegen) können weitere Daten aus vorhandenen Datenspeichern (z.B. einem Diskettenfile oder einem Buffer) mit einbezogen werden. Die auf die Daten angewandten Transformationen sind die Operationen, die ein Programm ausführen muß. Information, die sich auf dem Weg zwischen zwei Transformationen (Operationen) befindet, kann entweder aus Datenelementen oder aus Steuerdaten bestehen.

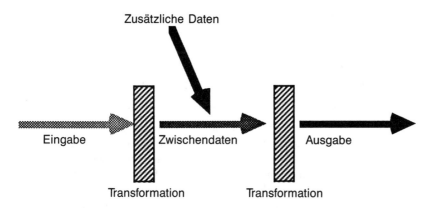

Abb. 3.3 Ein Datenfluß-Modell

---

[2] Der Begriff *Datenverarbeitung* ist gebräuchlicher, wenn es um kaufmännische Anwendungen wie Ein- und Verkauf, Bankwesen, Lohnbuchhaltung und Lagerhaltung geht. Bis vor kurzem dominierte bei diesen Anwendungen Software, die in der Programmiersprache COBOL geschrieben war. Im Rahmen unserer Erörterungen kann der Begriff *Daten* so interpretiert werden, daß damit numerische, alphanumerische, grafische, musikalische und jede andere Information gemeint ist.

Der Dateninhalt repräsentiert die einzelnen Datenelemente, die ein größeres zusammengesetztes Informationselement umfassen. So ist z.B. der **Lohnbuchhaltungs-Datensatz** ein *zusammengesetztes Datenelement*, das **Arbeitnehmer-Nummer, Steuersatz, Jahreseinkommen bis dato, Jahreslohnsteuer bis dato** und so weiter umfaßt. Der Inhalt des **Lohnbuchhaltungs-Datensatzes** wird durch die in ihm enthaltenen Elemente definiert. Um die Verarbeitung zu verstehen, die auf diesen Datensatz angewandt werden soll, müssen wir zuerst seinen Informationsinhalt verstehen.

Die Datenstruktur repräsentiert die logische Organisation verschiedener Datenelemente. Sollen Daten als Ansammlung einzelner Datenelemente, als zweidimensionales Array von Zahlen oder als hierarchische Datensatz-Struktur, die sowohl numerische als auch alphanumerische Information enthält, organisiert werden? Welche Datenelemente stehen − in struktureller Hinsicht − in Beziehung zu anderen Datenelementen? Sind alle Informationen in einer einzigen Informationsstruktur enthalten oder müssen verschiedene Strukturen benutzt werden? In welcher Beziehung steht Information in der einen zu Information in einer anderen Struktur? Diese und ähnliche Fragen lassen sich durch eine Einschätzung der Datenstruktur beantworten. Über./legungen zu Einzelheiten der Datenstruktur werden normalerweise solange aufgeschoben, bis wir mit dem Entwurf der Software (Kapitel 4) beginnen.

Die Anwendung des ersten Analyse-Prinzips begann mit dem Aufstellen von Objekt- und Operationstabellen (Tabellen 3.1 und 3.2). Wir werden in diesem Kapitel noch sehen, daß die in diesen Tabellen enthaltene Information die weitere Analyse des Informationsbereichs ermöglicht.

Analyse-Prinzip 2:
Unterteilen Sie Objekte und Operationen, um eine Aufgabe hierarchisch zu gliedern

Viele Aufgaben sind zu umfangreich und komplex, um sie als Ganzes überblicken zu können. Deshalb bemühen wir uns, sie in leicht verständliche Teile zu untergliedern. Damit die Gesamtfunktion erfüllt werden kann, richten wir zwischen den einzelnen Teilen Schnittstellen ein. Während der Anforderungsanalyse können sowohl Objekte als auch Operationen unterteilt werden.

Unterteilung heißt im wesentlichen, eine Aufgabe in ihre Bestandteile zu zerlegen. Dazu entwerfen wir ein hierarchisches Schema der Funktion oder Information und unterteilen dann das oberste Element, (1) indem wir entweder immer mehr Details freilegen und dabei vertikal in der Hierarchie vorgehen oder (2) indem wir das Problem durch horizontales Vorgehen innerhalb der Hierarchie zergliedern. Um diese beiden Ansätze zur Unterteilung zu erläutern, betrachten wir das in Kapitel 2 eingeführte und auch in diesem Kapitel bereits behandelte Fließband-Sortier-System (FBSS).

Wenn wir die Beschreibung des Anwendungsbereichs der Software und die darauf angewandte objektorientierte Analyse betrachten, sehen wir, daß wir die Anforderungen an die FBSS-Software durch Unterteilung von Objekten und Operationen analysieren können. Die in den Tabellen 3.1 und 3.2 enthaltene Information liefert uns brauchbare Anhaltspunkte für diese Unterteilung.

Abb. 3.4 zeigt eine einfache *horizontale Zerlegung* von FBSS-Objekten. Jedes Objekt der unteren Reihe bildet eigentlich eine Klasse, von der Objekte einer niedrigeren Ebene abgeleitet werden können. Die Aufgabe wurde unterteilt, indem konstitutive Objekte der FBSS-Software auf der horizontalen Ebene der Objekt-Hierarchie dargestellt wurden. Diese erste Hierarchieebene enthält hier vier Objektklassen, die sich alle in Objekte niedrigerer Ebene aufspalten lassen.

Abb. 3.5 zeigt eine *vertikale Zerlegung* der Objektklasse **Eingabe-Objekte**. Das Objekt **Balkencode-Daten** wurde in **Kisten-Identifizierungsformat** und **Kundenanschrift** zergliedert. Interessant ist hier, daß **Kundenanschrift** weder in Tabelle 3.1 noch in der Beschreibung des Anwendungsbereichs auftaucht. Dennoch hat die Unterteilung dieses Datenelement (und in der Abbildung dargestellte Objekte niedrigerer Ebene) zutage gefördert. Jede der in Abbildung 3.5 dargestellten Objektklassen ließe sich entsprechend erweitern.

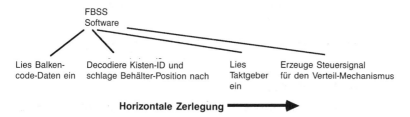

Abb. 3.4 Horizontale Zerlegung von Objekten

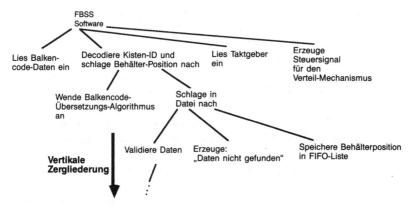

Abb. 3.5 Vertikale Zergliederung von Objekten

Auch die FBSS-Operationen können entsprechend unterteilt werden. Eine Überprüfung der Beschreibung des Anwendungsbereichs und der Tabelle 3.2 ergibt, daß eine horizontale Zergliederung möglich ist, um allgemeine Kategorien abzuleiten – **Eingabe-Operationen, Datenverarbeitungsoperationen, Steueroperationen** und **Ausgabe-Operationen**. Jede dieser Operationen wird dann vertikal zerlegt, wobei die Beschreibung des Anwendungsbereichs als Richtlinie dient. Abb. 3.6 zeigt eine vertikale Unterteilung von **Datenverarbeitungsoperationen**.

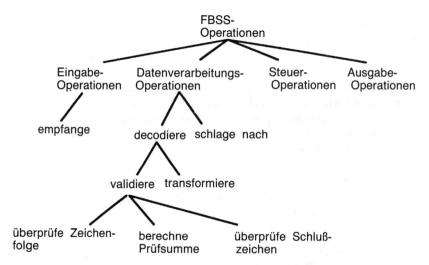

Abb. 3.6 Vertikale Unterteilung von Eingabe-Operationen

Analyse-Prinzip 3:
Erstellen Sie ein grundlegendes Modell des Systems und erarbeiten Sie die Basis für ein Implementierungsmodell

Das *grundlegende Modell* eines Programms enthält die für die Erfüllung der Systemfunktion erforderlichen Objekte und Operationen, berücksichtigt aber keine Implementierungsdetails. Eine grundlegende Betrachtung der FBSS-Operation **empfange** (Balkencode-Daten) kümmert sich z.B. nicht um die physikalische Form der Daten oder darum, welche Art Balkencode-Leser benutzt werden soll. Entsprechend wird auch ein grundlegendes *Datenmodell* wie etwa das Objekt **Datenbank** dargestellt, ohne die zur Implementierung der Datenbank benutzten grundlegenden Datenstrukturen zu berücksichtigen. Eine grundlegende Darstellung der Software-Anforderungen ist eine wichtige Voraussetzung für den Entwurf.

Das *Implementierungsmodell* der Software geht von den realen Verhältnissen aus, unter denen die Verarbeitungsfunktionen und

Datenstrukturen implementiert werden. In einigen Fällen wird als erster Schritt des Software-Designs ein Implementierungsmodell erstellt. Die meisten rechnergestützten Systeme sind jedoch so spezifiziert, daß bestimmte Randbedingungen bei der Implementierung beachtet werden müssen. Nicht selten geschieht es, daß man beim Aufstellen eines Modells zwischen grundsätzlichen Überlegungen und Überlegungen zur Implementierung hin- und herschwankt. Ausschlaggebend ist in jedem Fall das Implementierungsmodell. Schließlich ist die FBSS-Eingabe-Einheit ja ein Balkencode-Leser und nicht etwa eine Tastatur, ein Schalter oder eine TV-Kamera! Wir kommen also nicht umhin, die Randbedingungen zu berücksichtigen, die durch bereits festgelegte Systemelemente gegeben sind.

Berücksichtigen von Randbedingungen

Die Anforderungs-Analyse für die Software sollte sich darauf richten, *was* die Software leisten soll, und nicht darauf, *wie* die Verarbeitung dann implementiert wird. Dennoch sollte das Implementierungsmodell nicht unbedingt als Darstellung des *Wie* aufgefaßt werden, sondern als Repräsentation des gegenwärtigen Operationsmodus, d.h., der vorhandenen oder geplanten Zuordnung aller Systemelemente. Das grundlegende Modell (der Funktion oder der Daten) ist in dem Sinne allgemein, daß die softwaremäßige Realisierung der Funktion oder der Daten nicht explizit angegeben wird.

Falls noch Unklarheiten bestehen, sollten Sie einen Prototyp entwickeln, um mit seiner Hilfe die Anforderungen zu klären

Die Problemanalyse für die Software wird oft durch zwei Faktoren erschwert. Erstens mag der Kunde zwar festumrissene Vorstellungen des Gesamtziels haben, ist sich aber vielleicht über spezifische Einzelheiten nicht im klaren. Zweitens weiß der Kunde vielleicht, wie die notwendige Verarbeitung aussehen sollte, ist möglicherweise aber im Zweifel, ob sie schnell genug und ausreichend genau sein wird.

Um ein Beispiel zu nennen: Der Kunde ist sich vielleicht darüber im klaren, daß eine intensiv genutzte Dialogschnittstelle notwendig ist, hat aber hinsichtlich Form und Stil der Mensch-Maschine-Kommunikation keine rechten Vorstellungen. Sollen Programmfunktionen, die als Symbole auf einem Bildschirm dargestellt werden, mit Hilfe einer Maus ausgewählt werden, oder sollte das System besser befehlsorientiert sein? Ein Prototyp könnte dem Kunden helfen, sich ein Urteil über die verschiedenen Möglichkeiten zu bilden und diejenige auszuwählen, die sich für seine Zwecke am besten eignet. Bestimmte Programmfunktionen erfordern eventuell die Anwendung komplizierter Rechenalgorithmen. Der Software-Ingenieur ist sich vielleicht nicht sicher, ob ein Algorithmus einwandfrei funktioniert bzw. die gewünschte Leistung erbringt; trotzdem muß er viele andere Eigenschaften der Software in der Annahme, daß der Algorithmus korrekt funktionieren wird, spezifizieren. Auch hier kann die Entwicklung eines Prototyps hilfreich sein.

In einigen Fällen ist es möglich, grundlegende Analyseprinzipien anzuwenden und eine Software-Spezifikation auf dem Papier zu erarbeiten, die dann als Grundlage für die Design-Entwicklung dienen kann. In anderen Fällen werden zuerst die *Anforderungen gesammelt* und dann die Analyseprinzipien angewandt, um ein Modell der zu erstellenden Software, *Prototyp* genannt, zu konstruieren, das vom Kunden und vom Entwickler beurteilt werden kann. Zuweilen wird auch zu Beginn der Analyse ein funktionsfähiger Prototyp konstruiert, da er unter bestimmten Umständen das einzige Mittel sein kann, die Anforderungen effektiv zu bestimmen. Der Prototyp wird dann zu einem Softwareprodukt weiterentwickelt.

Beurteilen Sie den Anwendungsbereich der Software und stellen Sie fest, ob die Entwicklung eines Prototyps sinnvoll ist

Die Entwicklung eines Prototyps ist nicht bei allen Software-Projekten sinnvoll. Der Anwendungsbereich, die Komplexität der Aufgabe, das Vorverständnis des Kunden und die für das Projekt zur Verfügung stehende Zeit haben einen wichtigen Einfluß auf unser Vorgehen. In einigen Fällen bietet sich die Prototyp-Entwicklung nur für eine einzelne Funktion wie etwa eine Dialogschnittstelle an, während andere Funktionen mit Hilfe konventioneller Methoden spezifiziert werden müssen.

Einen Prototyp zu konstruieren empfiehlt sich im allgemeinen bei Anwendungen, die mit dynamischen visuellen Anzeigen verbunden sind, die eine intensive Kommunikation mit dem Benutzer voraussetzen oder die Algorithmen oder eine kombinatorische Verarbeitung erfordern, die in evolutionärer Weise entwickelt werden müssen. Bei diesen Anwendungsbereichen muß jedoch auch die Komplexität der Anwendung bedacht werden. Wenn eine in Frage kommende Anwendung (also eine Anwendung mit den oben beschriebenen Merkmalen) Zehntausende von Code-Zeilen erfordert, bevor irgendeine demonstrierbare Funktion ausgeführt werden kann, ist sie wahrscheinlich zu komplex für eine Prototyp-Entwicklung. Wenn sich die Komplexität jedoch unterteilen läßt, ist es vielleicht möglich, für Teile der Software Prototypen zu erstellen.

Weil der Kunde in späteren Schritten mit dem Prototyp kommunizieren muß, ist es unbedingt erforderlich, daß er (1) mit dem

Prozeß der Prototyp-Entwicklung vertraut ist, (2) bereit ist, Zeit für eine sorgfältige Bewertung des Prototyps aufzuwenden und (3) in der Lage ist, in akzeptablen Zeiträumen Anforderungsentscheidungen zu treffen.

Entwickeln Sie eine verkürzte Darstellung der Anforderungen mit Hilfe eines objektorientierten Ansatzes

Bevor wir mit der Konstruktion eines Prototyps beginnen können, müssen wir wissen, welche Objekte und Operationen für eine Software-Lösung existieren; außerdem müssen wir eine angemessene Methode entwickeln, sie zu unterteilen. Mit Hilfe der in diesem Kapitel bereits beschriebenen Schritte zur Bestimmung von Objekten und Operationen wird ein Grundmodell des Systems erstellt. Dieses Modell dient dann als Ausgangspunkt für die Konstruktion eines Prototyps.

Dies läßt sich anhand der in den Abb. 3.5 und 3.6 dargestellten vertikalen Unterteilung des FBSS erläutern. Die Aufgabe des Software-Ingenieurs ist es, Bereiche auszuwählen, in denen Unklarheiten bestehen, und ihnen seine Aufmerksamkeit zu widmen. Der Kunde könnte z.B. noch überlegen, welcher Typ Balkencode-Leser verwendet werden soll, und welches Balkencode-Eingabeformat sich aus seiner Wahl ergibt. Der Software-Ingenieur entscheidet, daß ein Software-Prototyp dieser Funktion sinnvoll ist, weil dadurch der Kunde (und der Software-Ingenieur) Gelegenheit bekommt, die Vor- und Nachteile verschiedener Balkencode-Formate besser einzuschätzen. Zur Entwicklung dieses Prototyps werden „Attrappen" der Objekte **Balkencode-Leser** und **Balkencode-Daten** konstruiert. Es wird also ein Programm geschrieben, das die Funktion des **Balkencode-Lesers** simuliert und als Ausgabe ein Datenelement hervorbringt, das mit dem Objekt **Balkencode-Daten** korrespondiert. Außerdem werden Attrappen der Operationen **empfange** und **decodiere** implementiert. Beachten Sie bitte, daß die anderen mit dem FBSS verbundenen Objekte und Operationen nicht als Teil dieses Prototyps implementiert zu werden brauchen, sondern mit konventionellen Methoden spezifiziert und konzipiert werden können.

Entwickeln Sie einen Prototyp auf dem Papier

Ein Prototyp braucht kein lauffähiges Modell des Programms zu sein. In vielen Fällen, in denen es um die Kommunikation zwischen Mensch und Maschine geht, ist es möglich, ein Modell auf dem Papier zu entwerfen. Nehmen wir beispielsweise an, ein Kunde wünscht ein PC-gestütztes System, das ihm beim Entwurf, beim

Layout und bei der Repräsentation von Einbauküchen hilft. Der Kunde, ein Anbieter von Inneneinrichtungen, hat nur wenig Kenntnisse über das Design von Software-Schnittstellen oder von Computergrafik, weiß aber, worauf man beim Entwurf von Küchen achten muß. Nach einigen Besprechungen erstellt der Software-Ingenieur eine Beschreibung des Anwendungsbereichs, ermittelt wichtige Objekte und Operationen und konstruiert dann auf dem Papier einen Prototyp, der (gegebenenfalls farbige) grafische Darstellungen jedes Dialog-„Rahmens" (des Bildes, das zum gegebenen Zeitpunkt auf der Ausgabeeinheit erscheint) mit einer Beschreibung dessen, was sich zwischen Computer und Benutzer abspielt, enthält. Jeder „Rahmen" ist eine Bildschirmdarstellung und zeigt Symbole, Befehle, Menüs und Grafiken, die sich aus der Mensch-Maschine-Interaktion ergeben. Software-Ingenieur und Kunde gehen den Papier-Prototyp dann gemeinsam so durch, als wäre er ein lauffähiges Programm.

In den meisten Fällen wird der Papier-Prototyp als Gesprächsgrundlage über Schnittstellen-Anforderungen ausreichen. Trotzdem kann es noch notwendig sein, ein lauffähiges Modell zu konstruieren, damit der Benutzer ein Gefühl für den Dialogablauf bekommt. In solchen Fällen wenden wir die folgenden Schritte der Prototyp-Entwicklung an.

Entwickeln Sie einen verkürzten Prototyp-Entwurf

Auch für die Konstruktion eines Prototyps ist ein Entwurf notwendig; dieser Entwurf unterscheidet sich jedoch hinsichtlich Tiefe und Formalität von Entwürfen für Softwareprodukte. Häufig ist der Prototyp nur eine „äußere Hülle" des Sotwareproduktes; damit ist gemeint, daß die Benutzer-Schnittstelle oder die Ein-/Ausgabefunktionen implementiert sein können, die Rechen- oder Datenverarbeitungsfunktionen jedoch weggelassen sind. Deshalb konzentriert sich der Prototyp-Entwurf nur auf die Datenstrukturen sowie auf die für die Implementierung der Hülle erforderlichen architektonischen und prozeduralen Komponenten. Wie schon erwähnt, ist die horizontale und vertikale Unterteilung, die in einer Beschreibung von Objekten und Operationen resultiert, ein wichtiger erster Schritt zur Entwicklung eines Programm-Prototyps.

Konstruieren, testen und verfeinern Sie den Software-Prototyp

Ein funktionsfähiger Prototyp kann in einer konventionellen Programmiersprache (z.B. Pascal, C oder FORTRAN), einer objektorientierten Sprache (z.B. Smalltalk, C++), einer spezialisierten Sprache (z.B. LISP oder PROLOG), einer nichtprozeduralen Sprache, die in Verbindung mit einem vorhandenen Datenbank-System (z.B. NOMAD, FOCUS, INTELLECT) benutzt wird, einem Code-Generator (z.B. TELON, SAGE) oder einer Vielzahl spezialisierter Prototyping-Tools implementiert werden. Das Ziel ist jedoch — unabhängig von der gewählten Implementierungsmethode — immer das gleiche: Es geht darum, möglichst schnell ein funktionsfähiges Modell zu konstruieren.

Um zu zeigen, wie ein einfacher Prototyp entwickelt werden kann, der einem Kunden dabei hilft, die Anforderungen für ein komplexes System besser zu präzisieren, betrachten wir die Entwicklung des nachstehend beschriebenen Informationssystems für Bibliotheken:

Die Informations-Software für Bibliotheken greift auf eine Datenbank zu, in der alle Bücher erfaßt sind, die zum gegenwärtigen Bestand einer Universitätsbibliothek gehören. Sowohl die bibliographischen Angaben zu jedem Buch als auch ein umfangreiches Schlagwortregister, das dabei hilft, Bücher anhand von Sachgebieten statt von Autorennamen zu finden, sind in dieser Datenbank enthalten. Der Benutzer wird mit der Datenbank über eine Schnittstelle kommunizieren...

Tabellen mit Objekten und Operationen werden mit Hilfe der in diesem Kapitel bereits beschriebenen Schritte erarbeitet. Es stellt sich heraus, daß der Kunde (der Universitäts-Bibliothekar) so gut wie keine Vorstellung vom Design einer Dialog-Schnittstelle hat und sich nicht darüber im klaren ist, wie die Kommunikation zwischen System und Benutzer ablaufen sollte. Um dem Kunden zu helfen, erstellt der Software-Ingenieur eine „Attrappe" der Software für das Bibliotheks-Informationssystem; er benutzt dazu eine Datenbanksystem- und Abfragesprache (wie etwa dBASE III), die auf einem PC implementiert wird. Natürlich ist der für den PC erstellte Programm-Prototyp als Softwareprodukt absolut inadäquat; dennoch eignet es sich vorzüglich als Prototyp.

Nachdem eine kleine Buch-Datenbank angelegt und passende Menüs und Dialog-Sequenzen implementiert wurden, haben wir einen funktionsfähigen Prototyp der Software für das Bibliotheks-Informationssystem vor uns.

Präsentieren Sie den Prototyp dem Kunden, der die Applikation erprobt und Änderungen vorschlägt

Dieser Schritt ist der Kern des Prototyp-Ansatzes. Der Kunde (Sie erinnern sich: in vielen Fällen können Sie Ihr eigener Kunde sein!) überprüft nun eine implementierte Verkörperung der Software-Anforderungen und schlägt Änderungen vor, damit die Software besser den tatsächlichen Erfordernissen entspricht.

Bleiben wir bei unserem Beispiel des Bibliotheks-Informationssystems: Der Bibliothekar wird gebeten, den entwickelten Prototyp zu erproben. Es werden Änderungen veranlaßt und Iterationen vorgenommen. Das Resultat ist dann jedoch eine viel spezifischere Beschreibung der Benutzer-Schnittstelle für das Bibliotheks-Informations-System. Mit Hilfe des Prototyps findet der Software-Ingenieur z.B. heraus, daß der Bibliothekar eigentlich zwei verschiedene Kommunikationsmodi wünscht − einen für die Studenten und Dozenten und einen anderen für die Bibliotheksangestellten. Dies ging aus der Aufgabenstellung nicht hervor.

Wiederholen Sie die Prototyp-Schritte iterativ, bis alle Anforderungen formalisiert wurden oder bis sich der Prototyp zu einem Softwareprodukt entwickelt hat

Wenn man das Modell der Prototyp-Entwicklung anwendet, kann man eines von zwei Zielen anstreben: (1) die Entwicklung dient dem Zweck, einen Satz formaler Anforderungen aufzustellen, die anschließend mit Hilfe von Methoden und Techniken des Software Engineering in ein Softwareprodukt umgesetzt werden können, oder (2) die Entwicklung des Prototyps soll als ein erster Schritt in einem Prozeß fungieren, der in der evolutionären Entwicklung eines Softwareproduktes resultiert. Unabhängig davon, welchen dieser beiden Zwecke man verfolgt, bietet die Prototyp-Entwicklung einen effektiven Mechanismus, um Software-Anforderungen zu präzisieren und um einschätzen zu können, mit welchen technischen Risiken bestimmte Lösungen verbunden sind.

Erstellen Sie ein Flußmodell der Software

Wenn Information ein rechnergestütztes System durchläuft, wird sie transformiert. Das System akzeptiert Eingaben in verschiedenen Formen und transformiert sie mit Hilfe von Hardware, Software, Datenbank und menschlichen Elementen, um Ausgaben in verschiedenen Formen zu erzeugen. Der Input kann ein von einem Wandler ausgesendetes Steuersignal sein, eine von Hand eingetippte Zahlenreihe, ein innerhalb eines Netzwerks übertragenes Informationspaket oder ein voluminöses Datenfile, das vom Plattenspeicher abgerufen wurde. Die Transformationen können aus einem einzigen logischen Vergleich, einem komplexen numerischen Algorithmus oder den Inferenzregeln eines Expertensystems bestehen. Der Output kann im Aufblitzen einer einzigen Leuchtdiode oder in einem zweihundertseitigen Report bestehen. Ein *Datenflußmodell* kann im Grunde für jedes rechnergestützte System ungeachtet seiner Größe und Komplexität erstellt werden.

Abb. 3.7 zeigt eine Methode[3] zur Darstellung des Informationsflusses, der ein rechnergestütztes System durchläuft. Die allgemeine Funktion des Systems wird als einzelne Informationstransformation – s. der *Kreis* in Abb. 3.7 – dargestellt. Eine oder mehrere Eingaben – repräsentiert durch beschriftete Pfeile – bewirken, daß die Transformation Ausgabe-Information hervorbringt. Zu beachten ist, daß dieses Modell sowohl auf das gesamte System als auch lediglich auf das Software-Element angewandt werden kann. Es geht also darum, die Information vor und nach der Transformation darzustellen.

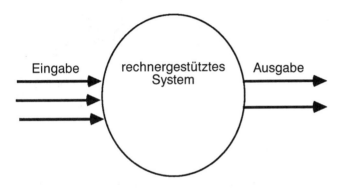

Abb. 3.7 Darstellung des Informationsflusses

Verwenden Sie Datenflußdiagramme, um zu zeigen, wie sich Daten durch die Software bewegen

Wenn sich Information (Objekte können als Datenelemente und Steuerdaten kategorisiert werden) durch die Software bewegt, wird sie durch eine Reihe von Transformationen modifiziert. Die Transformationen entsprechen den weiter oben in diesem Kapitel erörterten *Verarbeitungs-Operationen*. Ein *Datenflußdiagramm* (DFD) (auch als Datenflußschema bezeichnet) ist eine grafische Darstellung des Datenflusses und der Transformationen, die zwischen Datenein- und -Ausgabe angewandt werden. Die Grundform eines Datenflußdiagramms ist in Abb. 3.8 dargestellt.

---

[3] Es ist wichtig festzuhalten, daß es mehrere Möglichkeiten zur Darstellung der Software-Anforderungen gibt. Der in diesem Buch beschriebene Ansatz entstammt einer als *Strukturierte Analyse* bezeichneten Methode. Das Software Engineering kennt noch weitere Methoden wie etwa *Datenstrukturorientierte Systementwicklung (Data Structured Systems Development – DSSD), System-Analyse und -Design-Technik (SADT)* und die *Jackson-Methode (Jackson System Development – JSD)*. Weitere Hinweise finden sich im Abschnitt „Weiterführende Lektüre" am Schluß dieses Kapitels (S. 95).

Datenelemente oder Steuerdaten (**Daten**$_1$) werden von einem Objekt (**Absender**$_1$) erzeugt, das eine Informationsquelle ist. **Daten**$_1$ fließen in das System und werden von **Transformation**$_1$ bearbeitet, die ein anderes Datenelement, **Daten**$_2$, erzeugt. Weitere Datenobjekte werden durch die Anwendung anderer Transformationen oder durch das Abrufen von einem Datenspeicher erzeugt. Zum Schluß wird die Ausgabe in der Form **Daten**$_6$ zu einer Informations-Senke, **Empfänger**$_1$, gesendet.

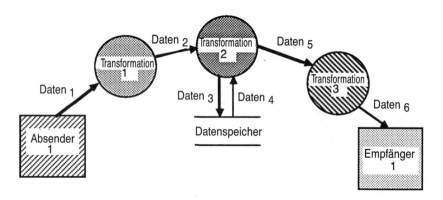

Abb. 3.8 Datenflußdiagramm

Mit Hilfe eines solchen Datenflußdiagrammes (DFD) läßt sich das System oder die Software auf jeder beliebigen Abstraktionsebene darstellen. DFDs lassen sich auch in Ebenen untergliedern, die Informationsfluß und funktionale Einzelheiten zunehmend detaillierter repräsentieren. Ein DFD auf der Ebene 01, auch als *grundlegendes Systemmodell* bezeichnet, stellt das gesamte Software-Element als einen einzigen Kreis dar, wobei Ein-/Ausgabe-Daten durch eingehende bzw. ausgehende Pfeile verkörpert werden. Weitere Transformationen und Informationsfluß-Pfade werden repräsentiert, wenn man das DFD der Ebene 01 untergliedert, damit mehr Einzelheiten erkennbar werden.

DFD-Notation

Abb. 3.9 zeigt Beispiele einer DFD-Notation. Ein Rechteck symbolisiert ein *externes Objekt*, d.h., ein Systemelement (z.B. Hardware, eine Person) oder ein anderes System, das Information zur Transformation durch die Software erzeugt oder von der Software erzeugte Information empfängt. Ein Kreis oder Oval symbolisiert einen *Prozeß* oder eine *Transformation*, die auf Daten angewendet werden und sie in irgendeiner Weise ändern. Ein Pfeil repräsentiert eines oder mehrere Datenelemente. Alle Pfeile eines Datenflußdiagramms sollten beschriftet werden. Die doppelte Linie symbolisiert einen *Datenspeicher* – gespeicherte Information, die von der Software benutzt wird. Die DFD-Symbole sind ausgesprochen einfach; dies ist einer der Gründe dafür, daß datenflußorientierte Analysetechniken die meistverbreiteten sind.

Das Interessante daran ist, daß die Objekte, die im Verlauf früherer Arbeitsabschnitte bestimmt wurden, mit Kästen (Informationsquellen und -Senken), Pfeilen (Datenelementen) und doppelten Linien (Datenspeichern) eines DFD korrespondieren. Operationen korrespondieren mit Kreisen (Transformationen). Wir sehen also: *Die Objekt- und Operations-Tabellen enthalten die Basisinformation, die zum Erstellen von Datenflußdiagrammen benötigt wird.*

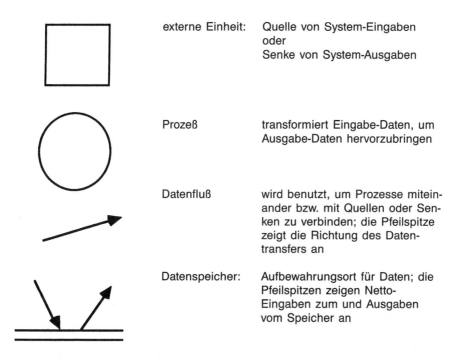

Abb. 3.9 Datenflußdiagramm-Notation

Als einfaches Beispiel für ein Datenflußdiagramm betrachten wir den Informationsfluß für ein Telefongespräch (Abb. 3.10). Das DFD der Ebene 01 für ein Telefongespräch läßt erkennen, daß die Ausgabe der Schall der Stimme des Benutzers ist, wie ihn der Telefonpartner empfängt. Die Eingabe für das Telefongespräch ist die Stimme des Anrufers und eine auf dem Tastenfeld gewählte Telefonnummer. Abb. 3.10b zeigt eine Verfeinerung des DFD der Ebene 01 auf der Ebene 02. Wie man sieht, enthält diese Abbildung mehr Information sowohl über den Datenfluß als auch über die Prozeßfunktion (Transformationen). Die Handlung des Anrufers, die Wähltasten zu drücken, wird von der angeschlossenen Elektronik in eine Reihe von Tonfrequenzen transformiert. Die Tonfrequenzen gelangen zu einem Vermittlungs-System, das die erforderliche Wegewahl ausführt und eine Verbindung zwischen Sender und

Beispiel für eine DFD

Empfänger herstellt. Der Klang einer menschlichen Stimme wird von einem Schwingungswandler transformiert, der als Ausgabe ein Signal erzeugt. Das Vermittlungs-System transportiert das Stimm-Signal zu einem Empfänger, der das Signal zu Schall zurücktransformiert. Bitte beachten Sie, daß die Datenflußdiagramme dieses Beispiels ein vollständiges System und nicht nur die Software darstellen. Im allgemeinen benutzen wir DFDs lediglich dazu, das Software-Element eines Systems zu repräsentieren.

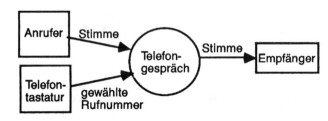

(a) Datenflußdiagramm der Ebene 01

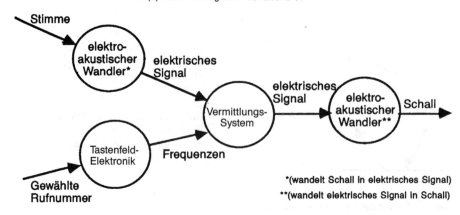

(b) Datenflußdiagramm der Ebene 02

Abb. 3.10 Datenflußdiagramm für ein Telefongespräch

Obwohl das obige Beispiel eine grobe Vereinfachung darstellt, ist der durch das Datenflußdiagramm repräsentierte Informationsfluß gut erkennbar. Jede Transformation in diesem Diagramm könnte noch weiter verfeinert werden, um mehr Details über die Verarbeitung der Tastatureingaben, die Wandler oder das Vermittlungs-System zu erhalten. Das Diagramm ließe sich also *schichtweise aufbauen*, um jede gewünschte Detailebene zu berücksichtigen.

Beachten Sie bitte außerdem, daß die Reihenfolge der Ereignisse (wird z.B. die Telefonnummer vor oder nach der Stimm-Eingabe eingetippt?) durch das Diagramm nicht explizit festgelegt ist. Die Prozedur oder Reihenfolge mag implizit im Diagramm enthalten sein; eine explizite prozedurale Repräsentation wird jedoch generell bis zum Entwurf der Software aufgeschoben.

Wie bereits festgestellt, kann jeder der Kreise verfeinert oder in Schichten gegliedert werden, um mehr Einzelheiten darzustellen. Abb. 3.11 veranschaulicht dieses Konzept. Ein grundlegendes Modell des Systems F zeigt zunächst, daß A die primäre Eingabe und B die endgültige Ausgabe ist. Wir verfeinern nun dieses Modell F in die Transformationen f_1 bis f_7. Dabei muß beachtet werden, daß die *Kontinuität des Informationsflusses* erhalten bleibt, d.h., daß Ein- und Ausgaben auf jeder Verfeinerungsebene gleichbleiben müssen. Eine weitere Verfeinerung von f_4 zeigt Einzelheiten in der Form der Transformationen f_{41} bis f_{45} auf. Auch hier bleiben Input (X,Y) und Output (Z) unverändert.

Das Datenflußdiagramm ist ein grafisches Werkzeug, das bei der Software-Anforderungsanalyse sehr hilfreich sein kann, weil es die Grundlage für den darauffolgenden Software-Entwurf schafft. Das Diagramm kann jedoch auch Verwirrung stiften, wenn ein Software-Ingenieur versucht, ein Programm mit Hilfe der Datenfluß-Notation zu *entwerfen*. Software-Design erfordert eine Spezifikation der Programmarchitektur, gefolgt von einer Repräsentation der prozeduralen Details von Programm-Komponenten (für eine ausführliche Erörterung des Designs siehe Kapitel 4). Da die Notation des Datenflußdiagramms zur Repräsentation der Programmarchitektur oder der Verarbeitungsdetails (z.B. Schleifen, Bedingungen) ungeeignet ist, ist ein DFD als Entwurfs-Werkzeug inadäquat.

Programmarchitektur spezifizieren

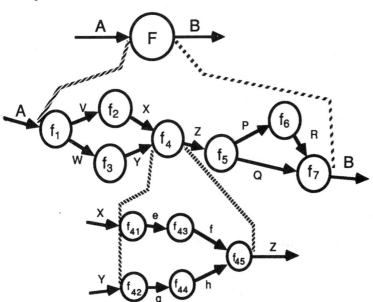

Abb. 3.11 Hierarchische Schichtung von Datenflußdiagrammen

Ein paar einfache Richtlinien können bei der Aufstellung von Datenfluß-Diagrammen eine unschätzbare Hilfe sein: (1) das Datenflußdiagramm der Ebene 01 sollte die Software/das System als eine einzige Funktion darstellen; (2) primäre Input-/Output/Files sollten sorgfältig vermerkt werden; (3) alle Pfeile und Kreise sollten mit sinngebenden Namen beschriftet werden; (4) die Kontinuität des Informationsflusses muß gewahrt bleiben; (5) es sollte jeweils nur eine Funktion verfeinert werden. Man neigt nämlich leicht dazu, das Datenflußdiagramm übertrieben kompliziert zu machen. Das passiert vor allem, wenn wir versuchen, zu früh zu viele Einzelheiten zu berücksichtigen oder statt des Informationsflusses prozedurale Aspekte der Software darzustellen.

Zeigen Sie mit Hilfe von Flußdiagrammen, wie die Steuerdaten die Software beeinflussen

Die Notation, die wir für das Datenflußdiagramm entwickelt haben, repräsentiert die Steuerdaten und die sie verarbeitenden Transformationen (Operationen) nicht explizit. In vielen Fällen sind Informationen, die das Auftreten eines Ereignisses anzeigen oder eine Aktion auslösen (Steuerdaten) und Funktionen, die Steuerdaten verarbeiten, für die Funktion der Software wichtig. Wir brauchen also eine zusätzliche Notation, um den Steuerfluß darzustellen.

Die Konvention, die sich für Datenflußdiagramme eingebürgert hat, stellt Datenelemente als durchgezogene Pfeile dar. Der Steuerfluß wird dagegen durch gestrichelte oder schraffierte Pfeile dargestellt. Steuerfunktionen (Operationen, die Steuerdaten hervorbringen) werden entsprechend durch einen gestrichelten Kreis repräsentiert.

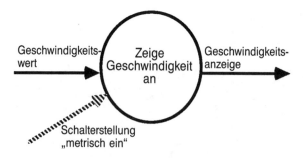

Abb. 3.12 Darstellung von Steuerfluß

In Abb. 3.12 nimmt eine Funktion (Operation) mit der Bezeichnung **Zeige Geschwindigkeit an** einen einzelnen Datenwert, den **Geschwindigkeitswert**, entgegen und erzeugt eine andere einzelne Ausgabe, die **Geschwindigkeitsanzeige**. **Zeige Geschwindigkeit**

an empfängt außerdem Steuerinformation in Form eines *Ereignisflusses*, **Maßeinheit**, der kontrolliert, ob innerhalb der Datentransformation ein Konvertierungsalgorithmus ins metrische oder ins englische System benutzt wird. Ein Ereignisfluß repräsentiert immer ein Steuerdatum. In dem abgebildeten Beispiel würde also der Ereignisfluß „Wert" anzeigen, welches Maßsystem zu benutzen ist.

Abb. 3.13 zeigt die Darstellung eines Steuerprozesses für eine Fertigungs-Zelle auf höchster Ebene.[4] Wenn die Komponenten installiert werden, wird in einem **Bauteil-Status-Buffer** ein Status-Bit gesetzt, das das Vorhandensein oder Fehlen jeder Komponente anzeigt. Zum Setzen eines jeden Bit werden Ereignisflüsse benutzt, und der gesamte Bit-String wird in einem *Steuerspeicher* gespeichert. Im **Bauteil-Status-Buffer** enthaltene Ereignis-Information wird einem *Steuerprozeß* übergeben, **melde an Greifarm**, der, wie die Abbildung zeigt, auch andere Ereignisflüsse empfängt. Die Ausgabe des Steuerprozesses ist ein Steuersignal, das die Roboter-Steuerung aufruft.

Der in Abb. 3.13 dargestellte Steuerfluß wurde in Abb. 3.14 erweitert, um die Kombination von Ereignis- und Datenfluß zu illustrieren. Wie Abb. 3.14 zeigt, wird die Ausgabe des im vorigen Abschnitt beschriebenen Steuerprozesses benutzt, um ein Roboter-Steuersystem zu starten, das durch ein Datenflußdiagramm der

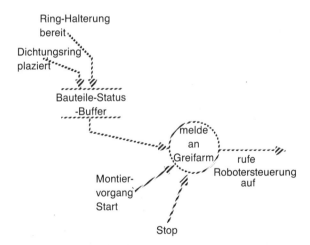

Abb. 3.13 Steuerprozeß für eine Fertigungs-Zelle

---

[4] Eine Fertigungs-Zelle ist eine Gruppierung von Maschinen, Robotern, Werkzeugen und Vorrichtungen, die zusammen zur Herstellung bestimmter Komponenten (z.B. Antriebswellen, bestückte Platinen) benutzt werden. Die in der Zelle enthaltenen Anlagen werden von einem oder mehreren Computern, die zum Zwecke der Fertigungsplanung und der Betriebsdatenerfassung mit einem Zentralrechner in Verbindung stehen, überwacht und gesteuert.

Ebene 01 dargestellt wird. Aus dem DFD für das Roboter-Steuersystem wird ersichtlich, daß **Positionierungskommandos** und **Verarbeitungskommandos** von einer **Kommandodatei** gelesen werden. **Positions-Koordinaten** und **Greiferanweisungen** werden vom System erzeugt.

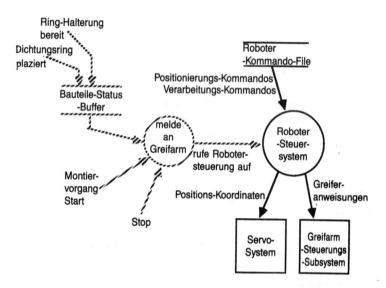

Abb. 3.14 Kombination von Steuer- und Datenfluß

Wichtig ist in diesem Zusammenhang, daß eine Erweiterung des Anteils, den das Roboter-Steuer-System in dem Flußdiagramm der Abb. 3.14 einnimmt, die Darstellung zusätzlicher Ereignisflüsse und Steuerprozesse mit sich bringen kann. Diese lassen sich mit Daten-Transformationsprozessen und konventionellen Datenflüssen kombinieren.

Wenden Sie Flußmodell-Bewertungs-Regeln an

Ein Flußmodell für Software ist eine grafische Darstellung, die es dem Software-Ingenieur ermöglicht, die Objekte, die sich durch das System bewegen, und die auf sie einwirkenden Operationen darzustellen. Wie jede grafische Darstellung sind Flußmodelle am effektivsten, wenn man auf Konsistenz achtet. Zu diesem Zweck wurden mehrere Bewertungsregeln aufgestellt:

1. Das Flußmodell sollte sich über mehrere Abstraktionsebenen erstrecken. Jede neue Ebene sollte eine weitere Ausarbeitung der vorherigen sein und mehr Einzelheiten darstellen.
2. Auf einer der Ebenen dargestellter Daten- oder Steuerfluß muß auf niedrigeren Ebenen beibehalten werden. Diese Kontinuität des Daten/Steuer-Flusses ist für ein konsistentes Modell der Software unabdingbar.

3. Die erste Ebene eines Flußmodells sollte eine einzige Funktion enthalten, die die Funktion des gesamten Software-Elements darstellt.
4. Eine Faustregel für die von Ebene zu Ebene stattfindende Erweiterung lautet, daß eine Funktion auf der Ebene n zu ungefähr drei bis fünf Funktionen auf der Ebene $n + 1$ erweitert werden sollte.

Erstellen Sie ein Data Dictionary, um Objektinhalte zu beschreiben

Obwohl das Flußmodell eine wichtige Darstellungsform für die Analyse ist, wird mehr Information benötigt, um ein vollständiges Analysemodell zu schaffen. Jeder Pfeil in einem Flußdiagramm repräsentiert eines oder mehrere Datenelemente. Deshalb sollte man über eine Möglichkeit verfügen, um den Inhalt jedes Pfeils (Datenelementes) zu beschreiben.

Ein *Data Dictionary* ist eine quasi-formale Notation, um den Inhalt der Information zu beschreiben, die durch ein System fließt. Der Inhalt jedes Objektes (Datenelement oder Steuerdatum) wird mit Hilfe der in Abb. 3.15 gezeigten Notation dargestellt. *Zusammengesetzte Information* (Datenelemente oder Steuerdaten) wird in einer der drei grundlegenden Arten dargestellt, in der sie konstruiert werden kann: (1) als eine Sequenz von Datenelementen oder Steuerdaten, (2) als eine Auswahl aus einem Satz von Datenelementen oder Steuerdaten oder (3) als eine Wiederholungsgruppe von Datenelementen oder Steuerdaten. Jeder Eintrag eines Informationselementes, der als Teil einer Sequenz, Auswahl oder Wiederholung repräsentiert ist, kann selbst wiederum ein zusammengesetztes Element sein, das innerhalb des Data Dictionary einer weiteren Verfeinerung bedarf.

Datenkonstrukt	Notation	Bedeutung
	=	ist zusammengesetzt aus
Sequenz	+	und
Auswahl	[|]	entweder – oder
Wiederholung	$\{ \}^n$	n Wiederholungen von
	( )	optionale Daten
	* *	Kommentare

Abb. 3.15 Kurve der Ausfallrate für Hardware

Damit der Gebrauch des Data Dictionary deutlicher wird, kehren wir zu dem in Abb. 3.10 dargestellten DFD für ein Telefongespräch zurück. In dieser Abbildung ist das Datenelement **gewählte Telefonnummer** als Input spezifiziert. Was genau ist jedoch eine gewählte Telefonnummer? Es könnte eine siebenstellige Ortsgesprächs-Nummer sein, ein vierstelliger Nebenanschluß oder eine fünfundzwanzigstellige Nummer, mit der in einem Ferngespräch eine Firmendurchwahl-Nummer angewählt wird. Das Data Dictionary verhilft uns zu einer präzisen Definition von **gewählte Telefonnummer** für das fragliche DFD:

gewählte Telefonnummer = [Nebenanschluß | Außennummer | 0]

Dieser Eintrag im Data Dictionary kann so gelesen werden: **gewählte Telefonnummer** besteht aus entweder einem **Nebenanschluß** oder einer **Außennummer** oder **0** (für die Zentrale). **Nebenanschluß** und **Außennummer** verkörpern zusammengesetzte Datenelemente und werden in anderen Erklärungen des Data Dictionary weiter verfeinert. Die Ziffer 0 gehört zu den *Elementardaten*, bedarf also keiner weiteren Verfeinerung.

Die weiteren Einträge für die gewählte Telefonnummer sehen so aus:

gewählte Telefonnummer = [Nebenanschluß | Außennummer | 0]
Nebenanschluß = [2001 | 2002 | ... | 2999 | Konferenzschaltung]
Außennummer = 9 + [Teilnehmernummer | Ferngesprächsnummer]
Teilnehmernummer = Anschlußnummer + Durchwahl
Ferngesprächsnummer = Anmeldung (0) + Vorwahl + Teilnehmernummer
Konferenzschaltung = 2{ + Nebenanschluß + #(#)}6

Inhalt des Data Dictionary

Das Data Dictionary wird erweitert, bis alle zusammengesetzten Datenelemente in elementare Elemente zerlegt oder bis alle zusammengesetzten Elemente für alle Benutzer des Data Dictionarys klar und eindeutig dargestellt sind (so wird z.B. unter **Vorwahlnummer** generell eine Nummer verstanden, die aus maximal 5 Ziffern besteht und mit einer Null beginnt).

Das Data Dictionary enthält eindeutige Definitionen der Informationselemente. Auch wenn wir vielleicht annehmen, daß das in dem DFD in Abb. 3.10 dargestellte Telefongespräch einen fünfundzwanzigstelligen Fernschreibanschluß im Ausland aufnehmen könnte, sagt uns das Data Dictionary für das DFD, daß solche Nummern nicht zu den als Eingabe akzeptierten Daten gehören. Darüber hinaus kann das Data Dictionary Informationen über die Funktion enthalten, die bei einem ersten Blick auf das DFD vielleicht nicht sofort ersichtlich werden. Die Möglichkeit von Konferenzgesprächen ist beispielsweise durch den Eintrag für **Konferenzschaltung** impliziert, wo zwei bis sechs Nebenanschlüsse angewählt werden können (eingegrenzt durch #), bis zwei #-

Zeichen in einer Reihe eingegeben werden. Jeder dieser Nebenanschlüsse, so folgern wir, wäre Teil einer Konferenzschaltung. Wichtig ist jedoch, daß weitere Informationen (die nicht im Data Dictionary festgehalten sind) über die Möglichkeiten der Konferenzschaltung zur Verfügung gestellt werden müßten.

In einem Data Dictionary kann jedes Objekt oder jede Gruppe von Objekten beschrieben werden, die von Software verarbeitet werden können. Als weiteres Beispiel betrachten wir ein Objekt, **Buch** genannt, das alle notwendigen Informationen über ein Desktop-publishing-System enthält. Der Inhalt von **Buch** läßt sich durch eine Data Dictionary-Notation darstellen:

Buch = Vorspann + {Kapitel}^{n} + Anhang

wobei **Vorspann** sämtliche Informationen bezeichnet, die zu finden sind, bevor die Kapitel beginnen, **Kapitel** mehrfach vorkommt (beachten Sie, daß der Exponent n impliziert, daß es n Kapitel gibt), und **Anhang** sämtliche Informationen bezeichnet, die nach dem letzten Kapitel auftauchen. Jedes der zusammengesetzten Datenelemente wird verfeinert:

Vorspann = Titelblatt + Inhaltsverzeichnis + (Widmung) + (Danksagungen)
        + (Vorwort)
Kapitel = erste Seite + {Seite}^{m} + (Referenzen) + (zu lösende Probleme)
Anhang = (Nachwort) + ({Anhang}^{r}) + ([Index | Glossar])

Zu beachten ist, daß jedes der zusammengesetzten Datenelemente selbst wiederum aus zusammengesetzten Datenelementen besteht. Einige dieser Elemente sind optional (gekennzeichnet durch Klammern), während andere das mehrfache Vorkommen (z.B. m Vorkommen von **Seite** und r Vorkommen von **Anhang** repräsentieren. Die weitere Verfeinerung von **Buch** sei dem Leser als Aufgabe überlassen.

Da sich das Data Dictionary auf den Inhalt des Informationsbereichs richtet, verhilft es dem Software-Ingenieur zu einer „neuen Sicht" in bezug auf die Anforderungen, die an ein Programm gestellt werden. Die geringe Zeit, die es kostet, den Dateninhalt zu überprüfen (statt sofort loszuprogrammieren), zahlt sich aus, wenn man mit Entwurf und Implementierung beginnt.

Bei umfangreichen rechnergestützten Systemen gewinnt das Data Dictionary sehr rasch an Umfang und Komplexität. Das macht es außerordentlich schwierig, ein Data Dictionary manuell zu führen. Es gibt jedoch eine Reihe von automatisierten Data Dictionary-Tools. Außerdem unterstützen neue „Computer-Aided Software Engineering" (CASE)-Workstations die automatisierte Generierung von DFDs und lenken die Kopplung und Verwaltung miteinander verbundener Datenwörterbücher.

CASE

Beschreiben Sie den Ablauf von Daten- und Steuer-Funktionen

Nachdem ein Flußmodell erstellt wurde (mit Hilfe von Flußdiagrammen und Data Dictionary), sollte jede Funktion (Operation) in natürlicher Sprache oder in einer stilisierten Notation beschrieben werden. Diese Beschreibung bezeichnet man als Ablaufbeschreibung.

Elemente der PDL

Eine der Notationen für Verarbeitungsberichte wird als *Programmentwurfssprache (Program Design Language — (PDL)* bezeichnet. PDL enthält elementare prozedurale Konstrukte — Sequenz, Selektion und Wiederholung — und Sätze in natürlicher Sprache, so daß knappe, präzise prozedurale Beschreibungen der in einem Flußdiagramm dargestellten Funktionen erarbeitet werden können. Zum Zweck der Analyse genügt in den meisten Fällen eine einfache Beschreibung einer DFD-Funktion in natürlicher Sprache — der Gebrauch der PDL wird bis zum Software-Entwurf (Kapitel 4) zurückgestellt. Wenn eine Operation jedoch nur beschrieben werden kann, indem ein komplexes Gefüge logischer Bedingungen und Aktionen spezifiziert wird, ist PDL eine brauchbare Alternative.

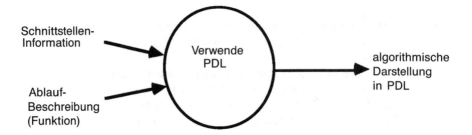

Abb. 3.16 DFD für die Anwendung der Programmentwurfssprache

Um zu illustrieren, wie eine Ablaufbeschreibung entsteht, betrachten wir das Datenflußdiagramm in Abb. 3.16. Dieses DFD beschreibt den Informationsfluß, der auftritt, wenn eine Ablaufbeschreibung für eine DFD-Funktion erstellt wird. Der Ablauf der Funktion läßt sich mit einer Ablaufbeschreibung in natürlicher Sprache angeben:

Eine DFD-Funktion wird ausgewählt, und der Software-Ingenieur entscheidet, ob sie weiter verfeinert werden soll. Falls ja, wird die Funktion in zwei oder mehr Funktionen (mit entsprechenden Datenflüssen) zerlegt. Falls keine weitere Verfeinerung erforderlich ist, wird eine Funktion ausgewählt, um sie mit Hilfe der Programmentwurfssprache zu beschreiben. Die PDL-Beschreibung beginnt mit einem **Prozedur-Statement**, das genauso wie die Funktion bezeichnet ist. Alle Verarbeitungsaufgaben innerhalb der Funktion werden mit Hilfe logischer Konstrukte wie Sequenz, if-then else und Wiederholung beschrieben. Diese Konstrukte werden verfeinert, bis der Software-Ingenieur der Ansicht ist, daß die Spezifikation ausreichend detailliert ist.

Obwohl diese in natürlicher Sprache verfaßte Kurzdarstellung die Funktion adäquat beschreibt, wird die Verarbeitungslogik nicht berücksichtigt. In den meisten Fällen ist das für das Softwaremodell, das während der Problemanalyse erstellt wird, auch akzeptabel. Wenn es jedoch auf größere Genauigkeit ankommt, kann eine Ablaufbeschreibung in der Programmentwurfssprache benutzt werden. Hier folgt eine PDL-Version der Ablaufbeschreibung der DFD-Funktion:

```
procedure: Verwende PDL;
Selektiere DFD-Funktion, nenne sie Zielfunktion;
do while Zielfunktion weiterer Verfeinerung bedarf
    if Zielfunktion ist multifunktional
        then zerlege wie erforderlich;
             selektiere neue Zielfunktion;
        else keine weitere Verfeinerung notwendig;
    endif
enddo
benutze Prozedur-Statement, um Zielfunktion zu bezeichnen;
beschreibe Folge der Funktionsaufgaben;
repeat bis alle Funktionsaufgaben beschrieben worden sind
    case of Funktionsaufgabe
        case: Funktionsaufgabe enthält eine Sequenz;
            lege Sequenz der Schritte fest;
        case: Funktionsaufgabe ist eine Bedingung;
            benutze if-then-else zur Definition der Bedingung;
        case: Funktionsaufgabe Wiederholung;
            benutze do while oder repeat until;
        case: Funktionsaufgabe umfaßt mehrere cases;
            use case of;
    endcase
endrep
überprüfe erzeugte PDL;
modifiziere wenn erforderlich mit Hilfe der Prozedur Verwende PDL;
end procedure
```

Um eine vollständige Beschreibung von Daten- oder Kontroll-Funktionen zu erhalten, kann man in vielen Fällen die Programmentwurfssprache mit Beschreibungen in natürlicher Sprache kombinieren. Während des Software-Designs wird die Beschreibung verfeinert, um weitere prozedurale Einzelheiten festzulegen.

Beginnen Sie, über die Software-Validierung nachzudenken

Während der Analyse haben wir unser Verständnis erweitert und eine brauchbare Beschreibung der Software erarbeitet. In der Entwurfs- und Implementierungsphase wird eine *Software-Spezifikation* in ein funktionsfähiges Programm übersetzt. Wie aber können wir sicher sein, daß das Programm den Wünschen des Kunden entspricht? Die Antwort liegt in einer Kombination von *formalen technischen Reviews* (siehe Anhang B) und Tests.

Obwohl es noch zu früh ist, Testfälle zu entwerfen, lassen sich die allgemeine Strategie der Programmvalidierung (Testen) und die Klassen der später im Prozeß des Software Engineering auszuführenden Tests zu diesem Zeitpunkt definieren (spätere Modifikation vorbehalten). Im wesentlichen stellen wir uns folgende Frage: *„Woran könnte ich ein Programm erkennen, das alle Kundenwünsche erfüllt, wenn es morgen zufällig auf meinem Schreibtisch liegen würde?"*

Konzept für Tests

In dieser Phase richtet sich eine Beschreibung der Teststrategie auf die Reihenfolge, in der die wichtigsten Software-Funktionen getestet werden sollen, auf die Anforderungen an besondere Testressourcen (z.B. zusätzliches Personal, spezielle Hardware, Simulations-Software) und darauf, wie das Programm konstruiert werden soll. Außerdem werden allgemeine Testklassen beschrieben. Testklassen für die (in diesem Kapitel bereits erörterte) FBSS-Software könnten beispielsweise sein:

Klasse 1: Tests zur Validierung der richtigen Decodierung des Balkencode-Leser-Inputs.

Klasse 2: Tests, um sicherzustellen, daß in der Datenbank enthaltene Identifikationscodes richtig aufgefunden und verarbeitet werden.

Klasse 3: Tests, um sicherzustellen, daß der richtige Code für den Verteil-Mechanismus erzeugt wurde.

Klasse 4: Tests, um sicherzustellen, daß das Steuersignal für den Verteilmechanismus mit der Kistenposition richtig synchronisiert ist.

Klasse 5: Tests, um die Fehlerbehandlung zu validieren, d.h., Fälle, in denen der Balkencode unleserlich ist, die Kisten-ID in der Datenbank nicht existiert oder die Hardware nicht funktioniert.

Jede dieser Testklassen wird viele Testfälle erfordern, die mit Hilfe der in Kapitel 6 erörterten Design-Techniken zur Aufstellung von Testdaten festgelegt werden.

Fügen Sie alles zusammen, um eine *Software-Spezifikation* zu bilden

Die *Software-Spezifikation* ist der Höhepunkt der Analyse-Phase. Die der Software zugeordnete Funktion und Leistung werden verfeinert, indem eine vollständige Informationsbeschreibung, eine detaillierte funktionale Beschreibung, eine Darstellung der Leistungs-Anforderungen und Randbedingungen, geeignete Validierungskriterien und andere mit den Anforderungen zusammenhängende Daten erarbeitet werden. Die nachstehende vereinfachte Skizze kann als Gerüst für die Spezifikation dienen:

Software-Spezifikation

1. Einleitung
    1.1 System-Referenz
    1.2 Arbeitsziel
    1.3 Randbedingungen des Softwareprojekts
2. Software-Beschreibung
    2.1 Objekte und Operationen
    2.2 Flußmodell
    2.3 Data Dictionary
    2.4 System-Interface-Beschreibung
3. Ablaufbeschreibungen
    3.n Funktions- (Operations-) n Beschreibung
        3.n.1 Ablaufbeschreibung
        3.n.2 Restriktionen/Grenzen
        3.n.3 Leistungs-Anforderungen
        3.n.4 Randbedingungen des Entwurfs
        3.n.5 Unterstützende Diagramme
4. Validierungs-Kriterien
    4.1 Test-Strategie
    4.2 Testklassen
    4.3 erwartete Reaktion
    4.4 Spezielle Überlegungen
5. Bibliographitrane
6. Anhang

Die *Einleitung* gibt die Ziele und Zwecke der Software an und beschreibt sie im Zusammenhang des rechnergestützten Systems. Eigentlich braucht sie nicht mehr als eine nochmalige Formulierung des Anwendungsbereichs der Software zu sein, der in der Phase der Systementwicklung erarbeitet wurde.

Die *Software-Beschreibung* enthält eine detaillierte Beschreibung der von der Software zu lösenden Aufgabe. Objekte und Operationen, ein Flußmodell und das Data Dictionary werden in ihr präsentiert. Außerdem werden Hardware, Software und Dialogschnittstellen für externe Systemelemente und interne Software-Funktionen beschrieben.

Der Abschnitt *Ablaufbeschreibungen* umfaßt eine Beschreibung aller zur Ausführung der Aufgabe erforderlichen Operationen. Für jede Funktion wird eine Ablaufbeschreibung angefertigt, Randbedingungen für den Entwurf werden dargelegt und gerechtfertigt, und Leistungsmerkmale werden aufgezeigt. Hinzu kommen eines oder mehrere Diagramme, die die allgemeine Struktur der Software und das Zusammenspiel zwischen Software-Funktionen und anderen Systemelementen grafisch darstellen. Dieser Abschnitt bildet die Grundlage für den Software-Entwurf. Im momentanen Stadium beschäftigen wir uns jedoch ausschließlich damit, *was* jede Operation tun soll, und stellen die Beschreibung, *wie* es getan wird, bis zum Beginn des Entwurfs zurück.

Der vierte Abschnitt ist wahrscheinlich der wichtigste, ironischerweise aber auch derjenige, der am häufigsten vernachlässigt wird! Der Abschnitt *Validierungskriterien* beantwortet folgende Fragen: Woran erkennen wir eine gelungene Implementierung? Welche Testfälle müssen ausgeführt werden, um Funktion, Leistung und Randbedingungen zu validieren? In der Vergangenheit wurden diese Aspekte vernachlässigt, weil ihre Berücksichtigung ein gründliches Verständnis der Software-Anforderungen verlangt – und daran hapert es eben oft. Der Abschnitt *Validierungskriterien* fungiert als ein implizites Review, ob die Anforderungen in bezug auf die zu verarbeitenden Daten und die Funktion erfüllt sind. Diesem Abschnitt muß deshalb Zeit und Aufmerksamkeit gewidmet werden.

Schließlich gehört zur *Software-Spezifikation* noch eine *Bibliographie* und ein *Anhang*. Die *Bibliographie* enthält Verweise auf alle Dokumente, die sich auf die Software beziehen, etwa weitere Dokumentationen aus der Planungsphase, technische Referenzen, Anbieterliteratur und Standards. Der *Anhang* enthält Informationen zur Ergänzung der Spezifikation; Tabellen, detaillierte Beschreibungen von Algorithmen, Diagramme, grafische Darstellungen und anderes Material sind hier zu finden.

In vielen Fällen wird eine *Software-Spezifikation* von einem lauffähigen Prototyp, einem Papier-Prototyp oder einem *Vorläufigen Benutzerhandbuch* begleitet. Das *Vorläufige Benutzerhandbuch* behandelt die Software als Black Box, was bedeutet, daß der Nachdruck auf den Benutzer-Eingaben und den daraus resultierenden Ausgaben liegt. Das Handbuch kann als wertvolle Hilfe beim Aufdecken von Problemen mit der Dialogschnittstelle dienen.

Überprüfen Sie die Spezifikation auf Korrektheit, Konsistenz und Vollständigkeit

Ein Review der *Software-Spezifikation* (und/oder des Prototyps) wird sowohl vom Software-Ingenieur als auch vom Kunden ausgeführt. Da die Spezifikation die Grundlage der Entwicklungsphase bildet, sollte dieses Review äußerst sorgfältig vorgenommen werden. Die Gestaltung des Reviews läßt sich am besten verstehen, wenn man einige Fragen betrachtet, die dabei beantwortet werden müssen:

- Stimmen die formulierten Ziele und Zwecke der Software weiterhin mit den Zielen und Zwecken des Systems überein?
- Sind die wichtigen Schnittstellen zu allen Systemelementen beschrieben worden?
- Wurden Informationsfluß und -struktur adäquat für den Problembereich definiert?
- Sind die Diagramme übersichtlich? Ist jedes von ihnen auch ohne Begleittext verständlich?
- Bleiben die Hauptfunktionen innerhalb des Anwendungsbereichs? Ist jede von ihnen adäquat beschrieben worden?
- Sind die Entwurfs-Randbedingungen realistisch?
- Welche technischen Risiken bestehen für die Entwicklung?
- Wurden alternative Software-Anforderungen in Erwägung gezogen?
- Wurden Validierungs-Kriterien detailliert beschrieben? Läßt sich ein funktionierendes System mit ihrer Hilfe adäquat beschreiben?
- Gibt es Inkonsistenzen, Versäumnisse oder Redundanz?
- Ist der Kundenkontakt befriedigend?
- Hat der Kunde das *Benutzerhandbuch* oder den Prototyp überprüft?
- Werden die Projekt-Schätzungen (Zeit- und Kostenaufwand) durch die Ergebnisse der Analyse beeinflußt?

Aufbau eines Reviews

Nachdem das Review abgeschlossen ist, wird die *Software-Spezifikation* vom Kunden und vom Software-Ingenieur „unterschrieben". Die Spezifikation wird zu einem „Vertrag" für die Software-Entwicklung. Zwar können die Anforderungen noch geändert werden, nachdem die Spezifikation abgeschlossen ist; der Kunde muß sich nun aber darüber im klaren sein, daß jede nachträgliche Änderung eine Erweiterung des Anwendungsbereichs der Software bedeutet und deshalb zusätzliche Kosten oder eine Verlängerung des Fertigstellungstermins nach sich ziehen kann.

Doch selbst mit den besten Review-Techniken werden einige altbekannte Spezifikationsprobleme weiterbestehen. Es ist schwierig, die Spezifikation in sinnvoller Weise zu „testen"; deshalb bleiben Inkonsistenzen oder Versäumnisse eventuell unbemerkt. Möglicherweise werden während des Reviews Änderungen der Spezifikation vorgeschlagen. Die Auswirkungen einer Änderung einzuschätzen, also vorherzusehen, wie die Änderung einer Funktion die Anforderungen in bezug auf andere Funktionen beeinflußt, ist äußerst schwierig. Es gibt zwar automatisierte Spezifikations-Werkzeuge, die bei der Lösung dieser Probleme helfen, doch sie werden derzeit nur von einem kleinen Prozentsatz aller Software-Ingenieure genutzt.

Sehen Sie Iterationen vor; widerstehen Sie der Versuchung, sich sofort ins Entwerfen oder Programmieren zu stürzen

Unabhängig von der gewählten Methode sollte die Problemanalyse als iterativer Prozeß betrachtet werden. Wir untersuchen das Problem, gewinnen tiefere Einblicke in seine Schwierigkeiten, notieren, was wir herausgefunden haben, und gehen die Ergebnisse mit dem Kunden durch. Jedes Review (faktisch jedes Gespräch mit dem Kunden) wird wahrscheinlich Mißverständnisse, Versäumnisse oder Unklarheiten aufdecken, die dann beseitigt werden müssen.

Jeder Software-Ingenieur ist der Versuchung ausgesetzt, „einfach loszulegen". Die Zeit vergeht, der Ablieferungstermin rückt immer näher, wir glauben, genug zu wissen − warum sollten wir also nicht einfach anfangen und Details im Verlauf unserer Arbeit ergänzen? Im Grunde werden wir auch genau so verfahren. Das ist allerdings erst dann vertretbar, wenn wir eine solide Beschreibung des Problems, der angestrebten Ziele, an denen sich eine Lösung orientiert und der Anforderungen, die an diese Lösung gestellt werden, erarbeitet und dokumentiert haben.

Die Schritte, die wir zur Problemanalyse vorgestellt haben, geben eine gute Straßenkarte ab. Der Erfolg Ihrer Reise durch den weiteren Prozeß des Software Engineering hängt von der Qualität dieser Karte ab. Wenn sie unvollständig, fehlerhaft oder gar nicht vorhanden ist, wird es zu vielen Fehlstarts kommen. Sie werden in zu viele Sackgassen geraten und sich wahrscheinlich hoffnungslos verirren. Vielleicht stolpern Sie zum Schluß sogar über die Lösung, haben zuvor aber viel Zeit verschwendet und herbe Enttäuschungen erlebt. Mit einer vollständigen Straßenkarte werden Sie dagegen reibungslos und zügig ans Ziel gelangen.

Was das für Sie bedeutet

Wenn Sie jemals vor einem Software-Problem gestanden haben und nicht wußten, wo Sie beginnen sollten, dürfte dieses Kapitel hilfreich sein. Wie komplex ein Problem auch sein mag, es läßt sich immer in einer Kurzbeschreibung in natürlicher Sprache darstellen. Aus dieser Kurzbeschreibung können sie die Objekte und Operationen ableiten, die für die Problemlösung relevant sind. Sie können ein Flußmodell entwickeln, das darstellt, wie sich Datenelemente und Steuerdaten durch die Software bewegen. Sie können das Modell verfeinern, um weitere Details zu erhalten. Jeder dieser Schritte führt zur Entwicklung einer Spezifikation oder eines Prototyps der Software.

Für die in diesem Kapitel beschriebenen Schritte benötigen Sie Zeit, so daß Sie mit Recht fragen mögen, ob sich diese Zeitinvestition rentiert. Wenn Sie ein Problem analysieren und ein Modell der Software erstellen, beweisen Sie sich selbst und Ihrem Kunden, daß Sie verstanden haben, worum es geht. Sie beseitigen Unklarheiten, machen die Ziele deutlich und decken Versäumnisse auf. Ebenso wichtig ist, daß Sie damit eine Grundlage für den Software-Entwurf und für die Qualität Ihrer Arbeit schaffen, wenn Sie zur Implementierung übergehen.

Weiterführende Lektüre

Atwood, J.W., *The Systems Analyst*, Hayden, 1977.

Boar, B., *Application Prototyping*, Wiley-Interscience, 1984.

DeMarco, T., *Structured Analysis and System Specification*, Prentice-Hall, 1979.

Aufgaben und Probleme zum Nachdenken

3.1 Am Anfang dieses Kapitels wurde gesagt, daß die Beschreibung des Anwendungsbereichs der Software vor der Aufstellung von Objekt- und Operationstabellen durch mehrere Detailebenen hindurch verfeinert werden sollte. Nachstehend finden Sie drei Beschreibungen des Anwendungsbereichs. Verfeinern Sie jede dieser Beschreibungen durch zwei weitere Detailebenen.

a. Die Software für die Waage in einem Lebensmittelgeschäft erfaßt das Gewicht des zu verkaufenden Produkts (z.B. Gemüse oder Fleisch) von der Waagen-Hardware und den Kilopreis- und Produkt-Code vom Verkäufer. Die Software zeigt Endpreis und Gewicht auf einer digitalen Anzeige an und druckt ein Preisetikett, das auf die Verpackung geklebt wird.

b. Die Software für die Auftragsannahme eines Versandhandels akzeptiert Kunden- und Produktinformation als Eingabe und erzeugt einen Verpackungsaufkleber und eine Kundenrechnung als Ausgabe. Die Software überprüft, ob die bestellten Waren vorhanden sind, sucht den Stückpreis heraus, errechnet mögliche Rabatte und berechnet Mehrwertsteuer und Versandspesen für die Fakturierung.

c. Die Software für ein Bankterminal ermöglicht Standard-Transaktionen wie Geldtransfer, Barabhebungen und -Einzahlungen und das Bezahlen von Rechnungen. Die Software überprüft den Sicherheitscode des Benutzers, zeigt die Bereitschaft für den gewählten Transaktionstyp an und begleitet den Kunden durch die Transaktion, wobei sie eventuell benötigte Informationen von ihm erfragt.

3.2 Erstellen Sie Objekt- und Operations-Tabellen für jede der in Aufgabe 3.1 beschriebenen Software-Anwendungen. Benutzen Sie die verfeinerten Beschreibungen des Anwendungsbereichs, die Sie als Teil der Aufgabe 3.1 erarbeitet haben.

3.3 Als Software-Ingenieur werden Sie wahrscheinlich mit mehr als einem Kunden zu tun haben, der sich nicht die Zeit genommen hat, eine Beschreibung des Anwendungsbereichs für eine neue Software-Anwendung zu schreiben. Zu den Fragen, die Sie dem Kunden wahrscheinlich stellen werden, gehören:

Was soll das System tun?
Welche Ausgaben soll die Software erzeugen?
Wie sehen die Eingaben für die Software aus?

In welcher Reihenfolge würden Sie diese Fragen stellen? Ist die Reihenfolge wichtig? Falls ja, warum?

3.4 Beschreiben Sie mit eigenen Worten den Unterschied zwischen grundlegenden Modellen und Implementierungsmodellen für Software.

3.5 Entwickeln Sie einen Papier-Prototyp für ein selbst erdachtes Videospiel.

3.6 Nennen Sie drei Software-Anwendungen, bei denen die Vorteile einer Prototyp-Entwicklung fraglich wären. Erklären Sie, warum.

3.7 Erstellen Sie Datenflußdiagramme der Ebenen 01 und 02 für eine oder mehrere der in Aufgabe 3.1 präsentierten Software-Anwendungen.

3.8 Verfeinern Sie eines der in Aufgabe 3.7 erstellten Datenflußdiagramme auf Ebene 03.

3.9 Erstellen Sie ein Data Dictionary für eine oder mehrere der Software-Anwendungen aus Aufgabe 3.1.

3.10 Erstellen Sie eine Ablaufbeschreibung für ausgewählte Funktionen in den Datenflußdiagrammen für eine oder mehrere der Software-Anwendungen aus Aufgabe 3.1.

3.11 Erstellen Sie ein Flußmodell einer Software-Anwendung, das sowohl Daten- als auch Steuerfluß enthält.

3.12 Vervollständigen Sie das in diesem Kapitel begonnene Data Dictionary für **Buch**.

3.13 Beschreiben Sie eine Reihe von Validierungstests für eine oder mehrere der Software-Anwendungen aus Aufgabe 3.1.

Kapitel 4
Softwareentwurf

Der Entwurf ist der Kernpunkt aller Ingenieur-Disziplinen. Er besteht aus einer systematischen Methode zur Erarbeitung einer Problemlösung und gelingt nur dann, wenn ein Problem zuvor gründlich analysiert wurde. Der Entwurf ermöglicht es uns, die Lösung mit Hilfe einer einheitlichen Notation darzustellen und eine Grundlage für die anschließende Implementierung zu schaffen. Außerdem – und das ist am wichtigsten – verfügen wir mit dem Entwurf über eine Möglichkeit, die Qualität der Lösung zu beurteilen, *bevor* sie implementiert wurde, also noch relativ leicht geändert werden kann.

Der Software-Entwurf ist eine natürliche Fortsetzung der in den vorigen Kapiteln beschriebenen Analyse-Schritte. Objekte und Operationen, Flußmodell, Data Dictionary und Prozeßbeschreibung werden in einen Datenentwurf, eine Softwarearchitektur und einen Prozedurentwurf für die Software umgesetzt. Jede dieser Entwurfs-Repräsentationen wird mit Hilfe der in diesem Kapitel beschriebenen Schritte erarbeitet.

Verfeinern Sie die *Software-Spezifikation* als Vorbereitung für den Entwurf

Die *Software-Spezifikation* (in Kapitel 3 erläutert) enthält eine relativ detaillierte Beschreibung der Software-Anforderungen. Bei der Problemanalyse wurde in mehreren Schritten festgestellt, was von der Software verlangt wird. Der Software-Entwurf beschreibt nun, wie die Software-Lösung diese Anforderungen erfüllt.

Wenn die *Software-Spezifikation* sorgfältig ausgearbeitet wurde, werden im Vorfeld des Entwurfs nur sehr wenige Verfeinerungen notwendig sein. In vielen Fällen (öfter, als uns lieb ist) muß die in der *Software-Spezifikation* enthaltene Information jedoch weiter verfeinert werden, bevor wir zum Entwurf übergehen können. Beispielsweise mag das in der Spezifikation enthaltene Flußmodell zum Zweck der Problemanalyse adäquat sein, bedarf aber vor dem (weiter unten erörterten) Architektur-Entwurf einer Erweiterung.

Beachten Sie die grundlegenden Entwurfs-Konzepte und wenden Sie sie an

In den letzten drei Jahrzehnten haben sich grundlegende Konzepte des Software-Entwurfs herauskristallisiert. Obwohl diese Konzepte in all den Jahren auf wechselndes Interesse stießen, haben sie sich alle im Laufe dieser Zeit bewährt. Jedes von ihnen gibt dem Software-Ingenieur eine Grundlage, von der ausgehend er ausgeklügeltere Entwurfs-Methoden anwenden kann. Sie alle helfen ihm, folgende Fragen zu beantworten:

- Nach welchen Kriterien läßt sich die Software in einzelne Komponenten unterteilen?
- Wie lassen sich die Details der Funktion oder Datenstruktur von einer konzeptuellen Repräsentation der Software trennen?
- Gibt es einheitliche Kriterien, die die technische Qualität eines Software-Entwurfs definieren?

M.A. Jackson hat einmal gesagt: „Ein Computer-Programmierer [Software-Ingenieur] beginnt dann weise zu werden, wenn er erkennt, daß ein Unterschied darin besteht, ein Programm lediglich zum Laufen zu bringen oder dazu, es richtig zu gestalten." Die grundlegenden Konzepte des Software-Entwurfs liefern uns das notwendige Gerüst, das Programm „richtig zu gestalten".

Entwurfs-Prinzip 1:
Erarbeiten Sie Darstellungen für Daten, Programmstruktur und Prozedur-Details

Software-Design ist im Grunde ein dreistufiger Prozeß. Als erstes werden Inhalt und Struktur der Daten, die von einem Programm verarbeitet werden, beschrieben. Als nächstes wird die allgemeine modulare Struktur eines Programms dargestellt. Zum Schluß werden die prozeduralen Details, die die Funktion innerhalb eines gegebenen Programm-Moduls implementieren, beschrieben. Jeder dieser Schritte, die als *Daten-Entwurf, Architektur-Entwurf* und *Prozedur-Entwurf* bezeichnet werden, ist ein Teil dessen, was wir unter Software-Entwurf verstehen. Wenn wir qualitativ hochwertige Programme erstellen wollen, müssen wir alle drei Entwurfs-Aktivitäten ausführen.

Entwurfs-Prinzip 2:
Verstehen Sie die strukturellen Elemente, aus denen die Software-Architektur besteht

Unter *Software-Architektur* versteht man die hierarchische Struktur der Prozedurkomponenten, die zusammenfassend als *Module* bezeichnet werden. Ein *Modul* ist eine getrennt kompilierbare Programm-Komponente. In FORTRAN wird eine solche Programm-Komponente als *Subroutine* bezeichnet, in C und Pascal als *Prozedur*; in Modula-2 heißt sie *Modul*, und in Ada wird sie *Paket* genannt. Die Software-Architektur wird im Verlauf eines Verfeinerungsprozesses bestimmt, der Elemente einer Software-Lösung zu Teilen eines Problems der realen Welt, das während der Problemanalyse implizit definiert wurde, in Beziehung setzt.

Die *Programm-Struktur* repräsentiert die (oftmals hierarchische) Organisation von Programm-Komponenten (Modulen) und impliziert eine Hierarchie der Steuerung. Sie repräsentiert keine prozeduralen Aspekte der Software wie etwa Sequenz der Prozesse, Auftreten/Reihenfolge von Entscheidungen oder Wiederholung von Operationen.

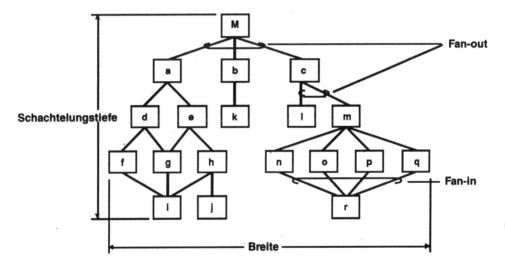

Abb. 4.1 Programm-Architektur

Zur Darstellung der Programmstruktur gibt es verschiedene Notationen. Am gebräuchlichsten ist das baumähnliche Diagramm in Abb. 4.1. Aus dem Diagramm ergibt sich, daß ein Modul *M* die Module *a, b* und *c* aufruft; d.h., die Logik innerhalb der Prozedur *M* steuert die Ausführung der Prozeduren *a, b* und *c*. Datenelemente und/oder Steuerdaten (Informations-Objekte) können zwischen *M* und *a, b* und *c* weitergegeben werden. Entsprechend ruft Modul *a* die Module *d* und *e* auf usw.

Damit wir die Struktur später besser erörtern können, definieren wir zunächst ein paar einfache Begriffe. Wie in Abb. 4.1 gezeigt, geben uns *Tiefe* und *Breite* einen Hinweis auf die Zahl der Steuer-Ebenen bzw. auf die gesamte Spannweite der Steuerung. *Fan-out* ist ein Maßstab für die Zahl der Module, die direkt von einem anderen Modul gesteuert werden. *Fan-in* läßt erkennen, von wie vielen Modulen ein gegebenes Modul direkt gesteuert wird.

Die Steuer-Beziehung zwischen Modulen wird so ausgedrückt: Ein Modul, das ein anderes Modul steuert, bezeichnet man als ihm *übergeordnet*, so wie umgekehrt ein Modul, das von einem anderen kontrolliert wird, diesem Modul *untergeordnet* ist. So ist beispielsweise Modul *M* in Abb. 4.1 den Modulen *a*, *b* und *c* übergeordnet, während Modul *h* dem Modul *e* untergeordnet ist.

Entwurfs-Prinzip 3:
Verstehen Sie Datenstrukturen und ihren Einfluß auf den Software-Entwurf

Die *Datenstruktur* ist eine Darstellung der logischen Beziehung zwischen den einzelnen Datenelementen. Da die Struktur der Information den endgültigen Architektur- und Prozedur-Entwurf beeinflussen wird, ist die Datenstruktur für die Softwarearchitektur ebenso wichtig wie die Programmstruktur.

Die Datenstruktur diktiert Organisation, Zugriffsmethoden, Verknüpfungsgrad und Alternativen der Software. Diesen Themen wurden ganze Bücher gewidmet, und eine erschöpfende Diskussion würde den Rahmen dieses Buchs überschreiten. Dennoch ist es wichtig, daß wir die klassischen Methoden zur Organisation von Information und die Konzepte, die Informationshierarchien zugrunde liegen, verstehen.

Organisation und Komplexität einer Datenstruktur sind nur von der Findigkeit des Designers begrenzt. Es gibt jedoch eine begrenzte Zahl klassischer Datenstrukturen, die die Bausteine für ausgefeiltere Strukturen bilden. Diese klassischen Datenstrukturen sind in Abb. 4.2 dargestellt.

Definition des skalaren Elementes

Ein *skalares Element* ist die einfachste aller Datenstrukturen. Wie der Name schon sagt, repräsentiert ein skalares Element ein einzelnes Informationselement, das durch einen Namen adressiert werden kann; d.h., der Zugriff darauf kann durch Angabe einer einzigen Speicheradresse erfolgen. Größe und Format eines skalaren Elementes können innerhalb der von einer Programmiersprache gesetzten Grenzen variieren. So kann ein skalares Element beispielsweise ein ein Bit langes Feld sein, eine Integer- oder Fließkomma-Zahl, die 8 bis 64 Bits lang ist, oder ein Hunderte oder Tausende Bytes langer Buchstaben-String. In Programmiersprachen wie Pascal werden skalare Elemente deklariert, um ihren

Typ festzulegen. Betrachten Sie als Beispiel die skalaren Elemente, die für ein kleines Pascal-Programm zur Berechnung der Mehrwertsteuer erforderlich sind:

var Kaufpreis, Mehrwertsteuer, Endpreis: real;

Hier wurden drei skalare Elemente (Pascal-Variablen) definiert.

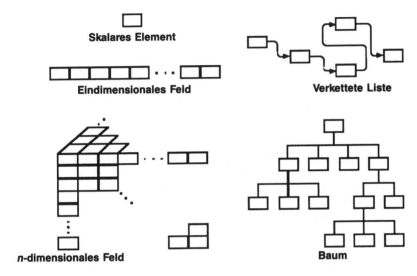

Abb. 4.2 Klassische Datenstrukturen

Das skalare Element ist der Baustein für alle anderen Datenstrukturen. Wenn skalare Elemente beispielsweise aneinandergereiht werden, bilden sie ein *eindimensionales Feld*. Felder sind die gebräuchlichsten aller Datenstrukturen und ermöglichen die direkte Indizierung von Information. Um dies zu verdeutlichen, betrachten wir ein einfaches Beispiel in Pascal; die Durchschnittsnoten von 20 Studenten sollen ermittelt werden:

Skalare Elemente

```
program TestDurchschnitt (input, output);
const n = 20;
var Note: array [1..n] of integer;
    Summe, Studentennr, Durchschnitt: integer;
begin (*Hauptprogramm*)
    Summe    := 0;
    for Studentennr := 1 to n do
    begin
        read (Note[Studentennr]);
        Summe   := Summe + Note[Studentennr];
    end;
    Durchschnitt := Summe div n;
    writeln (' Seminar Durchschnitt ist  ', Durchschnitt);
end.    (*Hauptprogramm*)
```

Damit haben wir ein eindimensionales Feld, **Note**, aus 20 skalaren Integer-Elementen definiert. Der Zugriff auf jedes Element von **Note** erfolgt so über die Variable **Studentennr**, daß nacheinander auf alle Elemente der Datenstruktur zugegriffen wird.

Wenn das eindimensionale Feld auf zwei, drei und schließlich eine beliebige Zahl von Dimensionen erweitert wird, wird ein *n-dimensionaler Raum* geschaffen. Der gebräuchlichste *n*-dimensionale Raum ist die zweidimensionale Matrix. In den meisten Programmiersprachen wird ein *n*-dimensionaler Raum als *Array* bezeichnet.

Elemente und Felder können in vielen Formaten organisiert werden. Eine *verkettete Liste* ist eine Datenstruktur, die im Speicher physikalisch nicht zusammenhängende skalare Elemente oder Felder so organisiert, daß sie als Liste verarbeitet werden können. Eine Liste setzt sich aus *Knoten* zusammen, die jeweils eine Datenstruktur enthalten, und aus *Zeigern*, die auf andere (z.B. vorhergehende und folgende) Knoten weisen. Knoten lassen sich an jedem Ort der Liste hinzufügen, indem beim Einfügen des neuen Listeneintrags Zeiger geändert werden. Deshalb ist die verkettete Liste eine hervorragende Entwurfs-Alternative, wenn bestimmte Elemente regelmäßig aktualisiert werden müssen.

Andere Datenstrukturen enthalten die oben beschriebenen grundlegenden Datenstrukturen oder werden mit ihrer Hilfe konstruiert. Eine hierarchische Datenstruktur, manchmal auch als *Record*-Struktur bezeichnet, wird beispielsweise aus verschiedenen Skalar-Elementen, Feldern und Listen konstruiert, die hierarchisch gegliedert sind. Eine weitere Strukturschicht kann geschaffen werden, wenn man Records in *File-Strukturen* organisiert. Damit dies deutlicher wird, betrachten wir eine Record-Struktur, die Sachinformationen über ein Individuum enthält (in Pascal):

```
type
    Individuum = record
    Name: string;
    Adresse:    string;
    Alter:      integer;
end;
```

Die Record-Struktur **Individuum** ist eine Datenabstraktion in dem Sinne, daß ein Entwickler sie benutzen kann, um die Merkmale anderer Objekte in einem Programm zu beschreiben. Das heißt,

```
var Student:    Individuum;
```

impliziert, daß die Variable **Student** in der gleichen Weise wie der Record-Typ **Individuum** strukturiert ist. Um eine Struktur von

Records zu schaffen, die alle Studenten repräsentiert, benutzen wir eine File-Struktur:

```
type Studentenschaft = file of Individuum;
```

Das Konzept des Datenentwurfs umfaßt jedoch mehr als die simple Definition von Datenstrukturen in der gewählten Programmiersprache. Der Entwickler muß Datenstrukturen auswählen, die für die Erfordernisse des Anwendungsbereichs geeignet sind, die die in einem Data Dictionary (Kapitel 3) beschriebenen Datenelemente adäquat fassen und die es ermöglichen, daß Programmarchitektur und Prozedurdetails effektiv implementiert werden. Diese Konzepte werden weiter unten noch behandelt.

Programm- und Datenstrukturen sind die Grundlage für einen guten Software-Entwurf; beide wurden im Laufe der Arbeit gewonnen, die wir bereits während der Problemanalyse geleistet haben. Die Programmstruktur läßt sich aus dem Flußmodell der Software (den Daten- und Steuerfluß-Diagrammen) ableiten. Der Datenstruktur liegen die von uns spezifizierten funktionalen Anforderungen und der im Data Dictionary beschriebene Informationsinhalt zugrunde.

Entwurfs-Prinzip 4:
Unterscheiden Sie zwischen architektonischen und prozeduralen Darstellungen der Software

Die Programmstruktur definiert die Steuer-Hierarchie ohne Berücksichtigung der Reihenfolge von Verarbeitung und Entscheidungen. Die Modul-Ablaufbearbeitung (Abb. 4.3) beschreibt die Verarbeitungsdetails jedes einzelnen Moduls. Die Prozedur muß eine präzise Spezifikation der Verarbeitung einschließlich der Abfolge von Ereignissen, exakten Verzweigungspunkten, repetitiven Operationen und sogar Daten-Organisation/Struktur enthalten. Der Programmablaufplan in Abbildung 4.3 zeigt diese wichtigen prozeduralen Konstrukte.

Ein Programmablaufplan ist eine von vielen grafischen Methoden zur Darstellung prozeduraler Entwurfs-Information. Rechtecke symbolisieren sequentielle Verarbeitungsschritte, Romben Verzweigungen, und Pfeile repräsentieren den Steuerfluß.

Programmablaufplan

Andere Entwurfs-Darstellungen wie etwa Struktogramme erfüllen mit Hilfe einer anderen Notation den gleichen Zweck. Dennoch sollte festgehalten werden, daß viele Software-Ingenieure eine Programm-Entwurfs-Sprache (program design language – PDL) bevorzugen, eine text-orientierte Entwurfs-Notation, die in Kapitel 2 vorgestellt wurde und in diesem Kapitel noch ausführlicher erörtert wird.

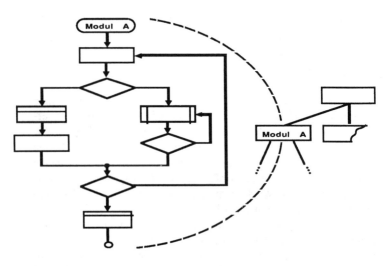

Abb. 4.3 Architektur und Modulablaufbeschreibung

Architektur und Modulablaufbeschreibung sind selbstverständlich miteinander verknüpft. Die für jedes Modul angezeigte Verarbeitung muß einen Verweis auf alle Module enthalten, die dem beschriebenen Modul untergeordnet sind. Eine prozedurale Repräsentation der Software ist deshalb, wie Abb. 4.4. zeigt, geschichtet.

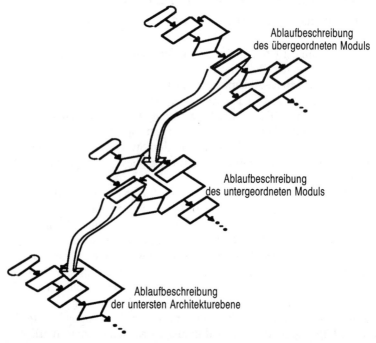

Abb. 4.4 Konzeptuelle Schichtung einer Modulablaufbeschreibung

Entwurfs-Prinzip 5:
Berücksichtigen Sie die Wichtigkeit einer schrittweisen Verfeinerung bei der Erstellung eines Entwurfs

Schrittweise Verfeinerung ist eine Entwurfs-Strategie, in der das Design eines Programms entwickelt wird, indem die Prozedurdetails über mehrere Ebenen sukzessive verfeinert werden. Durch die schrittweise Zergliederung einer makroskopischen Funktionsbeschreibung, bis die Ebene der Anweisungen in der Programmiersprache erreicht worden ist, wird eine Hierarchie aufgestellt. Eine Übersicht über dieses Konzept gibt Niklaus Wirth:[1] „Bei jedem Schritt (der Verfeinerung) werden eine oder mehrere Instruktionen des gegebenen Programms in detailliertere Instruktionen zergliedert. Diese sukzessive Zergliederung oder Verfeinerung von Spezifikationen ist beendet, wenn alle Instruktionen in der Notation einer Computer- oder Programmiersprache ausgedrückt sind... So wie Abläufe verfeinert werden, können auch die Daten verfeinert, zergliedert oder strukturiert werden..."

Der von Wirth vorgeschlagene Prozeß der Programm-Verfeinerung entspricht in vielem dem Prozeß der Verfeinerung und Unterteilung während der Problemanalyse. Der Unterschied liegt in der berücksichtigten Detailebene, nicht aber in der Methode.

Verfeinerung ist im Grunde ein Prozeß der *Konkretisierung*. Wir beginnen mit einer Funktionsbeschreibung (oder Informationsdarstellung), die auf einer hohen *Abstraktionsebene* definiert wird; d.h., daß die Beschreibung Funktion oder Information konzeptionell darstellt, jedoch keine Angaben über die interne Arbeitsweise der Funktion oder die interne Struktur der Information enthält. Die Verfeinerung veranlaßt den Entwickler, die ursprüngliche Beschreibung so zu konkretisieren, daß auf jeder Verfeinerungs-Ebene mehr Einzelheiten herausgearbeitet werden.

Definition der Verfeinerung

Mit Hilfe der schrittweisen Verfeinerung können sukzessive Beschreibungen jeder prozeduralen Operation entwickelt werden. So ist beispielsweise die einfache Aufforderung

```
öffne die Tür;
```

im Grunde eine prozedurale Abstraktion, die sich über mehrere Detailebenen schrittweise verfeinern läßt. Die erste Verfeinerung könnte so aussehen:

---

[1] Wirth, N., „Program Development by Stepwise Refinement", CACM, Bd. 14, Nr. 4, 1971, S. 221-227.

```
gehe zur Tür;
stelle fest, ob sie durch Ziehen oder Drücken geöffnet wird;
ergreife die Klinke oder den Türknopf;
ziehe oder drücke die Tür, bis sie geöffnet ist.
```

Die erste Verfeinerung enthält grundlegende prozedurale Information, aber kaum Details. Jede Anweisung läßt sich, wie die folgende Verfeinerung zeigt, weiter ausarbeiten:

```
Stelle fest, wo an der Wand sich die Tür befindet;
gehe zur Tür;
untersuche die Tür, um festzustellen, ob sie geschlossen ist;
wenn die Tür geschlossen ist,
    verschaffe dir einen Schlüssel und schließe die Tür auf;
untersuche die Tür, um festzustellen, in welche Richtung sie
sich öffnet;
wenn sich die Tür in deine Richtung öffnet,
    ergreife die Klinke,
    ziehe und achte darauf, daß du nicht im Weg stehst;
wenn sich die Tür in die von dir entfernte Richtung öffnet,
    ergreife die Klinke,
    drücke und achte darauf, daß du dich nach vorn
    bewegst, wenn sich die Tür öffnet;
```

Selbstverständlich ist eine solche Verfeinerung der prozeduralen Abstraktion **Öffne die Tür** übertrieben. Dennoch illustriert sie ein Prinzip. Jede während der Software-Analyse definierte Operation läßt sich in ungefähr der gleichen Weise verfeinern, wie wir **Öffne die Tür** verfeinert haben. Wenn wir einen Modul-Entwurf mit Hilfe der schrittweisen Verfeinerung entwickeln, unterliegen wir weniger der Gefahr, wichtige Details außer acht zu lassen und gelangen mit größerer Wahrscheinlichkeit in einem Miminum an Zeit zu einer adäquaten Lösung.

Entwurfs-Prinzip 6:
Erkennen Sie die Bedeutung der Modularität für einen effektiven Entwurf

Das Konzept der Modularität von Software wird seit mehr als drei Jahrzehnten propagiert. Architektur umfaßt Modularität; d.h., Software wird in separat bezeichnete und adressierbare Elemente, *Module* genannt, gegliedert, die dann integriert werden, um eine Aufgabe zu erfüllen.

Glenford Myers konstatiert: „Modularität ist die einzige Eigenschaft der Software, die es ermöglicht, ein Programm intellektuell nachvollziehbar zu machen." Monolithische Software (also ein umfangreiches Programm, das aus nur einem Modul besteht), könnte von einem Leser schwerlich begriffen werden. Die Zahl der Steuerpfade, die Spannweite der Verweise, die Zahl der Variablen und die generelle Komplexität würden das Programm so gut wie unüberschaubar machen. Wird das Programm dagegen in Module gegliedert, ist es leichter verständlich, und auch seine Entwicklung ist weniger kostspielig.

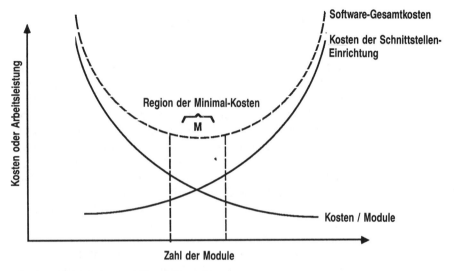

Abb. 4.5 Modularität und Entwicklungskosten

Daraus ließe sich nun der Schluß ziehen, daß die zur Software-Entwicklung benötigte Arbeitsleistung dann, wenn wir die Software unbegrenzt aufgliedern, so gering würde, daß wir sie vernachlässigen könnten! Je kleiner ein Modul wird, desto weniger Zeit kostet ja schließlich sein Entwurf und seine Implementierung. Leider kommen aber andere Kräfte ins Spiel, die diese Schlußfolgerung ungültig machen.

Abb. 4.5 zeigt, daß die zur Entwicklung eines einzelnen Software-Moduls benötigte Arbeitsleistung abnimmt, wenn die Gesamtzahl der Module zunimmt. Wenn wir von den gleichen Anforderungen ausgehen, bedeuten mehr Module, daß jedes von ihnen einen geringeren Umfang hat. Wenn jedoch die Zahl der Module wächst, wächst auch die mit der Einrichtung von Schnittstellen für diese Module verbundene Arbeitsleistung. Dies führt zu der in Abb. 4.5 gezeigten Kurve der „Gesamt-Software-Kosten". Es gibt eine Zahl der Module, M, die in minimalen Entwicklungskosten resultieren würde; uns fehlen jedoch die notwendigen Grundlagen, um M mit Gewißheit vorhersagen zu können.

Die in Abb. 4.5 dargestellten Kurven können bei Überlegungen zur Modularität als Anhaltspunkt dienen. Wir sollten modularisieren, gleichzeitig aber darauf achten, uns nicht zu weit von M zu entfernen. Untermodularisierung oder Übermodularisierung sollten vermieden werden. Wie können wir jedoch wissen, ob wir „in der Nähe" von M sind? Wie modular sollten wir Software machen? Wir werden bald sehen, daß die Größe eines Moduls von seiner Funktion und Anwendung bestimmt wird.

Entwurfs-Prinzip 7:
Entwerfen Sie Software nach dem Geheimnisprinzip

Die sich wechselseitig beeinflussenden Konzepte der Verfeinerung und Modularität führen jeden Software-Entwickler zu einer grundlegenden Frage: „Wie zerlegen wir eine Software-Lösung, um eine optimale Architektur zu erlangen?" Das *Geheimnisprinzip (information hiding)* besagt, daß Datenstrukturen und Module so beschrieben werden sollten, daß es nicht erforderlich ist, ihre interne Funktionsweise zu verstehen. Mit anderen Worten, Module sollten so spezifiziert und entworfen werden, daß die in einem Modul enthaltene Information (Prozeduren und Daten) für andere Module, die diese Information nicht benötigen, unzugänglich ist.

Das Geheimnisprinzip impliziert, daß effektive Modularität erreicht werden kann, indem man ein Gefüge unabhängiger Module definiert, die miteinander nur die Information austauschen, die für die Erfüllung ihrer Funktion notwendig ist. Mit Hilfe der Abstraktion durch das Geheimnisprinzip werden die Funktions- (oder Informations-) Objekte leichter gegeneinander abgegrenzt. Das Geheimnisprinzip definiert und erzwingt Beschränkungen des Zugriffs sowohl auf prozedurale Details innerhalb eines Moduls als auch auf jede lokale Datenstruktur, die von dem Modul benutzt wird.

Vorteile des Geheimnisprinzips

Das Geheimnisprinzip als Entwurfs-Kriterium für modulare Systeme anzuwenden, bringt besonders dann große Vorteile, wenn während des Testens und auch später bei der Software-Wartung Modifikationen erforderlich werden. Weil die meisten Daten und Prozeduren für andere Teile der Software verborgen sind, ist die Wahrscheinlichkeit, daß bei der Modifikation versehentlich entstandene Fehler auf andere Programmteile übertragen werden, sehr viel geringer.

Entwurfs-Prinzip 8:
Definieren Sie Programm-Komponenten, die einen inneren Zusammenhang und funktionale Unabhängigkeit aufweisen

Funktionale Unabhängigkeit ist ein Entwurfs-Konzept, das uns Richtlinien für die Definition der zweckmäßigen „Größe" eines

Moduls an die Hand gibt. Funktionale Unabhängigkeit wird durch die Entwicklung von Modulen mit einer einzigen Aufgabe und durch die Vermeidung eines umfangreichen Datenaustausches mit anderen Modulen erlangt. Mit anderen Worten: Wir möchten Software so entwerfen, daß jedes Modul eine bestimmte Teilfunktion der Anforderungen erfüllt und von anderen Teilen der Programmstruktur aus betrachtet über eine schmale Schnittstelle verfügt.

Nun ist die Frage berechtigt, warum Unabhängigkeit so wichtig ist. Software mit effektiver Modularität, d.h., mit unabhängigen Modulen, ist einfacher zu entwickeln, da die Funktion unterteilt werden kann und die Schnittstellen vereinfacht werden (denken Sie an die Auswirkungen, wenn die Entwicklung von einem Team ausgeführt wird). Unabhängige Module lassen sich leichter warten (und testen), weil: (1) Nebeneffekte durch Entwurfs-/Code-Modifikationen begrenzt sind, (2) Fehler-Übertragung verringert wird und (3) die Wiederverwendung von Modulen möglich ist. Kurz: Funktionale Unabhängigkeit ist ein Schlüssel zu einem guten Entwurf, und der Entwurf ist der Schlüssel zur Software-Qualität.

Unabhängigkeit mißt sich an zwei Qualitätskriterien: Bindung und Datenkopplung. Die *Bindung* ist ein Gradmesser für die Stärke des Zusammenhangs eines Moduls. Die *Datenkopplung* ist ein Gradmesser für die relative Unabhängigkeit der Module voneinander.

Ein Modul mit starker Bindung führt innerhalb einer Software-Prozedur eine einzige Aufgabe aus, wobei wenig Interaktion mit Prozeduren, die in anderen Programmteilen ausgeführt werden, erforderlich ist. Einfach ausgedrückt: Ein Modul mit starker Bindung sollte (im Idealfall) nur eine Sache ausführen. Als Beispiel für geringe Bindung betrachten wir ein Modul, das die Fehlerkorrektur für ein Meßdaten-Analyse-Paket ausführt. Das Modul wird aufgerufen, wenn berechnete Daten vordefinierte Grenzen überschreiten. Es führt die folgenden Aufgaben aus: (1) auf der Grundlage der ursprünglich berechneten Daten berechnet es Ergänzungsdaten, (2) es erzeugt einen Fehlerbericht (mit grafischer Darstellung) auf dem Benutzer-Terminal, (3) es führt Follow-up-Berechnungen aus, die der Benutzer anfordert, (4) es bringt eine Datenbank auf den neuesten Stand, und (5) es ermöglicht die Menü-Auswahl für die weitere Verarbeitung. Obwohl diese Aufgaben lose zusammenhängen, ist jede von ihnen ein unabhängiges funktionales Objekt, das ohne weiteres als separates Modul realisiert werden könnte. Die Funktionen zu einem einzigen Modul zu kombinieren, erhöht lediglich die Wahrscheinlichkeit von Fehlerübertragungen (Nebeneffekten), wenn eine der Verarbeitungs-Aufgaben modifiziert wird.

Die Datenkopplung ist ein Gradmesser für den wechselseitigen Zusammenhang zwischen den Modulen in einer Software-Architektur. Die Datenkopplung hängt von der Komplexität der Schnittstellen zwischen den Modulen ab, der Stelle innerhalb eines

Moduls, an der ein Verweis auf ein anderes Modul erfolgt, und von den Daten selbst, die über die Schnittstelle ausgetauscht werden.

Beim Software-Entwurf streben wir die geringstmögliche Datenkopplung an. Einfache Verbindungen zwischen Modulen führen zu Software, die leichter zu überblicken und weniger anfällig für den „Dominoeffekt" ist, der auftritt, wenn Fehler an einer Stelle Probleme verursachen, die sich durch das ganze System hindurch fortpflanzen.

Relativ hohe Kopplung (eine unerwünschte Eigenschaft) tritt auf, wenn Module umgebungsabhängig sind. Zum Beispiel koppelt E/A ein Modul an bestimmte Ein-/Ausgabegeräte, Formate und Dialogschnittstellen. Externe Kopplung ist zwar notwendig, sollte jedoch auf eine kleine Zahl von Modulen innerhalb einer Programmstruktur begrenzt sein.

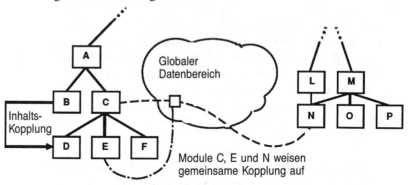

Abb. 4.6 Gemeinsame Kopplung

Eine starke Kopplung liegt auch dann vor, wenn mehrere Module auf einen globalen Datenbereich zugreifen, wie in Abb. 4.6 dargestellt. Die Module C, E und N haben Zugriff auf ein Datenelement in einem globalen Datenbereich (z.B. ein Diskettenfile, FORTRAN COMMON, eine in einem äußeren prozeduralen Block definierte und in inneren, von anderen Prozeduren definierten Blöcken benutzte Pascal-Variable, externe Datentypen in der Programmiersprache C.). Modul C liest das Element und ruft Modul E auf, das das Element neu berechnet und aktualisiert. Nehmen wir an, ein Fehler tritt auf, und E aktualisiert das Element unkorrekt. Viel später in der Verarbeitung liest Modul N das Element, versucht es zu verarbeiten und scheitert; das Programm bricht ab. Die sichtbare Ursache für den Programmabbruch ist Modul N, die tatsächliche Ursache jedoch Modul E. In Strukturen mit einem beträchtlichen Anteil derartiger Kopplungen Probleme zu diagnostizieren, ist eine zeitraubende und schwierige Angelegenheit. Dies bedeutet jedoch nicht unbedingt, daß der Gebrauch globaler Daten „schlecht" ist. Es bedeutet aber, daß sich ein Software-Ingenieur möglicher Konsequenzen bewußt sein und besonders darauf achten muß, sich gegen sie zu schützen.

Entwurfs-Prinzip 9:
Benutzen Sie Abstraktionen als Mittel zur Verfeinerung der Software und Erstellung effektiver Design-Beschreibungen

Wenn wir die modulare Lösung eines Problems in Erwägung ziehen, sind viele Abstraktionsebenen möglich. Auf der höchsten Abstraktionsebene wird eine Lösung mit allgemeinen Worten in der Sprache der Problemumgebung formuliert. Auf niedrigeren Abstraktionsebenen erfolgt eine mehr prozedurale Orientierung. Eine problemorientierte Terminologie wird mit einer implementierungsorientierten Terminologie verbunden, um eine Lösung zu formulieren. Auf der niedrigsten Abstraktionsebene wird die Lösung schließlich so formuliert, daß sie direkt implementiert werden kann.

Jeder Schritt im Prozeß des Software Engineering ist eine weitere Abstraktionsebene der Software-Lösung. Während der System-Entwicklung wird Software als Element eines rechnergestützten Systems zugeordnet. Während der Software-Analyse werden die Anforderungen an die Software-Lösung explizit beschrieben. Bei unserer weiteren Verfeinerung des Entwurfs verringern wir den Abstraktionsgrad immer mehr. Die niedrigste Abstraktionsebene haben wir schließlich erreicht, wenn der Sourcecode erzeugt wird. Abstraktion ist deshalb nicht nur ein Entwurfs-Konzept, sondern wird auch während des System-Engineering, der Problemanalyse und der Codierung angewendet.

Verschiedene Abstraktionsebenen werden durch (schrittweise) Verfeinerung der ursprünglichen Beschreibung des Anwendungsbereichs der Software während der Problemanalyse erarbeitet (Kapitel 3). Die ursprüngliche Beschreibung des Anwendungsbereichs enthält sowohl prozedurale als auch Datenabstraktionen, die wir als Operationen bzw. Objekte bezeichnet haben.

Um zu illustrieren, wie verschiedene Abstraktionsebenen aus einer ersten Beschreibung des Anwendungsbereichs hergeleitet werden können, betrachten wir den folgenden Auszug aus einer Softwarebeschreibung, die während der Problemanalyse für eine Textverarbeitungs-Anwendung formuliert wurde:

Abstraktion 0. *...der Benutzer kann die Zahl der in einem Dokument enthaltenen Wörter zählen...*

Das obige Satzfragment enthält sowohl prozedurale als auch Datenabstraktionen. **Zählen** ist eine prozedurale Abstraktion. **Wörter** und **Dokumente** sind Datenabstraktionen. Da jedes eine reale Operation oder ein reales Objekt repräsentiert (Sie erinnern sich, daß die ersten Abstraktionsebenen auf die reale Welt gerichtet sind), haben wir keine Mühe, die *Bedeutung* des Satzfragmentes zu verstehen. Der Anwendungsbereich muß jedoch verfeinert werden, damit die Bedeutung in eine Form übersetzt wird, die in Software implementiert werden kann. Deshalb beschreiben wir das Problem noch einmal auf einer etwas niedrigeren Abstraktionsebene:

Abstraktion 1 *...durch die Selektion der* **Zähle-Wörter-Taste** *seiner Maus ruft der Benutzer eine Zählfunktion auf, die als Eingabe ein Dokument akzeptiert, das als Textdatei gespeichert ist, und erzeugt als Ausgabe auf dem Bildschirm das Ergebnis der Wortzählung.*

Mit dieser Abstraktion haben wir uns etwas näher an die Maschine heranbewegt. Wir erfahren, wie die Zählfunktion aufgerufen wird, wo das Dokument gespeichert und in welcher Form die Ausgabe präsentiert wird. Noch sind aber nicht alle Fragen beantwortet. Die wichtigste lautet: Wie definieren wir ein „Wort"? Dies führt uns zur nächsten Abstraktionsebene:

Abstraktion 2 *...Die Zählfunktion liest die Textdatei auf einer Zeichen-für-Zeichen-Grundlage, sucht dabei nach einem Übergang von Nicht-Wort zu Wort und zählt diese Übergänge. Als Wort wird jede Sequenz von alphanumerischen Zeichen außer Leerzeichen, Tabulatoren und Zeilenschaltungen definiert...*

Damit haben wir die Prozedurbeschreibung auf der höchsten Abstraktionsebene der Abstraktion **Zählen** spezifiziert (obwohl noch wichtige Entwurfs-Details fehlen) und verfügen außerdem über eine detailliertere Beschreibung der Datenabstraktion **Wort**.

Die Abstraktionen 0, 1 und 2 wären während der Problemanalyse erarbeitet worden. Weitere Abstraktionen erfordern jedoch, daß wir zum Entwurf übergehen. Wir richten unsere Aufmerksamkeit nun ausschließlich auf die Operation **Zählen**[2] und fahren mit der Verfeinerung fort, indem wir die Programm-Entwurfs-Sprache benutzen:

Abstraktion 3

```
Zähle-Wörter-Funktion:
            nimm eine Textdatei;
            suche nach Leertaste-, Zeilenschaltung- oder
            Tabulator-Zeichen;
            zähle Übergänge von Nicht-Wort zu Wort;
            erzeuge Ausgabe der Wortzählung auf Bildschirm;
      end.
```

---

[2] Beim Entwurf müssen sämtliche Objekte und Operationen, die mit dem Textverarbeitungssystem verbunden sind, verfeinert werden.

Auf dieser Abstraktionsebene ist jede wichtige Software-Operation, die mit der Funktion **Zähle-Wörter** verbunden ist, berücksichtigt. Die Begriffe haben sich von der Problemumgebung entfernt, sind aber noch nicht implementierungsspezifisch. Wir grenzen unseren Fokus noch stärker ein und untersuchen die Suche- und Zähl-Operationen.

Abstraktion 4

```
procedure Zähle-Wörter;
    definiere alle Variablen und Files;
    do while zu analysierende Zeichen vorhanden sind
        if ein Zeichen ein Übergangszeichen ist
            then setze ein Übergangsflag;
            else if ein Übergangsflag gesetzt wurde
                then zähle ein Wort;
                else überspringe;    *Wortinneres, nicht zählen*
                endif
        endif
    enddo
end
```

Auf dieser Abstraktionsebene kommt zum ersten Mal die Ablauflogik ins Spiel. Wir haben uns vom Problembereich der realen Welt entfernt und uns einer programmiersprachenähnlichen Beschreibung zugewandt. Noch immer müssen jedoch Entwurfs-Einzelheiten spezifiziert werden. Die letzte Verfeinerung ist eine PDL- (Programm-Entwurfs-Sprachen-)Repräsentation der Suche- und Zähle-Abläufe für die Funktion *Zähle-Wörter*.

Abstraktion 5

```
procedure Zähle-Wörter;
    definiere alle Variablen und Files;
    Wörter-Zahl :=0;
    Übergangs char    := true;
    do while getcharacter(c) <> end-of-file
        if c = Leertaste or c = Zeilenschaltung or c = Tab
            then Übergangs char    := true;
            else if (Übergangs char = true)
                then inkrementiere Wörter by 1;
                    Übergangs char    :=false;
                endif
        endif
    enddo
end
```

Der in Abstraktion 5 repräsentierte Entwurf ist schon recht detailliert. Die Terminologie ist nun softwareorientiert (z.B. der Gebrauch von Konstrukten wie *do while*), und eine Andeutung von Modularität ist erkennbar.

Das Interessante ist, daß der Designer eine weitere prozedurale Abstraktion, **getcharacter**, benutzt hat, um eine Zeichen-Eingabe-Operation zu repräsentieren. Das Modul **getcharacter** ist einer von vielen Bausteinen, der gebraucht würde, um ein Textverarbeitungssystem zu entwerfen und zu implementieren.

Die Konzepte der schrittweisen Verfeinerung und Modularität sind eng mit Abstraktion verbunden. Bei der weiteren Erarbeitung des Software-Entwurfs repräsentiert jede Ebene der Module in der Programmstruktur eine Verfeinerung der Abstraktionsebene der Software.

Analog zur prozeduralen Abstraktion ermöglicht auch die Datenabstraktion dem Entwickler, ein Objekt auf mehreren Detailebenen zu repräsentieren und, wichtiger noch, es im Kontext jener Operationen (Prozeduren) zu spezifizieren, die auf das Objekt angewandt werden können. Damit dies deutlicher wird, betrachten wir ein wichtiges Datenobjekt, das in allen computer-aided design (CAD)-Systemen benutzt wird. Dieses Datenobjekt, **Zeichnung** genannt, bedeutet eine bestimmte Information, wenn es im Kontext eines CAD-Systems betrachtet wird.

Die in dem Objekt **Zeichnung** enthaltene Information verändert sich abhängig vom CAD-Anwendungsbereich. CAD-Systeme wurden speziell für Anwendungsbereiche wie Maschinenentwurf, Architekturpläne, Entwurf elektronischer Geräte, Layout von gedruckten Leiterplatten und Entwurf integrierter Schaltungen entwickelt. Die Inhalte von **Zeichnung** spiegeln die Erfordernisse des jeweiligen Anwendungsbereichs wider.

Auf der Systemebene könnte die Datenabstraktion, die wir **Zeichnung** nennen, zunächst so aussehen:

Abstraktion 0. *Das System speichert alle Entwurfsinformationen als Zeichnung, die durch eine Zeichnungs-Nummer gekennzeichnet ist. Die Zeichnung enthält die Bauteil-Geometrie, alphanumerische Anmerkungen, die sich auf die Geometrie beziehen, und eine Stückliste, in der alle Komponenten definiert sind, die das Bauteil umfaßt.*

Aus der in Abstraktion 0 enthaltenen Beschreibung geht hervor, daß **Zeichnung** aus vier Datenabstraktionen zusammengesetzt ist: **Zeichnungs-Nummer**, **Bauteil-Geometrie**, **Anmerkungen** und **Stückliste**. Je weiter wir den Abstraktionsgrad, mit dem diese Objekte repräsentiert sind, verringern, desto mehr Entwurfs-Einzelheiten werden in Erscheinung treten.

Im weiteren Verlauf der Problemanalyse benutzen wir die Data-Dictionary-Notation (Kapitel 3), um die Beschreibung aller Objekte innerhalb der Abstraktion **Zeichnung** zu erweitern:

Abstraktion 1.

Zeichnung = Zeichnungsnummer + Geometrie + (Anmerkungen)
  + (Stückliste)
Zeichnungsnummer = Projekt ID + laufende Nummer +
  Versionsnummer
Geometrie = $\{Linie\}^a$ + $\{Kreis\}^b$ + $\{Punkt\}^c$ + $\{Makro\}^d$ +
  $\{Symbol\}^e$
Anmerkungen = *jede alphanumerische Information*
Stückliste = $\{Bauteilbeschreibung + Teilnummer + Menge\}^f$

Die weitere Verfeinerung zusammengesetzter Datenelemente im Data Dictionary würde zu neuen Abstraktionsebenen führen. Zu Beginn des Software-Entwurfs wendet der Software-Ingenieur Techniken des Datenentwurfs (später in diesem Kapitel beschrieben) an, um eine Datenabstraktion für **Zeichnung** zu spezifizieren, die sich ohne große Mühe in eine Programmiersprache umsetzen läßt.

Wenn wir wieder die Programm-Entwurfs-Sprache als Design-Notation benutzen, werden die internen Details von **Zeichnung** definiert, indem wir eine Datenstruktur des Record-Typs aufstellen:

Abstraktion *n*.

```
type Zeichnung wird definiert
        Zahl:      integer;
        Geometrie = record mit dem Namen Geomtype;
        Anmerkungen = record mit dem Namen Anmerkungstype;
        Stückliste = record mit dem Namen Stücklistentype;
    END Zeichnung;
```

In dieser PDL-Beschreibung wurde **Zeichnung** im Hinblick auf ihre Bestandteile definiert und als *Typ* repräsentiert, d.h., als eine Datenabstraktion, die anderen Objekten eines Programms zugeordnet werden kann. Wenn beispielsweise der Typ **integer** einer vom Entwickler spezifizierten Variable zugeordnet wird, nimmt diese Variable alle Attribute von **integer** an. Analog dazu würde ein Objekt, dem der Typ **Zeichnung** zugeordnet wurde, alle Attribute von **Zeichnung** annehmen.

Deshalb kann der Typ **Zeichnung** (ein abstrakter Datentyp) benutzt werden, um andere Datenobjekte zu beschreiben, ohne daß auf die internen Details von Zeichnung verwiesen zu werden braucht. An einer anderen Stelle des Datenentwurfs könnten wir beispielsweise sagen:

```
Blaupause:    Zeichnung
```
oder

```
Schaltbild: Zeichnung
```

was bedeutet, daß **Blaupause** und **Schaltbild** alle weiter oben definierten Merkmale von **Zeichnung** annehmen. Diesen Prozeß des „Typing" bezeichnet man als *Instantiierung*.

Wenn eine Datenabstraktion definiert wird, werden zugleich auch Operationen, die auf sie angewandt werden können, definiert. Für den abstrakten Datentyp **Zeichnung** könnten wir beispielsweise Operationen wie **löschen, sichern, katalogisieren** und **kopieren** definieren. Jede dieser Prozeduren läßt sich spezifizieren, ohne daß jedesmal, wenn eine von ihnen aufgerufen wird, Details von **Zeichnung** definiert werden müssen.

Einige Programmiersprachen (z.B. Ada, C++, Smalltalk) bieten Mechanismen zur Erstellung abstrakter Datentypen. So sind beispielsweise die Pakete in Ada ein Programmiersprachen-Mechanismus, der sowohl Daten- als auch prozedurale Abstraktion unterstützt. Der ursprüngliche abstrakte Datentyp wird als Schablone oder allgemeine Datenstruktur benutzt, auf deren Grundlage andere Datenstrukturen instantiiert werden können.

Beginnen Sie mit dem Datenentwurf, indem Sie Ihre während der Problemanalyse geleistete Arbeit ausbauen

Viele erfahrene Software-Ingenieure sind der Ansicht, daß der Rest einfach sei, wenn der Datenentwurf erst einmal abgeschlossen ist! Was aber ist ein Datenentwurf?

Schritte des Datenentwurfs

Ein *Datenentwurf* besteht aus mehreren Schritten, die uns in den Stand setzen, die strukturellen Repräsentationen für Datenobjekte, die während der Problemanalyse (Kapitel 3) bestimmt wurden, auszuwählen. Manchmal sind Datenobjekte einfache Elemente, die beim Entwurf kaum zusätzlicher Aufmerksamkeit bedürfen. In anderen Fällen kann ein Datenobjekt jedoch eine Datei oder eine komplizierte Datenbank sein, die mit Sorgfalt entworfen werden muß.

Zu beachten ist, daß der Datenentwurf während der Problemanalyse beginnt (das Data Dictionary ist z.B. ein Datenentwurf-Werkzeug) und durch den gesamten Design-Prozeß hindurch fortgesetzt wird. In dieser Phase besteht unsere Aufgabe darin, die Darstellung wichtiger Programm-Datenstrukturen, Dateien festzulegen und möglicherweise erforderliches Datenbank-Design durchzuführen.

Damit die beim Datenentwurf auszuführenden Schritte besser verständlich werden, betrachten wir die folgende Beschreibung des Anwendungsbereichs von Software zur Verarbeitung von Bestellungen, die von einem Versandhandel für PC-Software namens *Software-Laden* in Auftrag gegeben wurde:

Die Informationen aus jeder Bestellung werden über ein interaktives Terminal in das Bestellungs-Verarbeitungs-System (BVS) eingegeben. Das BVS versieht jede Bestellung mit einer Bestell-Nummer. Die eingegebenen Informationen umfassen Kundenname, Kundenanschrift, Bestelldatum, Software-Katalog-Nummer, Menge und Kreditkarten-Nummer. Die Software-Katalog-Nummer verweist auf eine Produkt-Datenbasis, die sämtliche Software-Titel, Autorennamen, Stückpreise und andere spezielle Lagerhaltungs-Informationen enthält. Das BVS erzeugt auf einem Drucker für Durchschreib-Formularsätze eine Rechnungs-/Verpackungsliste, die alle die Bestellung betreffenden Informationen enthält.

Wenn wir uns den in Kapitel 3 erläuterten objektorientierten Ansatz ins Gedächtnis rufen, können wir Tabelle 4.1 aufstellen. Nachdem wir die wichtigen Objekte bestimmt haben, erstellen wir in weiteren Analyseschritten das nachstehende Data Dictionary:

Bestellnummer = Monat + Datum + Jahr + laufende Nummer
Monat = [01 | 02 ... | 12]
Datum = [01 | 02 | ... | 31]
laufende Nummer = *zugewiesen vom System, nnnnn*
Bestellung = Bestelldaten + Bestell-Liste
Bestelldaten = Bestell-Nummer + Bestell-Datum + Kunden-Name + Kundenanschrift + Kreditkarten-Nummer
Bestell-Liste = {Software-Nummer + Software-Titel + Autor + Menge + Stückpreis + Gesamtpreis}^{k}
Kundenname = Nachname +, +Vorname
Nachname = *alpha string*
Vorname = *alpha string*
Kundenanschrift = Firma + Straße + Postleitzahl + Stadt + Staat
Firma = *alpha string*
Straße = *alpha Straßenname* + *Nummer*
Postleitzahl = *Zahlenfolge der Form nnnn*
Stadt = *Stadtname, bis zu 20 Zeichen*
Staat = *Standard-Post-Abkürzung*
Bestelldatum = *zugewiesen vom System*
Software-Katalog-Nummer = Kategorie + Code
Kategorie = [B | E | H | M | G]
Code = *Zahlenfolge der Form nnnnn*
Menge = *numerisch*
Kreditkarten-Nummer = *nnnn-nnnn-nnnnn + gült*
gült = *Gültigkeitsdatum der Form Monat/Jahr*
Produkt-Datenbank = *muß definiert werden*
Software-Titel = *alphanumerisch, bis zu 32 Zeichen*
Autor = *siehe Kundenname*
Stückpreis = *DM xxxx,xx*
spezielle Lagerhaltungsinformationen = Lagerort + lieferbarer Vorrat

```
Lagerort    = Reihe + Regalnummer
Reihe       = *alpha*
Regalnummer = *numerisch*
lieferbarer Vorrat = *numerisch*
Rechnungs-/Verpackungsliste = *muß definiert werden*
```

Tabelle 4.1 Objekttabelle für Software-Laden

Objekt	Synonym	Typ
Information	Bestellung	extern
BVS		extern
Terminal		Absender
Bestell-Nummer		Datenelement
Kundenname		Datenelement
Kundenanschrift		Datenelement
Bestelldatum		Datenelement
Software-Katalog-Nr.		Datenelement
Menge		Datenelement
Kreditkarten-Nummer		Datenelement
Produkt-Datenbank		Datenspeicher
Software-Titel		Datenelement
Autorenname		Datenelement
Stückpreis		Datenelement
spezielle Lagerhaltungs-Informationen		Datenelement
Rechnungs-/Verpackungsliste		Datenelement
Drucker für Durchschreib-Formularsätze		Empfänger

Wichtig ist hier die Feststellung, daß das Data Dictionary mehrere detailliertere Datenelemente einführt, die benötigt werden, um die in Tabelle 4.1 enthaltenen Objekte zu definieren. Außerdem kann uns ein sorgfältiges Studium des Data Dictionarys auf wichtige Fragen zur Art und Weise, wie Daten gespeichert und verarbeitet werden, bringen. Was geschieht zum Beispiel, wenn ein gegebener Software-Titel zwei oder mehr Autoren hat? Was soll geschehen, wenn der Bestellung ein Scheck oder Bargeld beiliegt? Oder wenn mit einer Bestellung zwei oder mehr Software-Titel geordert werden? Interessanterweise bringt uns das Data Dictionary oftmals erst dazu, solche Fragen zu stellen.

Überprüfen Sie das Data Dictionary und wählen Sie in Frage kommende Datenstrukturen aus

Da das Data Dictionary Beschreibungen aller wichtigen Daten- und Steuerobjekte enthält, ist es relativ einfach, jene Objekte auszuwählen, die als Datenstrukturen implementiert werden müssen.

Die meisten Objekte können als einfache skalare Datenelemente oder als einfache Kombinationen von Datenelementen repräsentiert werden und benötigen keinen formalen Datenentwurf. Datenspeicher und komplexe Ausgabedaten sind jedoch oft gute Anwärter für Datenentwürfe. In dem Data Dictionary für den *Software-Laden* bieten sich zwei Objekte für einen Datenentwurf unmittelbar an: **Produkt-Datenbank** und **Rechnungs-/Verpackungsliste**. Im folgenden betrachten wir den Entwurf für **Produkt-Datenbank**.

Wenn komplexe Datenstrukturen aufgestellt werden müssen, vereinfachen Sie deren Organisation

In Anwendungen wie dem *Software-Laden* kann die Organisation der Datenstrukturen gravierenden Einfluß auf die Effizienz des Zugriffs auf Informationen und auf die Überschaubarkeit eines Programm-Entwurfs haben. So läßt sich die Organisation von Record- und File-Strukturen oftmals vereinfachen, was den Entwurf einer Datenbasis erleichtert. Für diese Vereinfachung der Datenstruktur benutzen wir eine Datenentwurfs-Technik, die als *Normalisierung* bezeichnet wird.

In diesem Normalisierungsprozeß wird überprüft, ob sich in der Datenstruktur redundante Daten befinden, und es werden eindeutige Schlüssel bestimmt, um auf Datenelemente zuzugreifen; außerdem werden mit seiner Hilfe die Abhängigkeiten zwischen Datenelementen berücksichtigt. Drei Stufen der Normalisierung, *Normalformen* genannt, können erreicht werden. Damit der Normalisierungsprozeß verständlicher wird, nehmen wir uns noch einmal das Beispiel des *Software-Ladens* vor und betrachten den Entwurf der Record- und File-Strukturen für die **Produkt-Datenbank**. Die Produkt-Datenbank enthält einen großen Teil der Informationen, die im Data Dictionary für das BVS des Software-Ladens beschrieben wurden. Um diese Daten zu normalisieren, werden alle *Wiederholungsgruppen* (in diesem Fall die Liste der bestellten Software, Bestell-Liste) abgetrennt, damit keine Datei irgendwelche Wiederholungsgruppen aufweist. Diese Ebene der Vereinfachung wird als *erste Normalform (1NF)* bezeichnet. Wir können diese 1NF-Datenstruktur (in Pascal) so repräsentieren:

```
Bestellinfo = record
    Bestellnr: integer;
    Softwarenr: string;
    Titel: string;
    Autor: string;
    Menge: integer;
    Stückpreis: real;
    Gesamtpreis: real;
end;
```

```
Kunde = record
    Bestellnr: integer;
    Bestelldatum: string;
    Kundenname: string;
    Anschrift: string;
    Kreditkartennr: string;
end;
Bestellliste = file of Bestellinfo;
Bestelldatum = file of Kunden;
```

Eine weitere Normalisierung wird erreicht, indem Schlüssel- und Nicht-Schlüssel-Datenelemente bestimmt werden. Ein *Schlüssel-Datenelement* wird benutzt, um eines oder mehrere Nicht-Schlüssel-Elemente zu identifizieren. **Softwarenr** ist beispielsweise ein Schlüssel, der eindeutig **Titel**, **Autor** und **Stückpreis** identifiziert. In diesem Beispiel sind **Softwarenr** und **Bestellnr** Schlüssel-Datenelemente. Bei den obigen Datenstrukturen wird **Menge** als *voll funktional abhängig* bezeichnet, weil sie nur ermittelt werden kann, wenn beide Schlüssel-Daten-Elemente (**Bestellnr** und **Softwarenr**) bekannt sind. Das Nichtschlüssel-Element **Titel** ist nicht voll funktional abhängig, weil wir nur einen Schlüssel zu kennen brauchen, **Softwarenr**, um auf dieses Element zugreifen zu können.

Um zur zweiten *Normalform (2NF)* zu gelangen, werden Datenstrukturen so reorganisiert, daß alle Nicht-Schlüssel-Daten-Elemente voll funktional abhängig sind. Einige Beispiele für 2NF-Relationen folgen:

```
Bestellnr = record

Bestellnr:       integer;
    Softwarenr:      string;
    Menge:           integer;
    Gesamtpreis:     real;
end;
Kunde = record
    Bestellnr:       integer;
    Bestelldatum:    string;
    Kundenname:      string;
    Anschrift:       string;
    Kreditkartennr:  string;
end;
Software = record
    Softwarenr:      string;
    Titel: string;
    Autor: string;
    Stückpreis:      real;
    Lagerhaltungsinfo:   string;
end;
```

```
Bestell-Liste = file of Bestellinfo;
Bestelldatum = file of Kunden;
Softwareinfo = file of Software;
```

Die *dritte Normalform (3NF)* wird erreicht, wenn alle Bedingungen für die 2NF erfüllt sind und in keiner der Beziehungen ein Nicht-Schlüssel-Datenelement aus einer Kombination anderer Nicht-Schlüssel-Datenelemente abgeleitet werden kann. Der Gesamtpreis läßt sich z.B. als die Summe der Produkte von Stückpreis und Menge errechnen. Deshalb braucht er in der Datenstruktur nicht beibehalten zu werden. Der Normalisierungsprozeß vereinfacht Datenstrukturen und beseitigt redundante und überflüssige Datenelemente aus einer Datenbank.

Wählen Sie geeignete interne Datenstrukturen aus

Eine interne Datenstruktur kann benutzt werden, um Daten zwischen Programmen, Prozessen oder Modulen (z.B. Buffer oder Queue) weiterzuleiten oder um als vorübergehender Speicherplatz für zu verarbeitende Daten (z.B. Vektoren, Tabellen, Listen) zu dienen. Die Auswahl einer internen Datenstruktur kann erst dann vorgenommen werden, wenn die Programmstruktur definiert und die Funktion jedes Moduls festgelegt wurde.

In den meisten Fällen ist der Prozedurentwurf eines Algorithmus eng an die Datenstrukturen, die der Algorithmus verarbeiten muß, gebunden. Wenn Daten in einem Array gespeichert werden sollen, wird sich der betreffende Algorithmus wahrscheinlich erheblich von einem Algorithmus zur Verarbeitung von Daten unterscheiden, die in einer verketteten Liste gespeichert sind. Die Datenstrukturen müssen deshalb mit großer Sorgfalt ausgewählt werden.

Eine eingehende Erörterung von Datenstrukturen und den sie verarbeitenden Algorithmen würde den Rahmen dieses Buchs überschreiten. Interessierte Leser sollten den Abschnitt „Weiterführende Lektüre" (S. 161) konsultieren, wenn sie zusätzliche Informationen und Buchangaben wünschen.

Wenn es bereits ein geeignetes System für die Datenbank-Verwaltung gibt, erwerben Sie es

Heutzutage sind Hunderte von Datenbankverwaltungssystemen (data based management systems – DBMS) für Computer-Umgebungen von Mainframes bis zu PCs „von der Stange" verfügbar. Solche Datenbanksysteme enthalten oft Support-Software, die eine relativ leichte Verbindung mit kundeneigenen Anwendungen ermöglicht, eine Abfrage-Sprache, die es in manchen Fällen überflüssig macht, eine kundenspezifische Anwendung zu entwerfen, und eine File-Struktur, die sich bereits in der Praxis bewährt hat. Aus diesen und vielen anderen Gründen wäre es unsinnig, wenn Sie versuchten, ihr eigenes Datenbanksystem zu entwickeln.

Erarbeiten Sie den Architekturentwurf

Der Datenentwurf ist der erste Schritt zu einer vollständigen Ausarbeitung der Software-Architektur. Der zweite Schritt ist der Entwurf der Programmstruktur – der Hierarchie der Module, also der prozeduralen Komponenten der Software.

Die Programmstruktur (s. Abb. 4.1) stellt die Hierarchie hinsichtlich des Steuerflusses zwischen den Software-Modulen dar. Wie aber kommt die Programmstruktur zustande? Man könnte annehmen, daß es sehr viele Möglichkeiten und Methoden gibt, die Programmstruktur zu entwickeln, und das ist auch tatsächlich so.[3] Im Folgenden untersuchen wir jedoch eine bestimmte Methode für den Entwurf der Programmstruktur – eine Methode, die mit dem Flußmodell verbunden ist, das wir während der Problemanalyse aufgestellt haben.

Verfeinern Sie zur Vorbereitung des Entwurfs Ihr Flußmodell

Das während der Problemanalyse erstellte Flußmodell (Datenfluß- und/oder Steuerflußdiagramme) dient als Grundlage für den Architekturentwurf. Damit es diese Funktion effektiv erfüllen kann, muß das Flußmodell ausreichend detailliert sein; die im Flußmodell dargestellten Transformationen müssen eine direkte Entsprechung in den Modulen der Programmstruktur haben.

In diesem Kapitel wurde im Rahmen der Überlegungen zur Modularität bereits das Konzept der funktionalen Unabhängigkeit (Bindung und Datenkopplung) vorgestellt. Jedes Modul in der Programmstruktur sollte eine starke Bindung aufweisen (eine einzige, begrenzte Funktion ausführen) und geringe Kopplung zeigen (eine begrenzte Schnittstelle zur Außenwelt haben). Das Flußmodell

---

[3] Es gibt zwar mehrere hervorragende Software-Entwurfs-Methoden (siehe den Abschnitt weiterführende Lektüre), doch nicht alle betrachten die Programmstruktur. Die *Strukturierte Programmierung* beispielsweise – ein weitverbreiteter Entwurfs-Ansatz – unterstützt die Entwicklung guter Prozedurentwürfe. *Objektorientiertes Design* – eine relativ neue Methode der Software-Entwicklung – definiert *Objekte* als primäre Programm-Komponenten und legt keinen Wert auf eine modulare Hierarchie.

wird überprüft, um die funktionale Unabhängigkeit jeder Transformation (Kreis) zu beurteilen. Wenn eine zu geringe Bindung besteht (die Transformation zu viele verschiedene Dinge ausführt), wird die Funktion weiter verfeinert. Besteht dagegen eine starke Kopplung, so wird der gesamte Fluß durch das System überprüft, um festzustellen, ob ein weniger eng gekoppelter Ansatz möglich ist.

Als Beispiel für eine Flußmodell-Verfeinerung betrachten wir die Software für das digitale Armaturenbrett eines Autos. Der Anwendungsbereich der Software wurde folgendermaßen beschrieben:

Die Software für das digitale Armaturenbrett (DAB-Software) hat die Funktion, die Umdrehungszahl der Antriebsräder und die Durchflußrate des Kraftstoffs zu ermitteln und die momentane Geschwindigkeit und den Kraftstoffverbrauch auf einem digitalen Armaturenbrettdisplay anzuzeigen. Ein der Drehzahl proportionales analoges Rotationssignal wird in ein digitales konvertiert und mittels physikalischer Parameter wie etwa Radgröße in km/h umgesetzt. Die ermittelte Durchflußrate des Kraftstoffs wird in l/h konvertiert. Dann werden Geschwindigkeit und Benzinverbrauch kombiniert, und der momentane Wert wird in km pro Liter angezeigt.

Die DAB-Software unterstützt außerdem einen Indikator für Geschwindigkeitsüberschreitungen, der die aktuelle Geschwindigkeit überwacht und ein der Überschreitung einer vorgegebenen Geschwindigkeit proportionales Signal ertönen läßt.

Zur Übung sollte jeder Leser eine Objekt- und Operationstabelle für die DAB-Software entwickeln. Nachdem die Prozedur- und Datenabstraktionen definiert worden sind, sollte jede von ihnen weiter ausgearbeitet werden, um nähere Einzelheiten zu gewinnen. In unserem Beispiel gehen wir direkt zur Flußmodell-Repräsentation über.

Abb. 4.7 zeigt ein Datenflußdiagramm (DFD) der Ebene 01 für die DAB-Software. Das DFD der Ebene 01 umfaßt die primären Ein- und Ausgaben und einen wichtigen Datenspeicher. Das mit dem Modell der Ebene 01 korrespondierende Data Dictionary sieht so aus:

Wandlersignale = Rotationssignal + Kraftstofffluß-Signal
Rotationssignal = *Anzahl der Impulse in 500 ms-Intervallen*
Kraftstofffluß-Signal = *Anzahl der (1 ml entsprechenden) Impulse in 1s-Intervallen*
Armaturenbrettausgabe = km/h-Anzeige + km/l-Anzeige + Kilometerzähler + Signal

—...weitere Definitionen würden folgen

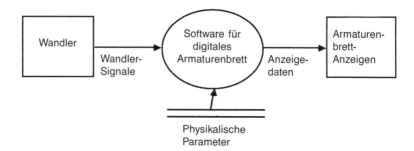

Abb. 4.7 DFD der Ebene 01 für die Software für ein digitales Armaturenbrett

Das nächste Flußmodell, das während der Problemanalyse erstellt wurde, repräsentiert die in Abb. 4.8 dargestellten „Makro-Operationen". Eine Analyse der funktionalen Unabhängigkeit dieser Transformationen zeigt, daß eine weitere Verfeinerung zulässig ist. So enthält beispielsweise die Transformation **Berechne Armaturenbrett-Daten** eine Reihe ziemlich unterschiedlicher Berechnungen (nämlich Kraftstoffverbrauch, Geschwindigkeit), die im Hinblick auf starke Bindung besser voneinander getrennt werden sollten.

Wir verfeinern nun das während der Problemanalyse erstellte DFD der Ebene 02 und entwickeln das in Abb. 4.9 dargestellte DFD der Ebene 03. Jede Funktion (Transformation) in Abb. 4.9 weist eine starke Bindung und ziemlich geringe Kopplung auf – erwünschte Eigenschaften einer effektiven Modularisierung.

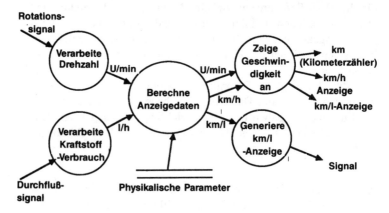

Abb. 4.8 DFD der Ebene 02 für Software für ein Digitales Armaturenbrett

Der eingehende Datenfluß oben links ist ein konvertiertes Rotationssignal, das eingelesen und in Signale pro Sekunde konvertiert wird. Der zeitliche Mittelwert und Änderungen des Signals [gemessen in Signalen pro Sekunde (sps)] werden für die Tachometer-Funktionen benutzt.

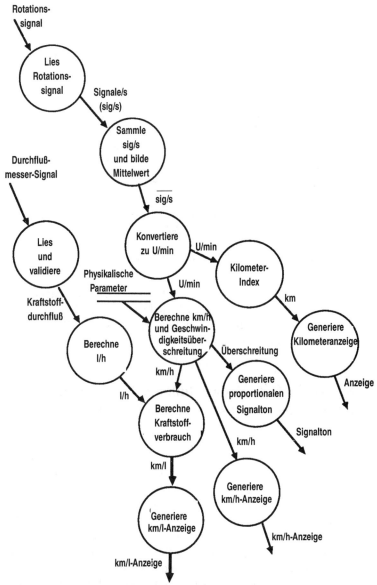

Abb. 4.9 DFD der Ebene 03 für Software für ein digitales Armaturenbrett

Nach der Konvertierung der sig/s-Mittelwerte zu U/min (Umdrehungen pro Minute) wird die Geschwindigkeit (in km/h) daraus errechnet; diese wird dazu benutzt, (bei Geschwindigkeitsüberschreitung!) einen zur Überschreitung proportionalen Signalton zu erzeugen, die km/h-Anzeige zu generieren und dient außerdem als ein Datenelement, das benötigt wird, um die Kraftstoffnutzung in km pro Liter zu berechnen. Die Kilometerzähler-Funktion benutzt U/min ebenfalls als Dateneingabe. Alle diese Funktionen führen zu Anzeigen auf dem Armaturenbrett.

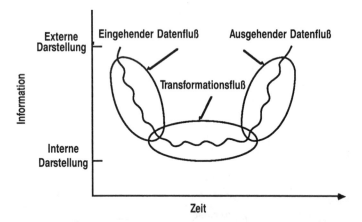

Abb. 4.10 Zeitlicher Verlauf des Datenflusses

Ein zweiter eingehender Pfad nimmt Daten über den Kraftstofffluß auf und kombiniert sie mit Geschwindigkeitsdaten. Beide werden dann zu l pro Std. konvertiert und dienen der Kraftstoff-Effizienz-Berechnung und -Anzeige.

Stellen Sie fest, ob das Flußmodell Transformations- oder Transaktions-Charakteristika hat

Information muß in einer der Programmumwelt verständlichen Form in die Software eingehen und sie wieder verlassen. So sind beispielsweise an einer Terminal-Tastatur eingetippte Daten, Tonsignale auf einer Telefonleitung und Bilder auf dem Grafik-Display eines Computers derartige Darstellungsformen. Solche Daten müssen zur Verarbeitung in eine interne Form konvertiert werden. Bei dem digitalen Armaturenbrett-System werden Außenwelt-Daten durch analoge Umdrehungs- und Kraftstofffluß-Daten verkörpert, die in digitale Form konvertiert und dann skaliert und verarbeitet werden müssen, um für den Fahrer aussagekräftige Daten zu liefern (es wäre z.B. wenig hilfreich, Geschwindigkeit in Umdrehungen der Antriebsräder pro Sekunde anzuzeigen!).

Abb. 4.10 zeigt den zeitlichen Ablauf des Datenflusses in einem System. Informationen treten in das System über Eingabekanäle ein, die externe Daten in eine interne Form transformieren, und werden als *eingehender Datenfluß* akzeptiert. Im Kern der Software tritt eine Transformation auf. Die eingehenden Daten werden durch ein *Transformationszentrum* geleitet und werden an

Ausgabekanäle geleitet. Die über diese Kanäle die Software verlassenden werden als *ausgehender Datenfluß* bezeichnet. Wenn ein Segment eines Datenflußdiagramms diese Merkmale aufweist, haben wir es mit *Transformationsfluß* zu tun.

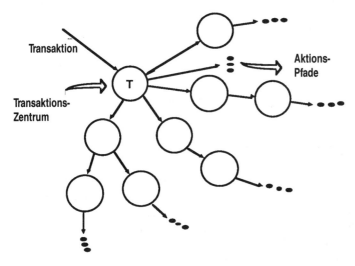

Abb. 4.11 Transaktions-Fluß

Da alle Flußmodelle der Ebene 01 die oben beschriebenen Merkmale aufweisen, läßt sich jeder Datenfluß auch als Transformationsfluß charakterisieren. Dennoch ist es sinnvoll, den Datenfluß auf niedrigeren Ebenen zu untersuchen und ihn etwas anders zu charakterisieren, wenn ein einzelnes Datenelement in einer bestimmten Funktion, einer *Transaktion*, einen Datenfluß auf genau einem der daraus herausführenden Datenkanäle auslöst. Wenn ein DFD die in Abb. 4.11 gezeigte Form annimmt, haben wir es mit einer *Transaktion* zu tun.

Eine Transaktion ist dadurch gekennzeichnet, daß Daten über einen Eingabekanal von der Außenwelt in eine *Transaktion* fließen. In der Transaktion wird abhängig von ihrem Wert ein Fluß über einen von vielen *Aktionspfaden* initiiert. Der Mittelpunkt des Informationsflusses, von dem viele Aktionspfade ausgehen, wird als *Transaktionszentrum* bezeichnet (in der Abb. mit „T" beschriftet). Solche Flüsse sind in vielen Software-Anwendungsbereichen gebräuchlich. Immer dann, wenn beispielsweise ein Benutzer eine von mehreren Funktionen aus einem Bildschirmmenü auswählt, wird wahrscheinlich eine Transaktion folgen.

Es sollte angemerkt werden, daß innerhalb eines DFD für ein umfangreiches System sowohl Transformations- als auch Transaktionsflüsse vorhanden sein können. Beispielsweise kann in einem transaktionsorientierten Fluß der Datenfluß entlang jedes beliebigen Aktionspfades Merkmale eines Transformationsflusses aufweisen.

Um dies zu verdeutlichen, betrachten wir eine Software-Applikation mit der Bezeichnung „Zensurenbuch". Zensurenbuch ermöglicht es einem Professor, Noten der Studenten einzugeben, den gewichteten Durchschnitt zu berechnen, einfache statistische Analysen auszuführen und Hardcopys für das Archiv auszudrucken. Das Menü für Zensurenbuch, das auf dem Bildschirm eines PC erscheint, könnte so aussehen:

```
Bitte wählen Sie eine der folgenden Programm-Optionen aus:
1 Zensuren eingeben
2 Durchschnittszensuren berechnen
3 Standard-Abweichungen berechnen
4 Zensuren-Report ausdrucken
5 Programm verlassen
```

Wenn der Professor eine Zahl zwischen 1 und 5 auswählt, wird dadurch eine Transaktion ausgelöst. Die Transaktion (z.B. Zensuren eingeben) bewirkt, daß Daten entlang eines Pfades fließen, der den Namen des Studenten anfordert (Eingabe), nach allen Zensuren und ihren Gewichtungen für den Studenten fragt (Eingabe), die Daten in einer Datenbank speichert (Verarbeitung) und die Daten noch einmal anzeigt (Ausgabe), damit sie verifiziert werden können. Das Merkmal „Eingabe-Verarbeitung-Ausgabe" entlang des Pfades „Zensuren eingeben" ist ein Anzeichen für einen Transformationsfluß, der durch eine Anfangs-Transaktion (die Menü-Auswahl) ausgelöst wurde. Deshalb würde das DFD für die Anwendung Zensurenbuch wahrscheinlich die Merkmale eines Transaktionsflusses aufweisen.

Erarbeiten Sie die Programmstruktur mit Hilfe einer Transformations-Abbildung, wenn Transformationsfluß vorhanden ist

Der Informationsfluß innerhalb eines Systems läßt sich generell immer als Transformationsfluß repräsentieren. Wenn man jedoch auf ein offenkundiges Transaktions-Merkmal (Abb. 4.11) stößt, ist eine andere Entwurfsabbildung angebracht, die im Rahmen der folgenden Schritte noch erörtert wird. Für den gegenwärtigen Schritt gehen wir davon aus, daß der Entwickler aufgrund der im DFD vorherrschenden Merkmale den Transformationsfluß als ein globales (die gesamte Software betreffendes) Fluß-Charakteristikum ausgewählt hat. Zur Erläuterung der Transformations-Abbildung betrachten wir noch einmal die Software für das digitale Armaturenbrett.

In dem DFD für das Armaturenbrett (Abb. 4.9) sehen wir, daß Daten über zwei Eingabekanäle in die Software eintreten und sie über fünf Ausgabekanäle wieder verlassen. Es ist kein eindeutiges Transaktionszentrum eingezeichnet (obwohl die Transformation **Berechne km/h und Geschwindigkeitsüberschreitung** als solches begriffen werden könnte). Wir nehmen für diesen Datenfluß also an, daß er durchgehend Transformationscharakter aufweist.

Arbeiten Sie das Transformationszentrum heraus, indem Sie die Grenzen des ein- und ausgehenden Datenflusses bestimmen

Wir haben den eingehenden Fluß als einen Pfad beschrieben, auf dem Information von externer zu interner Darstellung konvertiert wird; der ausgehende Fluß verwandelt sie von einer internen in eine externe Darstellung. Bei der Transformations-Abbildung besteht der erste Schritt darin, die Grenzen des ein- und ausgehenden Flusses darzustellen, also den Punkt des Flusses, an dem die eingehenden Daten aufhören und einen anderen Punkt, an dem die ausgehenden Daten beginnen. Manchmal lassen sich Flußgrenzen definieren, indem man sich auf die Funktionen konzentriert, die in ihrer Nähe liegen. Transformationen mit Bezeichnungen, die mit Berechne, Schlage-nach, Modifiziere und anderen verarbeitungsorientierten Operationen beginnen, befinden sich wahrscheinlich innerhalb der Grenzen.

Dennoch ist die Bestimmung der Grenzen des ein- und ausgehenden Flusses auch eine Sache der Interpretation. Verschiedene Entwickler könnten durchaus leicht voneinander abweichende Punkte innerhalb des Flusses als Grenzen definieren. Tatsächlich könnten alternative Entwurfs-Lösungen entwickelt werden, indem man die Flußgrenzen anders plaziert. Obwohl man bei der Festlegung der Grenzen sehr sorgfältig vorgehen sollte, wird die Verschiebung um eine Funktion in einem Datenfluß im allgemeinen wenig Einfluß auf die endgültige Programmstruktur haben.

Flußgrenzen für das Beispiel des digitalen Armaturenbretts sind aus Abb. 4.12 zu ersehen. Die Funktionen, die das Transformationszentrum bilden, liegen innerhalb der beiden von oben nach unten verlaufenden Grenzlinien. Man könnte darüber streiten, ob eine dieser Grenzen korrigiert werden müßte (Plausibel wäre nämlich auch, wenn die Grenze des eingehenden Flusses zwischen **Lies und validiere** und **Berechne Liter pro Stunde (l/h)** verliefe.) Bei diesem Entwurfsschritt sollte man jedoch mehr darauf achten, nachvollziehbare Grenzen festzulegen, als die Plazierung der Trennlinien langatmig zu begründen.

Erstellen Sie eine Gliederung für die erste Ebene der Funktionsstruktur

Die Programmstruktur repräsentiert eine Top-down-Verteilung der Steuerung. Die *Gliederung* führt zu einer Programmstruktur, in der Module der höchsten Ebene Entscheidungen treffen und Module niedrigerer Ebene (d.h., Module auf den niedrigsten Ebenen der hierarchischen Baumstruktur) den größten Anteil der Eingabe-, Berechnungs- und Ausgabe-Arbeit leisten. Module auf mittlerer Ebene leisten eine gewisse Steuerung und einen geringen Anteil der Arbeit.

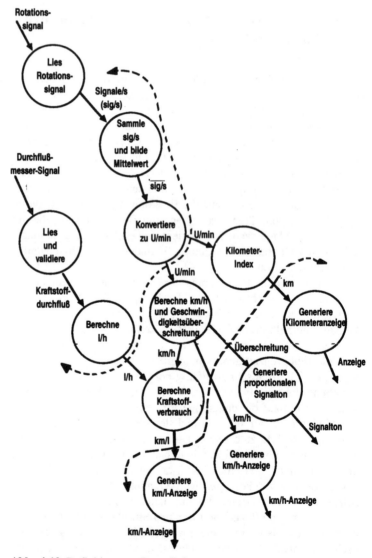

Abb. 4.12 Definition von Datenflußgrenzen

Hat man es mit einem Transformationsfluß zu tun, so wird ein DFD auf eine spezifische Struktur abgebildet, die die Steuerung der Informationsverarbeitung für den Bereich der eingehenden Daten, der Transformationen und der ausgehenden Daten symbolisiert. Diese *Gliederung der ersten Ebene* ist in Abb. 4.13 dargestellt. Ein Steuermodul, C_m, befindet sich an der Spitze der Programmstruktur und dient dazu, folgende untergeordnete Steuerfunktionen zu koordinieren:

Der Sinn des Steuermoduls

- Eine Steuereinheit zur Verarbeitung der eingehenden Information, C_E, die den Empfang aller eingehenden Daten koordiniert

- Eine Steuereinheit für das Transformationszentrum, C_T, die alle Operationen mit Daten in interner Darstellung überwacht (z.B. ein Modul, das verschiedene rechenintensive Prozeduren aufruft)

- Eine Steuereinheit für die Verarbeitung der ausgehenden Information, C_A, die die Erzeugung der Ausgabe-Information koordiniert

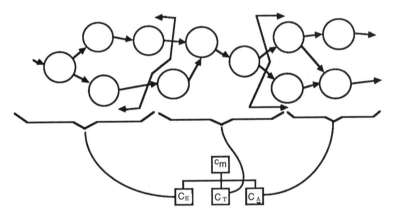

Abb. 4.13 Aufteilung, um eine Gliederung der ersten Ebene zu erreichen

Obwohl Abb. 4.13 eine dreigleisige Struktur impliziert, können komplexe Flüsse in umfangreichen Systemen zwei oder mehr Steuermodule für jede der oben beschriebenen allgemeinen Steuerfunktionen erfordern. Die Zahl der Module auf der ersten Ebene sollte auf das Minimum begrenzt sein, das Steuerfunktionen ausführen und gute Kopplungs- und Bindungs-Eigenschaften aufrechterhalten kann.

Damit die Gliederung der ersten Ebene anschaulicher wird, betrachten wir zwei Beispiele, die an unsere Erörterung der Software für das Zensurenbuch und das digitale Armaturenbrett anknüpfen. Die DFDs der Ebene 01 und 02 für das Zensurenbuch sind in Abb. 4.14a und b dargestellt. Wir betrachten nun den Transformationsfluß, der durch die Transformation **Zensuren** eingeben (Abb. 4.15a) repräsentiert wird, als wäre er ein einfaches, von der übrigen Applikation getrenntes Programm. Wir erstellen eine Programmstruktur für **Zensuren eingeben** (Abb. 4.15b), die der in Abb. 4.13 dargestellten Schablone entspricht. Bei diesem einfachen Beispiel ist es unwahrscheinlich, daß eine Erweiterung der Struktur notwendig wird. Komplexere Applikationen erfordern jedoch oft weitere Aufschlüsselungen.

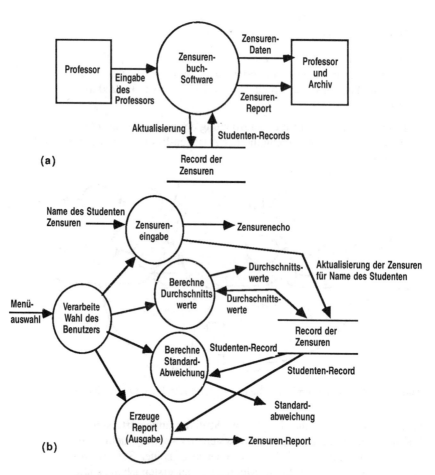

Abb. 4.14 DFD der Ebene 01 und 02 für Zensurenbuch

Um weitere Gliederungsebenen zu erläutern, betrachten wir noch einmal das Beispiel des digitalen Armaturenbretts. Eine Gliederung der ersten Ebene ergibt die in Abb. 4.16 dargestellten Programm-Steuermodule. Jedes Steuermodul wird mit einem Namen versehen, der die Funktion der untergeordneten Module, die von ihm gesteuert werden, beschreibt.

Führen Sie eine Gliederung der zweiten Ebene aus, um eine vorläufige Programmstruktur zu erhalten

Die *Gliederung der zweiten Ebene* wird durchgeführt, indem die einzelnen Funktionen eines DFD auf geeignete Module innerhalb der Programmstruktur abgebildet werden. Indem wir an der Grenze des Transformationszentrums beginnen und uns entlang der eingehenden und dann der ausgehenden Daten nach außen bewegen, bilden wir die Funktionen auf untergeordnete Ebenen der Programmstruktur ab. Das allgemeine Vorgehen beim Gliedern der zweiten Ebene ist in Abb. 4.17 dargestellt.

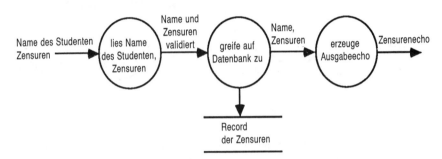

Abb. 4.15a DFD für **Zensureneingabe**

In Abb. 4.17 besteht zwar eine Eins-zu-eins-Entsprechung zwischen DFD-Funktionen und Modulen, doch es kommen häufig auch unterschiedliche Abbildungen vor. Zwei oder sogar drei Funktionen können kombiniert und als ein Modul repräsentiert werden (wenn Sie sich an die möglichen Probleme mit der Kohäsion erinnern), oder eine einzige Blase läßt sich zu zwei oder mehr Modulen erweitern. Für das Ergebnis der Aufschlüsselung der zweiten Ebene sind praktische Erwägungen und die Qualität des Entwurfs ausschlaggebend.

Abb. 4.15b Gliederung der ersten Ebene für **Zensureneingabe**

Abb. 4.18 zeigt die Programmstruktur, die mit Hilfe der Eingangskanäle des DFD für die Armaturenbrett-Software (Abb. 4.12) gewonnen wurde. Eine einfache Eins-zu-eins-Entsprechung zwischen den Funktionen und den Modulen wird erkennbar, wenn man den Fluß von der Grenze des Transformationszentrums zurück verfolgt. Auch wenn Review und Verfeinerung zu Änderungen dieser Struktur führen können, kann das mechanische Abbilden als ein erster „Rohentwurf" dienen.

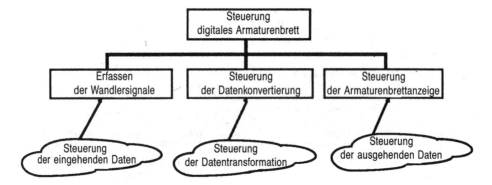

Abb. 4.16 Gliederung der ersten Ebene für die DAB-Software

Eine Gliederung der zweiten Ebene für das Transformationszentrum der Software für das Digitale Armaturenbrett ist in Abb. 4.19 dargestellt. Jede der Datenkonvertierungs- oder -berechnungs-Funktionen des DFD wird auf ein Modul abgebildet, das der Transformations-Steuerung untergeordnet ist. Ausgehender Fluß wird schließlich, wie Abb. 4.20 zeigt, auf die Programmstruktur abgebildet. Die Aufschlüsselung wird wieder ausgeführt, indem wir uns von der Grenze des Transformations-Zentrums nach außen bewegen.

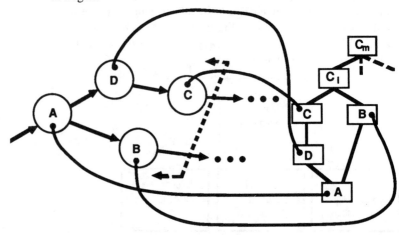

Abb. 4.17 Abbildung der zweiten Ebene

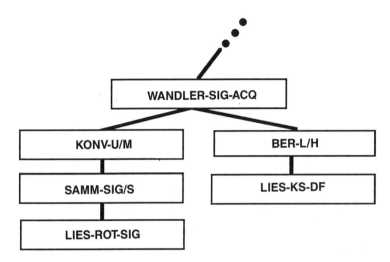

Abb. 4.18 Nicht verfeinerte eingehende Struktur für die DAB-Software

Verfeinern Sie die Verarbeitungsbeschreibungen für jedes Modul in der Programmstruktur

Jedes der in den Abb. 4.18, 4.19 und 4.20 enthaltenen Module repräsentiert einen ersten Entwurf der Programmstruktur. Aufgrund der Eins-zu-eins-Entsprechung zwischen Datenfluß-Funktionen und Programm-Modulen sollte die für jede Funktion (Transformation) entwickelte Verarbeitungsbeschreibung auch für das jeweilige Modul gelten. Die Beschreibung sollte auf Genauigkeit überprüft und Teil der Entwurfs-Beschreibung werden. In dieser Phase werden folgende Aspekte beschrieben:

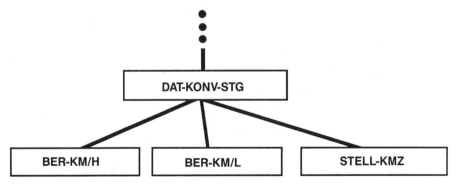

Abb. 4.19 Nicht verfeinerte Transformationsstruktur für die DAB-Software

- Information, die in das Modul hinein- und aus dem Modul herausfließt (eine Schnittstellen-Beschreibung)
- Information, die von einem Modul verwaltet wird (z.B. in einer lokalen Datenstruktur gespeicherte Daten)

- eine Ablaufbeschreibung, die wichtige Entscheidungspunkte und Aufgaben aufzeigt
- eine knappe Erörterung von Restriktionen und Besonderheiten (z.B. File-Input/Output, hardwareabhängige Merkmale, spezielle Timing-Anforderungen).

Die Sammlung von Beschreibungen und die Darstellung der Programmstruktur dienen als ein erstes *Entwurfs-Dokument*. In der Entwurfsphase kommt es jedoch in der Regel zu einer weiteren Verfeinerung und zu Ergänzungen.

Verfeinern Sie den „Rohentwurf" der Programmstruktur mit Hilfe grundlegender Entwurfs-Prinzipien

Ein „Rohentwurf" der Programmstruktur läßt sich immer verfeinern, wenn man Konzepte der Modul-Unabhängigkeit anwendet. Man kann ein Modul *zerlegen* (es in zwei oder mehr Module aufteilen) oder Module *zusammenfassen* (zwei oder mehr Module werden zu einem einzigen Modul kombiniert), um eine sinnvolle Gliederung, gute Modulbindung, minimale Datenkopplung und, am wichtigsten, eine Struktur zu erhalten, die ohne Schwierigkeiten implementiert und strukturiert getestet werden kann und die auch bei der Wartung nicht ständig Kummer bereitet.

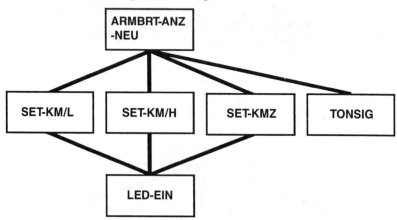

Abb. 4.20 Nicht verfeinerte Ausgabestruktur für die DAB-Software

Verfeinerungen basieren auf praktischen Erwägungen und auf dem gesunden Menschenverstand. Es gibt zum Beispiel Fälle, in denen die Steuerung für den eingehenden Datenfluß völlig überflüssig ist, in denen in einem der Transformations-Steuerung untergeordneten Modul eine gewisse Eingabe-Verarbeitung erforderlich ist, in denen starke Kopplung aufgrund globaler Daten unvermeidbar ist oder in denen keine optimalen strukturellen Eigenschaften entwickelt werden können. Die Software-Anforderungen und das menschliche Urteilsvermögen sind hier die letzte Entscheidungsinstanz.

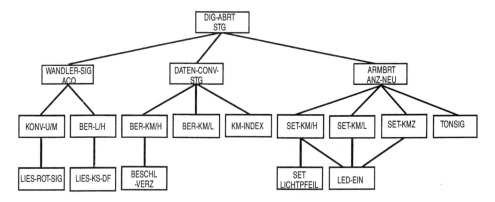

Abb. 4.21 Verfeinerte Programm-Struktur

Der Struktur-Rohentwurf, den wir für das Beispiel des digitalen Armaturenbretts entwickelt haben, ließe sich durchaus modifizieren. Beispielsweise könnte man, um einige Möglichkeiten zu nennen, die Module KONV-U/M und SAMM-SIG/S im Eingangsfluß der Struktur zusammenfassen. Das Sammeln von Wandler-Signalen und ihre Konvertierung zu Umdrehungen pro Minute sind durch die Ausführungsreihenfolge miteinander verbunden, so daß diese Modifikation sinnvoll wäre.

Abb. 4.21 zeigt die verfeinerte Programmstruktur für das digitale Armaturenbrett. Entwurfs-Randbedingungen (z.B. begrenzter Speicherplatz oder limitierte Rechenzeit) könnten weitere Revisionen erfordern. So könnte man z.B. LIES-ROT-SIG und KONV-U/M zusammenfassen (auf Kosten einer relativ geringen Modulbindung), oder DATEN-KONV-STG entfernen und die Steuerfunktionen von DIG-ARMBRT-STG ausführen lassen.

Bei den bisherigen Schritten verfolgten wir das Ziel, eine globale Darstellung der Software zu entwickeln. Nachdem wir auf diese Weise die Struktur festgelegt haben, können wir nun darangehen, die Software-Architektur zu bestimmen und zu verfeinern, indem wir sie als Ganzes betrachten. Modifikationen, die zu diesem Zeitpunkt vorgenommen werden, erfordern wenig zusätzliche Arbeit, können jedoch großen Einfluß auf die Qualität und Wartbarkeit der Software haben.

Sie sollten nun einen Moment innehalten und über den Unterschied zwischen dem soeben beschriebenen Entwurfs-Ansatz und dem Prozeß des „Programme Schreibens" nachdenken. Wenn der Code die einzige Beschreibungsform der Software ist, so wird der

Entwickler größte Schwierigkeiten haben, ihn aus einer umfassenden oder ganzheitlichen Sicht zu bewerten bzw. zu verfeinern. Überhaupt wird er vor dem Problem stehen, „vor lauter Bäumen den Wald nicht mehr zu sehen".

Erarbeiten Sie die Programm-Struktur mit Hilfe der Transaktions-Abbildung, wenn ein Transaktionsfluß vorhanden ist

In vielen Software-Applikationen löst eine einzelne Funktion einen oder mehrere Datenflüsse aus, die sich auf eine durch das auslösende Element initiierte Operation auswirken. Diese als Transaktion bezeichnete Funktion und die mit ihr zusammenhängenden Fluß-Merkmale sind in Abb. 4.11 dargestellt.

Anhand einer in diesem Kapitel bereits präsentierten Erweiterung der Software für das digitale Armaturenbrett soll nun der Entwurfs-Ansatz für den Transaktionsfluß erläutert werden.

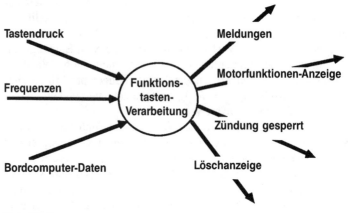

Data Dictionary
Tastendruck = [Menueauswahl|Zuendcode|Eingabedaten]
Menueauswahl = [1|2|3|4|5|6]
    und so weiter...

Abb. 4.22a DFD der Ebene 01 für die erweiterte DAB-Software

Das Grundsystem für das Armaturenbrett hat optionale Eigenschaften wie etwa einen „elektronischen Zündschlüssel" und eine Möglichkeit der „Funktions-Auswahl/-Anzeige". Eine auf einer Tastatur eingegebene Zahlenfolge für Zündung ein/Start wird auf einer Tastatur eingetippt und ersetzt den Zündschlüssel. Das Tastenfeld wird außerdem zum Auslösen folgender Funktionen benutzt:

Knopf	Gewählte Funktion
1	Löse Zündung-ein/Start-Sequenz aus
2	Aktiviere Radar-Detektor (nur dort verfügbar, wo auch gesetzlich zugelassen!)
3	Aktiviere Anzeige verschiedener Motorfunktionen einschließlich Öldruck, Temperatur etc.
4	Zeige Bordcomputer-Daten an
5	Gib Bordcomputer-Daten ein
6	Lösche letzte Eingabe

Mit Hilfe der in Kapitel 3 beschriebenen Datenflußnotation werden Datenflußdiagramme der Ebenen 01 und 02 und das entsprechende Data Dictionary entwickelt (Abb. 4.22a und b). Eine weitere Verfeinerung ergibt das DFD der Ebene 03 in Abb. 4.22c.

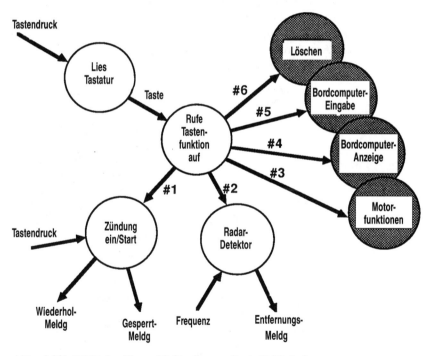

Abb. 4.22b DFD der Ebene 02 für die erweiterte DAB-Software

Wie Abb. 4.22c zeigt, ist das Drücken einer Taste des Tastenfeldes oder „Funktionstaste" eine primäre Eingabe, die einen nachfolgenden Fluß steuert. Nach Validierung der Eingabe bewegt sich der Fluß in Abhängigkeit von der gedrückten Taste über die entsprechenden Pfade. Die Abbildungen zeigen die Pfade für die Tasten 1 und 2 im Detail, während andere Pfade durch einzelne dunkel getönte Transformationen nur angedeutet sind, damit die Skizze nicht zu unübersichtlich wird. Um den Entwurf zu vervollständigen, müßten diese dunkel getönten Funktionen verfeinert werden.

Wichtig ist noch der Hinweis, daß der Informationsfluß entlang der Pfade 1 und 2 weitere eingehende Daten aufnimmt. Jeder Pfad erzeugt außerdem Anzeigen, Nachrichten und/oder Warnsignale.

Bestimmen Sie das Transaktionszentrum und die Fluß-Merkmale jedes Aktionspfades

Die Entwurfsschritte für die Transaktionsanalyse sind denen der Transformationsanalyse ähnlich und in einigen Fällen mit ihnen identisch. Ein wichtiger Unterschied liegt in der Abbildung des DFD auf die Programmstruktur.

Der Ort des Transaktionszentrums läßt sich im DFD unmittelbar erkennen. Das Transaktionszentrum liegt am Ursprung mehrerer strahlenförmig von ihm ausgehender Informationspfade. Bei dem Armaturenbrett-Fluß in Abb. 4.22c ist die Funktion für die **Funktionstasten-Aktionen** das Transaktionszentrum.

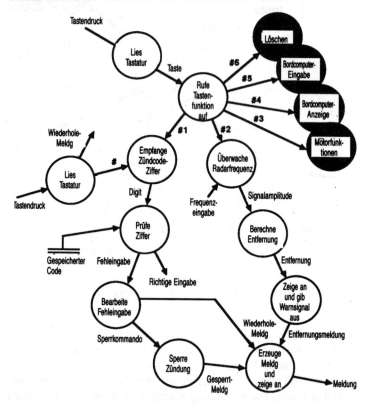

Abb. 4.22c DFD der Ebene 03 für die erweiterte DAB-Software

Der eingehende Pfad (d.h., der Eingangskanal einer Transaktion) und alle Aktionspfade müssen ebenfalls herausgearbeitet werden. Grenzen, die einen Eingangskanal oder Aktionspfade definieren, sind in Abb. 4.23 dargestellt. Jeder Aktionspfad muß im Hinblick auf seine individuellen Fluß-Merkmale bewertet werden. Der Radar-Detektor-Pfad z.B. (in dem schraffierten Bereich in Abb. 4.23) besitzt Transformations-Merkmale. Eingehender, Transformations- und ausgehender Fluß sind durch gestrichelte Linien voneinander abgegrenzt.

Bilden Sie das DFD auf eine für die Transaktions-Verarbeitung geeignete Programmstruktur ab

Der Transaktionsfluß wird auf eine Programmstruktur abgebildet, die einen Eingangszweig und einen Prozeßsteuerungszweig enthält. Die Struktur des Eingangszweiges wird ungefähr auf die

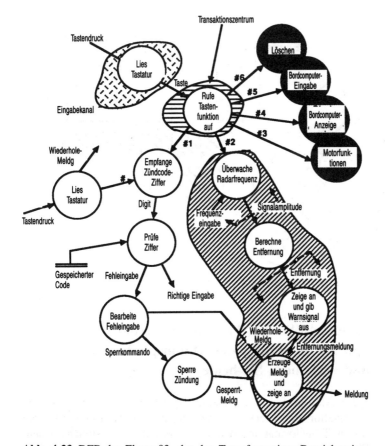

Abb. 4.23 DFB der Ebene 03, das den Transformations-Bereich zeigt

gleiche Weise wie die Transformationsanalyse entwickelt. Beginnend beim Transaktionszentrum werden die Funktionen entlang des Eingabekanals auf Module abgebildet. Die Struktur des Prozeßsteuerungszweiges enthält ein Verteiler-Modul, das alle untergeordneten Aktionsmodule steuert. Jeder Aktionsflußpfad des DFD wird auf eine Struktur abgebildet, die mit seinen spezifischen Flußmerkmalen korrespondiert. Dieser Prozeß wird in Abb. 4.24 dargestellt.

Der in Abb. 4.23 dargestellte Datenfluß für das digitale Armaturenbrett ergibt die in Abb. 4.25 gezeigte Gliederung der ersten Ebene. Das Modul LIES-TASTATUR führt Empfangs-(Eingabe-) Operationen aus; es leitet die Eingabedaten (einen Funktionstastendruck) über die Transaktions-Steuereinheit, F-TASTEN-STG, zum Prozeßsteuerungs-Modul, RUFAUF TASTENFUNKTION. Der Prozeßsteuerung untergeordnet fungieren die Module ZÜND-CODE-ÜBERPRÜF, RADAR-DETEKTOR und andere als Steuermodule für jede Aktion.

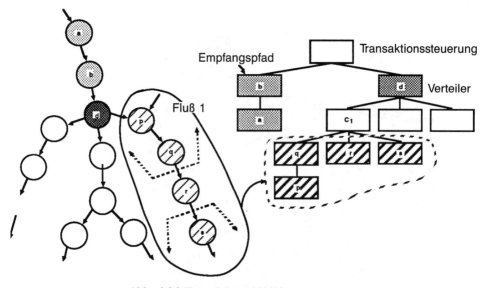

Abb. 4.24 Transaktions-Abbildung

Schlüsseln Sie die Transaktionsstruktur und die Struktur jedes Aktionspfades auf und verfeinern Sie beide

Jeder Aktionspfad des Datenflußdiagramms hat seine eigenen Informationsfluß-Merkmale. Wir haben bereits festgestellt, daß wir auf Transformations- oder auf Transaktionsfluß stoßen können. Eine mit jedem Aktionspfad verbundene *Unterfunktionsstruktur* wird mit Hilfe der in diesem und dem vorhergehenden Abschnitt erörterten Entwurfsschritte entwickelt.

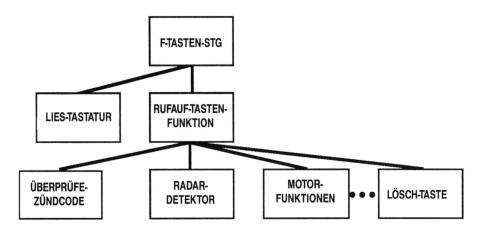

Abb. 4.25 Gliederung der ersten Ebene

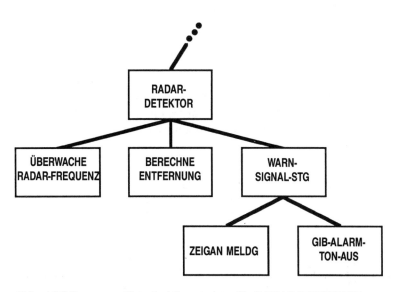

Abb. 4.26 Programm-Unterfunktionsstruktur für RADAR-DETEKTOR

Als Beispiel betrachten wir den Informationsfluß für den Radar-Detektor (im schraffierten Bereich) in der Abb. 4.23. Dieser Fluß weist klassische Transformations-Merkmale auf. Frequenzen werden überwacht (eingehender Fluß), und wenn ein Signal empfangen wird, wird eine Eingabe für ein Transformations-Zentrum erzeugt. Daraufhin wird dann eine Alarm- und Warn-Nachricht (ausgehender Fluß) erzeugt. Die Struktur des entsprechenden Aktionspfades ist in Abb. 4.26 dargestellt.

Das Modul RADAR-DETEKTOR dient als Haupt-Steuereinheit. Der eingehende Fluß wird auf das Modul ÜBERWACHE-RADAR-FREQUENZ abgebildet. Das Modul BERECHNE-ENTFERNUNG führt Transformationsfunktionen aus, und WARNSIGNAL-STG fungiert als Steuereinheit für den ausgehenden Zweig. Um eine hohe Modulbindung aufrechtzuerhalten, führen zwei Module, ZEIGAN-MELDUNG und GIB-ALARMTON-AUS der Steuereinheit für den ausgehenden Zweig untergeordnete Report-Funktionen aus. Die DFD-Transformation **erzeuge Meldung und zeige an** wird auf ein Dienst-Modul (ein Modul, das von zwei oder mehr Modulen aufgerufen wird) abgebildet, das von zwei Aktionsfluß-Strukturen benutzt wird.

Die allgemeine Programmstruktur ist in Abb. 4.27 dargestellt. Die Zündcode- und Radar-Detektor-Funktionen wurden aufgeschlüsselt, um die Entwicklung von Aktionszweigen zu illustrieren. Dabei ist festzuhalten, daß innerhalb jeder Transformations-Unterfunktionsstruktur Eingaben erfaßt und Ausgaben erzeugt werden. Das Modul ZEIGAN-MELDUNG ist zwei Aktions-Pfaden untergeordnet, weist also *fan-in* auf, ein häufig vorkommendes Merkmal von Transaktionsstrukturen.

Verfeinern durch grundlegende Entwurfsprinzipien

Auch diesmal verfeinern wir den „Rohentwurf" der Programmstruktur, indem wir uns nach grundlegenden Entwurfs-Prinzipien richten. Dieser Schritt der Transaktionsanalyse ist mit dem entsprechenden Schritt der Transformationsanalyse identisch. Bei beiden Entwurfs-Methoden müssen Kriterien wie Modul-Unabhängigkeit, praktische Anwendbarkeit (Effektivität von Implementierung und Test) und Wartbarkeit sorgfältig in Betracht gezogen werden, wenn man Modifikationen der Struktur beabsichtigt.

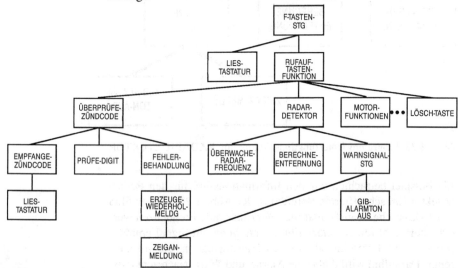

Abb. 4.27 Programmstruktur der Funktionstasten-Verarbeitung des Armaturenbretts

Erarbeiten Sie einen Prozedurentwurf für jedes in der Programmstruktur dargestellte Modul

Der Prozedurentwurf, der auch als *detaillierter Entwurf* bezeichnet wird, enthält eine Beschreibung jedes Moduls. Die Beschreibung vollendet den Entwurf aller modulinternen Datenstrukturen und enthält eine Darstellung der Programmlogik auf einer ziemlich niedrigen Abstraktionsebene. Der Prozedurentwurf ist also „nah" an der Detailebene, die zur Implementierung eines Moduls in einer Programmiersprache erforderlich ist.

Mit einem gelungenen Prozedurentwurf haben wir drei Ziele erreicht: (1) der Entwurf kann einem Review unterzogen werden, so daß wir in der Lage sind, logische Fehler zu entdecken, bevor wir programmieren; (2) der Entwurf dient als Schablone für das Codieren, und (3) der Entwurf verhilft uns zu wichtigen Eingaben für das Aufstellen von Testfällen (Kapitel 6).

Wenden Sie die Philosophie der Strukturierten Programmierung an, wenn Sie den Prozedurentwurf erarbeiten

Ende der sechziger Jahre schlugen Dijkstra und andere den Gebrauch einiger einfacher logischer Konstrukte vor, aus denen jedes Programm aufgebaut werden könnte. Die Konstrukte betonen die „Beibehaltung des funktionalen Bereichs", d.h., jedes Konstrukt hat eine vorhersagbare logische Struktur und wird von oben nach unten gelesen bzw. ausgeführt. Dies erleichtert es dem Leser, dem Steuerfluß zu folgen.

Diese Konstrukte sind *Sequenz, Bedingung* und *Wiederholung*. Mit einer Sequenz werden Folgen von Verarbeitungsschritten beschrieben, wie sie bei der Beschreibung eines jeden Algorithmus unentbehrlich sind. Eine Bedingung schafft die Möglichkeit von Verarbeitungsalternativen, die nach Regeln der Programmlogik ausgewählt werden, und eine Wiederholung ermöglicht das Ausführen von Schleifen. Diese drei Konstrukte bilden die Grundlage der *Strukturierten Programmierung*.

Die strukturierten Konstrukte wurden vorgeschlagen, um die zu entwerfenden Software-Prozeduren auf eine kleine Zahl überschaubarer logischer Operationen zu begrenzen. Die Benutzung der strukturierten Konstrukte verringert die Komplexität eines Programmes und erhöht dadurch seine Lesbarkeit, Testbarkeit und Wartbarkeit. Der Gebrauch einer begrenzten Zahl logischer Konstrukte trägt außerdem zu einem Prozeß des menschlichen Verstehens bei, den Psychologen als *ganzheitliches Erfassen* bezeichnen.

Um diesen Prozeß zu verstehen, versuchen Sie sich am besten einmal klarzumachen, wie Sie diese Seite eigentlich lesen. Sie lesen nämlich nicht die einzelnen Buchstaben: Sie erkennen Muster oder Zusammenhänge von Buchstaben, die Wörter oder Sätze bilden. Auch die strukturierten Konstrukte sind logische Einheiten, „Ganzheiten" genannt, die es dem Leser ermöglichen, Prozedur-Elemente eines Moduls zu erkennen, statt den Entwurf oder den Code Zeile für Zeile zu lesen. Dieses Verständnis wird erleichtert, wenn man auf leicht erkennbare logische Formen stößt.

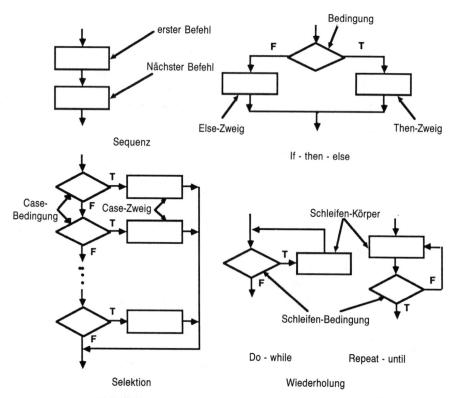

Abb. 4.28 Die strukturierten Konstrukte

Ungeachtet seines Anwendungsbereichs oder seiner Komplexität kann ein Programm ausschließlich mit Hilfe dieser drei strukturierten Konstrukte entworfen und implementiert werden. Abb. 4.28 zeigt die drei strukturierten Konstrukte in der für Flußdiagramme verwendeten Notation. Eine Sequenz wird hier durch zwei Rechtecke (Sinnbild für allgemeine Operationen), die durch einen Pfeil (Steuerung) miteinander verbunden sind, symbolisiert. Eine Bedingung, auch *if-then-else*-Konstruktion genannt, wird durch eine Raute dargestellt, die die Verzweigung symbolisiert und die, falls der Wert „wahr" geliefert wird, die Verarbeitung des *then-Zweigs*, falls der Wert „falsch" geliefert wird, die des *else-Zweigs* aufruft.

Wiederholung wird durch zwei etwas unterschiedliche Formen symbolisiert. *Do-while* überprüft eine Bedingung und führt wiederholt solange eine *Schleife* aus, bis die Bedingung nicht mehr zutrifft. *Repeat-until* führt zuerst die Schleife aus, überprüft dann, ob eine Bedingung zutrifft, und wiederholt die Schleife, bis die Bedingung erfüllt ist. Das abgebildete *Mehrfachauswahl-* (oder *CASE*)- Konstrukt ist im Grunde eine Erweiterung des if-then-else. Eine Bedingung wird sukzessive überprüft, bis die Bedingung eines CASE-Pfades erfüllt ist und der entsprechende Verarbeitungspfad ausgeführt wird.

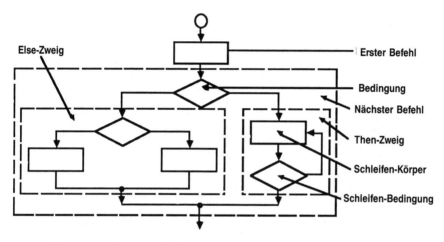

Abb. 4.29 Verschachtelte strukturierte Konstrukte

Die strukturierten Konstrukte lassen sich ineinander verschachteln (s. Abb. 4.29). In diesem Schema bildet ein *repeat-until* den *then-Pfad* eines *if-then-else* (innerhalb der äußeren gestrichelten Umgrenzung. Ein anderes if-then-else bildet den *else-Pfad* der umfassenderen Bedingung. Schließlich wird die Bedingung selbst zu einem zweiten Block in einer Sequenz. Durch solcherart verschachtelte Konstrukte kann ein komplexes logisches Schema entwickelt werden. Zu erwähnen ist noch, daß jeder der Blöcke in Abb. 4.29 auf ein anderes Modul verweisen könnte und dadurch das Ziel einer durch die Programmstruktur implizierten prozeduralen Schichtung erreicht wird.

Ein strukturiertes, mehr Details enthaltendes Flußdiagramm ist in Abb. 4.30 dargestellt. Zur Übung sollte der Leser versuchen, jedes Konstrukt zu identifizieren. Ihm werden dabei zwei Dinge auffallen: Die gesamte Prozedur wurde mit Hilfe der in Abb. 4.28 dargestellten Konstrukte konstruiert; wenn diese Konstrukte verschachtelt sind, kommt es zwischen den Grenzlinien der Verschachtelungen nie zu Überschneidungen. Alle Konstrukte haben also nur jeweils einen Eingang und einen Ausgang.

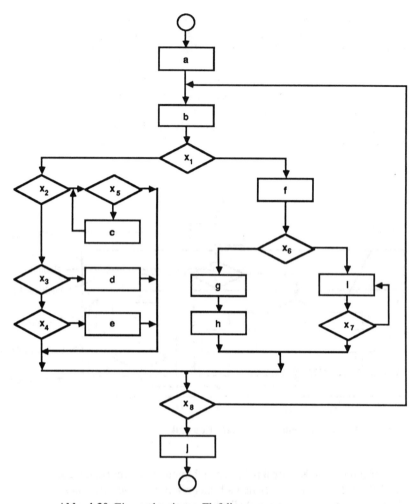

Abb. 4.30 Ein strukturiertes Flußdiagramm

Der ausschließliche Gebrauch strukturierter Konstrukte kann zuweilen Komplikationen für den logischen Fluß mit sich bringen. Nehmen wir beispielsweise an, daß als Teil des Prozesses **I** (Abb. 4.30) eine Situation **z** entstehen könnte, die eine unmittelbare Verzweigung zu Prozeß **j** erfordern würde. Eine solche direkte Verzweigung würde die logischen Konstrukte verletzen, da der funktionale Bereich des repeat-until, von dem Prozeß **I** einen Teil ausmacht, mit einem unstrukturierten Sprung verlassen würde. Um die Verzweigung ohne diesen Verstoß zu implementieren, müßten Fallabfragen für die Bedingung **z** zu x_7 und x_8 hinzugefügt werden. Diese Fallabfragen würden wiederholt geschehen müssen, selbst wenn **z** nur selten vorkäme. Damit hätten wir eine zusätzliche Verkomplizierung eingeführt, die die Effizienz der Programmausführung negativ beeinflussen könnte.

Der ausschließliche Gebrauch strukturierter Konstrukte kann also zu Problemen führen, wenn ein Satz verschachtelter Schleifen oder verschachtelter Bedingungen verlassen werden muß. Noch schwerwiegender ist, daß eine zusätzliche Verkomplizierung aller Fallabfragen entlang des zu verlassenden Pfades dazu führen kann, daß der Steuerfluß der Software unklar wird, die Fehlergefahr steigt und sich ein negativer Einfluß auf Lesbarkeit und Wartbarkeit des Programms einstellt. Wie läßt sich das vermeiden?

Probleme beim ausschließlichen Gebrauch strukturierter Konstrukte

Der Entwickler hat zwei Möglichkeiten: (1) die Prozedurdarstellung wird neu entworfen, so daß innerhalb der Verschachtelung des Steuerflusses keine Verzweigung zum Verlassen mehr erforderlich ist, oder (2) die strukturierten Konstrukte werden in einer kontrollierten Art und Weise „verletzt" – d.h., es wird eine beschränkte Verzweigung, die aus dem verschachtelten Fluß hinausführt, entworfen. Möglichkeit 1 ist offenbar der ideale Weg; in den meisten Fällen kann der Algorithmus neu entworfen werden, so daß die erforderliche Verzweigung nicht mehr aus einer verschachtelten Programmlogik herauszuführen braucht. Falls ein Neuentwurf nicht möglich ist, kann man die zweite Möglichkeit wählen, ohne den Geist der Strukturierten Programmierung zu verletzen.

Verfeinern Sie die Ablaufbeschreibung für jedes Modul

Es wurde bereits gesagt, daß das Entwerfen ein Prozeß der Verfeinerung ist. Die Ablaufbeschreibungen, die ursprünglich für jede Funktion innerhalb des Flußmodells entwickelt wurden, werden verfeinert, um zu Verarbeitungsberichten für jedes Modul in der Programmstruktur zu werden. Analog dazu wird jede Modul-Ablaufbeschreibung verfeinert, um zu einer detaillierten prozeduralen Design-Darstellung zu werden. Mit jedem Schritt auf diesem Weg vermindern wir den Abstraktionsgrad der Software-Darstellung.

Benutzen Sie eine Programm-Entwurfs-Sprache, um die Datenstrukturen und die prozedurale Logik zu repräsentieren

Die *Programm-Entwurfs-Sprache (Program design language – PDL)*, auch *strukturiertes Englisch* bzw. *Deutsch* oder *Pseudocode* genannt, ist eine programmiersprachenähnliche Notation, die eine formale Syntax für den Daten- und Prozedurentwurf mit der freien Syntax einer natürlichen Sprache verbindet. Die PDL ähnelt auf den ersten Blick Pascal oder einer anderen höheren Programmiersprache. Sie unterscheidet sich von einer realen höheren Programmiersprache durch den Gebrauch verbaler Funktionsbeschreibungen, die direkt in die PDL-Anweisungen eingebettet sind. Weil beschreibender Text und syntaktische Struktur, in die dieser Text eingebettet ist, gemeinsam benutzt werden, kann die PDL (zumindest bis heute) nicht kompiliert werden. Es existieren jedoch PDL-„Prozessoren", die die PDL in eine graphische Entwurfs-Repräsentation (z.B. ein Flußdiagramm) übersetzen und Verschachtelungs-Abbildungen, einen Index der Entwurfsanweisungen, Cross-Referenz-Tabellen und verschiedene andere Informationen erzeugen.

Eine Programm-Entwurfs-Sprache kann eine vereinfachte Übernahme einer Sprache wie Pascal sein oder ein Produkt, das speziell für den Prozedurentwurf erworben wurde. Unabhängig von ihrer Herkunft sollte eine Entwurfs-Sprache folgende Merkmale aufweisen:

Merkmale von Entwurfssprachen

- Eine festgelegte Syntax von *Schlüsselwörtern* für alle strukturierten Konstrukte, Vereinbarungen und Modularitäts-Eigenschaften.
- Eine freie Syntax einer natürlichen Sprache, die die Charakteristika der Verarbeitung beschreibt
- Hilfsmittel zur Daten-Deklaration, die sowohl einfache (Skalar, Array) als auch komplexe Datenstrukturen (verkettete Liste oder Baum) umfassen sollten
- Unterprogramm-Definitions- und Aufruf-Techniken, die verschiedene Modi der Interface-Beschreibung unterstützen.

Heute wird oft eine höhere Programmiersprache als Basis für eine PDL benutzt. So ist z.B. in der Ada-Gemeinschaft Ada-PDL ein verbreitetes Werkzeug zur Entwurfs-Definition. Format und Konstrukte der Sprache Ada werden mit Funktionsbeschreibungen in natürlicher Sprache „gemixt" und bilden so die Entwurfssprache. Für unsere Zwecke betrachten wir eine PDL, die sich an die Struktur der Programmiersprache Pascal anlehnt. Sie besteht im wesentlichen aus Pascal-Konstrukten, die mit Wendungen der natürlichen Sprache vermischt sind, und beschreibt die innere Funktionsweise eines Moduls auf einer Abstraktionsebene, die höher als der Code selbst ist.

Unsere elementare PDL-Syntax enthält Pascal-ähnliche Konstrukte für: Datendeklaration, Unterprogramm-Definition, Interface-Beschreibung, Bedingungskonstrukte, Wiederholungskonstrukte und E/A-Konstrukte. Format und Semantik werden in den folgenden Abschnitten beschrieben.

Bei unseren bisherigen Erörterungen des Entwurfs haben wir die Bedeutung der Datenstruktur sowohl im lokalen (pro Modul) als auch im globalen (programmweiten) Maßstab betont. Unsere

PDL enthält Möglichkeiten der Daten-Vereinbarung, die den zu diesem Zweck verwendeten Pascal-Konstrukten direkt entsprechen. So sind beispielsweise

```
TYPE label = packed array [1..n] of char;
```

oder

```
TYPE Farben = (rot, gruen, blau, gelb, orange);
```

legitime Pascal- und zugleich legitime PDL-Befehle. Innerhalb der PDL wäre jedoch auch dieser Befehl korrekt:

```
type UserInfo = Name, Anschrift und Rechnungsnummer;
```

Diese Anweisung würde dagegen in Pascal zu Fehlermeldungen des Compilers führen. In dem obigen PDL-Befehl haben wir die Form von Pascal benutzt, aber mit Begriffen der natürlichen Sprache „Name, Anschrift und Rechnungsnummer" vermischt. Mit Hilfe von **record**, **file**, **listnode** und anderen Pascal-Schlüsselwörtern können wir in der Entwurfsphase komplexe Datenstrukturen beschreiben.

Wir kommen nun noch einmal auf das in diesem Kapitel bereits behandelte CAD-System zurück und definieren eine Zeichnung mit Hilfe der PDL. Eine Zeichnung setzt sich aus verschiedenen Datentypen in einer bestimmten Hierarchie zusammen und wird deshalb als eine *heterogene Struktur* gekennzeichnet. Wir erinnern uns an die frühere PDL-Definition:

```
type Zeichnung wird definiert
  Nummer:     integer;
  Geometrie = record mit dem Namen geomtype;
  Anmerkungen = record mit dem Namen notetype;
  Stückliste = record mit dem Namen Stücklistentype;
END Zeichnung;
```

Diese PDL (*kein* gültiges Pascal) besagt, daß **Zeichnung** aus einer Zeichnungs-Nummer, einer Geometrie, Anmerkungen und einer Stückliste zusammengesetzt ist. Die Details jedes Typs in dieser PDL-Beschreibung lassen sich ebenfalls definieren. Zum Beispiel:

```
Type geomtype = record;
  Linien: (x,y) start;  (x,y) end;  Linientyp
  Kreis:  (x,y) Zentrum; Radius; Bogenwinkel;
  Punkt:  (x,y);
  Makro = record mit dem Namen componentmacro;
  Symbol: symbolset;
end;
```

Die korrekte Pascal-Implementierung der PDL für Zeichnung wird bis zum Codieren hinausgeschoben. Dennoch enthält diese PDL wichtige Informationen über den Entwurf, die sich auf ihre Korrektheit überprüfen lassen.

An dieser Stelle muß noch einmal betont werden, daß die obige Beschreibung von **Zeichnung** keine Beschreibung in einer Programmiersprache ist. Der Designer sollte sich zwar nach der allgemeinen Syntax der PDL richten, hat aber die Freiheit, die konstituierenden Bestandteile von **Zeichnung** in jeder geeigneten (und informativen) Art und Weise zu definieren. Die anschließende Umsetzung der PDL in den Programmiersprachen-Sourcecode muß selbstverständlich einer präzisen Syntax folgen.

Die PDL-Beschreibung von **Zeichnung** läßt sich mit Hilfe der schrittweisen Verfeinerung so erweitern, daß jeder der konstituierenden Bestandteile von **Geometrie**, **Anmerkungen** und **Stückliste** ziemlich detailliert beschrieben wird. **Geometrie**, die komplexeste Komponente der Datenstruktur Zeichnung, setzt sich aus vielen verschiedenen Daten und vom Anwender definierten Typen zusammen.

Die prozeduralen Elemente der PDL sind *blockstrukturiert*, d.h., daß Pseudocode in Blöcken definiert werden kann, die als einzelne Objekte ausgeführt werden. Ein Block wird folgendermaßen begrenzt:

```
Begin <Block-name>
    <Pseudocode-Anweisungen>;
end;
```

wobei <Blockname> benutzt werden kann (aber nicht muß), um spätere Verweise auf einen Block zu ermöglichen; <Pseudocode-Anweisungen> sind eine Kombination aller anderen PDL-Konstrukte. Ein Beispiel:

```
Begin <Zeichne-Linie-auf-Graphik-Terminal>
    get Endpunkte von Display-Liste;
    übertrage physische Endpunkte in Bildschirm-Koordinaten
    ZEICHNE eine Linie anhand der Bildschirm-Koordinaten
end;
```

Der obige Block benutzt Pseudocode-Anweisungen, die die geeignete Verarbeitung beschreiben. Der Gebrauch eines speziellen Schlüsselworts, ZEICHNE, illustriert die Verwendung einer zuvor definierten prozeduralen Abstraktion und die Art und Weise, in der die PDL an die Erfordernisse einer bestimmten Applikation angepaßt werden kann.

Das Bedingungskonstrukt hat in der PDL die klassische *if-then-else*-Form (ein wenig abweichend von Pascal):

```
If <Beschreibung der Bedingung>
then <Block oder Pseudocode-Anweisung>;
else <Block oder Pseudocode-Anweisung>;
endif
```

wobei <Beschreibung der Bedingung> die logische Entscheidung enthält, die getroffen werden muß, um die Verarbeitung entweder des *then-Zweigs* oder des *else-Zweigs* aufzurufen. Das folgende PDL-Segment beschreibt z.B. eine Entscheidungssequenz für ein Lohnbuchhaltungs-System:

```
If Bisher-Jahres-Soz-Abg. < maximum
   then begin
   Soz-Abgabe   := 0.0715*Bruttolohn;
       If (Bisher-Jahres-Soz.Abg + Soz.Abgabe > maximum
       then Soz-Abgabe :=maximum - Bisher-Jahres-Soz.Abg;
       else überspringe;
   endif
   end;
   else setze Soz-Abgabe :=0;
endif
```

Dieses PDL-Segment enthält zwei verschachtelte IFs. Der *then-Zweig* des äußeren IF enthält einen Block, der das innere IF mit Pseudocode-Anweisungen kombiniert. Das else überspringe bedeutet, daß die else-Teil-Verarbeitung übersprungen wird. Das endif wird benutzt, um eindeutig zu kennzeichnen, daß das Konstrukt beendet ist; es ist besonders hilfreich, wenn verschachtelte IFs dargestellt werden. Das end, das auf das erste endif folgt, schließt den Block, der die Sozialversicherungs-Information verarbeitet, ab.

Das Konstrukt Selektion (case), eigentlich ein degenerierter Satz verschachtelter Ifs, wird so dargestellt:

```
case of <Name der Case-Variablen>:
   when<case-Bedingung-1>select<block oder Pseudocode
   Anweisung>;
   when<case-Bedingung-2>select<block oder Pseudocode
   Anweisung>;
        . . .
   when<letzte-case-Bedingung>select<block oder pseudocode
   Anweisung>;
   default: <Standard- oder Fehlerfall: block oder Pseudocode Anweisung>;
endcase
```

Im allgemeinen überprüft dieses Konstrukt einen bestimmten Parameter, die *case-Variable*, anhand mehrerer Bedingungen. Wenn eine Bedingung erfüllt ist, wird ein Block oder eine einzelne Pseudocode-Anweisung aufgerufen.

Dem case-Konstrukt begegnet man fast immer in Transaktionsflüssen. Als Beispiel für das CASE-Konstrukt in der PDL betrachten wir ein Segment eines Textverarbeitungssystems, das zur Verarbeitung einer Datei aufgerufen wird:

```
case of Fileverarbeitungsbefehl:
  when "neu" select ErstelleNeuesFile;
  when "öffne" select
    begin
      hole Filename;
      öffne File;
      lies File in Seitenbuffer;
    end;
  when "schließe" select
    begin
      stelle fest, ob seit dem letzten "Sichern"
      Änderungen vorgenommen wurden;
      falls Änderungen vorgenommen wurden, fordere zu
      Neusicherung auf;
      schließe File;
    end;
  when "sichern" select
    begin
      if file ohne Titel, then fordere Filename an;
      schreibe File auf Diskette;
    end;
  default: zeige an "ungültiger Befehl";
endcase
```

Zu den Wiederholungs-Konstrukten in der PDL gehören Schleifen mit Eingangstest (abweisende Schleifen) und Schleifen mit Ausgangstest (nicht abweisende Schleifen) sowie eine Index-Schleife:

```
do while <Beschreibung der Bedingung>
  <Block oder Pseudocode-Anweisung>;
enddo
repeat until <Beschreibung der Bedingung>
  <Block oder Pseudocode-Anweisung>;
endrep
do for <indexÀ = <Index-Liste, -Ausdruck oder -Sequenz>
  <Block oder Pseudocode-Anweisung>;
endfor
```

Als Beispiel für Wiederholungs-Konstrukte in der PDL betrachten wir die folgende Analyse-Schleife, die die Übereinstimmung zweier berechneter Werte überprüft:

```
epsilon := 1.0;
DurchgangsNr  := 0;
do while (epsilon > 0.001 and DurchgangsNr < 100)
   berechne Wert1  := f(x,y,z);
   berechne Wert2  := g(x,y,z);
   epsilon := ABSVAL (Wert1 - Wert2);
   inkrementiere DurchgangsNr um 1;
enddo
```

Bitte beachten Sie, daß die Schleifen-Bedingung definiert werden muß, damit ein Ausgang aus der Schleife sichergestellt ist. Diesen Zweck erfüllt der DurchgangsNr-Zähler.

Unterprogramme und entsprechende Schnittstellen sowie Ein-/Ausgabe-Operationen werden mit Hilfe von PDL-Konstrukten definiert, die denen der Ziel-Programmiersprache (in diesem Fall Pascal) direkt entsprechen. Die Ein-/Ausgabe-Spezifikation wird oft erweitert, um Operationen einzuschließen, die spezialisierte Ein-/Ausgaben wie etwa Sprachausgabe oder grafische Anzeige unterstützen.

Erwähnt werden sollte auch, daß die PDL erweitert werden kann, um Schlüsselwörter für Multitasking und/oder simultane Verarbeitung, Interruptbehandlung, Interprozeß-Synchronisation und viele andere Eigenschaften einzuschließen. Die Software-Entwürfe, für die die PDL benutzt werden soll, sollten die endgültige Form der Entwurfs-Sprache bestimmen.

Benutzung der PDL

Der Gebrauch der PDL soll nun anhand eines detaillierten Beispiels, und zwar eines Prozedurentwurfs für die Überwachungs-Software für eine Alarmanlage, illustriert werden. Die Alarmanlage überwacht Alarmmeldungen für Feuer, Rauch, Einbruch und Temperatur (z.B. Schäden an Heizgeräten, wenn der Besitzer im Winter nicht anwesend ist); es erzeugt ein Alarmsignal und ruft einen Überwachungsservice an, wobei es eine Nachricht in synthetischer Sprachausgabe erzeugt. In der folgenden PDL werden einige wichtige Konstrukte, die wir weiter oben erörtert haben, illustriert. Bitte rufen Sie sich noch einmal ins Gedächtnis, daß eine PDL keine Programmiersprache ist. Der Entwickler kann sie seinen Erfordernissen anpassen, ohne sich um mögliche Syntax-Fehler kümmern zu müssen. Er kann außerdem zusätzliche Details für jene Teile des Entwurfs einführen, die einer weiteren Ausarbeitung bedürfen. Um die Qualität des Entwurfs zu beurteilen, wird ein Review der PDL durchgeführt (Einzelheiten siehe Anhang B); bevor wir mit dem Codieren beginnen, wird der Entwurf weiter verfeinert.

```
procedure SicherheitsÜberwachung (input, output);
type
    Signal = record
    Name: char;
    Adresse:   integer;
    Grenzwert: integer;
    Nachricht: char;
    end;
var Systemstatus; boolean;
    Rauchalarm:   signal;
    Feueralarm:   signal;
    Wasseralarm: signal;
    Tempalarm: signal;
    Einbruchalarm: signal;
    Telefonnr definiert als Vorwahlnummer + 7-stellige Nummer;
    ...
initialisiere alle System-Ports und versetze die Hardware
in den Grundzustand;
case of Bedienungsfeldschalter (BFS):
    when BFS = "Test" select
        schalte Alarmsignal "ein" für Testzeit in Sekunden;
    when BFS = "Alarm-aus" select DeaktiviereAlarm;
    when BFS = "Neue Grenz Temp" select KeypadInput;
    when BFS = "Einbruchalarm aus" select Deaktiviere-
        Signal [Einbruchalarm];
        ...
    default: keine;
endcase
repeat until Aktivierungsschalter ist ausgestellt
    reset alle Signalwerte und Schalterstellungen;
    do for alarmtype = Rauch,Feuer,Wasser,Temp,Einbruch;
        read Adresse [Alarmtyp] Signalwert;
        if Signalwert > Grenze [Alarmtyp]
            then Telefonnachricht = Nachricht [Alarmtyp];
            set Alarmsignal auf "ein" für Alarmzeit Sekunden;
            FühreTelefongespräch(Nachricht[Alarmtyp],
                                                Telefonnr)
            else überspringe
        endif
    endfor
endrep
end SicherheitsÜberwachung
```

Bitte beachten Sie, daß der Entwickler der Prozedur Sicherheits-Überwachung auf einige andere Prozeduren (z.B. Deaktiviere

Alarm, TastaturInput) verweist, die an anderer Stelle des Prozedurentwurfs definiert werden müßten.

Entwickeln Sie eine vorläufige Teststrategie, um Daten- und Programmstruktur miteinander in Einklang zu bringen

Eine Teststrategie (in Kapitel 6 beschrieben) gibt uns Richtlinien für die Konstruktion und das Testen des Programms. Mit dem Testen haben wir uns zum ersten Mal während der Problemanalyse befaßt, als wir allgemeine Kriterien zur Software-Validierung aufstellten. Nun können wir gezielter vorgehen, um uns zu vergewissern, daß diese Kriterien erfüllt worden sind. In Kapitel 6 werden die Teststrategien ausführlich erörtert.

Fügen Sie alles zu einem *Entwurfs-Dokument* zusammen

Wir haben nun drei komplementäre Darstellungen erarbeitet: Datenentwurf, Architekturentwurf und Prozedurentwurf. Diese müssen so dokumentiert werden, daß sie (1) es uns ermöglichen, Reviews durchzuführen, um das Design auf seine technische Korrektheit zu überprüfen; (2) als Richtlinie für die Implementierung dienen und (3) denjenigen, die die Software warten werden, die notwendigen Informationen verschaffen. Das *Entwurfs-Dokument* dient uns als Schablone für die Erfüllung jedes dieser Ziele. Jeder Abschnitt des *Entwurfs-Dokuments* besteht aus numerierten Paragraphen, die verschiedene Aspekte der Entwurfsdarstellung umfassen.

Software-Entwurfs-Dokument

1.0 Anwendungsbereich
    1.1 Systemzwecke
    1.2 Hardware, Software und Dialogschnittstellen
    1.3 Wesentliche Software-Funktionen
    1.4 extern definierte Datenbank
    1.5 wesentliche Entwurfs-Randbedingungen, Beschränkungen,
2.0 Referenz-Dokumente
    2.1 existierende Software-Dokumentation
    2.2 Systemdokumentation
    2.3 Anbieter(Hardware- oder Software)-Dokumente
    2.4 technische Referenz

3.0 Entwurfs-Beschreibung
   3.1 Datenbeschreibung
      3.1.1 Review des Datenflusses
      3.1.2 Review der Datenstruktur
   3.2 erarbeitete Programmstruktur
   3.3 Schnittstellen innerhalb der Struktur
4.0 Module
Für jedes Modul:
4.1 Verarbeitungsbericht
4.2 Schnittstellen-Beschreibung
4.3 Entwurfssprachen- (oder andere) Beschreibung
   4.4 Benutzte Module
   4.5 Datenorganisation
   4.6 Bemerkungen
5.0 File-Struktur und Globale Daten
   5.1 externe File-Struktur
      5.1.1 logische Struktur
      5.1.2 logische Record-Beschreibung
      5.1.3 Zugriffsmethode
   5.2 globale Daten
   5.3 File- und Datei-Cross-Referenz
6.0 Anforderungen Cross-Referenz
7.0 Test-Anleitungen
   7.1 Test-Richtlinien
   7.2 Integrationsstrategie
   7.3 besondere Überlegungen
8.0 Besondere Anmerkungen
9.0 Anhang

Die Dokumentations-Skizze stellt eine vollständige Entwurfs-Beschreibung der Software dar. Die numerierten Abschnitte des *Entwurfs-Dokuments* werden vervollständigt, wenn der Entwickler seine Beschreibung der Software verfeinert.

Der allgemeine Anwendungsbereich des zu entwickelnden Projekts ist in Abschnitt 1.0 beschrieben. Ein großer Teil der in diesem Abschnitt enthaltenen Information wurde aus der (in Kapitel 3 beschriebenen) *Software-Spezifikation* gewonnen. Verweise auf unterstützende Dokumentation sind in Abschnitt 2.0 enthalten.

Abschnitt 3.0, die Entwurfs-Beschreibung, wird als Teil des Architekturentwurfs vervollständigt. Wir haben bereits bemerkt, daß der Entwurf von der Information bestimmt wird – d.h., der Fluß und/oder die Struktur der Daten bestimmen die Architektur der Software. In diesem Abschnitt werden die Datenflußdiagramme oder andere Datendarstellungen, die während der Problemanalyse entwickelt wurden, verfeinert; aus ihnen werden dann die Daten- und Programmstrukturen hergeleitet. Da Datenflußdiagramme verfügbar sind, können Schnittstellen-Beschreibungen für Software-Module entwickelt werden.

Die Abschnitte 4.0 und 5.0 werden weiter ausgearbeitet, wenn der vorläufige Entwurf zu einem detaillierten Entwurf fortschreitet. Module – getrennt adressierbare Komponenten der Software wie Subroutinen, Funktionen oder Prozeduren – werden zuerst durch eine Ablaufbeschreibung in natürlicher Sprache beschrieben. Die Ablaufbeschreibung erläutert die Funktion eines Moduls. Diese Beschreibung wird später mit Hilfe der PDL in eine strukturierte Prozedurbeschreibung übersetzt.

Abschnitt 5.0 enthält eine Beschreibung der Datenorganisation. Im Rahmen des vorläufigen Entwurfs werden File-Strukturen beschrieben, die in sekundären Speichermedien abgelegt werden; globale Daten werden zugeordnet (wenn es keine Alternativen zu ihrer Verwendung gibt), und eine Cross-Referenz, die einzelne Module mit Files oder globalen Daten verknüpft, wird erstellt.

Abschnitt 6.0 des *Entwurfs-Dokuments* enthält eine Cross-Referenz-Matrix der Anforderungen. Diese Matrix erfüllt zwei Zwecke: (1) nachzuweisen, daß alle in der *Software-Spezifikation* beschriebenen Anforderungen im Software-Entwurf berücksichtigt wurden und (2) aufzuzeigen, welche Module für die Implementierung bestimmter Anforderungen entscheidend sind.

Abschnitt 7.0 des *Entwurfs-Dokuments* enthält die erste Phase der Entwicklung einer Testdokumentation. Nachdem die Software-Architektur und die Schnittstellen festgelegt wurden, können wir Richtlinien für das Testen einzelner Module und die Integration des gesamten Pakets aufstellen. In einigen Fällen wird parallel zum Entwurf auch das Testverfahren detailliert spezifiziert. In solchen Fällen kann dieser Abschnitt aus dem *Entwurfs-Dokument* gestrichen und in die Test-Dokumentation aufgenommen werden.

Die Abschnitte 8.0 und 9.0 des *Entwurfs-Dokuments* enthalten ergänzende Daten. Algorithmus-Beschreibungen, alternative Prozeduren, tabellarische Daten, Auszüge aus anderen Dokumenten und andere relevante Informationen werden als besondere Anmerkungen oder als separater Anhang dargestellt. Es könnte auch ratsam sein, ein *Vorläufiges Bedienungs-/Installations-Handbuch* zu entwickeln und es dem *Entwurfs-Dokument* als Anhang beizufügen.

Überprüfen Sie das *Entwurfs-Dokument* auf Übereinstimmung mit den Software-Anforderungen und auf technische Qualität

Reviews des Software-Entwurfs richten sich auf Datenstruktur, Programmstruktur und Steuerfluß. Im allgemeinen werden zwei Typen von Entwurfs-Reviews durchgeführt. Das *vorläufige Ent-*

wurfs-Review beurteilt die Umsetzung der Anforderungen in den Entwurf und konzentriert sich auf die Software-Architektur. Das zweite Review, oft als *Entwurfs-Walkthrough* bezeichnet, richtet sich auf die prozedurale Korrektheit der Algorithmen, die innerhalb von Programm-Modulen implementiert sind. Die folgenden Checklisten sind eine Hilfe für jedes Review:

Vorläufiges Entwurfs-Review

1. Finden die Software-Anforderungen ihren Niederschlag in der Software-Architektur?
2. Wurde effektive Modularität erreicht? Sind die Module funktionell unabhängig?
3. Beruht die Programmarchitektur auf einer sinnvollen Gliederung?
4. Wurden Modul-Schnittstellen definiert, und sind die externen Systemelemente adäquat und konsistent?
5. Sind die Datenstrukturen mit dem Informationsbereich vereinbar?
6. Sind die Datenstrukturen mit den Software-Anforderungen vereinbar?
7. Wurde die Wartbarkeit berücksichtigt?

Entwurfs-Walkthrough

1. Führt der für ein gegebenes Modul implementierte Algorithmus die gewünschte Modul-Funktion aus?
2. Ist der Algorithmus logisch korrekt?
3. Ist die Modul-Schnittstelle mit dem Architekturentwurf vereinbar?
4. Ist die logische Komplexität des Moduls nachvollziehbar?
5. Wurden Fehlerbehandlung und Fehlerkorrektur spezifiziert?
6. Wurde die lokale Datenstruktur adäquat definiert?
7. Wurden durchweg Konstrukte der Strukturierten Programmierung verwendet?
8. Eignen sich die Einzelheiten des Entwurfs für die Programmiersprache, die zur Implementierung benutzt werden soll?
9. Bestehen vom Betriebssystem oder der Programmiersprache abhängige Besonderheiten?
10. Wurden verschachtelte oder inverse logische Ausdrücke im Übermaß benutzt?
11. Wurde die Wartbarkeit berücksichtigt?

Der Entwurf ist der Grundstein des erfolgreichen Software Engineering, und Reviews sind für das Gelingen des Entwurfs unentbehrlich. Eine ausführlichere Erörterung von Software-Reviews ist in Anhang B zu finden.

Was das für Sie bedeutet

Würden Sie versuchen, ein Haus ohne Baupläne zu errichten? Würden Sie eine Brücke betreten, die ohne Berücksichtigung anerkannter Qualitätskriterien konstruiert wurde? Würden Sie ein Auto kaufen, das ohne einen Gesamt-Produktionsplan „zusammengenietet" wurde? Selbstverständlich nicht! Trotzdem versuchen viele Menschen, Computerprogramme „ohne Blaupausen" zu konstruieren, ohne Rücksicht auf Qualitätskriterien, ohne Produktionsplan – ohne *Entwurf*.

In diesem Kapitel haben Sie gesehen, daß der Entwurf eines Programms große Ähnlichkeit mit den Entwurf eines Hauses hat. Zuerst müssen die Anforderungen (wie viele Schlafzimmer, Bäder etc.?) definiert werden. Als nächstes wird ein Architekturmodell erstellt. Zum Schluß werden detaillierte Entwurfs-Skizzen entwickelt. Software sollten Sie mit der gleichen Methode erstellen. Zuerst klären und verfeinern Sie die Anforderungen. Als nächstes erstellen Sie ein Architekturmodell (für Daten und Programm). Und zum Schluß entwickeln Sie einen detaillierten Prozedurentwurf.

Der Software-Entwurf ist der technische Kern des Software Engineering. Ohne Entwurf werden Sie Schwierigkeiten haben, die Anforderungen eines Kunden in funktionsfähige Software umzusetzen; Sie werden sich in bezug auf die Qualität des von Ihnen konstruierten Programms nicht sicher sein, und Sie werden sich abmühen, um alles miteinander zu vereinbaren. Mit einem Entwurf dagegen werden Sie qualitativ hochwertige Software erstellen, die ingenieurmäßig konstruiert wurde, damit sie den Anforderungen des Kunden entspricht.

Weiterführende Lektüre

Freeman, P., und A. Wasserman, *Software Design Techniques*, 4. Auflage, IEEE Computer Society, 1985.

Kruse, R.L., *Data Structures and Program Design*, Prentice-Hall, 1984.

Martin, J., und C.McClure, *Diagramming Techniques for Analysts and Programmers*, Prentice-Hall, 1985.

Mills, H., R. Linger und B. Witt, *Structured Programming*, Addison-Wesley, 1979.

Peters, L., *Software Design: Methods and Techniques*, Yourdon Press, 1981.

Pressman, R.S., *Software Engineering: A Practitioner's Approach*, McGraw-Hill, 2. Auflage 1987.

Yourdon, E., und L. Constantine, *Structured Design*, Yourdon Press, 1979.

Aufgaben und Probleme zum Nachdenken

4.1 Daten, Architektur- und Prozedur-Entwurf sind eine Grundlage des Software Engineering. Gibt es Analogien zu diesen Entwurfs-Aktivitäten in der Hardware-Welt? Falls ja, welche?

4.2 Die Programm-Struktur-Notation in Abb. 4.1 enthält keine Information, um folgende Fragen zu beantworten: In welcher Reihenfolge ruft Modul M die Module a, b und c auf? Unter welchen Bedingungen werden a, b und c aufgerufen? Wie oft werden a, b und c aufgerufen? Wo könnten wir die Antworten auf diese Fragen finden?

4.3 Sie werden gebeten, ein „Scheckheft"-Programm für einen Personal Computer zu entwickeln. Erarbeiten Sie eine Beschreibung des Software-Anwendungsbereichs, bestimmen Sie Objekte und Operationen, definieren Sie DFDs und schlagen Sie Datenstrukturen vor, die für diese Applikation zweckmäßig sein könnten.

4.4 Entwickeln Sie einen Architektur-Entwurf für das in Aufgabe 4.3 erwähnte Scheckheft-Programm.

4.5 Benutzen Sie Techniken der schrittweisen Verfeinerung, um für das Scheckheft-Programm aus Aufgabe 4.3 einen Prozedurentwurf zu entwickeln. Die erste Verfeinerung (Abstraktion 0) könnte sein: Halte alle Scheckheft-Informationen fest und führe alle Scheckheft-Operationen aus.

4.6 Beschreiben Sie das Geheimnisprinzip mit eigenen Worten und erläutern Sie, in welcher Beziehung es zum Konzept der funktionalen Unabhängigkeit steht.

4.7 Setzen Sie die Verfeinerung der Applikationen aus Aufgabe 3.1 (Kapitel 3) fort und entwickeln Sie für eines der Systeme einen Datenentwurf, einen Architekturentwurf und einen Prozedurentwurf.

4.8 Benutzen Sie die in diesem Kapitel beschriebene Normalisierungstechnik und entwickeln Sie einen Satz vereinfachter Datenstrukturen für das Bestell-Verarbeitungs-System einer Holzhandlung:

Die Software zur Verarbeitung von Bestellungen erzeugt eine Rechnung, die Information über den Kunden und über die bestellten Produkte enthält. Zur Information über den Kunden gehören Rechnungsnummer, Name, Rechnungsanschrift, Lieferanschrift, Bestell-Nummer, Projektbezeichnung, Gesamtbetrag der Bestellung in DM, Kundenrabatt, gegenwärtiger Saldo und fällige Rechnungen. Die Information über die bestellten Produkte umfaßt Produkt-Nummer, Menge, Bezeichnung, Produkt-Rabatt, Stückpreis, Gesamtpreis, Steuern, Lieferdatum und Gesamtmenge noch ausstehender Lieferungen.

4.9 Bestellungen für die Holzhandel-Applikation werden über Bildschirm eingegeben. Stellen Sie Ihren eigenen Satz von Anforderungen auf, entwickeln Sie ein Flußmodell und erarbeiten Sie mit Hilfe der in diesem Kapitel beschriebenen Abbildungs-Methoden eine Programmstruktur.

4.10 Erarbeiten Sie mit Hilfe einer Transaktions-Abbildung eine Programmstruktur, die mit dem unten abgebildeten DFD korrespondiert. Beachten Sie dabei, daß dieses DFD mehrere Subflüsse enthält (die mit 1, 2 und 3 bezeichneten Bereiche), die andere Transformations- und Transaktionsflüsse haben. Ihre Abbildung sollte in einer Eins-zu-eins-Entsprechung zwischen Funktionen im DFD und Modulen in der Programmstruktur resultieren. Wichtig: Sie werden zusätzliche Steuermodule hinzufügen müssen. Diese sollten mit X_i bezeichnet werden.

4.11 Weshalb bemühen wir uns beim Entwurf darum, die Software-Architektur aufzuschlüsseln? Welche Vorteile hat dieser Ansatz?

4.12 Stellen Sie die Konstrukte der Strukturierten Programmierung in der Programmiersprache dar, die Sie in Ihrer Praxis benutzen. Wenn Sie noch andere Sprachen kennen, stellen Sie die Konstrukte auch in diesen Sprachen dar.

4.13 Wie nah am Code sollte die PDL sein? Ist es notwendig, die Antwort zu differenzieren?

4.14 Entwickeln Sie einen Prozedurentwurf für eine oder mehrere der folgenden Anwendungen und benutzen Sie dabei die in diesem Buch beschriebene PDL:

a. Ein Modul, das eine einfache numerische Integration für eine Funktion $f(x)$ für die Werte $a \leq x \leq b$ ausführt.

b. Ein Modul, das zählt, wie oft ein bestimmtes Wort in einem Abschnitt oder Text vorkommt.

c. Ein Modul, das einzelne Wörter in einer Textdatei isoliert, jedes Wort mit einer vorhandenen Liste von Schlüsselwörtern vergleicht und sämtliche „Treffer" auf der Liste festhält.

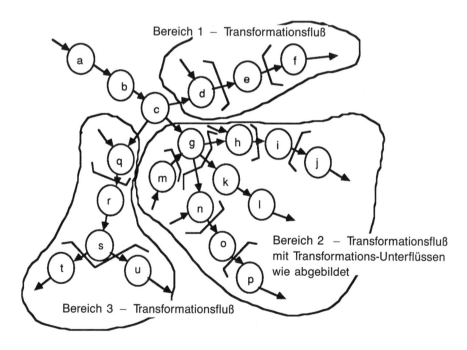

Abb. für Aufgabe 4.10

Kapitel 5
Codieren des Programms

Ebensowenig, wie wir mit den technischen Zeichnungen eines Automobils fahren oder in den Bauplänen für ein Haus wohnen können, können wir das *Entwurfsdokument* für die Software von einem Computer „ausführen" lassen. Ein Auto oder ein Haus wird mit Hilfe sehr vieler Spezialwerkzeuge aus Rohmaterialien und vorgefertigten Komponenten gebaut. Menschen sind in den Produktionsprozeß zwar einbezogen, aber ihr Anteil an diesem Prozeß hat sich im Laufe der Zeit drastisch verringert. Es werden weniger Einzelteile benötigt, und einige wurden durch anderweitig vorgefertigte Komponenten oder Module ersetzt. Das Ergebnis ist ein „Konstruktionsprozeß", der weniger Zeit in Anspruch nimmt und oft Produkte höherer Qualität hervorbringt.

Die „Herstellung" eines Computerprogramms läuft wesentlich anders ab. Obwohl sich in einigen begrenzten Bereichen Automatisierungen durchgesetzt haben und einige wiederverwendbare Komponenten entwickelt wurden, ist das *Codieren* weiterhin eine Aufgabe, für die der Mensch unentbehrlich ist. Nur Menschen verfügen über die Kreativität, die für die Erarbeitung eines Software-Entwurfs notwendig ist. Zu den Rohmaterialien, die benötigt werden, um ein Programm zu entwickeln, gehört die Programmiersprache, mit deren Hilfe der Entwurf in ein lauffähiges Programm übersetzt wird. Die Werkzeuge, die wir benutzen, sind die Programmiersprachen-Compiler, die die Übersetzung erzeugen, und eine Vielzahl von Editoren, Debuggern und anderen codeorientierten Hilfsmitteln.

Im Rahmen des Software Engineering kann man das Programmieren als eine natürliche Fortsetzung des Software-Entwurfs betrachten. In der Entwurfsphase erarbeiten wir Beschreibungen aller wichtigen Aspekte eines Computer-Programms: Datenstruktur, Programmstruktur und Prozedurdetails. Beim Codieren werden diese Entwurfs-Merkmale in einer gegebenen Programmiersprache implementiert. Genaugenommen kann man behaupten, daß das Codieren (Implementieren) eigentlich eine eher mechanisch ablaufende Fortsetzung des Entwerfens ist, die relativ wenig Kreativität voraussetzt. Der eigentlich kreative Prozeß findet während der Analyse, des Entwurfs und (scheinbar überraschend) während des Testens statt.

In diesem Kapitel untersuchen wir die für die Implementierung eines Programms notwendigen Arbeitsschritte. Wir setzen voraus, daß ein Entwurf erstellt und auf Korrektheit überprüft wurde. Ohne Entwurf zu codieren wäre das gleiche, wie ein Haus ohne Baupläne zu bauen. Zum Schluß hätte man wahrscheinlich zwar alle Einzelteile konstruiert, aber ob sie tatsächlich zusammenpassen, ob sie als Ganzes gebrauchsfähig sind und ob sie den Endbenutzer zufriedenstellen, wäre fraglich.

Benutzen Sie das *Entwurfsdokument* als Leitfaden

Jedes der drei Entwurfs-Elemente – Datenentwurf, Architekturentwurf und Prozedurentwurf – kommt während des Codierens ins Spiel. Deshalb ist das Entwurfsdokument ein unschätzbarer Leitfaden bei der Implementierung eines Programms. Weil sich das Codieren auf Details der Modulebene richtet, ist die wichtigste Informationsquelle der Prozedurentwurf für jedes Modul. Eine Beschreibung der lokalen (wie auch der globalen) Datenstrukturen und der Dateien ist jedoch ebenfalls für die Implementierung unerläßlich. Zusätzlich dient die Programmarchitektur dazu, geeignete Schnittstellen zwischen den Modulen einzurichten und die Steuerverbindungen durch die gesamte modulare Hierarchie hindurch zu validieren.

Legen Sie anhand der Programmstruktur fest, in welcher Reihenfolge die Module codiert werden

Die Reihenfolge, in der Module codiert werden, wirkt sich darauf aus, wie das Programm konstruiert (integriert) wird und wie schnell lauffähige Programmfunktionen demonstriert werden können. Im allgemeinen wenden wir beim Codieren die Strategie an, zuerst einen *vertikalen Zweig* der Programmstruktur zu implementieren. Ein vertikaler Zweig der Programmstruktur umfaßt das Hauptprogramm, ein diesem direkt untergeordnetes Modul und alle Module, die dem direkt untergeordneten Modul untergeordnet sind. Die Module M, A, E und G in der Abbildung 5.1 bilden solch einen vertikalen Zweig einer Programmstruktur. Dazu sollte angemerkt werden, daß alle PDL- und/oder Code-Segmente der Programmstruktur in Abbildung 5.1 auf Prozeduren wie etwa *procX* verweisen, wobei X der entsprechende Modulname in der Abbildung ist. G würde also als *procG* referenziert werden.

In der Entwurfsphase (Kapitel 4) haben wir versucht, eine *Gliederung der Funktionsstruktur* zu entwickeln, in der Steuer-Module auf hohen Ebenen der Programmstruktur existieren und die unteren Ebenen „Arbeiter"-Module umfassen. Beim Implementieren ermöglicht uns die Zweigstrategie, eine wichtige Programmfunktion relativ früh zu codieren und dann zu testen. Dieses Vorgehen bestätigt den Software-Ingenieur in seiner Arbeit, und der Kunde hat die Möglichkeit, wenigstens einen Teil des Programms in Funktion zu sehen.

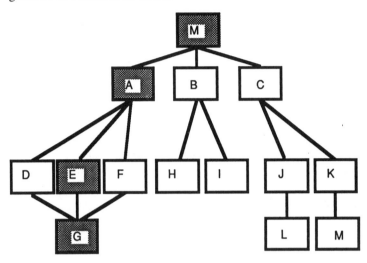

Abb. 5.1 Zweig-Strategie des Codierens

Wo aber beginnen wir mit dem Codieren? Sollen wir zuerst das Haupt-Modul oder besser die Module einer niedrigeren Ebene, die mit Ein-/Ausgabeoperationen und Berechnungen verbunden sind, codieren? Bevor man ernsthaft mit dem Codieren beginnt, ist es oft der Mühe wert, eine „Skizze" des Programms zu entwerfen, die die Programmstruktur widerspiegelt. Eine „Skizze" für das Programm in Abbildung 5.1 könnte beispielsweise so aussehen:

Beginn der Modul-Codierung

```
program procM;
{Deklaration globaler Variablen und Datenstrukturen}
    procedure procA;
    {Deklaration der Daten für procA}
    begin
        procD;
        procE;
        procF;
    end;
    procedure procB;
    {Deklaration der Daten für procB}
    begin
        procH;
        procI;
    end;
```

```
            procedure procC;
            {Deklaration der Daten für procC}
            begin
                procJ;
                procK;
            end;
            {Entsprechende Definitionsskizzen folgen für die Module
            D, E, F, G, H, I, J, K, L und M}
            begin {progM}
                procA;
                procB;
                procC;
            end. {progM}
```

Diese Skizze kann dann „ausgefüllt" werden, indem man sie um Anweisungen der Programmiersprache ergänzt, die alle wichtigen logischen Operationen, Berechnungen, Ausgaben und Eingaben implementieren, die während des Software-Entwurfs spezifiziert wurden.

Codieren Sie zuerst die Module, die sich auf einer niedrigen Ebene der Programmstruktur befinden

In der Programmiersprache zunächst eine „Skizze" in der oben beschriebenen Form anzufertigen, kommt einer natürlichen Neigung entgegen, mit dem Codieren auf der obersten Stufe der Programm-Hierarchie zu beginnen (also zuerst das Haupt-programm zu codieren). Nachdem wir unsere Skizze erstellt haben, ist es jedoch oftmals besser, zuerst die Module der unteren Ebenen zu codieren. Module der unteren Ebenen leisten die grundlegenden Ein-/Ausgabeoperationen oder den rechnerischen Kern des Programms, also die Verarbeitungsaufgaben (denken Sie an die Gliederung); deshalb lassen sie sich viel einfacher für sich allein testen (zum Testen von Modulen s. Kapitel 6).

Bei der in Abb. 5.1 dargestellten Programmstruktur und „zweigweisen" Implementierungsstrategie könnte G das zuerst zu codierende Modul sein. G ist mit großer Wahrscheinlichkeit ein Eingabemodul (es befindet sich auf dem Eingabezweig einer Transformationsstruktur). Beginnend mit einer Modulskizze der Form

```
            procedure procG;
                {Deklaration der Daten für procG}
                begin
                    {Verarbeitungsanweisungen}
                end;
```

würden alle lokalen Initialisierungs- und Eingabeanweisungen zusammen mit allen Fallabfragen und/oder Schleifen, die zur Implementierung der für *procG* spezifizierten Eingabefunktion erforderlich sind, implementiert. Danach benutzen wir eine PDL-Beschreibung von G als Leitfaden, um die Modulskizze „auszufüllen".

Um diesen Prozeß zu verdeutlichen, nehmen wir einmal an, daß eine der folgenden PDL-Beschreibungen für *procG* erstellt wurde:

Version 1. *procG* wird in PDL auf einer ziemlich hohen Abstraktionsebene beschrieben. Eine Darstellung auf dieser Ebene ist sinnvoll, wenn (1) die Modullogik ziemlich unkompliziert ist und (2) der Modul-Entwickler das Modul selbst codiert.

```
procedure procG;
  {Deklaration der Daten für procG}
  begin
      Definition eines Array, das bis zu 10
      Parameterwerte aufnimmt;
      Frage an den Benutzer nach Einheitensystem und Anzahl
      der einzugebenden Parameter;
      geeignete Fehlerüberprüfung für diese Eingaben;
      Lesen der Parameterwerte bis zum Erreichen der
      Eingabeanzahl;
   end;
```

Version 2. *procG* wird in PDL auf einer niedrigeren Abstraktionsebene beschrieben. Eine Darstellung auf dieser Ebene ist sinnvoll, wenn (1) die Modullogik komplexer ist oder (2) jemand anders als der Entwickler den Code schreiben wird. Diese PDL-Beschreibung sähe so aus:

```
procedure procG(Einheitentyp, Zahleingabe, Parameterwert);
type Zahleingabe,Eingabezähler,Einheitentyp:integer;
type Parameterwert:real array [1..10];
    FRAGE "Welchen Einheitentyp benutzen Sie" 1=englisch, 2=metrisch";
    ANTWORT Einheitentyp 1, 2;
    prüfe ANTWORT auf Korrektheit, gib event. eine
    passende Fehlermeldung aus;
    FRAGE "Wie viele Parameter wollen Sie eingeben?";
    ANTWORT nach Zahleingabe schreiben, 0<Zahleingabe<10;
    prüfe ANTWORT auf Korrektheit, gib event. eine
    passende Fehlermeldung aus;
    Eingabezähler=0;
    do while (Zahleingabe > Eingabezähler)
        inkrementiere Eingabezähler;
    FRAGE "Gib Parameter ein";
    ANTWORT Parameterwert[Eingabezähler];
    enddo
end procG;
```

Der Code wird auf der Grundlage des Prozedurentwurfs erstellt. Deshalb ist es einleuchtend, daß der Prozeß des Codierens um so mechanischer abläuft, je niedriger die Abstraktionsebene der PDL-Darstellung ist. Eine Wiedergabe von *procG* in Pascal sieht so aus:

```
procedure procG (var einheitentyp,zahleingabe:integer;
          var parameterwert:array[1..10] of real);
    {Ein Modulvorspann (der weiter unten besprochen wird)
    folgt an dieser Stelle}
var eingabezaehler:integer; fehlerflag:boolean;
begin
  fehlerflag:=true;
  writeln('Welche Einheiten benutzen Sie für die
        Parametereingabe?');
  while fehlerflag do
    begin
      writeln('Geben Sie 1 für Englisch oder 2 für metrisch ein.');
      readln(einheitentyp);
      if (einheitentyp < 1) or (einheitentyp > 2)
{Fehlertest}
        then begin
            fehlerflag:=true;
            writeln('FEHLER -- Sie müssen entweder 1 oder
                2 eingeben, um die Einheit, die Sie
                benutzen wollen, zu indizieren.');
            writeln('Bitte versuchen Sie es noch einmal.');
          end
        else fehlerflag:=false;
    end;
  fehlerflag:=true;
  writeln('Wie viele Werte wollen Sie für die Parame-
  ter eingeben?');
  while fehler flag do
    begin
      writeln('Geben Sie eine ganze Zahl zwischen 1 und 10 ein');
      readln(zahleingabe);
      if (zahleingabe < 1) or (zahleingabe > 10)
{Fehlertest}
        then begin
            fehlerflag:=true;
            writeln('FEHLER -- Sie müssen eine ganze Zahl
                zwischen 1 und 10 eingeben');
            writeln('Bitte versuchen Sie es noch einmal.');
          end
        else fehlerflag:=false;
    end;
  eingabezaehler:=0;
  while zahleingabe >= eingabezaehler do
```

```
    begin
        eingabezaehler:=eingabezaehler+1;
        writeln('Geben Sie einen Parameterwert
            (Fließkommazahl) ein');
        readln(parameterwert[eingabezaehler]);
    end;
end;
```

Die Pascal-Prozedur *procG* ist eine mechanische Umwandlung des oben beschriebenen Prozedurentwurfs. Obwohl der Entwurf keine Fehlerbehandlungsroutine vorsah, ist es naheliegend, daß ein solches Modul (nennen wir es *Eingabeüberprüfung*) in *procG* von großem Nutzen ist. Daß man beim Codieren solche Einsichten gewinnt, ist durchaus nicht ungewöhnlich. Nach einem Review, um sicherzugehen, daß *Eingabeüberprüfung* keine unvorhergesehenen Nebeneffekte erzeugt, wird die Entwurfsdokumentation (Programmstrukturplan und -beschreibung) ergänzt, um die Veränderung zu dokumentieren, und das Modul *procG* wird noch einmal codiert, um das Fehlerbehandlungsmodul aufzunehmen.

Erstellen Sie den Code für die globalen Datenstrukturen

Obwohl der Gebrauch globaler Datenstrukturen vermieden werden sollte (weil sie das Ausmaß der Kopplung in einem Programm steigern), gibt es Fälle, in denen globale Daten die einzige wirksame Möglichkeit sind, Information zu verschiedenen Modulen zu leiten. Wenn man globale Daten benutzt, sollte man den Code für ihre Implementierung frühzeitig erstellen. So bekommt die Implementierung jedes Programm-Moduls, das auf die globalen Daten zugreift (wobei es sich hoffentlich um eine begrenzte Anzahl handelt!), eine eindeutig definierte Datengrundlage. Für gewöhnlich auftretende Schnittstellenfehler lassen sich so höchstwahrscheinlich vermindern.

Wenn wir mit dem Codieren der globalen Daten beginnen, schauen wir uns zuerst einmal die (weiter oben erörterte) ursprüngliche Programm-„Skizze" an und fügen den Code hinzu, der alle globalen Datenstrukturen deklariert. Nehmen wir beispielsweise an, daß *progM* (in Abb. 5.1) eine CAD-Applikation ist, die die in Kapitel 4 beschriebene Datenstruktur **Zeichnung** beinhaltet. Wir gehen ferner davon aus, daß Zeichnung für alle Module im Programm M global verfügbar sein muß. Wir nehmen nun die PDL-

Beschreibung aus Kapitel 4 als Richtlinie und implementieren die globalen Daten in Pascal. Zurück zur „Skizze" für *progM*:

```
program progM;
  {Programm-Vorspann}
  type
    Linienwahl=(fein, fett, unterbrochen, punktiert, doppelt,
                unsichtbar);
    Teilcodes=(ma,mb,mc,md,ca,cb,cc,cd,xx,yy,zz);
    StücklisteKnotenZeiger=^integer;
    number:integer;
    line=record
          XKoordStart:real;
          YKoordStart:real;
          XKoordEnde:real;
          YKoordEnde:real;
          Linientyp:Linienwahl;
        end;
    {...hier folgen andere geometrische Komponenten...}
    StücklisteKnoten=record
              KnotenNr:integer;
              Beschreibung:char;
              TeilNr1:Teilcodes;
              TeilNr2:integer;
              NaechsterKnotenZeiger:^integer;
            end;
  procedure procA;
    {Datendeklaration für procA}
    begin
      procD;
      procE;
    {... die Skizze für progM wird fortgesetzt...}
  end. {progM}
```

Rufen Sie sich ins Gedächtnis, daß der Gebrauch globaler Daten die funktionale Unabhängigkeit verringert, weil alle Module eines Systems durch eine Datenstruktur gekoppelt sind. Deshalb sollte der Gebrauch globaler Daten, in welcher Programmiersprache auch immer, auf die Fälle beschränkt bleiben, in denen keine andere Möglichkeit besteht.

Wenn man eine blockstrukturierte Programmiersprache (wie z.B. Pascal) verwendet, kann der Geltungsbereich einer Datenstruktur dadurch begrenzt werden, daß man Module in entsprechenden Blöcken organisiert. In älteren Programmiersprachen wie etwa FORTRAN läßt sich der Geltungsbereich globaler Daten dadurch begrenzen, daß man sie als COMMON vereinbart.

Oft ist es sinnvoll, für die globalen Daten eine Cross-Referenz-Matrix zu erstellen, die alle globalen Datenstrukturen und die auf sie zugreifenden Module enthält. Eigentlich sollte die Cross-Referenz-Matrix in der Phase des Datenentwurfs entwickelt werden. Man kann sie jedoch auch während des Codierens anlegen.

Überprüfen Sie die lokalen Datenstrukturen und entscheiden Sie, wie diese mit Programmiersprachenkonstrukten implementiert werden können

Jede Programmiersprache hat ihre eigenen Konstrukte zur Beschreibung von Datenstrukturen. Einige Sprachen (wie etwa Pascal) verfügen über einen reichen Vorrat von Konstrukten, die es ermöglichen, daß eine große Vielfalt von Datenstrukturen (z.B. Aufzählungstypen, verkettete Listen, Arrays, Records) direkt implementiert werden können. Andere Programmiersprachen (z.B. FORTRAN) haben begrenztere Möglichkeiten der Datendeklaration und verlangen dem Programmierer mehr Findigkeit (und oft auch eine größere Frustrationstoleranz) ab, wenn im Entwurf Datenstrukturen spezifiziert wurden, die von der Sprache nicht unterstützt werden.

So, wie wir zu Beginn des Entwurfsprozesses über den Datenentwurf nachdachten, beginnen wir den Codierungsprozeß, indem wir uns auf die vom Programm zu verarbeitenden Datenstrukturen konzentrieren. Wir haben bereits festgestellt, daß die für die meisten Module benötigten inneren Datenstrukturen relativ einfach sind (z.B. skalare Variablen und einfache Arrays). In anderen Fällen können jedoch sowohl die internen als auch die globalen Datenstrukturen relativ komplex sein (z.B. heterogene Datenstrukturen wie der RECORD-Typ in Pascal, der weiter oben für **Zeichnung** benutzt wurde) und deshalb die Übertragung des Entwurfs in den Code zu einer recht schwierigen Aufgabe machen.

Die Namens-Konventionen für lokale Daten werden von der benutzten Programmiersprache diktiert. Eine lokale Datenstruktur ist per definitionem lokal definiert und hat nur im Bereich eines bestimmten Moduls Gültigkeit. Deshalb gestatten die meisten Programmiersprachen (z.B. Pascal und FORTRAN), daß lokale Variablen mit den gleichen Namen bezeichnet werden wie Variablen außerhalb des Modulbereichs. Verwirrend wird es, wenn der gleiche Bezeichner in zwei verschiedenen Modulen benutzt wird und auf ganz verschiedene Daten verweist.

Zum Beispiel wurde in einer technischen Applikation in Pascal die folgende Deklaration innerhalb der Prozedur *TempBerechnung* vorgenommen:

```
type Vektor = array [1..100] of real;
var  TempDaten: Vektor;
```

Der Bezeichner `TempDaten` könnte in diesem Fall in einem Modul verwendet werden, das auf der Grundlage von Wandler-Eingaben Motorentemperaturen berechnet. In einem anderen Modul desselben Programmes, *ModifiziereTemp*, wurde `TempDaten` so deklariert:

```
type KleinVektor = array [1..10] of real;
var  TempDaten: KleinVektor;
```

In diesem Fall dient `TempDaten` jedoch dazu, Zwischenberechnungen für nachfolgende Temperaturverarbeitungen im Modul abzuspeichern. Obwohl beide Versionen von `TempDaten` in ihren jeweiligen Modulen als lokal gelten, kann der Gebrauch desselben Bezeichners verwirrend sein. Wenn kein zwingender Grund vorliegt, sollten Sie es deshalb vermeiden, den gleichen Bezeichner zur Repräsentation verschiedener Daten zu verwenden.

Definieren Sie alle Dateien unter Berücksichtigung der Programmiersprachen-Konventionen

Eine Datei ist nichts anderes als eine externe Datenstruktur; deshalb gilt alles, was bisher über Daten gesagt wurde, auch für Dateien. Außerdem muß der Programmierer die programmiersprachenspezifischen Konventionen für die Definition und das Eröffnen und Schließen von Dateien beachten.

Erstellen Sie den Sourcecode in einer Programmiersprache, indem Sie den Prozedurentwurf als Leitfaden nehmen

Mit Hilfe der in Kapitel 4 beschriebenen Programmentwurfssprache (PDL) haben wir für jedes Modul einen Prozedurentwurf erarbeitet. In einigen Fällen kann es ausgesprochen einfach sein, die PDL in die Ziel-Programmiersprache umzusetzen. Eine PDL-Anweisung wie

```
Inkrementiere die Bestellnummersequenz um 1;
```

läßt sich in eine Programmiersprachenanweisung folgender Form übersetzen:

```
BestNrSequ:= BestNrSequ + 1;
```

Die Sache ist jedoch nicht immer so einfach. So bedeutet beispielsweise die PDL-Anweisung

```
Suche in einer Liste sortierter Elemente;
```

daß ein Suchalgorithmus implementiert werden muß. Ein guter Software-Ingenieur weiß, daß es verschiedene Suchalgorithmen gibt. Er wird also denjenigen auswählen, der den Anforderungen des Systems am ehesten entspricht. Bevor er mit dem Codieren beginnen kann, muß er den Entwurf (durch schrittweise Verfeinerung) sorgfältig ausarbeiten. Nachdem er noch einmal nachgedacht hat, entscheidet sich der Programmierer für die Binärsuche und erweitert die PDL-Anweisung:

```
procedure Binärsuche;
    wähle einen Wert aus, der der "Mitte" der Liste von
    Elementen nahe kommt, und teile die Liste dabei in zwei Unterlisten;
    stelle fest, in welcher Unterliste sich das gesuchte
    Element befindet und unterteile die Unterliste immer
    weiter, bis das gesuchte Element gefunden ist oder bis die
    Unterliste die Länge 1 hat, d.h., das Element nicht gefunden
    wurde;
end;
```

Dieser Prozedurentwurf wird weiter verfeinert:

```
procedure Binärsuche;
      {ANMERKUNG: Es wird vorausgesetzt, daß die Liste, in
      der gesucht wird, aufsteigend sortiert ist.}
      Definiere die ungeteilte Liste als die Unterliste, in
      der gesucht werden soll;
      do while die Unterliste größer 0 und das gesuchte
      Element nicht gefunden wurde;
            finde die Mittelposition der Unterliste durch
            Mitte:= (Anfangsindex + Endindex)/2;
            vergleiche das Zielelement (nach dem gesucht wird)
            mit dem Element, das in der Mitte liegt;
            if Zielelement = mittleres Element, then
            begin
                  Zielelement ist gefunden (Suche hatte Erfolg);
                  Setze das Gefunden-Flag auf "wahr";
            end;
            if Zielelement > mittleres Element, then
            begin
                  zweite Hälfte der Liste ist die neue
                  Unterliste;
                  erstes:= Mitte+1;
                        if gesuchtes Element < mittleres Element, then
```

```
            begin
                erste Hälfte der Liste ist die neue
                Unterliste;
                letztes:= Mitte-1;
            end;
        end;
        wenn das Gefunden-Flag auf wahr steht, dann befindet
        sich das gesuchte Element in der Mitte;
        andernfalls ist es nicht in der Liste enthalten;
end;
```

Diese PDL-Beschreibung kann in eine Pascal-Implementierung überführt werden, die so aussieht:

```
procedure Binaersuche (var element: liste;
     elementeanzahl: integer; suchelement: datentyp;
     var gefunden:boolean; var position:integer);
{
```

Diese Prozedur sucht binär nach "suchelement" das in einer "elementeanzahl" langen Liste enthalten sein könnte. Wenn "suchelement" gefunden wurde, wird ein Flag auf "wahr" gesetzt und der Listenindex von "suchelement" an "position" übergeben.

ANMERKUNG: Es wird vorausgesetzt, daß die Liste aufsteigend sortiert ist.

```
}
var erstes,letztes,mitte: integer;
begin
erstes:=1;
letztes:=elementeanzahl;
gefunden:=false;
while (erstes <= letztes) and (not gefunden) do begin
    mitte:= (erstes + letztes) div 2;
    if zielelement = element[mitte] then begin
        gefunden:=true;
        position:=mitte
    end {if}
    else if zielelement > element[mitte] then
        erstes:= mitte + 1
    else
        letztes:= mitte - 1
end {while}
end {Binaersuche};
```

Weil der Prozedurentwurf für den Algorithmus zur Binärsuche bis ins Detail in der PDL spezifiziert wurde, hätte die Programmierung ebenso mühelos auch in jeder anderen modernen Programmiersprache erfolgen können.

Zusammenfassend läßt sich sagen, daß der Abstraktionsgrad der PDL großen Einfluß darauf hat, welche Schwierigkeiten die Erstellung des Sourcecodes in der Programmiersprache bereitet. Bei einem hohen Abstraktionsgrad kostet es mehr Zeit und Mühe, den entsprechenden Sourcecode zu erstellen (sofern nicht bereits ein Modul existiert, das den Entwurf realisiert). Wenn der Abstraktionsgrad dagegen niedrig ist, kann die Relation zwischen PDL-Beschreibung und Programmiersprachen-Sourcecode einer 1:1-Übersetzung nahe kommen, so daß das Codieren zu einer automatischen Fortsetzung des Entwurfs wird.

Erlernen Sie die Grundlagen eines guten Programmierstils und wenden Sie sie an

Auch wenn ein Prozedurentwurf bis ins Detail ausgearbeitet wurde, hat der Programmierer einigen Spielraum bei der Auswahl des Stils, in dem er das Programm implementiert. Die Wahl von Variablennamen, die Art der Datendeklaration, der Gebrauch von Kommentaren und viele andere Merkmale hängen vom Programmierstil ab. Ein guter Programmierstil kann beim Testen, bei der Fehlersuche und bei der Wartung eine unschätzbare Hilfe sein. Ein schlechter Stil kann den Wert eines ansonsten hervorragenden Entwurfs erheblich schmälern.

Zum Thema „Programmierstil" gibt es mehrere Leitfäden und Lehrbücher. Die wichtigste Informationsquelle ist das Buch von Kernighan und Plauger (*The Elements of Programming Style*, 2. Aufl., McGraw-Hill, 1978).

In den folgenden Codierregeln sind die wichtigsten Merkmale eines guten Programmierstils zusammengefaßt:

Codierregel 1:
Streben Sie immer nach Einfachheit und Klarheit; versuchen Sie niemals unverständlichen oder schwer verständlichen Code zu erzeugen

Nicht wenige Programmierer unterliegen dem Irrglauben, daß ihre Fertigkeiten um so überragender sind, je komplexer und verwickelter ihr Code ist. Nichts könnte falscher sein! Ein wirklich elegantes Programm ist im allgemeinen recht einfach. Die Bedeutung einer Prozedur sollte für den Leser aus dem Sourcecode hervorgehen.

Codierregel 2:
Benutzen Sie selbsterklärende Variablennamen und einheitliche Konventionen bei der Typvereinbarung

Variablennamen wie `Eingabedaten` oder `x001yz` sollte man unbedingt vermeiden. Variablen und komplexere Datenstrukturen sollten generell so benannt werden, daß der Leser innerhalb des Kontextes der betreffenden Prozedur und/oder ihrer Beziehung zu einem Objekt der realen Welt auf ihre Bedeutung schließen kann. Außerdem sollten Konventionen zur Variablenbenennung im voraus festgelegt werden, damit Variablennamen von einem uneingeweihten Leser nicht falsch interpretiert werden.

Beispielsweise könnte für ein Programm, das komplizierte Berechnungen zur Wärmeleitung ausführt, vereinbart werden, die Namen aller die Temperatur betreffenden Variablen mit dem Präfix `Temp` zu versehen. Es wäre nun schlechter Stil, an beliebiger Stelle im Programm einen Schleifenindex als `TempIndex` zu definieren (wenn es sich in diesem Fall um einen temporären Zähler handelt). Die Gefahr einer Fehlinterpretation liegt auf der Hand.

Datentypen einheitlich verwenden

Compiler für Programmiersprachen mit strengen Typvereinbarungs-Konventionen erzwingen die einheitliche Verwendung von Datentypen. Andere Compiler erlauben dem Entwickler wiederum eine große Flexibilität im Umgang mit Datentypen (z.B. FORTRAN) und tragen deshalb wenig zur Verhinderung eines schlechten Programmierstils bei. Wenn der Compiler keinen einheitlichen Gebrauch von Datentypen voraussetzt, sollte dieses wichtige Element eines guten Programmierstils vom Programmierer selbst beachtet werden.

Codierregel 3:
Setzen Sie jedem Modul einen beschreibenden Vorspann voran

Ein „Vorspann" (manchmal auch „Kopf" genannt) ist eine Gruppe von Kommentaren am Anfang eines jeden Moduls, die die Gesamtfunktion des Moduls beschreiben und auch andere Informationen enthalten. Das Format dieser Kommentare sieht so aus:

1. Eine Beschreibung des Zwecks, die die Funktion des Moduls deutlich macht.

a. Verarbeitungsbeschreibung in natürlicher Sprache
   b. PDL-Auszug
2. Eine Interfacebeschreibung mit
   a. einem Muster einer „Aufrufsequenz"
   b. einer Beschreibung aller Argumente
   c. einer Liste aller Module, die von diesem Modul aufgerufen werden
3. Eine Erläuterung der relevanten Daten, etwa der wichtigen Variablen, und deren Gebrauch; Restriktionen und Einschränkungen; andere wichtige Informationen
4. Eine Entwicklungsgeschichte (history) mit folgenden Angaben:
   a. Modulentwickler (Autor)
   b. Revisor (Prüfer) und Datum
   c. Modifikationszeitpunkte und -beschreibungen

Um ein Beispiel für einen Modulvorspann zu geben, kehren wir zu der in diesem Kapitel bereits behandelten Prozedur der Binärsuche zurück. Die im ursprünglichen Sourcecode enthaltene einfache Zweckbeschreibung wird zu einem vollständigen Modulvorspann erweitert:

```
procedure BinärSuche (var elelement: liste;
   elementeanzahl: integer; suchelement: datentyp;
   var gefunden:boolean; var position:integer);

{MODULVORSPANN
Zweck:

Diese Prozedur führt eine binäre Suche nach einem
"suchelement" durch, das in einer "liste" mit
"elementezahl" Elementen enthalten sein könnte. Wenn das
"suchelement" gefunden ist, wird das Flag "gefunden" auf
wahr gesetzt und die Position des "suchelements" in der
Liste in "position" gespeichert.

ANMERKUNG: Es wird vorausgesetzt, daß die Liste aufsteigend sortiert ist.
Beschreibung des Prozedurentwurfs:
do while die Länge der Unterliste größer als 0 ist und das
suchelement nicht gefunden wurde;
      finde die Mitte der Unterliste durch
      Mitte := (Anfangsindex + Endindex)/2;
      vergleiche das "suchelement" (nach dem gesucht wird)
      mit dem Element in der Mitte;
      if suchelement = mittleres Element then begin
            suchelement wurde gefunden {Suche ist erfolgreich};
            setze das gefunden-Flag auf wahr;
      end;
```

```
          if suchelement > mitte then begin
            zweite Hälfte der Liste ist neue Unterliste;
            erstes := Mitte + 1;
          end;
          if suchelement < mittleres Element then begin
            erste Hälfte der Liste ist neue Unterliste;
            letztes := Mitte - 1;
           end;
       end;
       Wenn das gefunden-Flag auf wahr steht, dann ist das
       gesuchte Suchelement in der Mitte; andernfalls ist das
       Element nicht in der Liste enthalten;
end;
Interface-Beschreibung:
    Muster einer Aufrufsequenz:
        BinaerSuche(Liste, Elementeanzahl, Suchelement,
                    Gefunden, Position);
Liste der Argumente:
    Liste = geordneter, übergebener Vektor von Datentyp,
            Elemente, in denen gesucht wird
    Elementeanzahl = übergebene Integer-Zahl, Anzahl der
                     Elemente in der Liste
    Suchelement = übergebener Datentyp, Element, das
                  gefunden werden soll
    Gefunden = zurückgegebener boolscher Wert, wahr wenn
               Suche erfolgreich war
    Position = zurückgegebene Integer-Zahl, Position des
               Suchelements in der Liste
Liste aufgerufener Module:  Keine
Anmerkungen zur Programmierung: Dieser Algorithmus arbeitet
nur mit geordneten Listen.
Entwicklungsgeschichte:
    Modulentwickler (Autor): P. Simon, 6.1.88
    Revisor (Prüfer) und Datum: A. Rivers, 6.6.88
Zeitpunkte und Beschreibungen von Veränderungen: keine
ENDE DES VORSPANNS}


{... hier folgt der Sourcecode für das Modul...}
```

Ein großer Teil der im Modulvorspann zu *BinaerSuche* enthaltenen Informationen kann direkt aus dem *Entwurfsdokument* übernommen werden. Es wurde in diesem Fall einbezogen, um Code und Entwurfsinformation miteinander zu kombinieren. Dies erleichtert das Lesen und Verstehen des Programms und vereinfacht dadurch auch seine Wartung.

Codierregel 4:
Führen Sie Regeln für eine aussagekräftige Kommentierung ein

Kommentare des Sourcecodes tragen im allgemeinen zur Verständlichkeit eines komplexen Algorithmus oder einer komplexen Datenstruktur bei. Bei unsachgemäßer Verwendung können sie jedoch die Lesbarkeit des Codes beeinträchtigen und den Leser in die Irre führen.

Beschreibende Kommentare werden in den Sourcecode eingebettet und dienen zur Beschreibung von Verarbeitungsfunktionen. Eine der wichtigsten Richtlinien für solche Kommentare lautet: „Kommentare sollten zusätzliche Informationen enthalten und nicht einfach die Befehle der Programmiersprache erläutern." Außerdem sollte eine sinnvolle Kommentierung:

- mit einem aussagekräftigen Modulvorspann beginnen,
- Blöcke des Codes beschreiben und nicht etwa jede Zeile kommentieren,
- Leerzeilen oder Einrückungen verwenden, damit Kommentare und Code leicht auseinandergehalten werden können,
- die Frage „Warum?" genauso beantworten wie die Frage „Was?",
- korrekt sein; ein falscher oder irreführender Kommentar ist schlimmer als überhaupt keiner.

Gutgewählte gedächtnisstützende Bezeichnungen und eine sorgfältige Kommentierung gewährleisten eine adäquate interne Dokumentation.

Wenn ein detaillierter Prozedurentwurf in einer Programmentwurfssprache beschrieben wurde, kann die Entwurfsdokumentation direkt in Form von Kommentaren in den Sourcecode eingebettet werden. Diese Technik hilft sicherzustellen, daß sowohl der Code als auch der Entwurf angepaßt werden, wenn in einem von beiden Änderungen vorgenommen werden.

Das Erscheinungsbild des Sourcecodes in Form des Listings trägt in erheblichem Maße zur Lesbarkeit bei und dient als indirekter „Kommentar" des Prozedurflusses. Einrückungen im Sourcecode machen logische Konstruktionen und Codeblöcke erkennbar; durch das Einrücken vom linken Rand werden sie optisch abgesetzt. Wie beim Kommentieren läßt sich darüber streiten, wie man beim Einrücken am besten vorgeht. Im Idealfall erfolgen die Ein-

Kommentare einrücken

rückungen im Sourcecode automatisch mit Hilfe eines Software-Tools. Manuelle Einrückungen können zu Komplikationen führen, wenn Veränderungen am Code notwendig werden. Trotz dieser Probleme sind viele Software-Ingenieure der Ansicht, daß ein Code mit Einrückungen das Verständnis unterstützt.

Codierregel 5:
Verwenden Sie einfache Anweisungen und ein einfaches Programm-Layout

Die Beschreibung des logischen Ablaufs eines Programms erfolgt während des Entwurfs. Die Konstruktion der einzelnen Anweisungen gehört jedoch in die Codierphase. Bei der Konstruktion von Anweisungen sollte eine Regel vorrangig beachtet werden: Jede Anweisung sollte einfach und unmittelbar verständlich sein.

Viele Programmiersprachen gestatten mehrere Anweisungen pro Zeile. Der platzsparende Aspekt dieser Möglichkeit rechtfertigt kaum die schlechte Lesbarkeit, die aus ihr resultiert, wenn sie ohne Rücksicht auf den Stil angewendet wird. Betrachten Sie die folgenden beiden Code-Segmente (die hier ohne Kommentare stehen):

```
repeat while Daten[links]< Anfangswert do
links := links + 1; while Anfangswert < Daten[rechts] do
rechts := rechts + 1;
if links <= rechts then begin temp := Daten[links];
Daten[links] := Daten[rechts]; Daten[rechts] := temp;
links:=links +1; rechts := rechts - 1;
end; until rechts <= links; if start < rechts
     then sortiere (start, rechts, Daten);
if links < ende then sortiere (links, ende, Daten);
```

Die Schleifenstruktur und die Verzweigungen in dem obigen Segment werden durch die Konstruktion mit mehreren Anweisungen pro Zeile verschleiert. Jetzt stellen wir den Code um:

```
repeat
while Daten[links]<Anfangswert do
    links := links + 1;
while Anfangswert < Daten[rechts] do
    rechts := rechts +1;
    if links <= rechts then begin
      temp := Daten[links];
      Daten[links] := Daten[rechts];
      Daten[rechts] := temp;
```

```
        links := links + 1;
        rechts := rechts -
    end;
until rechts <= links;
if start < rechts then sortiere (start, rechts, Daten);
if links < ende then sortiere (links, ende, Daten);
```

Eine einfache Anweisungskonstruktion und Einrückungen bringen nun Licht in die logischen und funktionellen Charakteristiken des Segments. Einzelne Sourcecode-Anweisungen können vereinfacht werden durch:

Hilfen für einfachen Sourcecode

- das Vermeiden komplizierter Fallabfragen,
- das Beseitigen von Abfragen nach negativen Bedingungen,
- das Vermeiden tiefer Schleifen- oder Bedingungsverschachtelungen,
- die Benutzung von Klammern zur Klärung logischer und arithmetischer Ausdrücke,
- die Benutzung von Leerzeichen und/oder Lesbarkeitssymbolen zur Klärung des Anweisungsinhalts,
- die ausschließliche Benutzung von Merkmalen des ANSI-Standards,
- die Frage: „Könnte ich das verstehen, wenn es ein anderer codiert hätte?"

Jede dieser Richtlinien führt darauf hinaus, den Sourcecode „einfach zu halten". Trotzdem sollte darauf hingewiesen werden, daß es in bestimmten Fällen möglich ist, mehrere Anweisungen der Programmiersprache in eine Zeile zu schreiben, ohne daß negative Effekte auftreten. Zum Beispiel kann die Anweisungsfolge

```
links := links +1, rechts := rechts - 1;
```

aus dem obigen Codesegment ohne Verlust an Klarheit in einer Zeile kombiniert werden.

Codierregel 6:
Codieren Sie alle Ein- und Ausgaben so, daß der Datentransfer vereinfacht und die Fehlerüberprüfung verbessert wird

Der Stil der Ein- und Ausgaben wird bereits während der Anforderungsanalyse und des Entwurfs festgelegt und nicht etwa während des Codierens. Die Art und Weise der E/A-Implementierung kann jedoch ein entscheidendes Kriterium für die Akzeptanz des Systems durch die Benutzer sein.

Der Ein-Ausgabe-Stil variiert abhängig vom Grad der Mensch-Maschine-Kommunikation. Für stapelorientierte Ein-/Ausgaben sind logische Eingabeorganisation, sinnvolle Ein-/Ausgabe-Fehlerüberprüfung, gute Ein-/Ausgabe-Fehlerbeseitigung und zweckmäßige Ausgabeformate wünschenswerte Eigenschaften. Für interaktive Ein-/Ausgaben sind ein einfaches, gelenktes Eingabeschema, eine umfassende Fehlerüberprüfung und -beseitigung, benutzerfreundliche Ein-/Ausgaben und die Einheitlichkeit des Ein-/Ausgabeformats die wichtigsten Aspekte.

Unabhängig davon, ob die Software eher stapelorientierter oder interaktiver Natur ist, sollten beim Entwerfen und Codieren einige Richtlinien zum E/A-Stil beachtet werden:

- Validieren Sie alle Eingabedaten.
- Überprüfen Sie die Plausibilität wichtiger Eingabekombinationen.
- Halten Sie das Eingabeformat einfach.
- Benutzen sie Indikatoren für das Datenende, statt vom Benutzer zu verlangen, die „Zahl der Elemente" anzugeben.
- Versehen Sie Eingabeaufforderungen mit Wahlmöglichkeiten und Grenzwerten.
- Halten Sie das Eingabeformat einheitlich, wenn die Programmiersprache strenge Formatvorschriften hat.
- Erläutern Sie alle Ausgaben und gestalten Sie alle Reports entsprechend den Benutzeranforderungen.

Der Stil der Ein-/Ausgaben wird von vielen anderen Faktoren wie Ein-/Ausgabeeinheiten (z.B. Terminaltyp, Grafikterminal, Maus), den Kenntnissen des Benutzers und von der Kommunikationsumgebung beeinflußt.

Codierregel 7:
Streben Sie einen effizienten Code an, jedoch nicht auf Kosten der Lesbarkeit und Einfachheit

In gut konstruierten Systemen besteht eine natürliche Tendenz, entscheidende Ressourcen effizient zu nutzen. Prozessorzyklen und Speicherstellen werden oft als entscheidende Ressourcen betrachtet, und die Codierphase gilt als letzte Möglichkeit, Mikrosekunden oder Bits aus der Software herauszupressen. Obwohl Effizienz ein lobenswertes Ziel ist, sollten wir drei Maximen aufstellen, bevor wir dieses Thema weiter erörtern. Erstens: Effizienz ist eine Leistungsanforderung und sollte deshalb während der Problemanalyse festgelegt werden. Software sollte so effizient wie erforderlich, nicht jedoch so effizient wie menschenmöglich sein! Zweitens: Die Effizienz wird durch einen guten Entwurf verbessert. Entwurfsänderungen können oft erhebliche Verbesserungen der Effizienz bewirken, während Codeänderungen nur geringfügige Verbesserungen mit sich bringen. Drittens: Effizienz und Einfachheit des Codes gehen Hand in Hand. Generell sollte man Klarheit, Lesbarkeit und Korrektheit nicht zugunsten von Effizienzverbesserungen opfern, die nicht unbedingt notwendig sind.

Die Effizienz des Sourcecodes hängt direkt mit der Effizienz des während des Prozedurentwurfs definierten Algorithmus zusammen. Dennoch kann der Codierstil die Ausführungsgeschwindigkeit und den benötigten Speicherplatz beeinflussen. Folgende Richtlinien sollte man bei der Übertragung des Prozedurentwurfs in den Code immer beachten:

- Vereinfachen Sie arithmetische und logische Ausdrücke, bevor Sie sie in den Code übernehmen.

- Überprüfen Sie verschachtelte Schleifen sorgfältig, um festzustellen, ob Anweisungen oder Ausdrücke nach außen verlagert werden können.

- Vermeiden Sie möglichst den Gebrauch mehrdimensionaler Felder.

- Vermeiden Sie möglichst den Gebrauch von Zeigern und komplexen Listen.

- Benutzen Sie „schnelle" arithmetische Operationen.

- Vermeiden Sie die Vermischung von Datentypen, auch wenn die Sprache es erlaubt.

- Benutzen Sie Ganzzahlarithmetik und boolesche Ausdrücke, wann immer es möglich ist.

Viele moderne Programmiersprachen-Compiler haben optimierende Eigenschaften, die automatisch einen effizienten Code erzeugen, indem sie sich wiederholende Ausdrücke zusammenfassen, Schleifen auswerten, eine schnelle Arithmetik benutzen und andere effizienzsteigernde Algorithmen verwenden. In Anwendungen, bei denen es in erster Linie auf Effizienz ankommt, sind solche Compiler unentbehrliche Codierwerkzeuge.

Die Rolle des Compilers

Prüfen Sie den entstandenen Code auf Korrektheit und Lesbarkeit

Der in der Programmiersprache erstellte Sourcecode sollte direkt auf den Prozedurentwurf zurückzuführen sein. Bei einem Review des Sourcecodes für jedes Modul sollten folgende Fragen berücksichtigt werden:

- Spiegelt der Sourcecode die Entwurfsziele angemessen wider?
- Sind die Datenstrukturen adäquat implementiert?
- Wurden Operatoren korrekt verwendet? Das bedeutet: Haben wir ein „+"-Zeichen benutzt, wo wir eigentlich ein „*"-Zeichen benutzen wollten?
- Sind alle Schleifen und Fallabfragen richtig verschachtelt?
- Haben wir für alle Schleifen eine passende Abbruchbedingung? Das bedeutet: Haben wir Endlosschleifen mit Sicherheit ausgeschlossen?
- Wurden allen Variablen explizite Datentypen zugewiesen? Wurden unvereinbare Datentypen in unangebrachter Art und Weise kombiniert?
- Wurden selbsterklärende Variablennamen gewählt?
- Existiert ein Modulvorspann? Ist er vollständig?
- Tragen die Kommentare zum Verständnis des Sourcecodes bei oder wiederholen sie ihn nur?
- Trägt die Gestaltung (z.B. Kommentare, Einrückungen, Leerstellen) des Codes zur besseren Lesbarkeit bei?

Jede dieser Fragen sollte in bezug auf den Code jedes einzelnen Programmoduls gestellt werden.

Was das für Sie bedeutet

Ein Zimmermann baut ein Haus nach einem Entwurf des Architekten. Meistens befolgt der Zimmermann die „Grundrisse" des Plans. Jeder Handwerker besitzt jedoch die Fähigkeit, den Entwurf so zu interpretieren, daß er ein Endergebnis von hoher Qualität erzielt. Der Zimmermann greift auf seine Erfahrung zurück, um zu einem Stil zu finden, der Konstruktionen hoher Qualität hervorbringt. Ein Software-Ingenieur macht es im Grunde nicht anders. Wie der Zimmermann konstruiert der Software-Ingenieur Programme, indem er sich an einen „Grundriß" hält, der in der Entwurfsphase festgelegt wurde. Wie jeder Handwerker befolgt der Software-Ingenieur verschiedene Richtlinien, um sicherzugehen, daß das entstehende Produkt eine hohe Qualität aufweist.

Uns allen, Studenten und Praktikern, Hackern und Software-Ingenieuren, macht es Spaß, Software zu konstruieren, die wir in unserer bevorzugten Programmiersprache schreiben. Das Codieren ermöglicht es uns, unseren Entwurf zu verwirklichen; wo vorher nichts war, erschaffen wir ein funktionsfähiges Programm. Beim Codieren wird der Entwurf in die Wirklichkeit umgesetzt. Dennoch ist das Codieren selbst kein besonders kreativer Prozeß; es erscheint uns nur so, weil viele von uns während des Codierens implizit entwerfen. In der Entwurfsphase sind wir kreativ; beim Codieren führen wir lediglich unseren Entwurf aus.

In diesem Kapitel haben wir die Umsetzung des Entwurfs in den Code und einige Stilrichtlinien für diesen Vorgang besprochen. Ob Sie nun in Pascal, C, Ada, COBOL oder FORTRAN codieren, der Codierprozeß ist im wesentlichen der gleiche. Softwarearchitektur, Datenstrukturen und prozedurale Logik werden implementiert, und das Ergebnis ist ein „funktionsfähiges" Programm. Software muß lesbar, testbar, zuverlässig, wartbar sein – die Aufzählung der erwünschten Eigenschaften könnte drei oder vier Textzeilen füllen. Gutes Codieren kann Ihnen helfen, einige dieser Eigenschaften zu erreichen. Aus diesem Grund haben wir Richtlinien für den Codierstil entwickelt. Nutzen Sie sie.

Weiterführende Lektüre

Kernighan, B., und P. Plauger, *Elements of Programming Style*, McGraw-Hill, 2. Auflage, 1978.

Ledgard, H., und M. Marcotty, *The Programming Language Landscape*, SRA, 1981.

Leffick, B.W., *The Software Developer's Sourcebook,* Addison-Wesley, 1985.

Pratt, T., *Programming Languages*, 2. Auflage, Prentice-Hall, 1984.

Weiland, R.J., *The Programmer's Craft*, Reston Publishing, 1983.

Aufgaben und Probleme zum Nachdenken

5.1 Implementieren Sie einen oder mehrere der Prozedurentwürfe, die Sie als Teil der Aufgabe 4.15 (Kapitel 4) entwickelt haben, in einer Ihnen bekannten Programmiersprache.

5.2 Implementieren Sie die Datenstruktur, die Sie für Aufgabe 4.8 (Kapitel 4) entwickelt haben, in einer Ihnen bekannten Programmiersprache.

5.3 Es gibt Leute, die meinen, eine Programmentwurfssprache sei überflüssig; der Sourcecode sei das geeignete Medium zur Darstellung des Prozedurentwurfs. Was entgegnen Sie?

5.4 Wenn eine aufgeschlüsselte Programmstruktur entworfen wurde, schlagen wir vor, mit dem Codieren bei Modulen zu beginnen, die sich auf einer niedrigen Strukturebene befinden. Stimmen Sie diesem Vorschlag zu? Warum?

5.5 Analysieren, entwerfen und codieren Sie ein Hilfsprogramm, das den Sourcecode in einer Programmiersprache automatisch mit Einrückungen versieht, um Daten- und Steuerstrukturen besser darzustellen. Im Idealfall sollte das Hilfsprogramm mit verschiedenen Programmiersprachen zusammenarbeiten.

5.6 In dem Beispiel auf Seite 170 haben wir die Funktionen FRAGE und ANTWORT für die PDL-Darstellung eines Prozedurentwurfs benutzt. Erstellen Sie eine Liste anderer allgemeiner Dienstfunktionen, die in PDL beschrieben und dann leicht in Sourcecode übersetzt werden könnten.

5.7 Implementieren Sie das Programm zur Binärsuche von Seite 176 in einer anderen Sprache als Pascal. Enthält die PDL ausreichende Richtlinien?

5.8 Entwickeln Sie eine Reihe von Programmiersprachen-Beispielen, die das zugrundeliegende Prinzip jeder der in diesem Kapitel vorgestellten Codierregeln illustrieren.

5.9 Entwickeln Sie einen vollständigen Modulvorspann für das Programm, das Sie als Aufgabe 5.1 implementiert haben.

5.10 Schlagen Sie zusätzliche Review-Fragen ähnlich denen am Ende dieses Kapitels vor. Sehen Sie sich ein Programm eines Kollegen an und überprüfen Sie es anhand dieser Kriterien.

Kapitel 6
Testen der Programme

Ein führender amerikanischer Automobilhersteller wirbt damit, daß ein neues Modell Testfahrten über 3 Millionen Meilen unterzogen wurde; ein Hersteller von Haushaltsgeräten weist darauf hin, daß die Güte seines Produkts durch über 300 einzelne „Qualitäts-Prüfungen" garantiert sei; ein Computerhersteller läßt drei Wochen lang Tag und Nacht Diagnosetests laufen, um sicherzustellen, daß seine Hardware einwandfrei funktioniert. In jedem dieser Fälle beruft sich ein Hardware-Hersteller auf die Gründlichkeit von Tests, um Interessenten von der Zuverlässigkeit und Qualität eines Produktes zu überzeugen und so den Verkauf zu fördern. Haben Sie Ähnliches schon einmal von einem Software-Hersteller gehört?

Jeder, der einmal ein Computerprogramm entwickelt hat (unabhängig, wie klein oder groß es war), ist sich über die Wichtigkeit des Testens im klaren. Dennoch führen nur wenige Software-Entwickler effektiv Tests durch. Das Testen geschieht meistens in einer späten Phase des Software-Projekts, wenn die Zeit knapp, das Budget nahezu erschöpft, die Manager nervös und die Kunden unruhig sind. Das Ergebnis ist, daß das Testen oftmals zu kurz kommt.

Testen ist jedoch keine Tätigkeit, die ad hoc ausgeführt werden sollte. Sinnvoller ist es, Testfälle auf der Grundlage der Entwurfs-Charakteristika der Software zu entwickeln. Entwurfsmethoden für Testfälle ermöglichen es, die Gründlichkeit von Software-Tests zu steigern und so die Wahrscheinlichkeit zu erhöhen, daß das Hauptziel des Testens erreicht wird: *die maximale Fehleranzahl in einem minimalen Zeitraum und mit einem minimalen Ressourcenverbrauch zu finden.* In diesem Kapitel untersuchen wir die Schritte, die zum systematischen Testen von Computersoftware erforderlich sind.

Entwickeln Sie einen Testplan, der sowohl die Strategie als auch die näheren Einzelheiten beschreibt

Der Formalismus eines *Software-Testplans* verhält sich fast immer proportional zur allgemeinen Komplexität der Software. Für kleinere Projekte mit durchschnittlicher Komplexität mag der Testplan lediglich aus einem kurzen „Paper" bestehen, das die allgemeine

Teststrategie beschreibt und die Testfälle darstellt, anhand derer demonstriert werden soll, daß die Software ihren Spezifikationen entsprechend arbeitet. In einigen Fällen wurde diese Information in ein *Entwurfs-Dokument* aufgenommen. Bei umfangreichen, hochkomplexen Projekten kann der Testplan ein 200- bis 300 seitiges Dokument sein, das eine detaillierte Integrations- und Validierungsstrategie enthält, die mit seitenlangen Testfällen und Beschreibungen der erwarteten Ergebnisse einhergeht. Offensichtlich muß der Software-Ingenieur seinen gesunden Menschenverstand benutzen, um zu entscheiden, welches Vorgehen bei einem bestimmten Projekt sinnvoll ist. In jedem Falle sollten Tests aber unbedingt geplant werden.

Die Testplanung beginnt genaugenommen bereits während der Problemanalyse. Der Validierungs-Abschnitt der *Software-Spezifikation* (Kapitel 3) ist ein Vorläufer des Testplans; er beschreibt wichtige Testklassen, die benutzt werden, um die korrekte Arbeitsweise der Software zu demonstrieren. Diese als Teil der Software-Analyse und -Spezifikation ausgeführte Arbeit wird während der Testplanung weiterentwickelt.

Software Engineering und Testen

Am ehesten läßt sich die allgemeine Strategie des Software-Testens verstehen, wenn man sie im Zusammenhang mit dem gesamten Prozeß des Software Engineering betrachtet. Beginnend mit der Systementwicklung wird kontinuierlich auf den Test hingearbeitet. Bei der Systementwicklung wird zunächst die Funktion der Software definiert; darauf folgt dann die Anforderungsanalyse für die Software, in der die zu verarbeitenden Daten sowie Funktionalität, Leistung, Randbedingungen und Validierungskriterien festgelegt werden. Die Analyse schafft die Voraussetzungen für den Entwurf, der wiederum als Vorlage für das Codieren dient. Bei der Software-Entwicklung bewegen wir uns wie auf einer Spirale von außen nach innen und durchlaufen dabei jeden der in diesem Buch erörterten Schritte. Mit jeder Spiralwindung nimmt der Abstraktionsgrad der Software-Darstellung ab.

Eine Strategie für das Testen von Software läßt sich ebenfalls anhand einer Spirale veranschaulichen. Der erste Testschritt, der *Modultest*, beginnt im Innern der Spirale und konzentriert sich auf jede einzelne der im Sourcecode implementierten Software-Komponenten. Das Testen wird fortgesetzt, indem man sich entlang der Spirale nach außen zum *Integrationstest* bewegt; hierbei steht die Konstruktion und Verifikation der Programmstruktur und der damit verbundenen Datenstrukturen im Mittelpunkt. In einer zweiten Auswärtswindung der Spirale stoßen wir auf den *Validierungstest*, der dazu dient, die Software vor dem Hintergrund der im Rahmen der Anforderungsanalyse festgelegten Anforderungen zu validieren. Schließlich gelangen wir zum *Systemtest*, bei dem die Software und andere Systemelemente als Ganzes getestet werden. Beim systematischen Konstruieren von Software bewegen wir uns also auf der Spirale von außen nach innen bis hin zum Code.

Beim Testen von Software dagegen bewegen wir uns von innen nach außen: am Anfang konzentrieren wir uns auf den Code, und zum Schluß betrachten wir die Software von der Systemebene aus. Mit jeder Spiralwindung erweitert sich der Testbereich.

Definieren Sie eine Methode, um jedes Modul in der Programmstruktur zu testen

Nachdem jedes Modul codiert wurde, wird eine Reihe von Tests ausgeführt, um Fehler in (1) der Modul-Schnittstelle, (2) dem durch das Modul implementierten Algorithmus, (3) der internen Datenstruktur, (4) der Fehlerbehandlung und (5) jedem unabhängigen Programmpfad zu entdecken.

Um einen kompletten Satz von Modultests zu entwerfen, werden zwei sich ergänzende Betrachtungsweisen eingenommen. Im ersten Fall wird das Modul als „Black-Box" behandelt, d.h., seine interne Arbeitsweise wird beim Entwurf von Testfällen nicht berücksichtigt. Statt dessen definieren wir Eingaben für das Modul und bewerten dann die erzeugten Ausgaben vor dem Hintergrund der erwarteten Ergebnisse. Die zweite Betrachtungsweise beim Testen von Modulen, zuweilen „White-Box-Testen" genannt, wendet Testfall-Entwurfsmethoden an, die sich am Prozedurentwurf (der internen Arbeitsweise) des Moduls orientieren. Sowohl Black-Box- als auch White-Box-Test-Techniken werden in diesem Kapitel noch ausführlicher behandelt.

Es ist jedoch zu beachten, daß nicht alle Module für Tests auf Modul-Ebene geeignet sind. Im allgemeinen sind Module, die sich auf niedrigen Ebenen der Programmstruktur befinden, relativ einfach auf Modulebene zu testen. Diese Module sind die „Arbeiter" (siehe Kapitel 4); sie benötigen relativ wenig Information von den ihnen untergeordneten Modulen. Module auf höheren Ebenen der Programmstruktur sind schwieriger für sich allein zu testen, da ihre Operationen Daten erfordern, die von untergeordneten Modulen bereitgestellt werden.

Entwickeln Sie eine Integrationsstrategie zur Konstruktion des Gesamtsystems

Ein Neuling in der Software-Welt könnte, nachdem alle Module für sich getestet worden sind, ganz harmlos fragen: „Wenn jedes von ihnen einwandfrei arbeitet, warum sollten sie dann nicht auch im Zusammenhang funktionieren?" Nun besteht das Problem aber gerade darin, „sie zusammenzusetzen" – also in der *Integration*. Daten können zwischen Schnittstellen verlorengehen; ein Modul kann sich unerwartet ungünstig auf ein anderes auswirken; Unterfunktionen, die man kombiniert, erfüllen vielleicht nicht die gewünschte Hauptfunktion; eine im Einzelfall tolerierbare Ungenauigkeit wird vielleicht in einem nicht mehr akzeptablen Maß verstärkt; globale Datenstrukturen können Probleme aufwerfen. Diese Liste läßt sich beliebig erweitern.

Integrations-Testen ist eine systematische Technik zur Konstruktion des Gesamtsystems, bei der gleichzeitig Tests ausgeführt werden, um Fehler aufzudecken, die mit den Schnittstellen zusammenhängen. Ziel dabei ist es, eine durch den Entwurf festgelegte Programmstruktur mit Hilfe bereits getesteter Module aufzubauen.

Die Neigung zu dem Versuch, ein Programm auf nichtinkrementellem Weg zu integrieren, also nach der „Urknall-Methode" vorzugehen, ist relativ weit verbreitet. Alle Module werden im voraus miteinander kombiniert; dann faltet man die Hände und testet das Programm als Ganzes. Normalerweise resultiert daraus nur Chaos! Man wird auf eine Reihe von Fehlern stoßen. Sie zu beheben, ist jedoch schwierig, weil der riesige Umfang des Gesamtprogramms das Einkreisen der Ursachen beträchtlich erschwert. Nachdem diese Fehler korrigiert worden sind, tauchen neue auf, und der Prozeß setzt sich in einer anscheinend endlosen Schleife fort.

Inkrementelle Integration ist die Antithese der Urknall-Methode. Das Programm wird in kleinen Segmenten konstruiert und getestet; auf diese Weise lassen sich Fehler leichter einkreisen und beseitigen, Schnittstellen können mit größerer Wahrscheinlichkeit vollständig getestet werden, und man kann beim Testen systematisch vorgehen. In den folgenden Abschnitten werden einige unterschiedliche inkrementelle Integrationsstrategien erörtert.

Integrieren Sie Module, indem Sie sowohl im Top-down- als auch im Bottom-up-Verfahren testen

Top-down-Integration ist ein inkrementelles Verfahren zur Konstruktion des Gesamtsystems. Die Module werden integriert, indem man die Steuerhierarchie von oben nach unten durchläuft, also beim Hauptsteuermodul (Hauptprogramm) beginnt. Module, die dem Hauptmodul untergeordnet sind, werden entweder im *Depth-first* oder im *Breadth-first*-Verfahren in die Programmstruktur eingegliedert.

Wie Abb. 6.1 zeigt, werden bei der *Depth-first integration* (auch als Zweig-Integrations-Strategie bezeichnet) alle Module auf einem Hauptsteuerpfad der Struktur integriert. Die Auswahl eines Hauptpfades erfolgt ein wenig beliebig und hängt von anwendungsspezifischen Merkmalen ab.[1] Um dies zu verdeutlichen, betrachten wir noch einmal Abb. 6.1.

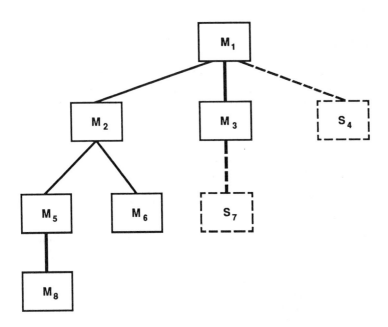

Abb. 6.1 Depth-First-Integration

Wir wenden uns dem linken Pfad der Programmstruktur zu und integrieren zuerst die Module M_1, M_2 und M_5. Bevor Tests für M_1 und M_2 ausgeführt werden können, wird ein *Stumpf* für M_5 geschaffen. Stümpfe sind Dummy-Module, die ein tatsächliches Modul ersetzen, bis es ebenfalls integriert werden kann. Wenn M_5 durch einen Stumpf „vertreten" wird, können Tests für M_2, die M_5 „aufrufen", ausgeführt werden, ohne einen Fehler zu erzeugen. Stümpfe können auch entworfen werden, um kompliziertere Funktionen zu erfüllen, doch in den meisten Fällen dienen sie lediglich als Platzhalter, bis das tatsächliche Modul integriert wird.

Wenn wir mit dem linken Zweig der Programmstruktur in Abb. 6.1 fortfahren, würde als nächstes M_8 oder M_6 integriert. Danach würde der mittlere und der rechte Steuerpfad aufgebaut.

---

[1] In einigen Fällen können auch die Zeitvorgaben für das Projekt oder die Wünsche des Auftraggebers die Reihenfolge, in der die Pfade integriert werden, vorschreiben. So wartet z.B. ein Kunde vielleicht darauf, „Fortschritte zu sehen" und ein interaktives System endlich „auszuprobieren". Der Software-Ingenieur wählt den Eingabepfad für die Integration aus (und stellt die Arbeit an anderen Pfaden vorerst zurück), damit ein Teil der Dialoge schon demonstriert werden kann.

Bei der *Breadth-first-integration* werden auf jeder Ebene alle Module integriert, die direkt untergeordnet sind; hierbei wird die Struktur horizontal durchlaufen. Für Abb. 6.1 hieße das, daß die Module M_2, M_3 und M_4 (nach dem Austausch gegen Stumpf S_4) zuerst integriert würden. Dann folgt die nächste Steuerebene, M_5, M_6 usw.

Der Integrationsprozeß wird in fünf Unterschritten ausgeführt:

1. Das Hauptmodul wird als Testtreiber (Modul, das als Hauptprogramm zur Teststeuerung fungiert) benutzt, und für alle Module, die dem Hauptkontrollmodul direkt untergeordnet sind, werden Stümpfe eingesetzt.

2. Abhängig von der gewählten Integrationsmethode (also Depth- oder Breadth-first) werden untergeordnete Stümpfe nacheinander durch tatsächliche Module ersetzt.

3. Jedesmal, wenn ein Modul integriert wurde, werden Tests ausgeführt.

4. Nach Abschluß jeder Testreihe wird ein anderer Stumpf durch das tatsächliche Modul ersetzt.

5. *Regressives Testen* (d.h., Ausführen aller oder einiger der vorherigen Tests) kann ausgeführt werden, um sicherzustellen, daß keine neuen Fehler eingeführt wurden.

Der Prozeß schreitet von Schritt 2 fort, bis das Gesamtsystem aufgebaut ist. Abb. 6.1 veranschaulicht diesen Prozeß. Wenn wir von einem Depth-first-Ansatz und einer teilweise vervollständigten Struktur ausgehen, wird als nächstes Stumpf S_7 durch Modul M_7 ersetzt. M_7 kann selbst wiederum Stümpfe haben, die durch die entsprechenden Module ersetzt werden. Wichtig ist, daß jedesmal, wenn ein Stumpf durch ein Modul ersetzt wurde, Tests zum Überprüfen der Schnittstelle ausgeführt werden.

Bei der Strategie der *Top-down-Integration* werden die wichtigen Steuer- bzw. Entscheidungspunkte bereits in einer frühen Phase durch Tests überprüft. In einer gut gegliederten Programmstruktur werden die wichtigsten Entscheidungen auf höheren Ebenen der Modulhierarchie getroffen, so daß man ihnen als erstes begegnet. Existieren grundlegende Steuerprobleme, so müssen sie unbedingt früh erkannt werden. Falls man sich für die Depth-first-Integration entschieden hat, kann eine vollständige Funktion der Software implementiert und demonstriert werden. Betrachten wir zum Beispiel eine klassische Transaktionsstruktur (Kapitel 4), in der eine komplexe Reihe interaktiver Eingaben über einen Eingangspfad angefordert, empfangen und bewertet wird. Der Eingangspfad kann im Top-down-Verfahren integriert werden. Die Verarbeitung aller Eingaben (für die folgende Transaktionsabwicklung) kann demonstriert werden, bevor andere Elemente der Struktur integriert wurden. Eine frühe Demonstration der Funktionsfähigkeit wirkt sich im Verhältnis zwischen Software-Ingenieur und Auftraggeber vertrauensfördernd aus.

Die Top-down-Strategie wirkt relativ unkompliziert; in der Praxis können jedoch logistische Probleme auftreten. Die am häufigsten vorkommende Schwierigkeit besteht darin, daß eine Verarbeitung auf niedrigen Hierarchie-Ebenen erforderlich ist, um höhere Ebenen adäquat zu testen. Zu Beginn des Top-down-Testens ersetzen Stümpfe Module niedrigerer Ebene; deshalb können keine wichtigen Daten in der Programmstruktur aufwärts fließen. Der Tester hat nun drei Möglichkeiten: (1) einen großen Teil der Tests aufzuschieben, bis die Stümpfe durch tatsächliche Module ersetzt wurden, (2) Stümpfe zu entwickeln, die begrenzte Funktionen ausführen, um das tatsächliche Modul zu simulieren, oder (3) die Software von unten nach oben zu integrieren.

Die erste Möglichkeit (Tests aufzuschieben, bis Stümpfe durch tatsächliche Module ersetzt wurden) führt dazu, daß wir die Kontrolle über den Zusammenhang zwischen bestimmten Tests und der Eingliederung bestimmter Module verlieren. Dies erschwert das Bestimmen der Fehlerursachen und verstößt tendenziell gegen die recht strengen Regeln der Top-down-Methode. Die zweite Möglichkeit ist ausführbar, kann jedoch einen beträchtlichen Mehraufwand bedeuten, wenn die Stümpfe immer komplexer werden. Die dritte Möglichkeit, *Bottom-up-Testen* genannt, bietet sich manchmal als brauchbare Alternative an.

Beim *Bottom-up-Integrations*-Test beginnt, wie der Name schon sagt, das Konstruieren und Testen bei den „Arbeiter"-Modulen (also bei den Modulen auf den niedrigsten Ebenen der Programm-Struktur). Weil die Module von unten nach oben integriert werden, sind für jede Ebene die untergeordneten Module mit ihrer Funktionalität immer vorhanden, so daß Stümpfe überflüssig sind.

Eine Bottom-up-Integrations-Strategie kann in den folgenden Schritten implementiert werden:

1. Module niedriger Ebene werden zu *Clustern* kombiniert, die eine bestimmte Unterfunktion der Software ausführen.
2. Ein *Treiber* (ein Steuerprogramm für das Testen) wird geschrieben, der die Ein- und Ausgaben für die Testfälle koordiniert.
3. Der Cluster wird getestet.
4. Die Treiber werden entfernt und die Cluster miteinander kombiniert, wobei die Programmstruktur von unten nach oben durchlaufen wird.

Die Integration folgt dem Muster in Abb. 6.2. Module werden kombiniert, um die Cluster 1, 2 und 3 zu bilden. Jedes der Cluster wird mit Hilfe eines Treibers (die Kästen mit den gestrichelten

Linien) getestet. Die Module in den Clustern 1 und 2 sind dem Modul M_a untergeordnet. Die Treiber T_1 und T_2 werden entfernt, und die Cluster werden über eine Schnittstelle direkt mit M_a verbunden. Analog dazu wird der Treiber T_3 für Cluster 3 vor der Integration dieses Clusters mit Modul M_b entfernt. Sowohl M_a als auch M_b werden schließlich mit Modul M_c integriert usw.

Wenn die Integration nach oben fortschreitet, nimmt die Notwendigkeit separater Testtreiber ab. Faktisch kann die Zahl der Treiber wesentlich verringert werden, wenn man die beiden oberen Ebenen der Programmstruktur von oben nach unten integriert; dadurch wird auch die Integration der Cluster erheblich vereinfacht.

Vor- und Nachteile von Bottom-up und Top-down

Die jeweiligen Vor- und Nachteile des Top-down- und des Bottom-up-Integrations-Testens sind ausgiebig diskutiert worden. Der Hauptnachteil des Top-down-Verfahrens besteht in der Notwendigkeit von Stümpfen und den möglicherweise damit verbundenen Schwierigkeiten beim Testen. Die im Zusammenhang mit Stümpfen auftretenden Probleme werden vielleicht durch den Vorteil ausgeglichen, daß die Hauptsteuerfunktionen schon früh getestet werden. Der größte Nachteil der Bottom-up-Integration ist der, daß die Steuermodule auf höchster Ebene erst in einem späten Stadium getestet werden können. In gewissem Maße wird dies jedoch dadurch aufgefangen, daß sich die Testfälle leichter definieren lassen.

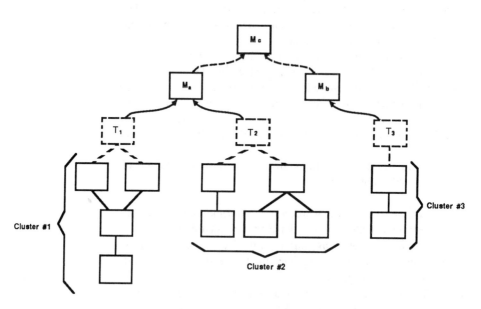

Abb. 6.2 Bottom-up-Integrations-Strategie

Für welche Integrationsstrategie man sich entscheidet, hängt von den Merkmalen der Software und in manchen Fällen auch vom Zeitplan des Projekts ab. Im allgemeinen wird eine kombinierte (auch *Sandwich-Tests* genannte) Methode, die das Top-down-Verfahren für die höheren Ebenen der Programmstruktur anwendet und mit der Bottom-up-Methode für die untergeordneten Ebenen kombiniert, wahrscheinlich der beste Kompromiß sein.

Definieren Sie eine Test-Strategie zur Programmvalidierung, die vor der Freigabe ausgeführt wird

Unter einem *Validierungs-Test* versteht man eine abschließende Testreihe, die entworfen wird, um sicherzustellen, daß die Software alle Anforderungen erfüllt, die als Teil der *Software-Spezifikation* definiert wurden. In vielen Fällen geht der Validierungs-Test jedoch über eine Beurteilung der Übereinstimmung mit den Software-Anforderungen hinaus. Validierungstests umfassen Prozeduren, die überprüfen, ob Benutzer-Handbücher und andere benutzerorientierte Dokumentationen das korrekte Funktionieren der Software adäquat widerspiegeln und benutzerfreundlich gestaltet sind. Außerdem können die abschließenden Schritte beim Validierungstest ein *Konfigurations-Review* umfassen, das sicherstellen soll, daß alle Elemente der Software richtig dokumentiert und archiviert worden sind.

Begreifen Sie grundlegende Testprinzipien und wenden Sie sie an

Wir haben bereits festgestellt, daß das Testen die Schwachstelle im Prozeß der Software-Entwicklung ist. Die meisten Tests werden ad hoc vorgenommen. In vielen Fällen sind diejenigen, die die Tests ausführen, im Grunde mehr daran interessiert, daß „das Produkt aus dem Haus ist" als daran, einen effektiven Mechanismus zur Qualitätssicherung anzuwenden.

Wenn wir die wichtigsten Prinzipien verstehen, die allen Software-Tests zugrunde liegen, und systematische Testfall-Entwurfstechniken anwenden, können wir die Effektivität von Software-Tests drastisch verbessern und damit die Zuverlässigkeit der Software steigern.

Testprinzip 1:
Entwerfen Sie Testfälle mit dem Ziel, Fehler in der Software zu entdecken

Das wichtigste Ziel von Software-Tests ist es, Fehler zu entdecken, die während Entwurf und Implementierung unbeabsichtigt in die Software eingebracht worden sind. Allgemein geht man davon aus, daß Software-Tests lediglich das Vorhandensein von Fehlern, aber niemals ihre Abwesenheit zeigen können. Deshalb sollten Testfälle entworfen werden, die das Vorhandensein von Fehlern aufzeigen. Als Nebenprodukt zeigen uns die Tests, daß Funktionalität und Leistung der Software angemessen erreicht wurden und die Qualität und Zuverlässigkeit der Software insgesamt adäquat ist. Dennoch sollten wir uns davor hüten, die Software für fehlerfrei zu halten, weil einige wenige Testfälle einwandfrei abgearbeitet wurden. Dieser verhängnisvolle Trugschluß hat schon oft dazu geführt, daß Programme verfrüht freigegeben wurden.

Testprinzip 2:
Entwerfen sie Tests systematisch; verlassen Sie sich nicht nur auf Ihre Intuition

Dem Software-Ingenieur stehen mehrere ausgezeichnete Black-Box- und White-box-Testfall-Entwurfs-Methoden (die in diesem Kapitel behandelt werden) zur Verfügung. Diese Methoden ermöglichen es, Testfälle auf der Grundlage von Programmentwurfs-Merkmalen zu entwerfen.

Testprinzip 3:
Entwickeln Sie eine Teststrategie, die auf der Modulebene beginnt

Tests jeglicher Art sollten „im kleinen" ausgeführt werden. Deshalb beginnt man mit dem Testen auf der Modulebene. Erst nachdem jedes Modul einzeln getestet wurde, sollten wir zum Integrationstest übergehen, d.h., zu dem Prozeß, der uns in die Lage versetzt, das System zu konstruieren, während wir gleichzeitig die Funktionsfähigkeit im Ganzen testen.

Testprinzip 4:
Zeichnen Sie alle Testergebnisse auf und dokumentieren Sie alle Testfälle für eine erneute Anwendung bei der Software-Wartung

Die Ergebnisse der Software-Tests sind bei der Wartung außerordentlich nützlich, wenn Änderungen der Software validiert werden müssen. Eine Testmethode, die als *Regressionstest* bezeichnet wird, sieht so aus:

1. An der Software wird eine Änderung vorgenommen, die den Zweck hat, einen Fehler zu korrigieren, die Software einer Veränderung ihrer Umgebung anzupassen oder eine funktionale oder leistungsmäßige Verbesserung anzubringen.
2. Speziell auf diese Änderung abzielende Tests werden durchgeführt, um sicherzustellen, daß die mit der Änderung verbundene Modifikation korrekt implementiert wurde.
3. Mit Hilfe einer Untermenge aller Testfälle, die vor der Freigabe der Software benutzt wurden, werden regressive Tests ausgeführt, um sicherzustellen, daß die Änderung keine unvorhergesehenen Nebeneffekte hat, die an anderen Stellen des Programms zu Problemen führen könnten.

Alle Testergebnisse sollten aufgezeichnet werden, um die Bewertung der regressiven Tests zu unterstützen; außerdem sind sie ein Teil der Gesamtdokumentation über die Software-Qualitätssicherung.

Entwerfen Sie Tests mit Hilfe von White-Box-Techniken

White-Box-Testen ist eine Testfall-Entwurfs-Methode, die die Steuerstruktur des Prozedurentwurfs als Grundlage für die Auswahl von Testfällen benutzt. Mit Hilfe von White-box-Testmethoden kann der Software-Ingenieur Testfälle definieren, die (1) garantieren, daß alle Anweisungen innerhalb eines Moduls wenigstens einmal ausgeführt worden sind; (2) alle logischen Entscheidungen mindestens einmal erfüllt und einmal nicht erfüllt werden; (3) alle Schleifen mit ihren Grenzwerten und innerhalb ihrer operationalen Grenzen durchlaufen werden; und (4) interne Datenstrukturen verwendet werden, um ihre Gültigkeit sicherzustellen.

An diesem Punkt könnte folgende Frage auftauchen: „Warum sollten wir Zeit und Energie darauf verwenden, über kleinste logische Einzelheiten nachzudenken (und sie zu testen), statt uns darum zu bemühen, sicherzustellen, daß alle Programmanforderungen erfüllt sind?" Wie Boris Beizer es formuliert hat: „Fehler lauern in allen Winkeln und häufen sich an Grenzfällen." Mit Hilfe des White-Box-Testens kann man sie wahrscheinlich aufdecken.

Definieren Sie Testfälle, indem Sie die Basis-Pfad-Technik benutzen

Das *Basis-Pfad-Testen* ist eine White-Box-Test-Technik, die von Tom McCabe vorgeschlagen wurde. Bei der Basis-Pfad-Methode kann der Testfall-Entwickler ein Maß für die logische Komplexität eines Prozedurentwurfs gewinnen und dieses als Richtlinie für die Definition einer *Grundmenge* von Ausführungspfaden benutzen. Testfälle, die ausgewählt werden, um die Grundmenge auszuführen, garantiern, daß während des Testens jede Programmanweisung mindestens einmal durchlaufen wird.

Eine Grundmenge ist eine Sammlung von Programmpfaden, die in ihrer Gesamtheit die Ausführung jeder Programmanweisung gewährleisten. Um sicherzustellen, daß wir eine Grundmenge definiert haben, müssen alle Pfade in dieser Menge *unabhängige Pfade* sein, d.h., jeder Pfad muß eine neue Menge von Verarbeitungsanweisungen oder eine neue Bedingung einführen, die nicht auf anderen Pfaden der Grundmenge bereits berücksichtigt ist.

Das Festlegen einer Grundmenge wird durch die folgende Prozedur in einer PDL veranschaulicht:

```
do while Bedingung 1
  process 2;
  if Bedingung 3
    then begin
      process 4;
      process 5;
    end;
  else if Bedingung 6
      then process 6;
      then process 7;
    endif
  endif
enddo;
```

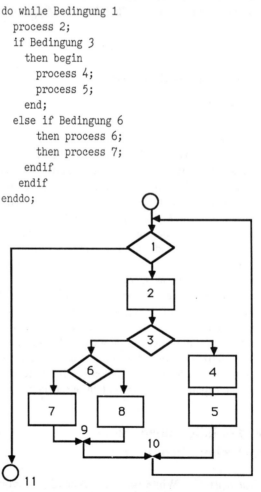

Abb. 6.3 Mit der PDL korrespondierendes Flußdiagramm

Die PDL kann auch als Flußdiagramm repräsentiert werden (s. Abb. 6.3). Beachten Sie, daß in dem Flußdiagramm zusätzlich die Positionen 9, 10 und 11 angegeben wurden, um die Darstellung des logischen Flusses, der im folgenden erörtert wird, besser zu verdeutlichen. Jedes Verzweigungssymbol des Flußdiagramms korrespondiert mit einer *einfachen Fallabfrage* (einer Fallabfrage, die nur einen logischen Operator enthält), die in der PDL durch die Bedingungen 1, 3 und 6 dargestellt ist.

Auf ein Flußdiagramm bezogen muß sich ein unabhängiger Pfad wenigstens entlang eines Pfeiles (Steuerfluß) bewegen, der vor der Definition des Pfades noch nicht durchlaufen wurde. Eine Menge unabhängiger Pfade für das Flußdiagramm in Abb. 6.3 ist beispielsweise:

Pfad 1: 1-11
Pfad 2: 1-2-3-4-5-10-1-11
Pfad 3: 1-2-3-6-8-9-10-1-11
Pfad 4: 1-2-3-6-7-9-10-1-11

Der Pfad 1-2-3-4-5-10-1-2-3-6-8-9-10-1-11 gilt nicht als unabhängiger Pfad, weil er lediglich eine Kombination bereits spezifizierter Pfade ist und keine neuen Programmanweisungen durchläuft.

Die oben definierten Pfade 1, 2, 3 und 4 enthalten eine Grundmenge für das Flußdiagramm in Abb. 6.3. Wenn Tests entworfen werden können, die die Ausführung dieser Pfade (einer Grundmenge) bewirken, wird jede Programmanweisung garantiert wenigstens einmal ausgeführt werden. Mit anderen Worten: Jede Bedingung wird einmal erfüllt und einmal nicht erfüllt. Es muß noch angemerkt werden, daß die Grundmenge nicht eindeutig festgelegt ist. Faktisch können für einen gegebenen Prozedurentwurf beliebig viele verschiedene Grundmengen ausgewählt werden.

Woher wissen wir, wie viele Pfade wir überprüfen müssen? Die Berechnung der *zyklomatischen Komplexität* – ein formales Maß für die logische Komplexität eines Moduls – hilft uns, die Antwort zu finden. Wenn er im Rahmen der Basispfad-Testmethode benutzt wird, definiert der für die zyklomatische Komplexität berechnete Wert die Zahl der *unabhängigen Pfade* in der *Grundmenge* eines Programms und gibt uns eine Obergrenze für die Zahl der Tests, die durchgeführt werden müssen, um sicherzustellen, daß alle Anweisungen wenigstens einmal ausgeführt worden sind.

Wenn der Prozedurentwurf durch ein Flußdiagramm dargestellt wurde, läßt sich die zyklomatische Komplexität leicht errechnen, wenn jedes Verzweigungssymbol eine einfache Bedingung umfaßt, d.h., eine Bedingung, die nur einen logischen Vergleich enthält. So ist beispielsweise $(a<b)$ eine einfache Bedingung, $(a<b$ **oder** $c<d)$ dagegen eine zusammengesetzte Entscheidung,

die auf zwei einfache Fallabfragen reduziert werden muß. Wenn ausschließlich einfache Bedingungen dargestellt sind, läßt sich die zyklomatische Komplexität für eine Prozedur G, bezeichnet mit $V(G)$, mit einem von drei einfachen Algorithmen errechnen: (1) durch Zählen der Bereiche, die durch Steuerfluß-Pfeile eines Flußdiagramms eingeschlossen sind, und Addition von 1; (2) durch Anwenden der Relation:

Zyklomatische Komplexität

$$V(G) = P + 1$$

wobei P die Zahl der einfachen Fallabfragen (Verzweigungssymbole) für die Prozedur G ist, oder (3) für Entwurfsdarstellungen in PDL durch Zählen der einfachen Bedingungen und Addieren von 1[2].

Wir wenden uns nun noch einmal der PDL-Prozedur und dem korrespondierenden Flußdiagramm in Abb. 6.3 zu und stellen fest, daß die zyklomatische Komplexität mit Hilfe jedes der oben beschriebenen Algorithmen berechnet werden kann:

1. Das Flußdiagramm umfaßt drei Bereiche, die durch die Schleife von Punkt 10 zu Bedingung 1 eingegrenzt sind: die Bedingung 3 if-then-else und die Bedingung 6 if-then-else. Dies ergibt eine zyklomatische Komplexität von 4.

2. $V(G)$ = 3 Verzweigungssymbole + 1 = 4.

3. Es gibt drei einfache Fallabfragen (die Bedingungen 1, 3 und 6). Somit beträgt die zyklomatische Komplexität:

   (Zahl der einfachen Fallabfragen) + 1 = 4.

Der Wert für $V(G)$ gibt uns eine Obergrenze für die Zahl der unabhängigen Pfade der Grundmenge und damit gleichzeitig eine Obergrenze für die Zahl der Tests, die entworfen und ausgeführt werden müssen, um sicherzustellen, daß alle Programmanweisungen berücksichtigt wurden.

Die Basis-Pfad-Test-Methode kann auf einen detaillierten Prozedurentwurf oder auf den Sourcecode angewendet werden. Die Einzelschritte dieser Methode sollen nun anhand der folgenden in PDL beschriebenen Prozedur erläutert werden:

---

[2] Genaugenommen braucht man zur Berechnung der zyklomatischen Komplexität nicht unbedingt Flußdiagramme zu zeichnen. Eine Überprüfung der PDL-Darstellung oder des Programmiersprachen-Sourcecodes und die Anwendung des dritten Algorithmus erfüllen den gleichen Zweck. Mit dem Flußdiagramm verfügen wir jedoch über ein „Bild" der Verarbeitungslogik des Moduls; mancher empfindet dies beim Entwerfen von Testfällen als hilfreich.

```
PROCEDURE Durchschnitt (Eingabe: Wert, Maximum, Minimum;
       Ausgabe: Durchschnitt, Gesamteingabe, Gesamtgueltig;
{Zweck:
Diese Prozedur berechnet den Durchschnitt von 100 oder weniger
Zahlen, die als Array eingegeben und mit eof (ein fest-
stehender Hinweis auf "end of file") beendet werden.
Nur die Zahlen, die zwischen den Grenzwerten Minimum und Maximum
liegen, werden bei der Berechnung des Durchschnitts be-
rücksichtigt. Die Prozedur ermittelt außerdem die Gesamtzahl
von Eingabewerten und die Zahl der gültigen Eingaben,
also der Eingabewerte, die zwischen Minimum und Maximum liegen.
}
type Wert: real array [1:100];
type Durchschnitt, Gesamtinput, Gesamtgueltig,
       Maximum, Minimum, Summe: real:
type zaehler: integer;
zaehler:= 1;
Gesamteingabe :=Gesamtgueltig :=Summe :=0;
do while Wert[Zaehler] <> eof und Gesamteingabe <100
    inkrementiere Gesamteingabe um 1;
    if Wert[Zaehler] ≥ Minimum und
       Wert[Zaehler] ≤ Maximum
       then begin
            inkrementiere Gesamtgueltig um 1;
            Summe:=Summe + Wert[Zaehler];
            end;
       else uebersprige
    endif
    inkrementiere Zaehler um 1;
enddo;
Gesamteingabe := Zaehler - 1;
if Gesamtgueltig > 0
    then Durchschnitt:= Summe / Gesamtgueltig;
    else Durchschnitt:="null";
endif
end Durchschnitt.
```

Bitte beachten Sie, daß der Algorithmus für die Berechnung von **Durchschnitt** zwar außerordentlich einfach ist, aber dennoch zusammengesetzte Bedingungen und Schleifen enthält.

Zeichnen Sie ein Flußdiagramm; benutzen Sie dabei den Entwurf oder Code als Richtschnur

Obwohl es nicht unbedingt notwendig ist, ein Flußdiagramm zu zeichnen, hilft es uns beim Berechnen der zyklomatischen Komplexität und, wichtiger noch, verschafft es uns ein grafisches Hilfsmittel für die Einschätzung, welche Pfade wir testen müssen. Wir werden nun anhand der PDL für **Durchschnitt** ein Flußdiagramm erstellen; zu diesem Zweck numerieren wir zuerst diejenigen PDL-Anweisungen, die auf entsprechende Symbole des Flußdiagramms abgebildet werden. Das Numerierungsschema (s. unten) identifiziert die Logik der Bedingungen und Verarbeitungsanweisungen innerhalb der PDL:

```
1:  zaehler:= 1;
1:  Gesamteingabe :=Gesamtgueltig :=Summe :=0;
2:  do while Wert[Zaehler] <> eof und
3:         Gesamteingabe <100
4:     inkrementiere Gesamtgueltig um 1;
5:     if Wert[Zaehler] ≥ Minimum und
6:        Wert[Zaehler] ≤ Maximum
7:        then beginn
7:           inkrementiere Gesamtgueltig um 1;
7:           Summe:=Summe + Wert[Zaehler];
7:        end;
8:        else uebersprige
8:     endif
8:     inkrementiere Zaehler um 1;
9:  enddo;
10: Gesamteingabe := Zaehler - 1;
10: if Gesamtgueltig > 0
11:    then Durchschnitt:= Summe / Gesamtgueltig;
12:    else Durchschnitt:="null";
13: endif
```

Hierbei ist zu beachten, daß bei zusammengesetzten logischen Anweisungen jeder einfachen logischen Bedingung ihre eigene Zahl zugeordnet wird; so bezieht sich Nummer 2 beispielsweise auf die Bedingung

```
Wert[Zaehler] <> eof
```

und Nummer 3 auf

```
Gesamteingabe < 100
```

Abb. 6.4 zeigt das mit der PDL für **Durchschnitt**korrespondierende Flußdiagramm.

Ermitteln Sie die zyklomatische Komplexität des Flußdiagramms

Die zyklomatische Komplexität, $V(G)$, wird mit Hilfe der oben beschriebenen einfachen Algorithmen ermittelt. Bitte denken Sie daran, daß $V(G)$ auch ohne Flußdiagramm ermittelt werden kann, indem alle Bedingungen in der PDL gezählt werden (bei der Prozedur **Durchschnitt** zählen zusammengesetzte Bedingungen als 2).

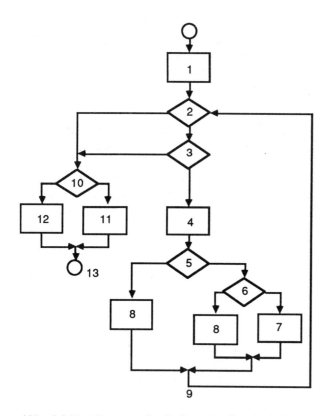

Abb. 6.4 Flußdiagramm für die Prozedur **Durchschnitt**

Betrachten wir also Abb. 6.4:

$V(G)$ = 5 eingeschlossene Bereiche + 1 = 6
$V(G)$ = 5 Entscheidungen + 1 = 6

Sie werden nun feststellen, daß die für $V(G)$ ermittelte Zahl eine Obergrenze für die Zahl der Testfälle darstellt, die ausgeführt werden müssen, um sicherzustellen, daß alle Programmanweisungen berücksichtigt wurden.

Legen Sie eine Grundmenge von linear unabhängigen Pfaden fest

Der Wert von $V(G)$ gibt uns die Zahl der linear unabhängigen Pfade durch die Steuerstruktur des Programms an. Bei der Prozedur **Durchschnitt** erwarten wir, daß sechs Pfade festgelegt werden müssen:

Pfad 1: 1-2-10-11-13   Pfad 4: 1-2-3-4-5-8-9-2-...
Pfad 2: 1-2-10-12-13   Pfad 5: 1-2-3-4-5-6-8-9-2-...
Pfad 3: 1-2-3-10-11-13   Pfad 6: 1-2-3-4-5-6-7-8-9-2-...

Die Auslassung (...) am Ende der Pfade 4, 5 und 6 bedeutet, daß jeder Pfad durch den Rest der Programmlogik akzeptabel ist. Oft ist es der Mühe wert, Entscheidungspunkte als Hilfe bei der Erstellung von Testfällen zu benutzen. In diesem Fall sind 2, 3, 5, 6 und 10 solche Entscheidungspunkte.

Definieren Sie Testfälle, die die Ausführung jedes Pfades der Grundmenge veranlassen

Die Daten sollten so ausgewählt werden, daß beim Testen jedes Pfades die Bedingungen an den Entscheidungspunkten angemessen festgelegt werden. Testfälle, die die Kriterien der oben beschriebenen Grundmenge erfüllen, sind:

Pfad 1 Testfall:

Wert(k) = gültige Eingabe für $k = i - 1$ und i wie unten definiert

Wert(i) < eof für $2 \leq i < 100$

Erwartete Ergebnisse: korrekter Durchschnitt, basierend auf k Werten und richtigen Gesamt-Eingaben
Bemerkung: kann nicht für sich allein getestet werden; muß als Teil der Tests für Pfad 4, 5 und 6 getestet werden.

Pfad 2 Testfall:

Wert(1) = eof

Erwartete Ergebnisse: Durchschnitt = „null"; alle anderen Variablen haben die Anfangswerte.

Pfad 3 Testfall:

Versuch, 101 oder mehr Werte zu verarbeiten
die ersten 100 Werte sollten gültig sein

Erwartete Ergebnisse: wie Testfall 1

Pfad 4 Testfall:

Wert(i) = gültige Eingabe für $2 \leq i < 100$

Wert(k) < Minimum für $k \leq i$

Erwartete Ergebnisse: korrekter Durchschnitt basierend auf i-1 Werten und richtigen Gesamteingaben

Pfad 5 Testfall:

Wert(i) = gültige Eingabe für $2 \leq i < 100$

Wert(k) > Maximum für $k \leq i$

Erwartete Ergebnisse: korrekter Durchschnitt basierend auf ^-1 Werten und richtigen Gesamteingaben

Pfad 6 Testfall:

Wert(i) = gültige Eingabe für i < 100

Erwartete Ergebnisse: korrekter Durchschnitt basierend auf *i* Werten und richtigen Gesamteingaben

Jeder Testfall wird ausgeführt und mit den erwarteten Ergebnissen verglichen. Nachdem alle Tests abgeschlossenn sind, kann der Software-Ingenieur sicher sein, daß jede Programmanweisung mindestens einmal ausgeführt wurde.

Anzumerken ist noch, daß einige unabhängige Pfade (hier z.B. Pfad 1) nicht für sich allein getestet werden können, d.h., die Kombination von Daten, die zum Durchlaufen des Pfades erforderlich ist, kann im normalen Programmfluß nicht erreicht werden. In solchen Fällen werden diese Pfade als Teil eines anderen Pfadtests getestet.

Basispfad-Methoden eignen sich gut für den Entwurf von Testfällen für kleinere Programme (weniger als 100 Sourcecode-Zeilen) und für selektive Tests bestimmter Programm-Module. Mit dieser Methode alle Module in einem umfangreichen Programm zu testen, ist jedoch oft unmöglich. In der Regel behalten wir uns die Basispfad-Methode für Module vor, die eine hohe zyklomatische Komplexität aufweisen [im allgemeinen *V/G*7]. Hinzu kommt, daß die manuelle Anwendung von Basispfad-Methoden bei umfangreichen Programmen ermüdend (und selbst wiederum fehleranfällig) sein kann. Es gibt eine Reihe automatisierter Software-Tools, die die Entwicklung von Testfällen für die Basispfad-Methode unterstützen.

Benutzen Sie Schleifentest-Techniken, um Fehler in Schleifen zu entdecken

Schleifen sind das Grundelement der großen Mehrzahl aller in Software implementierten Algorithmen. Dennoch widmen wir ihnen bei den Software-Tests oft zu wenig Beachtung.

Schleifentests sind eine White-Box-Test-Technik, die sich ausschließlich auf die Gültigkeit von Schleifen-Konstrukten richtet. Vier Klassen von Schleifen lassen sich definieren: *einfache Schleifen, verkettete Schleifen, verschachtelte Scheifen* und *unstrukturierte Schleifen* (Abb. 6.5).

Bei der Basispfad-Analyse werden alle unabhängigen Pfade innerhalb einer Schleife herausgearbeitet. Dennoch ist eine zusätzliche Menge spezieller Tests für jeden Schleifentyp empfehlenswert. Diese Tests haben den Zweck, Initialisierungsfehler, Indexierungs- oder Inkrementierungsfehler und Grenzfehler, die an Schleifengrenzen auftreten, aufzudecken.

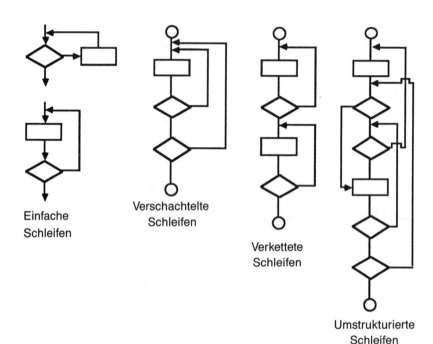

Abb. 6.5 Schleifen-Typen

Einfache Schleifen. Die folgende Testmenge sollte auf einfache Schleifen angewendet werden, wobei n die maximale Anzahl zulässiger Schleifendurchgänge ist.

1. Überspringe die Schleife.
2. Nur ein Schleifendurchgang.
3. Zwei Schleifendurchgänge.
4. m Schleifendurchgänge, wenn $m < n$ ist.
5. $n-1$, n, $n+1$ Schleifendurchgänge.

Verschachtelte Schleifen. Wenn wir die Testmethode für einfache Schleifen für das Testen verschachtelter Schleifen erweitern müßten, würde die Zahl der möglichen Tests proportional zum Grad der Verschachtelung zunehmen. Das Ergebnis wäre eine nicht mehr handhabbare Zahl von Tests. Beizer[3] schlägt eine Methode vor, die dabei helfen soll, die Zahl der Tests zu vermindern:

---

[3] Beizer, B., *Software Testing Techniques*, Van Nostrand-Reinhold, 1983.

1. Beginnen Sie bei der innersten Schleife. Setzen Sie alle anderen Schleifen auf Minimum-Werte.
2. Führen Sie für die innerste Schleife einfache Schleifentests aus, während Sie die äußeren Schleifen auf ihrem Minimum-Iterations-Parameter- (z.B. Schleifenzähler)-Werten halten. Führen Sie weitere Tests für Überschreitungen des Wertebereichs und unzulässige Werteingaben durch.
3. Arbeiten Sie von innen nach außen; führen Sie Tests für die nächste Schleife durch, aber halten Sie alle anderen äußeren Schleifen auf Minimumwerten und andere verschachtelte Schleifen auf „typischen" Werten.
4. Fahren Sie fort, bis Sie alle Schleifen getestet haben.

Verkettete Schleifen. Verkettete Schleifen können mit der oben definierten Methode für einfache Schleifen getestet werden, wenn jede der Schleifen von den anderen unabhängig ist. Zwei Schleifen sind voneiander unabhängig, wenn die Abarbeitung der ersten Schleife keine direkten Auswirkungen auf die Abarbeitung der zweiten Schleife hat. Wenn die Schleifen jedoch nicht voneinander unabhängig sind (z.B. der Schleifenzähler für Schleife 1 als Anfangswert für Schleife 2 benutzt wird), empfiehlt sich die Testmethode für verschachtelte Schleifen.

Unstrukturierte Schleifen. Wann immer es möglich ist, sollte diese Klasse von Schleifen neu entworfen werden, um den Gebrauch von Konstrukten der Strukturierten Programmierung widerzuspiegeln (Kapitel 4).

Um die Anwendung von Schleifentests zu verdeutlichen, betrachten wir eine Prozedur zur Ausführung eines Quicksort-Verfahrens.[4]

```
procedure Quicksort (Anfang, Ende: integer; var Daten:
TheArrayType));
{
Dieses Modul sortiert rekursiv ein Array mit dem Namen Daten
mittels des Quicksort-Algorithmus. Das Array ist durch die
Werte Anfang und Ende begrenzt.
}
var Anfangswert; links, rechts, temp: integer;
begin {procedure Quicksort}
    links :=anfang;
    rechts := ende;
    Anfangswert :=Daten [(anfang+ende) div 2];
```

---

[4] Das *Quicksort-Verfahren*, auch als *partition exchange sort* bezeichnet, ist einer der besseren Algorithmen zum Sortieren von Elementen in einer Liste.

```
repeat
while Daten[links]<Anfangswert do
   links :=links+1;  {finde einen größeren Wert links}
while Anfangswert < Daten[rechts] do
   rechts :=rechts - 1;    {finde einen kleineren Wert rechts}
   if links <= rechts then begin {wenn wir nicht zu
                                  weit gegangen sind}
   temp := Daten [links];  {austauschen}
      Daten[links] :=Daten[rechts];
      Daten[rechts] := temp;
      links := links + 1;
      rechts := rechts - 1;
   end;
   until rechts <= links;
   if start<rechts then Quicksort (start, rechts, Daten);
   if links<ende then Quicksort (links, ende Daten)
end;
```

Die **Quicksort**-Prozedur enthält drei Schleifen. Zwei kleine *while-do*-Schleifen sind in einer größeren *repeat-until*-Schleife verschachtelt. Wir wenden nun das Testverfahren für verschachtelte Schleifen an und beginnen mit einer der innersten Schleifen (in diesem Fall genügt eine der beiden *while-do*-Schleifen). Wählen wir beispielsweise die Schleife

```
while Daten[links] < Anfangswert do
   links := links + 1
```

Für die erste Menge von Testfällen sollten die Werte der äußeren Schleifen auf Minimum- (oder Anfangs-) Werte gesetzt werden. Deshalb sollten anfang und ende Anfangswerte sein (ein Test-Array, Daten, das 10 Werte enthält, vorausgesetzt, sind anfang und ende 1 bzw. 10). Nun werden die Tests für einfache Schleifen angewendet:

Testfall 1. Überspringe die Schleife.

Daten [1] ≥ Anfangswert

Erwartete Ergebnisse: links = Start nach Schleifenausgang

Testfall 2. Ein Schleifendurchgang.

Daten [1] < Anfangswert; Daten [2] ≥ Anfangswert

Erwartete Ergebnisse: links = Start + 1 nach Schleifenausgang

Testfall 3. Zwei Schleifendurchgänge

Daten [i] < Anfangswert, wenn i ≤ 2
Daten [k] ≥ Anfangswert, wenn k > 2

Erwartete Ergebnisse: links = start + k − 1 nach Schleifenausgang

Testfall 4. Ein allgemeiner Test mit *m*-Durchgängen. Zum Beispiel:

Daten[1..10] = 2,1,3,7,5,4,3,8,9,6, wenn Anfangswert = 5
Erwartete Ergebnisse: links=start + 4

Testfälle 5,6. Obergrenzen-Tests.

Daten[p − 1] ≥ Anfangswert und Daten[p] ≥ Anfangswert, wenn p = Zahl der Array-Elemente einschließlich Anfangswert

Erwartete Ergebnisse:
  links = start + p − 1; Testfall 5.
  links = start + p; Testfall 6.

Die Testdaten für jeden der oben beschriebenen Testfälle werden durch die Inhalte des Eingabe-Arrays, Daten, kontrolliert. Daten enthält die zu sortierenden Zahlen. Zu Testzwecken wird eine Arraygröße von nicht mehr als 10 empfohlen. Eine entsprechende Testmenge würde auf die andere *while-do*-Schleife angewandt werden.

Als nächstes müßte ein Satz von Testfällen für die äußere Repeat-until-Schleife definiert werden. Die Werte für rechts und links müßten so festgelegt werden, daß damit die fünf für einfache Schleifen definierten Tests ausgeführt werden können.

An dieser Stelle werden Sie sich möglicherweise fragen: „Ich führe nicht einmal annähernd so viele Tests durch wie hier beschrieben. Außerdem, wer hat schon so viel Zeit?"

Um Software vollständig zu testen, muß ein Software-Ingenieur bereit sein, dem Testen mehr Zeit zu widmen, als das in der Vergangenheit der Fall war. Natürlich ist es nicht immer notwendig, jeden Pfad und jede Schleife zu testen. In manchen Fällen ist es unmöglich, die Daten bestimmte Pfade oder Schleifen durchlaufen zu lassen. In anderen können Kombinationen von Tests einen zweifachen Zweck erfüllen. In wiederum anderen sind einige Tests im Hinblick auf bestimmte Probleme einfach überflüssig. Um das Testen kommen wir jedoch nicht herum, und je gründlicher wivr beim Entwerfen der Testfälle vorgehen, desto besser ist die Qualität der Software, die an den Kunden ausgeliefert wird.

Entwerfen sie Testfälle mittels Black-Box-Techniken

Black-Box-Test-Methoden richten sich auf die funktionalen Anforderungen an die Software. Beim Black-Box-Testen kann der

Software-Ingenieur Mengen von Eingabe-Bedingungen festlegen, die alle funktionalen Anforderungen an das Programm vollständig abdecken. Das Black-Box-Testen ist keine Alternative zu White-Box-Techniken, sondern ein ergänzender Ansatz, mit dessen Hilfe wahrscheinlich eine andere Klasse von Fehlern als mit White-Box-Methoden aufgedeckt wird.

Black-Box-Tests sollen Fehler der folgenden Kategorien aufdecken: (1) unkorrekte oder fehlende Funktionen, (2) Schnittstellen-Fehler, (3) Fehler in Datenstrukturen oder im Zugriff auf externe Datenbanken, (4) Leistungs-Fehler und (5) Initialisierungs- und Terminierungsfehler.

Anders als White-Box-Tests, die schon zu Anfang des Testprozesses durchgeführt werden, werden Black-Box-Tests meistens in späteren Testphasen ausgeführt. Da beim Black-Box-Test die Steuerstruktur absichtlich ignoriert wird, liegt der Schwerpunkt bei den zu verarbeitenden Daten. Die zu entwerfenden Tests sollen folgende Fragen beantworten:

- Wie wird die funktionelle Gültigkeit getestet?
- Welche Eingabeklassen sind für Testfälle besonders gut geeignet?
- Ist das System besonders sensitiv für bestimmte Eingabe-Werte?
- Wie werden die Grenzen einer Datenklasse bestimmt?
- Welche Datenrate und welches Datenvolumen kann das System tolerieren?
- Welche Auswirkungen haben bestimmte Datenkombinationen auf die Systemfunktionalität?

Äquivalenzklassenbildung ist eine Black-Box-Testmethode, die den Eingabebereich eines Programms in Datenklassen unterteilt, aus denen Testfälle gewonnen werden können. Die Äquivalenzklassenbildung hat das Ziel, einen Testfall zu definieren, der ganze Fehlerklassen aufdeckt (z.B. unkorrekte Verarbeitung aller Buchstaben-Daten) und dadurch die Gesamtanzahl der zu definierenden Testfälle vermindert.

Der Entwurf von Testfällen basiert auf einer Evaluierung von *Äquivalenzklassen* für eine Eingabebedingung. Eine Äquivalenzklasse repräsentiert eine Menge von gültigen oder ungültigen Zuständen für Eingabebedingungen. In der Regel ist eine Eingabebedingung entweder ein bestimmter numerischer Wert, ein Wertebereich, eine Menge von zusammenhängenden Werten oder eine boolesche Bedingung (wahr oder falsch). Für die Definition von Äquivalenzklassen gibt es folgende Richtlinien:

1. Wenn eine Eingabebedingung einen Bereich spezifiziert, werden eine gültige und zwei ungültige Äquivalenzklassen definiert.
2. Wenn eine Eingabebedingung einen bestimmten Wert erfordert, werden eine gültige und zwei ungültige Äquivalenzklassen definiert.
3. Wenn eine Eingabebedingung ein Element einer Menge spezifiziert, werden eine gültige und eine ungültige Äquivalenzklasse definiert.
4. Bei einer booleschen Eingabebedingung werden eine gültige und eine ungültige Klasse definiert.

Als Beispiel betrachten wir nun Daten, die innerhalb eines automatischen Bank-Systems gespeichert sind. Der Benutzer kann die Bank über seinen Mikrocomputer „anwählen", ein sechsstelliges Paßwort eingeben und mit einer Reihe von Schlüsselwort-Befehlen verschiedene Bankfunktionen aufrufen. Die Software dieses Banksystems akzeptiert Daten in der Form:

Vorwahlnummer − Keine oder fünfstellige Zahl

Anschlußnummer − dreistellige Zahl, die nicht mit 0 oder 1 beginnt

Durchwahlnummer − vierstellige Zahl

Paßwort − sechsstelliger alphanumerischer Wert

Befehle − „Scheck", „Einzahlung", „Überweisung", ...

Die Eingabebedingungen für jedes Datenelement der Bank-Applikation sind folgendermaßen definiert:

Vorwahlnummer: Eingabebedingung, boolesch − die Vorwahlnummer kann vorhanden sein oder auch nicht; Eingabebedingung, Bereich − Werte definiert zwischen xxxx und xxxxx, mit bestimmten Randbedingungen (z.B. beginnen alle Vorwahlnummern mit 0 und haben höchstens 5 Ziffern).

Anschlußnummer: Eingabebedingung, Bereich − festgelegter Wert > 211; 0 darf nicht vorkommen

Durchwahlnummer: Eingabebedingung, Wert − vierstellig.

Paßwort: Eingabebedingung, boolesch − ein Paßwort kann vorhanden sein oder auch nicht; Eingabebedingungen, Wert − String mit sechs Zeichen.

Befehl: Eingabebedingung, Menge — enthält Schlüsselwort-Befehle.

Mit Hilfe der Richtlinien für die Gewinnung von Äquivalenzklassen können Testfälle für jedes Datenelement des Eingabebereichs entwickelt und ausgeführt werden. Die Testfälle werden so ausgewählt, daß die größte Zahl von Attributen einer Äquivalenzklasse auf einmal ausgeführt wird.

Für die Banksoftware werden drei allgemeine Äquivalenzklassen ausgewählt:

Klasse 1. Telefonnummer-Daten
Klasse 2. Paßwort-Daten
Klasse 3. Befehls-Daten

Die Telefonnummer-Daten (Klasse 1) lassen sich wiederum in drei Unterklassen gliedern:

Klasse 1.1 Vorwahlnummer-Eingabe
Klasse 1.2 Anschlußnummer-Eingabe
Klasse 1.3 Durchwahlnummer-Eingabe

Deshalb werden fünf Mengen von Testfällen definiert, so daß jede der Äquivalenzklassen ausgeführt wird. Wir folgen dabei den bereits dargelegten Richtlinien für die Äquivalenz-Untergliederung:

Testfall 1 (Klasse 1.1)
Eingabe: eine gültige Vorwahlnummer mit der gültigen Nummer 0555-555-5555
Erwartetes Ergebnis: gültige Nummer wird gewählt

Testfall 2 (Klasse 1.1)
Eingabe: eine ungültige Vorwahlnummer mit der gültigen Nummer 555-5555
Erwartetes Ergebnis: Fehlermeldung für ungültige Vorwahlnummer

Testfall 3 (Klasse 1.1)
Eingabe: keine Vorwahlnummer und Nummer 555-5555
Erwartetes Ergebnis: gültige Nummer wird gewählt

Entsprechende Tests werden für die **Anschlußnr.**- und **Durchwahlnr.**-Werte definiert.

Testfall k (Klasse 2)
Eingabe: gültiges Paßwort mit sechs Zeichen
Erwartetes Ergebnis: Paßwort wird akzeptiert

Testfall k+1 (Klasse 2)
Eingabe: ungültiges Paßwort
Erwartetes Ergebnis: Wiederholen Sie die Eingabe

Weitere Tests der Klasse 2 für ungültige Zeichen etc. müßten noch definiert werden.

Testfall m (Klasse 3)
Eingabe: ein Beispiel für jeden gültigen Befehl
Erwartetes Ergebnis: korrekte Verarbeitung entsprechend Befehl

Testfall m+1 (Klasse 3)
Eingabe: ungültiger Befehl
Erwartetes Ergebnis: Wiederholen Sie die Eingabe

Jeder der oben beschriebenen Testfälle gilt für eine Datenklasse.

Aus noch nicht völlig geklärten Gründen treten meistens mehr Fehler an den Grenzen der Eingabeklasse als im „Zentrum" der in einer Klasse enthaltenen Daten auf. Deshalb wurde die *Grenzwertanalyse – boundary value analyse – (BVA)* entwickelt. Die Grenzwertanalyse ist eine Testfall-Entwurfstechnik, die die Äquivalenzklassenbildung ergänzt. Statt jedes Element einer Äquivalenzklasse zu berücksichtigen, werden bei der Grenzwertanalyse Testfälle an den „Rändern" der Klasse ausgewählt. Dabei richtet sich die Grenzwertanalyse nicht nur auf die Eingabebedingungen, sondern berücksichtigt bei der Testfall-Definition auch den Ausgabebereich.

Grenzwertanalyse ergänzt Äquivalenzklassenbildung

Die Richtlinien für Grenzwertanalysen entsprechen im großen und ganzen denen für die Äquivalenzklassenbildung.

1. Wenn eine Eingabebedingung einen Bereich spezifiziert, der von den Werten *a* und *b* begrenzt wird, sollten Testfälle entworfen werden, die die Werte *a* und *b* benutzen. Außerdem sollten Testfälle definiert werden, deren Werte gerade über und unter *a* und *b* liegen.

2. Wenn eine Eingabebedingung mehrere Werte spezifiziert, sollten Testfälle entwickelt werden, die die Minimum- und Maximum-Werte ausführen. Werte gerade über und unter Minimum und Maximum werden ebenfalls getestet.

3. Wenden Sie die Richtlinien 1 und 2 auf Ausgabebedingungen an. Nehmen wir z.B. an, daß als Ausgabe eines Meßdaten-Analyse-Programms eine Temperatur- vs. Druck-Tabelle erforderlich ist. Nun sollen Testfälle entworfen werden, die einen Ausgabe-Report hervorbringen, der die maximal (und minimal) zulässige Zahl von Tabelleneinträgen erzeugt.

4. Wenn interne Programmdatenstrukturen festgelegte Grenzen haben (z.B. ein Arrray mit einem festgelegten Limit von 100 Einträgen), müssen Sie unbedingt einen Testfall entwerfen, der die Datenstruktur an ihren Grenzen überprüft.

Die meisten Software-Ingenieure führen in bestimmtem Umfang intuitiv Grenzwertanalysen aus. Wenn Sie sich an die oben dargelegten Richtlinien halten, werden Ihre Grenzwerttests vollständiger sein; zugleich wird die Wahrscheinlichkeit, daß Sie Fehler entdecken, zunehmen.

Eine letzte Bemerkung zum Entwurf von Testfällen: Bitte denken Sie daran, daß Black-Box-Tests möglichst vollständig definiert werden sollten. Äquivalenzklassenbildung und Grenzwertanalyse sollten benutzt werden, um so viele Testfälle zu entwickeln, wie erforderlich sind, um alle Eingabeklassen für ein Programm gründlich durchzutesten. Anders als White-Box-Techniken, die bei umfangreichen Programmen oft selektiv angewendet werden, sind Black-Box-Tests für Programme jeder Größe geeignet.

Überprüfen Sie die Software-Test-Strategie, um sicherzustellen, daß sie vollständig ist

Wenn ein Software-Ingenieur auch für das Testen seiner Programme verantwortlich ist, gerät er in einen Interessenkonflikt. Weil er auf die Analyse, den Entwurf und die Implementierung seines Programms so viel Zeit verwendet hat, tendiert er dazu, das Programm behutsam zu behandeln. Er führt zwar Tests durch, doch diese sind wahrscheinlich nicht so streng wie solche, die von jemandem entworfen wurden, der kein persönliches Interesse daran hat, „zu zeigen, daß das Programm läuft" und es rechtzeitig auszuliefern.

Um ein objektives Urteil in bezug auf die Vollständigkeit der Tests zu ermöglichen, sollte ein Plan für die Software-Tests dokumentiert und überprüft werden; dabei sollten folgende Gesichtspunkte berücksichtigt werden:

1. Wurden die wesentlichen Testschritte angemessen definiert und in die richtige Reihenfolge gebracht?

2. Lassen sich die Tests auf Validierungskriterien/-Anforderungen, die als Teil der Problemanalyse aufgestellt wurden, zurückführen?

3. Werden die wesentlichen Software-Funktionen früh demonstriert?

4. Wurde ein Test-Zeitplan explizit definiert?

5. Wurden Test-Ressourcen und -Werkzeuge bestimmt, und sind diese verfügbar?
6. Wurde dafür gesorgt, daß die Testergebnisse automatisch festgehalten werden?
7. Wurden Test-Treiber und -Stümpfe definiert, und wurde die zu ihrer Entwicklung benötigte Arbeit im Zeitplan berücksichtigt?
8. Wurden sowohl White- als auch Black-Box-Tests definiert?
9. Wurden alle unabhängigen logischen Pfade getestet?
10. Wurden alle Testfälle beschrieben und mit den erwarteten Ergebnissen aufgelistet?
11. Muß die Fehlerbehandlung getestet werden?
12. Müssen Grenzwerte getestet werden?
13. Müssen Timing und Leistung getestet werden?

In einigen großen Software-Häusern wird eine *unabhängige Testgruppe* (UTG) eingesetzt, die für die letzten Phasen der Software-Tests verantwortlich ist. Wie der Name schon sagt, besteht die unabhängige Testgruppe aus anderen Mitarbeitern als den Mitgliedern des Software-Entwicklungs-Teams. Ihre Hauptaufgabe besteht darin, die Software zu „knacken" – d.h., Fehler zu entdecken, bevor die Software freigegeben wird. Da die unabhängige Gruppe damit beauftragt ist, Fehler zu finden, gerät sie nicht in den „Interessenkonflikt", der zuweilen Software-Ingenieure quält, die ihre eigenen Programme testen müssen.

Machen Sie sich klar, daß Debugging eine Konsequenz der Software-Tests ist

Wir haben in diesem Kapitel festgestellt, daß das Testen von Software ein Prozeß ist, der systematisch geplant und festgelegt werden kann. Man kann eine Strategie entwerfen, Testfälle definieren und ausführen und die Ergebnisse vor dem Hintergrund zuvor beschriebener Erwartungen bewerten.

Das *Debugging* geschieht im Anschluß an erfolgreiches Testen. Wenn durch einen Testfall ein Fehler entdeckt wurde, wird dieser Fehler durch den Prozeß des Debugging beseitigt. Obwohl Debugging ein planmäßiger Prozeß sein kann und sollte, ist es dennoch in hohem Grade auch eine Kunst. Wenn ein Software-Ingenieur Testergebnisse bewertet, muß er oft aus den *Symptomen* auf das eigentliche Software-Problem schließen; die externe Ausprägung des Fehlers und seine interne Ursache stehen möglicher-

Debugging folgt auf Testen

weise in keinem sichtbaren Zusammenhang. Der noch kaum erforschte geistige Prozeß, Symptom und Ursache miteinander zu verbinden, ist das *Debugging*.

Debugging ist *nicht* das gleiche wie Testen, tritt aber immer als Konsequenz des Testens auf.[5] Wenn wir Abb. 6.6 betrachten, sehen wir, daß der Debugging-Prozeß mit der Ausführung eines Testfalls beginnt. Bei der Beurteilung der Ergebnisse wird eine mangelnde Übereinstimmung zwischen den erwarteten und den tatsächlichen Resultaten festgestellt. In vielen Fällen ist diese mangelnde Übereinstimmung der Daten ein Symptom für eine noch unentdeckte Ursache. Beim Debugging soll nun das Symptom mit seiner Ursache verknüpft werden, damit der Fehler korrigiert werden kann.

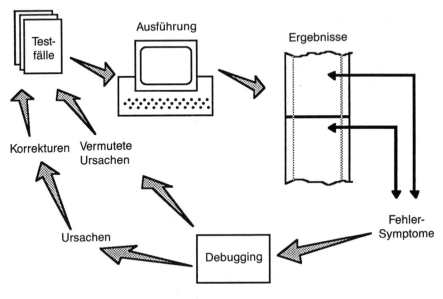

Abb. 6.6 Der Debugging-Prozeß

Wenden Sie einen Satz von Debugging-Prinzipien an, wenn ein Fehler oder ein Symptom entdeckt wurden

Es ist schwierig, „Rezepte" für den Debugging-Prozeß vorzuschlagen. Oft beruht das rasche Entdecken einer Fehlerursache auf einer Kombination aus folgerichtigem Denken, systematischem

---

[5] Mit dieser Aussage vertreten wir die allgemeinste Sicht des Testens. Nicht nur der Software-Ingenieur testet die Software vor der Freigabe, sondern auch der Kunde „testet" jedesmal, wenn er ein Programm benutzt, die Software!

Testen und Glück. Wir können unsere Erfolgschancen bei dieser zuweilen frustrierenden Tätigkeit jedoch dadurch steigern, daß wir uns an einen einfachen Satz von Debugging-Prinzipien halten.

Debugging-Prinzip 1:
Beurteilen Sie das Symptom sorgfältig und versuchen Sie, eine plausible Hypothese für seine Ursache aufzustellen

Der Debugging-Prozeß hat immer eines von zwei Ergebnissen: (1) der Fehler (die Symptomursache) wird entdeckt, korrigiert und beseitigt, oder (2) der Fehler wird nicht entdeckt. Im zweiten Fall wird derjenige, der das Debugging ausführt, wahrscheinlich eine Ursache vermuten, einen Testfall entwerfen, der seinen Verdacht bestätigen oder entkräften könnte, und iterativ auf eine Fehlerkorrektur hinarbeiten.

Warum ist das Debugging so schwierig? Höchstwahrscheinlich könnte die Psychologie diese Frage eher beantworten als die Software-Technologie. Ein paar Merkmale von Bugs geben uns jedoch einige Anhaltspunkte:

1. Symptom und Ursache können räumlich voneinander entfernt sein; das Symptom taucht vielleicht in einem bestimmten Programmteil auf, während die Ursache tatsächlich an einem weit entfernten Punkt liegen kann. Stark gekoppelte Programmstrukturen (Kapitel 4) verschlimmern diese Situation noch.

2. Das Symptom kann (vorübergehend) verschwinden, wenn ein anderer Fehler korrigiert wird.

3. Das Symptom kann durch Pseudofehler verursacht worden sein (z.B. durch Rundung).

4. Das Symptom kann durch einen Bedienungsfehler verursacht worden sein, der sich kaum zurückverfolgen läßt.

5. Das Symptom kann ein Ergebnis von Timing-Problemen statt von Verarbeitungsproblemen sein.

6. Es kann sich als schwierig erweisen, die Eingabebedingungen exakt zu reproduzieren (z.B. bei einer Realzeit-Anwendung, in der die Reihenfolge der Eingaben nicht festgelegt ist).

7. Das Symptom tritt vielleicht nur zeitweilig auf. Dies kommt besonders in eingebetteten Systemen vor, in denen Hard- und Software fest miteinander verbunden sind.

Beim Debugging stoßen wir auf Fehler, die sich von etwas störend (z.B. ein unkorrektes Ausgabeformat) bis hin zu katastrophal (z.B. ein Systemversagen, das schwerwiegende wirtschaftliche oder physische Schäden nach sich zieht) erstrecken. Je schwerwiegender die Folgen eines Fehlers sein können, desto größer ist auch der Druck, seine Ursachen aufzuspüren. Dieser Druck bewirkt oft, daß ein Software-Entwickler den einen Fehler behebt, gleichzeitig jedoch ungewollt zwei neue Fehler in das System einbringt.

Ungeachtet der gewählten Methode hat das Debugging ein vorrangiges Ziel: die Ursache eines Software-Fehlers zu finden und zu beseitigen. Im allgemeinen können drei Kategorien von Debugging-Methoden vorgeschlagen werden: „Brute force", Backtracking und Ursachenbeseitigung.

Brute force ist wahrscheinlich die gebräuchlichste, aber auch die ineffizienteste Methode, die Ursache eines Software-Fehlers einzukreisen. Brute-force-Methoden wenden wir nur dann an, wenn alle anderen Mittel versagt haben. Vor dem Hintergrund einer „Soll doch der Computer den Fehler finden"-Philosophie werden Speicherabzüge gemacht und Ablaufverfolgungen aufgerufen, und das Programm wird mit **writeln**-Anweisungen überfrachtet. Wir hoffen, dadurch irgendwo im Sumpf der erzeugten Information einen Anhaltspunkt für die Fehlerursache zu finden. Obwohl diese Erzeugung von Informationsmassen eventuell irgendwann zum Erfolg führt, wird dabei oft Zeit und Mühe vergeudet. Am Anfang sollte deshalb das Nachdenken stehen.

Backtracking ist eine ziemlich gebräuchliche Debugging-Methode, die in kleinen Programmen mit Erfolg benutzt werden kann. Beginnend bei dem Punkt, an dem ein Symptom entdeckt wurde, wird der Sourcecode (manuell) zurückverfolgt, bis die Ursache gefunden ist. Mit zunehmender Zahl der Programmzeilen wird die Zahl der möglichen Rückwärtspfade leider so groß, daß diese Methode aus praktischen Gründen undurchführbar wird.

Die dritte Methode des Debugging − *Ursachenbeseitigung* − basiert auf Induktion und Deduktion. Daten, die mit dem entdeckten Fehler im Zusammenhang stehen, werden so organisiert, daß mögliche Ursachen eingekreist werden können. Dann stellt man eine „Ursachenhypothese" auf und versucht, sie anhand dieser Daten zu beweisen oder zu widerlegen. Die andere Möglichkeit besteht darin, alle in Frage kommenden Ursachen aufzulisten und anschließend Tests durchzuführen, um jede Möglichkeit auszuschließen. Wenn die ersten Tests darauf hindeuten, daß eine bestimmte Ursachenhypothese erfolgversprechend ist, werden die Daten verfeinert, um den Fehler einzukreisen.

Debugging-Prinzip 2: Benutzen Sie Debugging-Werkzeuge, soweit sie verfügbar sind

Jede der hier beschriebenen Debugging-Methoden kann durch Debugging-Werkzeuge ergänzt werden. Wir verfügen über ein breites Spektrum von Debugging-Compilern, dynamischen

Debugging-Hilfen („Tracers"), automatischen Testfal-Generatoren, Speicherabzügen und Cross-Referenz-Tabellen. Viele Software-Entwicklungs-Umgebungen unterstützen dynamische Debugging-Tools, die es dem Software-Ingenieur ermöglichen, innerhalb seines Sourcecodes Breakpoints zu setzen und das Programm dann Anweisung für Anweisung laufen zu lassen, um dabei die Inhalte von Speicherstellen oder Registern zu überprüfen. Solche Werkzeuge sind interaktiv und können uns zu wesentlichen Einblicken in die Ursache eines Fehlers verhelfen. Dennoch muß angemerkt werden, daß Tools kein Ersatz für eine sorgfältige Analyse sind, die auf einem vollständigen Softwareentwurfs-Dokument und einem übersichtlichen Sourcecode basiert.

**Debugging-Prinzip 3:
Nehmen Sie die Hilfe eines Kollegen in Anspruch, wenn die Ursache unklar bleibt**

Jede Aufzählung von Debugging-Methoden und -werkzeugen ist unvollständig, wenn ein mächtiger Verbündeter unerwähnt bleibt: andere Menschen! Jeder von uns erinnert sich sicherlich daran, wie er irgendwann stunden- und tagelang über einem hartnäckigen Fehler gebrütet hat. Zufällig kommt ein Kollege vorbei, dem wir das Problem verzweifelt erklären und das Listing zeigen. Augenblicklich (so scheint es jedenfalls) ist die Fehlerursache entdeckt, und der Kollege schlendert selbstgefällig grinsend weiter. Ein völlig neuer Gesichtspunkt, noch ungetrübt durch Stunden der Frustration, kann Wunder wirken. Eine letzte Maxime für das Debugging könnte deshalb lauten: *„Wenn nichts mehr hilft, dann laß dir helfen."*

Was das für Sie bedeutet

Es gibt wohl kaum etwas Peinlicheres als folgende Situation: Sie haben sehr viel Zeit und Energie aufgewendet, um ein Computerprogramm zu analysieren, zu entwerfen und zu implementieren. Sie haben einige Tests durchgeführt, und alles scheint erwartungsgemäß zu funktionieren. Sie bringen das Programm zu Ihrem Kunden und beginnen mit der Vorführung. Und was passiert? Es versagt bereits in der ersten Minute!

Sie haben die Software zweifellos mit einigen Testfällen getestet; das reicht jedoch nicht aus, um qualitativ hochwertige Software zu erstellen. Eine Teststrategie, die das Ausführen von Testfällen und die Konstruktion des Programms kombiniert, muß geplant werden. Testfälle sollten mit Hilfe von Techniken entworfen werden, die sich auf interne Verarbeitungsmerkmale und auf externe Merkmale der zu verarbeitenden Daten richten. Im Grunde dürfen wir beim Testen nur ein Ziel vor Augen haben: das Programm dahin zu bringen, daß es versagt.

In diesem Kapitel wurden mehrere wichtige Teststrategien und Testfall-Entwurfstechniken vorgestellt. Wenn Sie jeden der beschriebenen Schritte befolgen und das Testen ebenso ernst nehmen wie die Analyse, den Entwurf und die Implementierung, werden Ihre Programme eine bessere Qualität aufweisen. Sie werden Fehler schon früh entdecken. Und das ist ein Grund zur Freude. Sie haben Defekte der Software entdeckt, solange diese noch keinen Schaden anrichten können — bevor die Software in der Praxis eingesetzt wird. Vermeiden Sie also peinliche Situationen; testen Sie lieber gründlich.

Weiterführende Lektüre

Beizer, B., *Software Testing Techniques*, Van Nostrand-Reinhold, 1983.
Dunn, R., *Software Defect Removal*, McGraw-Hill, 1984.
Evans, M.W., *Productive Software Test Management*, Wiley, 1984.
Hetzel, W., *The Complete Guide to Software Testing*, QED, 1984.
Howden, W.E., *Functional Program Testing and Analysis*, McGraw-Hill, 1987.
Myers, G., *The Art of Software Testing*, Wiley, 1979.
McCabe, T., *Structured Testing*, IEEE Computer Society, 1982.

Aufgaben und Probleme zum Nachdenken

6.1 Eine formale Skizze für einen *Software-Test-Plans* wurde in diesem Kapitel nicht präsentiert, weil jede Software-Firma ihr eigenes Format entwickelt. Entwerfen Sie eine Skizze, die die in diesem Kapitel vorgeschlagenen Testaktivitäten umfaßt.

6.2 Stellen Sie einige Richtlinien für das Testen von Modulen auf. Diese Richtlinien sollten eine detaillierte Checkliste enthalten, damit gründliche Tests auf Modulebene gewährleistet sind.

6.3 Erörtern Sie die Vorteile des Top-down- und Bottom-up-Testens mit eigenen Worten. Gibt es Fälle, in denen ein Breadth-first-Ansatz sinnvoller sein könnte als eine Depth-first-Strategie?

6.4 Entwickeln Sie eine detaillierte Integrationsstrategie für eines oder mehrere der Programme, die Sie für Aufgabe 4.7 entworfen haben. Achten sie darauf, daß Sie (anhand der Modulbezeichnungen) die Reihenfolge der Integration, die Tests, die Sie ausführen werden, und die erwarteten Ergebnisse beschreiben.

6.5 Wann können Sie sicher sein, daß Sie mit dem Testen fertig sind?

6.6 Versuchen Sie, die unterschiedlichen Typen von Stümpfen und Treibern zu kategorisieren, die Sie während der Integrationstests entwickeln müssen. Zum Beispiel führen einige Stümpfe lediglich ein „return" aus, wenn sie aufgerufen werden, andere drucken eine Nachricht, andere...

6.7 In diesem Kapitel wurden mehrfach Regressionstests erwähnt. Erklären Sie, was damit gemeint ist. Stellen Sie Richtlinien für die Ausführung von Regressionstests während des Integrations-Tests auf.

6.8 Die folgende Spezifikation (übernommen aus Myers, G., *The Art of Software Testing*, Wiley-Interscience, 1979) beschreibt ein einfaches Programm:

Ein Programm mit dem Namen DREIECK akzeptiert drei Integer-Zahlen, A, B und C, als Eingabe. Die Zahlen repräsentieren die Länge der Seiten eines Dreiecks; es wird vorausgesetzt, daß sie (wenn möglich) an ihren Endpunkten verbunden und koplanar sind. DREIECK bewertet A, B und C und stellt fest, ob diese Strecken ein Dreieck bilden oder nicht und um welche Art Dreieck es sich handelt. Das Programm erzeugt folgende Ausgabe:

    GS, das Dreieck ist gleichseitig
    GK, das Dreieck ist gleichschenklig
    S,   das Dreieck ist schiefwinkelig
    N,   es existiert kein Dreieck
    X,   Fehler in den Eingabedaten

Das Programm setzt (ohne dies überprüfen zu müssen) numerische Eingaben voraus, deren einzelne Werte keinen arithmetischen Überlauf verursachen.

Entwickeln Sie einen detaillierten Prozedurentwurf für DREIECK und implementieren Sie das Programm in einer Programmiersprache Ihrer Wahl. Benutzen Sie anschließend Basispfad-Testmethoden und ermitteln Sie die zyklomatische Komplexität, die Grundmenge der unabhängigen Pfade und eine Testfallmenge für das Programm. Führen Sie die Testfälle aus. Gibt es noch andere Tests, die ausgeführt werden sollten? Geben Sie an, welche, und führen Sie sie aus. Notieren Sie alle Fehler, die Sie entdecken.

6.9 Definieren Sie die Anforderungen für ein Software-Tool, das die zyklomatische Komplexität eines Pascal- oder C-Programms berechnet. Entwerfen und implementieren Sie das Tool. Stellen Sie auf der Basis der in diesem Kapitel beschriebenen Testtechniken eine Menge von Testfällen auf, um das Tool gründlich zu testen.

6.10 Der einfachste aller Sortier-Algorithmen ist der Bubblesort. Entwickeln Sie einen Prozedurentwurf für dieses Sortierverfahren (wenn Sie ihn noch nicht kennen, können Sie eine Beschreibung beispielsweise bei S. Lipschutz: *Datenstrukturen,* McGraw-Hill, 1987 finden, und führen Sie sowohl Basispfad- als auch Schleifen-Tests durch, um Testfälle zu entwerfen. Implementieren Sie den Sortier-Algorithmus in Pascal oder C und führen Sie Ihre Tests aus. Notieren Sie alle Fehler, die Sie entdecken.

6.11 Benutzen Sie die Äquivalenzklassenbildung und Grenzwertanalyse, um Testfälle für eines oder mehrere der Programme aus Aufgabe 4.7 zu definieren.

6.12 Benutzen Sie Äquivalenzklassenbildung und Grenzwertanalyse, um Testfälle für das Dreieck-Programm aus Aufgabe 6.8 zu entwickeln.

6.13 Benutzen Sie die in diesem Kapitel beschriebenen Debugging-Techniken, um alle Fehler, die als Ergebnisse der Tests in den Aufgaben 6.8 bis 6.12 entdeckt wurden, zu diagnostizieren und zu korrigieren.

Kapitel 7
Wartung

Änderungen sind für einen Programmentwickler unvermeidlich. Änderungen werden zu Beginn eines Software-Projekts notwendig, wenn ein Auftraggeber vor der Vereinbarung einer Software-Spezifikation den grundlegenden Zweck und die allgemeinen Anforderungen an die Software präzisiert. Änderungen müssen während der gesamten Entwicklungsphase vorgenommen werden, weil der Kunde seine Anforderungen und der Entwickler seinen Entwurf und sein Implementierungskonzept weiter verfeinert. Änderungen sind auch als Folge des Testens unumgänglich; die in der Software entdeckten Fehler werden korrigiert, indem sowohl der Entwurf als auch der Sourcecode modifiziert werden.

Der Umfang eines Programms, seine Komplexität und sein Anwendungsbereich haben Einfluß auf das Maß der notwendig werdenden Änderungen. Alle Programme − ob große oder kleine − werden jedoch sowohl in der Entwicklungsphase als auch nach der Auslieferung an den Benutzer modifiziert. Die nach der Auslieferung erfolgenden Änderungen − oft als *Software-Wartung* bezeichnet − werden notwendig, weil die Benutzer auf Programmfehler stoßen, weil Modifikationen vorgenommen wurden, um die Software einer veränderten Umgebung (z.B. neue Betriebssysteme, Computer, Peripherieeinrichtungen) anzupassen, oder weil alte und neue Anwender bestimmte Programmverbesserungen verlangen.

Um Änderungen kommen wir also nicht herum. Deshalb müssen wir uns bei der Software-Entwicklung von Anfang an auf Programm-Modifikationen einstellen. Wie nehmen wir solche Änderungen nun am besten vor? Ist es tatsächlich unmöglich, alles „auf Anhieb" richtig zu machen, damit Änderungen gar nicht notwendig werden? Leider läßt sich die zweite Frage nur mit „nein" beantworten. Dieses Kapitel behandelt deshalb die Prinzipien und Schritte, die uns helfen können, die erste Frage zu beantworten.

Verstehen Sie einige Grundprinzipien der Modifikation und wenden Sie sie an

Während des Prozesses der Software-Entwicklung lassen sich Änderungen nun einmal nicht vermeiden; deshalb sollten wir einige Grundprinzipien kennen, die uns in die Lage versetzen, etwaige

Änderungen einzuplanen und sie systematisch vorzunehmen. Diese Prinzipien werden im folgenden beschrieben.

Modifikationsprinzip 1:
Beziehen Sie den Kunden zum frühestmöglichen Zeitpunkt ein

Die meisten Änderungen werden notwendig, weil der Kunde neue Wünsche an uns heranträgt. Deshalb müssen wir uns darum bemühen, den Kunden so früh einzubeziehen, daß Änderungen der Software-Anforderungen noch relativ leicht zu berücksichtigen sind und nicht viel zusätzliche Mühe kosten.

Der Kunde kann auf zwei Arten an der Software-Entwicklung beteiligt werden. Erstens: Kunde und Software-Ingenieur sollten in der Anfangsphase, bevor eine *Software-Spezifikation* erstellt wird, sehr intensive Beratungsgespräche führen. Der Kunde sollte bei der Erarbeitung der Beschreibung des Anwendungsbereichs für das gesamte rechnergestützte System und insbesondere für die Software assistieren. Zweitens: Der Kunde sollte die *Software-Spezifikation* (in welcher Form sie auch vorliegt) Punkt für Punkt durchgehen und „absegnen", wenn sie seinen Zwecken und Anforderungen angemessen entspricht.

Erfahrene Veteranen des Software Engineering wissen, daß keiner dieser Vorschläge eine Gewähr dafür bietet, daß das Ausmaß der Änderungen wesentlich reduziert werden kann. Da der Kunde jedoch der primäre Initiator einer Änderung ist, empfiehlt es sich, Änderungen frühzeitig in Angriff zu nehmen, statt bis zu späteren Phasen des Projekts zu warten, wenn jede Änderung, die dann noch verlangt wird, zu großen Schwierigkeiten führen kann.

Modifikationsprinzip 2:
Vergewissern Sie sich, daß die Software-Spezifikation eine verbindliche Beschreibung des Leistungsumfangs enthält

Nicht selten werden Änderungen notwendig, weil die Software-Anforderungen nicht eindeutig genug formuliert waren. Wenn die Beschreibung des Leistungsumfangs verbindlich ist, verringert dies von allein den Grad der Mehrdeutigkeit. Verbindlichkeit bedeutet, daß die Software in einer meßbaren Art und Weise beschrieben wird, die Beschreibung also objektiv statt nur subjektiv beurteilt werden kann. So erscheint z.B. die nachstehende Beschreibung des Leistungsumfangs auf den ersten Blick als angemessen:

Die interaktive Bestell-Verarbeitungs-Software unterstützt mehrere Benutzer in einer Netzwerk-Umgebung. Das System soll auf Benutzereingaben schnell reagieren, und die Dialogschnittstelle soll benutzerfreundlich sein.

Obwohl diese Beschreibung des Anwendungsbereichs harmlos erscheint, ist sie bedenklich unverbindlich. Wie viele Benutzer unterstützt das System? In welcher Art Netzwerk wird das System implementiert? Was ist eine „schnelle" Reaktion? Was heißt „benutzerfreundlich"? Wenn wir den Leistungsumfang verbindlich definieren wollen, müssen wir jede dieser Fragen so beantworten, daß die implementierte Software hinsichtlich ihrer Übereinstimmung mit dieser Definition objektiv beurteilt werden kann. Wenn wir die Beschreibung des Leistungsumfangs so, wie sie weiter oben formuliert ist, übernehmen würden, läge eine beträchtliche Gefahr für Mehrdeutigkeiten vor. Mit großer Wahrscheinlichkeit würden zahlreiche Änderungen notwendig, wenn Auftraggeber und Entwickler versuchen, jeder dieser unverbindlichen Formulierungen eine präzise Bedeutung zu geben.

Modifikationsprinzip 3:
Vergewissern Sie sich, daß der Architektur-Entwurf eine gute funktionale Unabhängigkeit aufweist

Das Konzept der funktionalen Unabhängigkeit, das mit den Begriffen *Kopplung* und *Zusammenhang* umschrieben wurde, ist in Kapitel 4 erörtert worden. Wenn die Module einer Software-Architektur sowohl voneinander als auch von ihrer externen Umgebung entkoppelt sind, erleichtert das die Durchführung von Änderungen, die aufgrund von Gegebenheiten der externen Umgebung notwendig sind. Dies läßt sich anhand folgender Beispiele verdeutlichen:

1. Ein Programm liest in einer Datenbank gespeicherte Informationen über ein einziges Zugriffsmodul ein. Da der Zugriff auf die Datenbank begrenzt ist (das Programm ist entkoppelt), wird eine Modifizierung der Datenbankstruktur weitaus weniger Änderungen der Software erfordern. Wenn der Zugriff auf die Datenbank dagegen über 10 oder 20 Module erfolgt, würde eine Änderung der Datenbankstruktur das Ausmaß der erforderlichen Modifikation beträchtlich steigern.

2. Ein Programm erzeugt anspruchsvolle Computergrafik-Ausgaben; es benutzt das Acme X-100-Anzeigegerät. Aufrufe der Acme-Schnittstellen-Software erfolgen durch das gesamte Programm hindurch. Der technische Fortschritt führt schließlich dazu, daß der Acme X-100 überholt ist und durch einen neuen Turbo Z-1000 ersetzt wird. Leider hat der Turbo völlig

andere Software, so daß beträchtliche Modifikationen in jedem Programm-Modul erforderlich werden, das zuvor die X-100-Software benutzte. Durch die starke Kopplung eines Programms an ein externes Gerät werden bei einem Austausch des Geräts eine Vielzahl von Änderungen notwendig.

3. Ein unerfahrener Software-Ingenieur entwirft ein Programm-Modul, das (1) einfache interaktive Eingaben ermöglicht, (2) aufgrund der Eingaben in einer Datenbank nachschlägt, (3) eine statistische Analyse ausführt und (4) ein Diagramm erzeugt, das die Ergebnisse der Analyse darstellt. Alle diese Funktionen werden mit Hilfe von weniger als 150 Pascal-Zeilen codiert. Als eine Änderung des interaktiven Dialogs erforderlich wird, verursacht diese Modifikation des Software-Ingenieurs Nebeneffekte, die wiederum zu Problemen in dem Teil des Moduls führen, das das Diagramm erzeugt. Dies erfordert weitere Änderungen, die wiederum weitere Nebeneffekte nach sich ziehen, die zu weiteren Änderungen führen, *ad nauseum*. Der unerfahrene Software-Ingenieur hat den Fehler begangen, ein Design mit geringem Modulzusammenhang zu entwickeln — d.h., ein einzelnes Modul führt zu viele Funktionen aus.

Jedes dieser Beispiele illustriert die ungünstigen Auswirkungen einer ungenügenden funktionalen Unabhängigkeit. Die Moral: Beim Entwerfen können wir vieles tun, um Änderungen, die bei der Wartung erforderlich werden, zu erleichtern.

Modifikationsprinzip 4:
Entwerfen Sie eine Programmstruktur, die eine funktionale Hierarchie aufweist

Das Konzept der *funktionalen Hierarchie* — die Top-down-Verteilung von Steuer- und Verarbeitungsfunktionen in einer modularen Programmstruktur — wurde in Kapitel 4 dargelegt. In einer aufgeschlüsselten Programmstruktur befinden sich die „Arbeiter"-Module auf den niedrigsten Ebenen der Modulhierarchie. Wenn wir überlegen, aus welchen Gründen Programme wahrscheinlich geändert werden, stoßen wir unweigerlich auf einen von drei Fällen:

1. Der Kunde ist der Ansicht, daß das Eingabe-Konzept „es einfach nicht bringt" und verlangt, daß mehr (weniger) Pull-down-Menüs benutzt werden, daß Kommando-Strings gekürzt (verlängert) werden, daß Daten validiert werden, wo sie zuvor als Roheingabe akzeptiert wurden, daß statt der Cursortasten eine Maus benutzt wird,... Die Liste ließe sich fast endlos fortsetzen.

2. Entwickler oder Auftraggeber gelangen zu der Ansicht, daß das gegenwärtige Konzept unrationell, ungenau, unangemessen usw. ist. Man einigt sich auf einen neuen Algorithmus.

3. Der Kunde verlangt zusätzliche oder andere oder verkürzte Ausgaben, die den Gebrauch von Computergrafik erfordern, wo zuvor nur alphanumerische Ausgaben erzeugt wurden, von Farbmonitoren, wo zuvor monochrome Monitore ausreichten, usw.

Jeder dieser Fälle wird wahrscheinlich Änderungen in „Arbeiter"-Modulen erforderlich machen — Modulen, die Eingaben akzeptieren, Berechnungen ausführen oder Ausgaben erzeugen. In einer aufgeschlüsselten Architektur befinden sich diese Module auf einer niedrigen Ebene der Programmstruktur, wo sie sich leicht ersetzen lassen, ohne Nebeneffekte durch das gesamte Programm zu verbreiten. Änderungen, die beträchtliche Modifikationen der gesamten Programmsteuerung verlangen (verursacht durch Module auf höchster Ebene der Programmstruktur) werden mit geringerer Wahrscheinlichkeit notwendig werden. Aus diesen Gründen läßt sich ein Programm mit funktionaler Gliederung leichter (und mit geringerer Fehleranfälligkeit) ändern.

Modifikationsprinzip 5:
Behalten Sie beim Datenentwurf das Ziel im Auge, einfache, stabile Datenstrukturen zu verwenden

Wenn wir damit beschäftigt sind, Software zu ändern, begrenzen wir unsere Überlegungen oft auf die prozeduralen Elemente von Computerprogrammen. Wir neigen dazu, uns auf den Sourcecode zu stürzen und ein *do-while* oder ein *if-then-else* zu modifizieren. Tatsächlich macht eine Änderung der Anforderungen jedoch mit ebenso großer Wahrscheinlichkeit eine Modifikation der Datenstruktur erforderlich. Aus diesem Grund hat der ursprüngliche Datenentwurf großen Einfluß darauf, wieviel Mühe solche Änderungen bereiten.

Einige der schwierigsten und teuersten Software-Modifikationen können als Folge einer relativ einfachen Änderung einer Datenstruktur erforderlich werden. Wenn sich die Bundespost z.B. dazu entschließen würde, die vierstelligen Postleitzahlen auf sechs Stellen zu erweitern (z.B. 2000-63), so würden bei vielen Programmen, deren Datenstrukturen nicht leicht erweiterbar sind, umfassende Modifikationen notwendig, um die zusätzlichen zwei Zahlen aufzunehmen. Die damit verbundenen Änderungen würden für viele Firmen Kosten in Millionenhöhe verursachen.

Konzepte für den Entwurf von Daten wurden in Kapitel 4 erörtert. Die nachstehenden Richtlinien sollten besonders unter dem

Gesichtspunkt beachtet werden, daß sie die Modifikation von Datenstrukturen erleichtern:

1. *Benutzen Sie für die Lösung Ihrer Aufgabe die einfachste Datenstruktur.* Je komplexer die Datenstruktur, desto schwieriger ist es, sie ohne Fehler zu modifizieren. Deshalb sollten wir einfache Datenstrukturen entwerfen; dabei müssen wir uns darüber im klaren sein, daß wir oft zwischen der Komplexität der Verarbeitungsalgorithmen und der Einfachheit der Datenstrukturen und umgekehrt abwägen müssen. Moral: Benutzen Sie auf keinen Fall eine verkettete Liste mit mehreren Zeigern, wenn zwei Skalarwerte es auch tun!

2. *Entwerfen Sie Datenstrukturen, die sich in der Zielprogrammiersprache leicht implementieren lassen.* Wenn eine Datenstruktur entworfen wird, die nicht unmittelbar in einer Programmiersprache implementiert werden kann (z.B. eine verkettete Liste in FORTRAN), wird der Code (der zur Implementierung der verketteten Liste erforderlich ist) komplex und schwer zu modifizieren sein. In diesem Fall ist es besser, eine Programmiersprache zu wählen, die die zur Bewältigung der Aufgabe geeigneten Datenstrukturen unterstützt.

3. *Halten Sie Dateistrukturen stabil, indem Sie die Redundanz in Datenelementen vermindern.* Wenn das gleiche Datenelement an vielen Stellen einer Datenbank vorkommt, kann eine Modifikation dieses Elementes zu Instabilität (und Inkonsistenz) führen, falls nicht sämtliche Stellen gefunden und modifiziert werden. Die in Kapitel 4 erörterte *Normalisierungstechnik* hilft uns dabei, Redundanz zu beseitigen.

Modifikationsprinzip 6:
Entwickeln Sie eine Entwurfsdokumentation, die das „aktuelle" Programm genau beschreibt, und bringen Sie sie auf den neuesten Stand, wenn Änderungen vorgenommen werden

Unabhängig von der benutzten Programmiersprache beschreibt der Sourcecode die Software auf einer relativ niedrigen Abstraktionsebene. Wenn einschneidende Änderungen erforderlich sind, sollte der Software-Ingenieur als erstes die Software-Architektur (Programm- und Datenstruktur), die Entwurfs-Randbedingungen und die Systemschnittstellen genauer betrachten. Ohne eine sorgfältige Berücksichtigung dieser Charakteristika auf höherer Ebene können kleine Code-Änderungen schwerwiegende (und manchmal fatale) Nebenwirkungen verbreiten, die gravierende Software-Fehlfunktionen nach sich ziehen. Wenn nur der Code existiert, ist die Beurteilung von Software-Charakteristika höherer Ebene sehr schwierig.

Das *Entwurfs-Dokument* ist eine hervorragende Hilfe, wenn Änderungen vorgenommen werden – jedoch nur, wenn es das aktuelle Programm wirklich widerspiegelt. Zu oft wird der Sourcecode eines Programms geändert, ohne daß diese Änderungen in der Entwurfs-Dokumentation festgehalten werden. Nach einiger Zeit besteht dann zwischen Programm und Dokumentation nur noch eine recht vage Beziehung. Dies sollte um jeden Preis vermieden werden.

Eine Entwurfsdokumentation immer auf dem neuesten Stand zu halten, ist allerdings leichter gesagt als getan. Das Entwurfsdokument befindet sich in einem anderen File (bzw. auf einem anderen Datenträger oder, schlimmer noch, irgendwo in einem Aktenschrank) als der Sourcecode, der dem Software-Ingenieur auf seinem Terminal leicht zugänglich ist. Sofern nicht wichtige Elemente des Entwurfs mit dem Sourcecode „verknüpft" sind, ist es schwierig, beide zugleich auf dem neuesten Stand zu halten.

Entwurfsdokumentation up-to-date halten

Einige Software-Entwickler lösen dieses Problem, indem sie Entwurfs-Information direkt in ein Sourcecode-File einbetten. Mit modernen Laserdruckern und hochauflösenden Bildschirmen lassen sich Text (z.B. PDL) wie auch Grafik (z.B. Strukturdiagramme) mit Sourcecode-Ausgaben kombinieren und für eine Überprüfung durch denjenigen, der für Änderungen verantwortlich ist, ausgeben. Wenn dem Software-Ingenieur sämtliche Informationen leicht zugänglich sind, ist die Wahrscheinlichkeit, daß er Modifikationen nicht nur am Sourcecode, sondern auch am Entwurf vornimmt, sehr viel größer.

Modifikationsprinzip 7:
Benutzen Sie Regressionstests, um jede Änderung zu validieren

Wenn ein Programm nach den Grundsätzen des Software Engineering entwickelt wurde, wurden eine Teststrategie und ein Testverfahren definiert und dokumentiert, Testfälle entworfen und eine Reihe von Tests durchgeführt und aufgezeichnet. Nach jeder Programmänderung sollten neue Tests entworfen werden, um alle mit der Änderung verbundenen Fehler aufzudecken, und eine Untermenge aller ursprünglichen Tests sollte noch einmal ausgeführt werden, um mögliche Fehler aufzuspüren, die eventuell durch mit der Änderung verbundene Nebeneffekte in das Programm eingeflossen sind. Diese Methode, die als *Regressionstest* bezeichnet wird, ist ein wichtiger Mechanismus zur Qualitätssicherung.

Modifikationsprinzip 8:
Schätzen Sie ein, welche Auswirkungen eine Änderung haben kann, bevor Sie sie vornehmen

Eine scheinbar unbedeutende Änderung kann zuweilen verhängnisvolle Folgen für die Funktion eines großen rechnergestützten Systems haben. Jeder von uns hat schon einmal die Klage gehört: „Aber ich habe doch nichts weiter getan als nur diese eine Anweisung verändert!" Eine einfache Änderung löst oft eine „Kettenreaktion" aus; negative Nebenwirkungen verbreiten sich durch das ganze Programm. Besondere Wachsamkeit ist erforderlich, wenn Änderungen unter den folgenden Umständen vorgenommen werden:

1. Die Programmstruktur weist eine starke Kopplung oder das zu ändernde Modul weist keinen hohen Zusammenhang auf.

2. Eine innerhalb des gesamten Programms verwendete Datenstruktur wird verändert.

3. Ein neues Datenelement wird in eine bestehende Datei oder eine bestehende Datenbank eingegliedert.

4. Ein Modul, das als Schnittstelle zur externen Umgebung dient, muß geändert werden.

In diesen Fällen werden wahrscheinlich Nebeneffekte auftreten.

Bei umfangreichen Software-Projekten wird oft ein Verfahren angewandt, das die Bezeichnung *Software-Konfigurations-Management* (SKM) trägt. Beim SKM wird jede Änderung der Software von einer unabhängigen Änderungs-Kontroll-Kommission (*change control board* – CCB) überprüft. Das CCB überprüft den Wunsch nach einer Änderung, schätzt ihre möglichen Auswirkungen auf das System ein und entscheidet dann, ob die Änderung vorgenommen werden sollte oder nicht. Zum SKM gehört außerdem die Beschreibung und Aufzeichnung aller Änderungen.

Bei kleineren Software-Projekten wäre ein formales SKM ein unnützer bürokratischer Aufwand. Dennoch sollten grundlegende Ziele des SKM – die Auswirkungen einer Änderung einzuschätzen und die Art und Weise, in der Änderungen vorgenommen werden, zu kontrollieren – unabhängig vom Umfang eines Programms beachtet werden.

Ein Software-Ingenieur sollte sich vor jeder Änderung fragen: Ist diese Änderung tatsächlich notwendig? Was geschieht, wenn sie unterbleibt? Gibt es mehrere Möglichkeiten, sie auszuführen? Welche ist mit dem geringsten Risiko verbunden? Welche anderen Module werden von der Änderung in Mitleidenschaft gezogen? Welche Probleme könnten auftreten, wenn die Änderung nicht korrekt durchgeführt wird?

Modifikationsprinzip 9:
Wenn eine tiefgreifende Änderung notwendig wird, wenden Sie die Grundsätze des Software Engineering rekursiv an

Eine tiefgreifende Änderung der Software eines rechnergestützten Systems läßt sich als ein unabhängiges Projekt des Software Engineering betrachten, das eine Schnittstelle hat, die komplizierter als üblich ist. Die Schnittstelle umfaßt selbstverständlich alle „Verbindungen" zu dem existierenden Programm.

Mit Hilfe der Datenflußdiagramme (DFDs), die in Kapitel 3 erläutert wurden, können wir den gesamten Datenfluß eines existierenden Programms darstellen (s. Abb. 7.1). Wenn ein Programmteil geändert werden muß, kann der *Änderungsbereich* in dem DFD eingegrenzt werden. Nachdem wir ihn eingegrenzt haben (s. Abb. 7.2), läßt er sich in vielen (jedoch nicht in allen) Fällen wie ein separates Programm behandeln, das die Integrität aller Daten (E_1, E_2, A_1, A_2, A_3) wahren muß, die seine Schnittstelle passieren.

Wir können nun die in diesem Buch beschriebenen Schritte der Problemanalyse, des Entwurfs, des Codierens und des Testens auf die Wartung anwenden – d.h., wir verfahren noch einmal von vorn nach den Grundsätzen des Software Engineering.

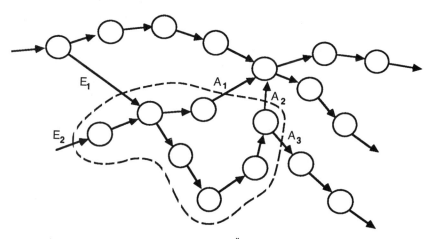

Gestrichelte Linien kennzeichnen den „Änderungsbereich"

Abb. 7.1 Datenflußdiagramme für vorhandene Systeme

Aus diesem Grund sind die Schritte des Software Engineering für die Wartung ebenso wichtig wie für die Entwicklung eines neuen Programms.

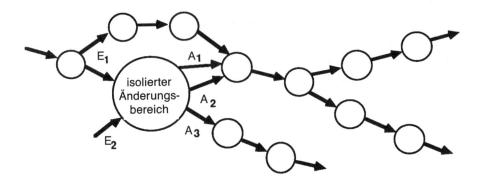

Abb. 7.2 Neue Darstellung mit isoliertem Änderungsbereich

**Modifikationsprinzip 10:
Führen Sie bei der Programmentwicklung
und bei allen tiefgreifenden Änderungen
formale technische Reviews durch**

Wir haben bereits festgestellt, daß Reviews bei jedem Schritt des Software Engineering ein effektiver Mechanismus zur Qualitätssicherung sind. Das *formale technische Review* (FTR), das in Anhang B beschrieben wird, dient dem Software-Ingenieur als eine Art „Filter", der Programmfehler auffängt, bevor die Software für den Kunden freigegeben wird, und vermindert dadurch die Zahl der Änderungen, die sonst aufgrund von Fehlerkorrekturen erforderlich würden. Außerdem trägt das FTR zur Einheitlichkeit der Software bei, indem es sicherstellt, daß bestimmte Entwicklungs-Standards (z.B., daß jedes Modul einen Vorspann hat) eingehalten werden.

In der Wartungsphase hilft uns das FTR, Fehler zu entdecken, die sich beim Implementieren einer Änderung oder als Folge von mit der Änderung verbundenen Nebeneffekten ergeben haben. An allen Punkten des Software-Engineering-Prozesses können die Review-Kriterien außerdem eine Einschätzung jedes der in diesem Kapitel beschriebenen Modifikationsprinzipien umfassen.

Achten Sie darauf, daß Ihre Software-Darstellungen geändert werden können

Es gibt zwei Möglichkeiten, die in diesem Buch erörterten Analyse-, Entwurfs-, Codierungs- und Testschritte auszuführen: Bei der ersten, konventionellen Methode verwendet man Papier,

Bleistift und ein Computerterminal; bei der zweiten-Methode benutzt man eine Computer-Aided- Software-Engineering (CASE)-Umgebung.

Obwohl die konventionelle Methode effektiv sein mag, sind die dabei erstellten Beschreibungen der Software oftmals nur schwer auf dem neuesten Stand zu halten. Im Extremfall sind Datenflußdiagramme in einer Zigarrenkiste und diese in einem weitab befindlichen Aktenschrank untergebracht, das *Entwurfs-Dokument* befindet sich in der Schreibtisch-Schublade eines Kollegen, der Code ist in einer Online-Bibliothek gespeichert, und die Testdaten wurden auf einer Diskette „archiviert". Kaum jemand würde die Geduld aufbringen, alle relevanten Software-Dokumentationen zu sammeln, wenn sie auf diese Weise aufbewahrt werden. Die Verwaltung riesiger Papiermengen im Zusammenhang mit wesentlicher Online-Information kann zu nahezu unlösbaren logistischen Problemen führen.

Computer-aided Software Engineering (CASE) läßt sich mit Computer-Aided Engineering und Design (CAE/CAD) vergleichen, das in den letzten beiden Jahrzehnten in älteren Engineering-Disziplinen (z.B. Elektrotechnik und Mechanik) angewendet wurde. CASE-Systeme unterstützen den Software-Ingenieur dabei, eine Datenbank zu erstellen, die alle Beschreibungen der Software enthält. Wenn diese Datenbank erst einmal existiert, ist es relativ einfach, alle mit einem gegebenen Software-Projekt zusammenhängenden Dokumente dort einzuordnen und zu kontrollieren. Anhang C enthält ein umfassendes Beispiel; es geht dabei um die Entwicklung von Software für ein CASE-System.

Legen Sie ein Verfahren für die Software-Wartung fest

Obwohl auch die mit der Software-Wartung verbundenen technischen Aktivitäten zu Recht unter den Begriff „Software Engineering" fallen, sollten dafür spezielle Organisationsmuster, Verfahren und Kontrollen festgelegt werden. Die mit der Software-Wartung verbundenen Schritte beginnen bereits lange bevor eine Änderung gewünscht wird. Zuerst sollten eine Wartungsorganisation (de facto oder formal) sowie Berichts- und Evaluierungs-Verfahren festgelegt und eine standardisierte Folge von Arbeitsschritten für jeden Wartungswunsch definiert werden. Außerdem sollten ein Registrier-Mechanismus für Wartungs-Aktivitäten etabliert sowie Review- und Evaluierungskriterien definiert werden. Jeder dieser Schritte wird im folgenden beschrieben.

Delegieren Sie die organisatorische Verantwortung für die Software-Wartung

Für die Wartung sehr kleiner Einpersonen-Projekte ist fast immer der Software-Ingenieur verantwortlich, der das Programm analysiert, entworfen und implementiert hat. Was geschieht jedoch, wenn er nicht mehr erreichbar ist? Anders ausgedrückt, wie warten wir Programme, deren Autoren nicht verfügbar sind, um Modifikationen auszuführen oder auch nur um Fragen zu beantworten? Mit diesem Problem ist jede Software-Entwicklung konfrontiert.

Obwohl eine formale Wartungs-Organisation nicht erforderlich ist, wenn relativ kleine Software-Projekte die Regel sind, ist es auch für kleine Software-Entwickler unumgänglich, Verantwortung informell zu delegieren. Ein solches Schema zeigt Abb. 7.3. Wartungs-Wünsche werden zuerst an einen *Wartungs-Kontrolleur* gerichtet, der jeden Wunsch zur Überprüfung an einen *System-Kontrolleur* weiterleitet. Der System-Kontrolleur ist ein Mitglied des technischen Personals, das sich mit einer kleinen Untermenge der Programmprodukte vertraut gemacht hat. Der System-Kontrolleur hat die Aufgabe, die möglichen Auswirkungen der gewünschten Änderung einzuschätzen und anzuordnen, wie sie am besten durchgeführt wird. Nachdem eine Evaluierung vorgenommen wurde, bestimmt ein *change control board* – als CCB bezeichnet), ob die Arbeiten ausgeführt werden sollen.

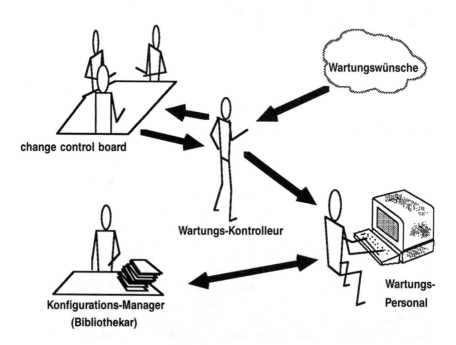

Abb. 7.3 Wartungs-Organisation

Die oben vorgeschlagene Organisation sorgt für Ordnung und einen zügigen Ablauf der Wartungsaktivitäten. Da alle Wartungswünsche von einem einzigen Individuum (oder einer Gruppe) kontrolliert werden, kommt es mit geringerer Wahrscheinlichkeit zu Änderungen „durch die Hintertür" (also zu nicht sanktionierten Änderungen, die Verwirrung stiften können). Da wenigstens ein Individuum stets einen gewissen Überblick über ein Programm haben wird, kann die Berechtigung von Änderungs- (Wartungs) Wünschen rascher beurteilt werden. Da Änderungen nur nach einem speziellen Prüf- und Genehmigungsverfahren durchgeführt werden, wird vermieden, daß Änderungen vorgenommen werden, die dem Wunsch eines einzelnen Anwenders entsprechen, sich aber für viele andere Anwender negativ auswirken.

Jede der oben beschriebenen Funktionen hat den Zweck, einen Verantwortungsbereich für die Wartung abzustecken. Kontrolleur und change control board können ein und dieselbe Person oder (bei sehr umfangreichen Programmen) eine Gruppe von Managern und leitenden Technikern sein. Der System-Kontrolleur mag andere Aufgaben haben, stellt aber die „Verbindung" zu einem bestimmten Software-Paket her.

Wenn die Verantwortlichkeiten vor Beginn der Wartungstätigkeit abgesteckt werden, läßt sich ein Durcheinander weitgehend vermeiden. Noch wichtiger ist, daß eine frühzeitige Festlegung von Verantwortungsbereichen den Groll mildern kann, den jemand empfindet, der von einem Entwicklungsprojekt plötzlich zu Wartungsaufgaben abgerufen wird.

Legen Sie ein Berichtsschema für alle Änderungen fest

Alle Wünsche in bezug auf die Software-Wartung sollten in standardisierter Form erfaßt werden. Der Software-Entwickler entwirft normalerweise ein *Wartungsschema (maintenance request form – MRF)*, manchmal auch als *Software-Problem-Report* bezeichnet, das von dem Benutzer, der einen Wartungswunsch hat, ergänzt wird. Falls ein Fehler entdeckt wurde, gehört dazu auch eine vollständige Beschreibung der Umstände, die zu dem Fehler führen (einschließlich Eingabedaten, Listings und anderem unterstützendem Material). Bei Wartungsaufgaben, die auf wesentliche Verbesserungen abzielen, wird dem Auftraggeber eine kurze *Änderungs-Spezifikation* (eine abgekürzte *Software-Spezifikation*) unterbreitet. Das „Wartungsschema" (MRF) wird wie oben beschrieben evaluiert.

Die MRF ist ein extern erzeugtes Dokument, das als Grundlage für die Planung der Wartungsaufgaben benutzt wird. Für den internen Gebrauch kann die Software-Firma einen *Software-Änderungs-Bericht (Software Change Report – SCR)* erarbeiten, der folgende Angaben enthält: (1) das Ausmaß der zur Durchführung der im MRF festgehaltenen Aufgaben erforderlichen Arbeit, (2) die Art der notwendigen Modifikationen, (3) die Dringlichkeit des Wunsches und (4) Daten über die ausgeführte Modifikation. Der SCR hilft bei der Entscheidung, ob die Wartung in die Wege geleitet werden sollte oder nicht.

Definieren Sie den Ablauf der Wartungshandlungen und alle wichtigen Entscheidungspunkte

Der Ablauf der Handlungen, die als Folge eines Wartungswunsches ausgeführt werden, ist in der folgenden PDL-Darstellung skizziert:

```
procedure: Softwarewartung;
ein Wartungsschema wird empfangen;
if Wartungstyp ist Fehler
   then begin
      ermittle den Schweregrad des Fehlers;
         if hoher Schweregrad
            then korrigiere sofort;
            else registriere für spätere Korrektur;
         endif
      end;
   else begin
      if Wartungstyp ist Adaption
         then begin
            evaluiere Änderungsbereich;
            ermittle Auswirkungen wenn keine Adaption
            erfolgt;
            kategorisiere Komplexitätsgrad;
            schätze Umfang der erforderlichen Arbeit ein;
         end;
      else begin (Verbesserung wurde gewünscht)
            evaluiere Änderungsbereich;
            ermittle Auswirkungen wenn keine Verbesserung
            erfolgt;
            kategorisiere Komplexitätsgrad;
            schätze Umfang der erforderlichen Arbeit ein;
      end;
lege Dringlichkeit aller gewünschten Änderungen fest;
do while noch Wartungsaufträge auszuführen sind
      select Wartungsauftrag aus Dringlichkeitsschlange;
      wende Software-Engineering-Schritte an;
enddo;
```

Zunächst muß der Wartungs-Typ bestimmt werden, der auszuführen ist. In vielen Fällen sieht der Anwender den Wartungswunsch als Indiz für einen Software-Fehler an (korrigierende Wartung), während der Programmentwickler denselben Wartungswunsch als Auslöser einer Adaption oder Verbesserung betrachten mag. Wenn über diesen Punkt Meinungsverschiedenheiten bestehen, muß man zu einer Einigung gelangen.

Der Datenfluß in der PDL-Darstellung zeigt, daß die Behandlung eines Wunsches nach korrigierender Wartung mit einer Evaluierung der Schwere des Fehlers beginnt. Wenn ein schwerwiegender Fehler vorliegt (z.B. Fehlfunktion eines entscheidenden Systems), setzt der System-Kontrolleur Personal für die Problemanalyse ein. Bei weniger schwerwiegenden Fehlern wird der Wunsch nach korrigierender Wartung bewertet, kategorisiert und dann zusammen mit anderen Aufgaben, die Software-Entwicklungs-Ressourcen erfordern, in einen Terminplan eingetragen. In einigen Fällen kann ein Fehler so gravierend sein, daß die normale Wartungskontrolle vorübergehend eingestellt werden muß. Der Code muß unverzüglich – ohne entsprechende Bewertung möglicher Nebeneffekte und Aktualisierung der Dokumentation – modifiziert werden. Dieser *Feuerwehr-Modus* bei der korrigierenden Wartung ist ausschließlich „Krisen"-Situationen vorbehalten und sollte einen sehr kleinen Prozentsatz aller Wartungsaktivitäten ausmachen. Natürlich kann auch bei solchen „Feuerwehreinsätzen" die Kontrolle und Evaluierung nicht entfallen; sie wird lediglich aufgeschoben. Nachdem der Krisenzustand behoben ist, müssen diese Aktivitäten ausgeführt werden, um sicherzustellen, daß durch die letzten Korrekturen nicht noch schwerwiegendere Probleme im System verursacht wurden.

Die Wünsche nach adaptiver und vervollkommnender Wartung werden auf unterschiedlichen Pfaden bearbeitet. Adaptionen werden bewertet und kategorisiert (nach Dringlichkeit geordnet), bevor sie in eine Wartungsschlange gesetzt werden. Verbesserungen werden in gleicher Weise bewertet; nicht jeder Verbesserungswunsch wird jedoch berücksichtigt. Firmenpolitik, verfügbare Ressourcen, die Richtung der gegenwärtigen und zukünftigen Softwareprodukte und viele andere Kriterien können dazu führen, daß ein Verbesserungswunsch zurückgewiesen wird. Die Verbesserungen, die ausgeführt werden sollen, werden ebenfalls in die Wartungsschlange eingereiht. Die Dringlichkeit jedes Wunsches wird festgelegt, und für die erforderliche Arbeit wird ein Zeitplan aufgestellt, so als handle es sich um eine weitere Entwicklungsaufgabe (was praktisch auch zutrifft). Bei einer äußerst dringlichen Modifikation kann die Arbeit sofort beginnen.

Unabhängig vom Wartungstyp werden die gleichen technischen Aufgaben ausgeführt. Sie umfassen: Modifikation des Software-Entwurfs, Review, erforderliche Code-Modifikation, Modul- und Integrations-Tests (einschließlich Regressionstests unter Verwendung früherer Testfälle), Validierungstests und Review der Konfiguration. Der letzte Schritt in der Wartung ist ein Review, das alle Elemente der Software-Konfiguration neu bewertet und sicherstellt, daß einem bestimmten Wartungswunsch tatsächlich entsprochen wurde.

Was das für Sie bedeutet

Wartbare Software wird erstellt, indem bei der Analyse, dem Entwurf und der Implementierung bereits an die Wartbarkeit gedacht wird. Die in diesem Kapitel dargelegten Grundsätze und Schritte sind sehr viel einfacher durchzuführen, wenn Sie die vorherigen Schritte gut ausgeführt haben. Während der Definitions- und Entwicklungsphasen des Software Engineering müssen Sie in Vorleistung treten. Wenn Sie ausreichend Zeit und Mühe darauf verwenden, wartbare Software zu entwerfen und zu konstruieren, können Sie in der Wartungsphase Zeit und Mühe sparen.

An dieser Stelle sei eine Anmerkung speziell für Studenten gestattet. Da Sie sich noch im Studium befinden, können Sie sich wahrscheinlich schwer vorstellen, wie wichtig die Software-Wartung ist. Das hat einen einfachen Grund: In dieser Phase ihrer Ausbildung als Software-Ingenieur haben Sie kaum etwas damit zu tun. Sie können jedoch sicher sein, daß sich das ändert. Jedes funktionsfähige Programm wird während seiner Lebenszeit gewartet werden müssen. Je weiter ein Programm verbreitet, je besser seine Gesamtfunktion und je höher sein Nutzen für die Anwender ist, desto größer ist auch die Wahrscheinlichkeit, daß es Änderungen erfahren wird. Wenn Sie also beabsichtigen, Software zu entwickeln, die ein Markterfolg wird, dann rechnen Sie von vornherein auch mit Änderungen.

Wenn Sie die in diesem Kapitel dargelegten Grundsätze und Schritte befolgen, werden Sie die Frustrationen, die oft mit Wartungsaufgaben einhergehen, vermindern. Sie gewinnen mehr Zeit für die Entwicklung neuer Programme, die Ihre Fähigkeiten herausfordern und Ihren Kunden nützen.

Weiterführende Lektüre

Babich, W.A., *Software Configuration Management*, Addison-Wesley, 1986.
Glass, R., und C. Noiseux, *Software Maintenance Guidebook*, Prentice-Hall, 1981.
Martin, J., und C. McClure, *Software Maintenance*, Prentice-Hall, 1983.
Parikh, G., *Handbook of Software Maintenance*, Wiley, 1986.

Parikh, G., und N. Zvegintzov, *Software Maintenance*, IEEE Computer Society Press, 1983.

Aufgaben und Probleme zum Nachdenken

7.1 Wählen Sie das Programm eines Kollegen oder tauschen Sie mit ihm eines Ihrer Programme. Führen Sie an dem Programm eine Änderung durch, mit der Ihr Kollege beauftragt war, oder denken Sie sich selbst eine Änderung aus. Achten Sie darauf, daß Sie keine Fehler in das Programm einbauen.

7.2 Es wurde gesagt, daß der Kunde schon frühzeitig in den Prozeß der Programmentwicklung einbezogen werden sollte. Gilt das im gleichen Maß für alle Stadien dieses Prozesses? Warum?

7.3 Warum ist funktionale Unabhängigkeit ein wichtiges Merkmal wartungsfreundlicher Software?

7.4 Wirkt sich die Wahl der Programmiersprache auf die Wartbarkeit der Software aus? Erläutern Sie Ihre Antwort anhand von Beispielen.

7.5 Software-Konfiguratreions-Management ist eine Tätigkeit, die generell nur bei sehr umfangreichen Projekten des Software Engineering vorkommt. Welche Elemente des SKM lassen sich auf jede Form der Software-Entwicklung anwenden?

7.6 Besorgen Sie sich Unterlagen von einem CASE-Anbieter. Erörtern Sie, welche Hilfe dieses CASE-System in der Wartungsphase bieten kann.

7.7 Skizzieren Sie ein Wartungsschema.

7.8 Überprüfen Sie die PDL-Darstellung des Wartungsprozeßflusses am Schluß dieses Kapitels. Können Sie Erweiterungen oder Änderungen vorschlagen?

Anhang A
Software-Engineering-Checkliste

System-Entwicklung

Entwickeln Sie oder verschaffen Sie sich eine Beschreibung des System-Anwendungsbereichs___

> Fragen Sie solange, bis Sie die allgemeine Systemfunktion verstehen___
> Beschreiben Sie die allgemeine Systemfunktion___
> Legen Sie die entscheidenden Ein- und Ausgaben fest___
> Listen Sie alle Randbedingungen auf, die das System beeinflussen___
> Erstellen Sie eine Kurzbeschreibung___

Bestimmen Sie Prozesse und Entitäten auf höchster Ebene___

> Überprüfen Sie die Beschreibung des Anwendungsbereichs und wählen Sie Objekte aus___
> Überprüfen Sie die Beschreibung des Anwendungsbereichs und wählen Sie Prozesse aus___

Ordnen Sie Prozesse und Objekte physikalischen Systemelementen zu___

> Erarbeiten Sie eine Kriterienliste für die Zuordnung und setzen Sie Prioritäten___
> Sehen Sie mindestens zwei alternative Zuordnungen vor___
> Beurteilen Sie die Realisierbarkeit jeder Zuordnungs-Alternative anhand bestimmter Kriterien___
> Entscheiden Sie sich für eine Zuordnung___

Arbeiten Sie eine verfeinerte Beschreibung des Anwendungsbereichs für jedes zugeordnete Systemelement aus___
Überprüfen Sie die Zuordnung noch einmal gemeinsam mit dem Kunden___
Rechnen Sie mit der Notwendigkeit von Iterationen___

Problemanalyse

Verfeinern und klären Sie den Anwendungsbereich der Software_____

Bestimmen Sie Objekte und Operationen_____

> Bestimmen Sie Objekte und Operationen, indem Sie die Beschreibung des Software-Anwendungsbereichs als Richtlinie nehmen_____
> Benutzen Sie Objekte, um die Informations-Absender und -Empfänger zu bestimmen_____
> Benutzen Sie Objekte, um Datenspeicher festzulegen_____
> Benutzen Sie Objekte, um Datenelemente und Steuerdaten zu ermitteln_____
> Benutzen Sie Operationen, um Daten- und Steuer-Transformationen zu bestimmen_____

Erkennen Sie drei grundlegende Analyseprinzipien und wenden Sie sie an_____

Falls noch Unklarheiten bestehen, sollten Sie einen Prototyp entwickeln, um mit seiner Hilfe die Anforderungen zu klären_____

> Beurteilen Sie den Anwendungsbereich der Software und stellen Sie fest, ob die Entwicklung eines Prototyps sinnvoll ist_____
> Entwickeln Sie eine verkürzte Darstellung der Anforderungen mit Hilfe eines objektorientierten Ansatzes_____
> Entwickeln Sie einen Prototyp auf dem Papier_____
> Entwickeln Sie einen verkürzten Prototyp-Entwurf_____
> Konstruieren, testen und verfeinern Sie den Software-Prototyp_____
> Präsentieren Sie den Prototyp dem Kunden, der die Applikation erprobt und Änderungen vorschlägt_____
> Wiederholen Sie die Prototyp-Schritte iterativ, bis alle Anforderungen formalisiert wurden oder bis sich der Prototyp zu einem Softwareprodukt entwickelt hat_____

Erstellen Sie ein Flußmodell der Software_____

> Verwenden Sie Datenflußdiagramme, um zu zeigen, wie sich Daten durch die Software bewegen_____
> Zeigen Sie mit Hilfe von Flußdiagrammen, wie die Steuerdaten die Software beeinflussen_____
> Wenden Sie Flußmodell-Bewertungs-Regeln an_____

Erstellen Sie ein Data Dictionary, um Objektinhalte zu beschreiben_____

Beschreiben Sie den Ablauf von Daten- und Steuer-Funktionen_____

Beginnen Sie, über die Software-Validierung nachzudenken_____

Fügen Sie alles zusammen, um eine *Software-Spezifikation* zu bilden_____

Überprüfen Sie die Spezifikation auf Korrektheit, Konsistenz und Vollständigkeit_____

Sehen Sie Iterationen vor; widerstehen Sie der Versuchung, sich sofort ins Entwerfen oder Programmieren zu stürzen_____

Softwareentwurf

Verfeinern Sie die *Software-Spezifikation* als Vorbereitung für den Entwurf_____

Beachten Sie die grundlegenden Entwurfs-Konzepte und wenden Sie sie an_____

Beginnen Sie mit dem Datenentwurf, indem Sie Ihre während der Problemanalyse geleistete Arbeit ausbauen_____

    Überprüfen Sie das Data Dictionary und wählen Sie in Frage kommende Datenstrukturen aus_____
    Wenn komplexe Datenstrukturen aufgestellt werden müsen, vereinfachen Sie deren Organisation_____
    Wählen Sie geeignete interne Datenstrukturen aus_____
    Wenn es bereits ein geeignetes System für die Datenbank-Verwaltung gibt, erwerben Sie es!_____

Erarbeiten Sie den Architekturentwurf_____

    Verfeinern Sie zur Vorbereitung des Entwurfs Ihr Flußmodell_____
    Stellen Sie fest, ob das Flußmodell Transformations- oder Transaktions-Charakteristika hat_____

Erarbeiten Sie die Programmstruktur mit Hilfe einer Transformations-Abbildung, wenn Transformationsfluß vorhanden ist_____

    Arbeiten Sie das Transformationszentrum heraus, indem Sie die Grenzen des ein- und ausgehenden Datenflusses bestimmen_____

Erstellen Sie eine Gliederung für die erste Ebene der Funktionsstruktur_____
Führen Sie eine Gliederung der zweiten Ebene aus, um eine vorläufige Programmstruktur zu erhalten_____
Verfeinern Sie die Verarbeitungsbeschreibungen für jedes Modul in der Programmstruktur
Verfeinern Sie den „Rohentwurf" der Programmstruktur mit Hilfe grundlegender Entwurfs-Prinzipien_____

Erarbeiten Sie die Programmstruktur mit Hilfe der Transaktions-Abbildung, wenn ein Transaktionsfluß vorhanden ist_____

Bestimmen Sie das Transaktionszentrum und die Fluß-Merkmale jedes Aktionspfades_____
Bilden Sie das DFD auf eine für die Transaktions-Verarbeitung geeignete Programmstruktur ab_____
Schlüsseln Sie die Transaktionsstruktur und die Struktur jedes Aktionspfades auf und verfeinern Sie beide_____

Erarbeiten Sie einen Prozedurentwurf für jedes in der Programmstruktur dargestellte Modul_____

Wenden Sie die Philosophie der Strukturierten Programmierung an, wenn Sie den Prozedurentwurf erarbeiten_____
Verfeinern Sie die Ablaufbeschreibung für jedes Modul_____
Benutzen Sie eine Programm-Entwurfs-Sprache, um die Datenstrukturen und die prozedurale Logik zu repräsentieren_____

Entwickeln Sie eine vorläufige Teststrategie, um Daten- und Programmstruktur miteinander in Einklang zu bringen_____
Fügen Sie alles zu einem Entwurfs-Dokument zusammen_____
Überprüfen Sie das *Entwurfs-Dokument* auf Übereinstimmung mit den Software-Anforderungen und auf technische Qualität_____

Codieren des Programms

Benutzen Sie das *Entwurfsdokument als Leitfaden*_____
Legen Sie anhand der Programmstruktur fest, in welcher Reihenfolge die Module codiert werden_____

Codieren Sie zuerst die Module, die sich auf einer niedrigen Ebene der Programmstruktur befinden_____
Erstellen Sie den Code für die globalen Datenstrukturen_____

Überprüfen Sie die lokalen Datenstrukturen und entscheiden Sie, wie diese mit Programmiersprachenkonstrukten implementiert werden können_____
Definieren Sie alle Dateien unter Berücksichtigung der Programmiersprachen-Konventionen_____

Erstellen Sie den Sourcecode in einer Programmiersprache, indem Sie den Prozedurentwurf als Leitfaden nehmen_____
Erlernen Sie die Grundlagen eines guten Programmierstils und wenden Sie sie an_____
Prüfen Sie den entstandenen Code auf Korrektheit und Lesbarkeit_____

Testen der Programme

Entwickeln Sie einen Testplan, der sowohl die Strategie als auch die näheren Einzelheiten beschreibt_____

Definieren Sie eine Methode, um jedes Modul in der Programmstruktur zu testen_____
Entwickeln Sie eine Integrationsstrategie zur Konstruktion des Gesamtsystems_____
Integrieren Sie Module, indem Sie sowohl im Top-down- als auch im Bottom-up-Verfahren testen_____
Definieren Sie eine Test-Strategie zur Programmvalidierung, die vor der Freigabe ausgeführt wird_____

Begreifen Sie grundlegende Testprinzipien und wenden Sie sie an_____
Entwerfen Sie Tests mit Hilfe von White-Box-Techniken_____

Definieren Sie Testfälle, indem Sie die Basis-Pfad-Technik benutzen_____
Zeichnen Sie ein Flußdiagramm; benutzen Sie dabei den Entwurf oder Code als Richtschnur_____
Ermitteln Sie die zyklomatische Komplexität des Flußdiagramms_____
Legen Sie eine Grundmenge von linear unabhängigen Pfaden fest_____
Definieren Sie Testfälle, die die Ausführung jedes Pfades der Grundmenge veranlassen_____

Benutzen Sie Schleifentest-Techniken, um Fehler in Schleifen zu entdecken_____
Entwerfen Sie Testfälle mittels Black-Box-Techniken_____
Überprüfen Sie die Software-Test-Strategie, um sicherzustellen, daß sie vollständig ist_____

Machen Sie sich klar, daß Debugging eine Konsequenz der Software-Tests ist⎯⎯⎯

Wenden sie einen Satz von Debugging-Prinzipien an, wenn ein Fehler oder ein Symptom entdeckt wurden⎯⎯⎯

Wartung

Verstehen Sie einige Grundprinzipien der Modifikation und wenden Sie sie an⎯⎯⎯

Achten Sie darauf, daß Ihre Software-Darstellungen geändert werden können⎯⎯⎯

Legen Sie ein Verfahren für die Software-Wartung fest⎯⎯⎯

> Delegieren Sie die organisatorische Verantwortung für die Software-Wartung⎯⎯⎯
>
> Legen Sie ein Berichtsschema für alle Änderungen fest⎯⎯⎯
>
> Definieren Sie den Ablauf der Wartungshandlungen und alle wichtigen Entscheidungspunkte⎯⎯⎯

Anhang B
Software-Qualitätssicherung

Dieser Anhang enthält einen Überblick über die Software-Qualitätssicherung mit besonderer Betonung der formalen technischen Reviews (FTRs). Reviews wurden als wichtige Schritte im Prozeß des Software Engineering empfohlen. Die vorliegende Beschreibung bezieht sich auf alle Stellen des gesamten Buches, wo Reviews erwähnt wurden.

Selbst die abgestumpftesten Software-Entwickler werden zugeben, daß hohe Qualität ein wichtiges Ziel ist. Wie aber definieren wir Qualität? Ein Witzbold hat einmal gesagt: „Jedes Programm tut etwas Richtiges; nur ist es vielleicht nicht unbedingt das, was es unserer Ansicht nach tun sollte."

In der Literatur finden sich viele Definitionen von Software-Qualität. Für unsere Zwecke definieren wir Software-Qualität folgendermaßen: *Übereinstimmung mit explizit festgelegten Funktions- und Leistungsanforderungen, explizit dokumentierten Entwicklungsstandards und impliziten Eigenschaften, die von jeder professionell entwickelten Software erwartet werden.*

Selbstverständlich könnte die obige Definition modifiziert oder erweitert werden. Über eine umfassende Definition von Software-Qualität ließe sich im Grunde endlos debattieren. Für uns dient die obige Definition dazu, drei wichtige Aspekte zu betonen:

1. Die Software-Anforderungen sind die Grundlage, von der ausgehend die Qualität beurteilt wird. Eine mangelnde Übereinstimmung mit den Anforderungen ist auch ein Mangel an Qualität.

2. Die ingenieurmäßige Konstruktion von Software erfolgt nach Entwicklungskriterien, die durch festgelegte Standards definiert sind. Wenn diese Kriterien nicht erfüllt werden, resultiert daraus fast mit Sicherheit ein Mangel an Qualität.

3. Es gibt *implizite Anforderungen*, die oft gar nicht erwähnt werden (z.B. der Wunsch nach Wartungsfreundlichkeit). Wenn die Software den expliziten Anforderungen entspricht, die implizit gestellten jedoch nicht erfüllt, ist die Software-Qualität fragwürdig.

Software-Qualität ist ein komplexes Gemisch von Faktoren, deren Zusammensetzung je nach Anwendung unterschiedlich ist. In den folgenden Abschnitten werden die Software-Qualitätssicherung sowie die zum Erreichen der Qualität erforderlichen Aktivitäten erörtert.

Software-Qualitätssicherung

Qualitätssicherung gehört zu den wesentlichen Aufgaben jeder Firma, die Produkte herstellt, die von anderen benutzt werden. Vor dem zwanzigsten Jahrhundert lag die Qualitätssicherung ausschließlich in der Verantwortung des Handwerkers, der ein Produkt fertigte. Heute hat jede Firma Mechanismen, die die Qualität ihrer Produkte sicherstellen sollen. In den letzten Jahren sind Beteuerungen, daß eine Firma um die Qualität ihrer Produkte bemüht ist (war sie das zuvor etwa nicht?), praktisch zu einem Werbeargument geworden.

Software-Qualitätssicherung (SQS) besteht aus einer Vielzahl von Aufgaben, die sich sieben Hauptbereichen zuordnen lassen: (1) Anwendung technischer Methoden, (2) Ausführung formaler technischer Reviews, (3) Software-Tests, (4) Verbesserung von Standards, (5) Änderungskontrolle, (6) Messungen und (7) Aufzeichnungs- und Berichtswesen.

Die Qualität der Software ist bereits im Entwurf des Produkts oder Systems angelegt. Sie kann nicht nachträglich hineingebracht werden. Deshalb beginnt SQS im Grunde bereits bei den technischen Methoden und Werkzeugen, die dem Software-Ingenieur helfen, zu einer Spezifikation von hoher Qualität zu gelangen und mit seinem Entwurf ein System hoher Qualität zu entwickeln. Richtlinien zum Erlangen einer hohen Spezifikations- und Entwurfs-Qualität wurden in diesem Buch bereits erörtert (z.B. Kapitel 3 und 4).

Nachdem eine Spezifikation (oder ein Prototyp) und ein Entwurf erstellt wurden, muß jede dieser Komponenten auf ihre Qualität überprüft werden. Im Zentrum der Qualitätsüberprüfung steht das *formale technische Review*. Das formale technische Review (FTR) ist eine formalisiert ablaufende Zusammenkunft des technischen Personals mit dem einzigen Zweck, Qualitätsprobleme aufzuzeigen. In vielen Fällen hat sich gezeigt, daß Reviews auch für das Aufdecken von Software-Fehlern ebenso effektiv sind wie Tests. Wie solch ein Review abläuft, wird weiter unten näher beschrieben.

Das *Testen der Software* verbindet eine aus mehreren Schritten bestehende Strategie mit einer Reihe von Testfall-Entwurfsmethoden, die dabei helfen, eine effektive Fehlersuche zu gewährleisten. Viele Software-Entwickler benutzen die Software-Tests als eine Art „Netz" bei der Qualitätssicherung. Sie gehen davon aus, daß gründliches Testen die meisten Fehler aufdeckt und dabei die Notwendigkeit anderer SQS-Aktivitäten vermindert. Leider sind Tests, selbst wenn sie gut ausgeführt werden, nicht für alle Fehlerklassen so effektiv, wir wir es gerne hätten.

In welchem Umfang formale *Standards und Verfahren* auf den Prozeß des Software Engineering angewandt werden, ist von Firma zu Firma verschieden. In vielen Fällen werden Standards von Kunden oder firmeninternen Vorschriften diktiert. In anderen Fällen sind die Standards selbstgewählte. Wenn formale (schriftlich niedergelegte) Standards existieren, müssen die SQS-Aktivitäten genau definiert sein, damit sichergestellt ist, daß sie auch befolgt werden. Ob die Standards eingehalten wurden, kann der Software-Entwickler im Rahmen eines formalen technischen Reviews überprüfen; falls eine unabhängige Überprüfung erforderlich ist, führt die SQS-Gruppe möglicherweise ihre eigenen Reviews durch.

Eine ernstzunehmende Gefahr für die Software-Qualität droht von einer anscheinend harmlosen Quelle: *Änderungen*. Jede Änderung der Software kann potentiell zu neuen Fehlern führen oder Nebenwirkungen auslösen, durch die sich Fehler über das ganze Programm verbreiten. Beim Prozeß der Änderungskontrolle, einer Aufgabe, die Teil des Software-Konfigurations-Managements ist, werden Änderungswünsche bearbeitet, die Art der Änderungen bewertet und ihre Auswirkungen kontrolliert. Die Änderungskontrolle erfolgt sowohl während der Software-Entwicklung als auch später in der Wartungs-Phase.

Das *Messen* ist ein integraler Bestandteil jeder Ingenieur-Disziplin. Ein wichtiges Ziel der SQS ist es, die Qualität der Software zu verfolgen und den Einfluß von methodischen und prozeduralen Änderungen auf die verbesserte Qualität zu bewerten. Zu diesem Zweck müssen Software-Meßwerte gesammelt werden. Software-Meßwerte umfassen ein breites Spektrum an technischen und managementorientierten Kenngrößen in bezug auf die Software und ihre Entwicklung.

Das *Aufzeichnungs- und Berichtswesen* für die Software-Qualitätssicherung umfaßt Verfahren zum Sammeln und Verbreiten von SQS-Information. Die Ergebnisse von Reviews, Revisionen, Änderungskontrollen, Tests und anderen SQS-Aktivitäten müssen Teil des Ablaufberichtes für ein Projekt sein und sollten unter den Mitarbeitern des Entwicklungsteams als Pflichtlektüre verbreitet werden. Beispielsweise werden die Ergebnisse jedes formalen technischen Reviews für einen Prozedurentwurf aufgezeichnet und in einer „Mappe" abgelegt, die alle technischen und SQS-Informationen über ein Modul enthält.

Der Verantwortungsbereich für die Qualitätssicherung läßt sich am besten kennzeichnen, wenn man einen populären Werbespot für Lebensmittel paraphrasiert: „Qualität ist unser bestes Rezept." Auf Software gemünzt bedeutet dies, daß viele verschiedene Gruppen innerhalb einer Organisation – Software-Ingenieure,

Projektleiter, Kunden, Verkäufer und die Mitarbeiter der SQS-Gruppe – bei der Erstellung der Software für die Qualität verantwortlich sind.

Die SQS-Gruppe dient als Vertretung der Kunden im eigenen Haus; die Mitarbeiter, die für die Qualitätssicherung zuständig sind, müssen die Software vom Gesichtspunkt des Kunden aus beurteilen. Entspricht die Software den Qualitätskriterien, die für eine bestimmte Anwendung definiert wurden? Wurden die zuvor festgelegten Standards bei der Entwicklung berücksichtigt? Haben technische Disziplinen ihre Funktion als Teil der SQS-Aktivität angemessen erfüllt? Die SQS-Gruppe versucht, diese und andere Fragen zu beantworten, um die Qualität der Software sicherzustellen.

Software-Reviews

Software-Reviews dienen gleichsam als „Filter" im Prozeß des Software Engineering. Sie werden an verschiedenen Punkten der Software-Entwicklung durchgeführt, um Mängel zu entdecken, die anschließend beseitigt werden. Software-Reviews haben die Funktion, die Schritte des Software Engineering, die wir als Analyse, Entwurf und Implementierung bezeichnet haben, zu „reinigen".

Es gibt zahlreiche Arten von Reviews, die als Teil des Software Engineering ausgeführt werden können; jede von ihnen hat ihren Platz. Ein zwangloses Treffen an der Kaffeemaschine ist eine Form des Reviews, wenn dabei technische Probleme erörtert werden. Eine formale Vorstellung des Software-Entwurfs vor einem Publikum von Kunden, Management und Technikern ist eine andere Form des Reviews. Im vorliegenden Anhang konzentrieren wir uns jedoch auf das *formale technische Review* (FTR), das oft auch als *Walkthrough* bezeichnet wird. Ein formales technisches Review ist unter dem Gesichtspunkt der Qualitätssicherung der wirksamste Filter; von Software-Ingenieuren (und anderen) ausgeführt, ist das FTR ein wirksames Mittel zur Verbesserung der Software-Qualität.

Ein formales technisches Review (FTR) ist eine Tätigkeit im Bereich der Software-Qualitätssicherung, die von Software-Ingenieuren ausgeführt wird. Die Ziele des FTR sind: (1) Fehler der Funktion, Logik oder Implementierung in jeder Repräsentation der Software zu entdecken; (2) zu verifizieren, daß die überprüfte Software die an sie gestellten Anforderungen erfüllt; (3) sicherzustellen, daß die Software entsprechend den vordefinierten Standards beschrieben wurde; (4) eine einheitliche Entwicklung der Software zu gewährleisten; und (5) Projekte besser handhabbar zu machen. Außerdem dient das FTR als ein Übungsfeld, das es jungen Ingenieuren ermöglicht, verschiedene Methoden der Software-Analyse, des Entwurfs und der Implementierung zu verfolgen. Das

FTR fördert außerdem die Kooperation und die Kontinuität der Arbeit, da verschiedene Menschen mit Teilen der Software vertraut werden, die sie andernfalls nicht zu Gesicht bekommen hätten.

Jedes FTR wird in Form einer Sitzung durchgeführt; es kann nur dann gelingen, wenn es gut geplant, geleitet und organisiert wird. In den folgenden Abschnitten werden Richtlinien für formale technische Reviews erläutert.

Die Review-Sitzung

Ungeachtet des gewählten FTR-Formats sollten die nachstehenden Richtlinien bei jeder Review-Sitzung befolgt werden:

- An dem Review sollten drei bis fünf Mitarbeiter beteiligt sein.
- Die Teilnehmer sollten vorbereitet sein; dies kostet jeden Beteiligten im allgemeinen ein bis zwei Stunden Arbeit.
- Die Review-Sitzung sollte nicht länger als zwei Stunden dauern.

Angesichts dieser Richtlinien sollte offensichtlich sein, daß sich ein FTR auf einen bestimmten (und kleinen) Teil der Gesamtsoftware richtet. Statt also zu versuchen, einen ganzen Entwurf zu überprüfen, werden Walkthroughs für einzelne Module oder für kleinere Modulgruppen durchgeführt. Diese Eingrenzung des Fokus steigert die Wahrscheinlichkeit, mit Hilfe des FTR Fehler aufzuspüren.

Im Mittelpunkt des FTR steht ein *Produkt* – eine Komponente der Software (z.B. ein Teil einer *Software- Spezifikation*, ein detaillierter Modulentwurf, ein Sourcecode-Listing für ein Modul). Der Entwickler dieses Produkts – der *Produzent* – teilt dem Projektleiter mit, daß das Produkt fertig und ein Review erforderlich ist. Der Projektleiter informiert einen *Review-Leiter*; dieser überprüft, ob das Produkt tatsächlich fertig ist, fertigt Kopien der Produkt-Materialien an und leitet sie an zwei oder drei *Mitarbeiter* weiter, damit diese sich vorbereiten können. Von jedem Mitarbeiter wird erwartet, daß er ein oder zwei Stunden damit verbringt, das Produkt zu überprüfen, sich Notizen zu machen und Einblicke in die Arbeit zu gewinnen. Gleichzeitig überprüft auch der Review-Leiter das Produkt und legt eine Tagesordnung für die Review-Sitzung fest, die in der Regel für den nächsten Tag anberaumt wird.

An der Review-Sitzung nehmen der Review-Leiter, die Mitarbeiter und der Produzent teil. Einer der Mitarbeiter übernimmt die Rolle eines *Protokollführers*; er hält alle wichtigen Punkte, die während des Reviews zur Sprache kommen, (schriftlich) fest. Das FTR beginnt mit dem Bekanntmachen der Tagesordnung und einer kurzen Einführung des Produzenten. Dann geht der Produzent zum „Walkthrough" über; er erklärt das vorliegende Material, während die Kritiker Fragen stellen, die sie sich bei ihrer Vorbereitung notiert haben. Wenn schwerwiegende Probleme oder Fehler entdeckt werden, hält der Protokollführer sie fest.

Zum Schluß müssen alle Teilnehmer des FTR entscheiden, ob sie (1) das Produkt ohne weitere Änderung akzeptieren, (2) das Produkt aufgrund schwerwiegender Fehler zurückweisen (nach der Korrektur muß dann ein neues Review einberufen werden), oder (3) das Produkt unter Vorbehalt akzeptieren (zwar wurden geringfügige Fehler entdeckt, die korrigiert werden müssen; es ist jedoch kein erneutes Review erforderlich). Nachdem eine Entscheidung getroffen wurde, wird sie von allen FTR-Teilnehmern „abgesegnet"; durch ihre Unterschrift bekunden sie ihre Mitwirkung an dem Review und ihr Einverständnis mit den Feststellungen des Review-Teams.

Review-Berichte und -Aufzeichnungen

Während des FTR notiert der Protokollführer alle angesprochenen Probleme. Sie werden am Ende der Sitzung zu einer Review-Problem-Liste zusammengefaßt. Außerdem wird ein kurzer, summarischer Bericht angefertigt. Dieser Review-Bericht beantwortet drei Fragen:

1. Was wurde überprüft?
2. Wer hat es überprüft?
3. Welche Erkenntnisse und Schlußfolgerungen sind dabei herausgekommen?

Der *summarische Review-Bericht* umfaßt eine Seite (eventuell mit Anlagen); er wird ein Teil des Projekt-Ablaufberichts und steht dem Projektleiter und anderen interessierten Parteien bei Bedarf zur Verfügung. Die diesem Kurzbericht beigefügte Review-*Problem-Liste* erfüllt zwei Zwecke: (1) Problembereiche innerhalb des Produkts zu ermitteln und (2) als Checkliste zu fungieren, nach der sich der Produzent richten kann, wenn er Korrekturen ausführt.

Wichtig ist auch, daß ein Nachkontroll-Verfahren festgelegt wird, um sicherzustellen, daß die Punkte auf der Problemliste ordnungsgemäß korrigiert worden sind. Wenn dies nicht geschieht, besteht die Gefahr, daß angesprochene Probleme „unter den Tisch fallen".

Review-Richtlinien

Richtlinien für die Ausführung formaler technischer Reviews müssen von vornherein festgelegt werden. Sie werden an alle Mitarbeiter verteilt; sind diese damit einverstanden, müssen sie sich beim

Review auch daran halten. Ein unkontrolliertes Review kann oft schlimmere Folgen haben als gar kein Review.

Die folgenden Richtlinien enthalten die Mindestanforderungen für formale technische Reviews:

1. *Das Review richtet sich auf das Produkt, nicht auf den Produzenten.* An einem FTR sind Menschen und Egos beteiligt. Wenn es richtig ausgeführt wurde, sollten alle Teilnehmer zufrieden und mit dem Gefühl, gemeinsam eine Arbeit abgeschlossen zu haben, aus dem Review herausgehen. Falsch ausgeführt, kann bei einem FTR Inquisitionsatmosphäre aufkommen. Auf Fehler sollte in höflicher Form hingewiesen werden; in der Sitzung sollte ein zwangloser und konstruktiver Ton herrschen; niemand sollte in Verlegenheit gebracht oder herabgesetzt werden. Der Review-Leiter sollte auf die Angemessenheit von Ton und Haltung achten und sofort eingreifen, wenn das Review außer Kontrolle gerät.

2. *Stellen Sie einen Sitzungsplan auf und halten Sie sich daran.* Eines der schlimmsten Übel bei Sitzungen aller Art ist Ziellosigkeit. Da ein FTR eigentlich nichts weiter als eine formalisierte Sitzung ist, muß der geplante Verlauf in der vorgesehenen Zeit eingehalten werden. Der Review-Leiter ist dafür verantwortlich, daß die Tagesordnung eingehalten wird. Er sollte sich nicht scheuen, die Teilnehmer „zur Ordnung zu rufen", wenn die Sitzung außer Kontrolle zu geraten droht.

3. *Begrenzen Sie Diskussionen.* Wenn einer der Teilnehmer ein Problem anspricht, sind sich die Teilnehmer möglicherweise über die Auswirkungen nicht einig. Statt nun lange über solche Fragen zu debattieren, sollte das Problem festgehalten und die Diskussion auf einen späteren Zeitpunkt verschoben werden.

4. *Zeigen Sie Problembereiche auf, aber versuchen Sie nicht, jedes angesprochene Problem zu lösen.* Ein Review ist keine Problemlösungs-Sitzung. Die Lösung eines Problems kann oft vom Produzenten allein oder mit der Hilfe eines einzigen Kollegen bewerkstelligt werden. Problemlösung sollte bis nach der Review-Sitzung verschoben werden.

5. *Machen Sie sich Notizen.* Manchmal ist es sinnvoll, wenn der Protokollant die angesprochenen Punkte auf einer Wandtafel notiert, damit die genaue Formulierung und die Feststellung der Dringlichkeit von den anderen Teilnehmern überprüft werden kann, bevor die Information festgehalten wird.

6. *Begrenzen Sie die Teilnehmerzahl und bestehen Sie auf einer Vorbereitung.* Zwei Köpfe sind besser als einer, aber 14 sind nicht unbedingt besser als vier. Sorgen Sie dafür, daß die Zahl der Teilnehmer nicht das notwendige Minimum überschreitet.

Auf jeden Fall aber müssen sich alle Mitglieder des Review-Teams auf die Sitzung vorbereiten. Der Review-Leiter sollte um schriftliche Kommentare bitten (als Nachweis dafür, daß die Teilnehmer das Material überprüft haben).

7. *Erstellen Sie eine Checkliste für jedes Produkt, das wahrscheinlich einem Review unterzogen wird.* Eine Checkliste hilft dem Review-Leiter, das FTR zu strukturieren und dem Kritiker, sich auf wichtige Fragen zu konzentrieren. Checklisten sollten für die Analyse, den Entwurf, den Code und sogar für die Testdokumente erstellt werden.

8. *Weisen Sie für die FTRs Ressourcen zu und berücksichtigen Sie sie im Projekt-Zeitplan.* Damit Reviews effektiv sind, sollten sie als eine Aufgabe innerhalb des Software-Engineering-Prozesses geplant werden. Auch die Zeit für die unvermeidlichen Modifikationen, die als Ergebnis eines FTR notwendig werden, sollte berücksichtigt werden.

Anhang C
Ein umfassendes Beispiel

Dieser Anhang illustriert in einem umfassenden Beispiel die Anwendung jedes der im vorliegenden Buch beschriebenen Schritte des Software Engineering.

Das in diesem Anhang dargestellte Beispiel soll die Anwendung aller Schritte des Software Engineering in bezug auf System-Entwicklung, Problemanalyse, Software-Entwurf, Implementierung und Test veranschaulichen. Es ist folgendermaßen gegliedert:

1. Anhand von Hintergrundinformationen wird der Rahmen des zu entwickelnden rechnergestützten Systems abgesteckt.
2. Alle Schritte des Software Engineering (siehe Aufstellung in Anhang A) werden nacheinander beschrieben. Die Hauptschritte sind durch **halbfette** Schrift hervorgehoben. In einigen Fällen werden Unterschritte nicht speziell aufgeführt, sind aber in dem beschriebenen Beispiel enthalten.
3. Nach jeder Checklisten-Eintragung wird die mit dem Aufgabenbeispiel verbundene Arbeit beschrieben, um die Anwendung des jeweiligen Schrittes zu illustrieren. Alle Tätigkeiten des Software-Ingenieurs sind in einem kleineren Schrifttyp gedruckt.
4. Allgemeine Erklärungen in bezug auf das Beispiel erscheinen in *Kursivdruck*.

Zu beachten ist, daß sich unser Blickwinkel zunehmend verengen wird, je tiefer wir in das Beispiel eindringen. Wenn wir die Systementwicklung erörtern, werden wir noch alle Elemente des Beispiels betrachten. Die Problemanalyse wird sich dann nur noch auf eine Software-Komponente des Beispiels richten, und bei der Erörterung des Entwurfs, der Implementierung und des Tests wird der Fokus noch weiter eingegrenzt. Zum Schluß werden wir die Änderung eines einzelnen Moduls betrachten.

Hintergrund

Die CaseTools Corporation (eine fiktive Firma) hat die Absicht, Risikokapital in die Entwicklung einer Computer-Aided-Software-Engineering-(CASE)-Workstation zu investieren. Die Leitung der

CaseTools Corp. hat ihre Geldgeber davon überzeugt, daß der CASE-Markt Mitte der 90er Jahre auf über 1 Milliarde Dollar jährlich expandieren wird.

Die CaseTools Corp. hat die derzeit auf dem CASE-Markt vorhandenen Produkte überprüft und ist zu dem Ergebnis gelangt, daß keine einzige Firma Workstation-Software anbietet, die alle erforderlichen Schritte des Software Engineering in automatisierter und halbautomatisierter Form umfaßt. Sie sieht deshalb die Chance, einen wesentlichen Marktanteil zu gewinnen. Da es bis zur Marktreife des Produkts ungefähr zwei Jahre dauern wird (eine optimistische Schätzung), hat sich die CaseTools Corp. entschlossen, bei der Entwicklung ihres Systems auf minimale Hardware-Abhängigkeit zu achten, da sie davon ausgeht, daß schon in Kürze neue und noch leistungsfähigere rechnergestützte Workstations verfügbar sein werden.

Die CaseTools Corp. hat als grundlegendes Ziel festgelegt: Ein Produkt mit der Bezeichnung CT/9000 zu entwickeln, das Software-Entwickler bei der Beschreibung und Konstruktion von Systemen unterstützt. Das CT/9000-Produkt unterstützt den Software-Ingenieur bei der Entwicklung eines interaktiven Dialoges, der softwaregestützte Intelligenz mit Benutzereingaben und menschlicher Leitung kombiniert. Ein System wird anhand einer Reihe von Dokumentations-Aktivitäten beschrieben, die die Notation für die Daten-Modellierung, Aufgaben-Gliederung, Dateninhalt-Darstellung, Funktions-Darstellung und Steuerungs-/Prozedur-Darstellung mit einer Methode zur Entwicklung dieser Darstellungen kombiniert. Zum Schluß wird die Software mit Hilfe mehrerer Konstruktionsschritte erstellt, die die Entwurfs-Darstellungen mittels eines Verfahrens, das die automatische oder halbautomatische Code-Erzeugung, die Umwandlung zur Kompilierung, die Unterstützung von Programm-Tests sowie Techniken zur Ausführung und Kontrolle von Änderungen umfaßt, in Programme umsetzen.

*****

Im restlichen Teil dieses Anhangs wird die Anwendung der Schritte des Software Engineering auf das System CT/9000 beschrieben.

Entwickeln Sie oder verschaffen Sie sich eine Beschreibung des System-Anwendungsbereichs_____

Fragen Sie solange, bis Sie die allgemeine Systemfunktion verstehen_____
Beschreiben Sie die allgemeine Systemfunktion_____
Legen Sie die entscheidenden Ein- und Ausgaben fest_____
Listen Sie alle Randbedingungen auf, die das System beeinflussen_____
Erstellen Sie eine Kurzbeschreibung_____

Computer-Aided-Software-Engineering-System CT/9000

Das CASE-System CT/9000 ist eine mikrocomputergestützte Workstation-Umgebung für die Entwicklung von Computer-Software. CT/9000 führt einen Dialog mit dem Software-Ingenieur, der interaktive Einrichtungen wie Tastatur, Maus und Funktionstasten benutzt. Die Arbeit wird an einem Bildschirm unter Verwendung von Fenstertechnik und Pulldown-Menüs ausgeführt. Mit Hilfe von CT/9000 kann der Software-Ingenieur Software und Systeme anhand einer Reihe von Dokumentations-Aktivitäten beschreiben, die eine Notation für die Datenmodellierung, Aufgaben-Gliederung, Dateninhalt-Beschreibung, Funktions-Beschreibung und Steuerungs-/Prozedur-Beschreibung kombinieren. Außerdem unterstützt CT/9000 Verfahren zur Projektplanung und -Kontrolle. Zum Schluß wird die Software mit Hilfe mehrerer Konstruktionsschritte erstellt, die die Entwurfs-Beschreibungen mittels eines Verfahrens, das die automatische oder halbautomatische Code-Erzeugung, die Umwandlung zur Kompilierung, die Unterstützung von Programm-Tests sowie Techniken zur Ausführung und Kontrolle von Änderungen umfaßt, in Programme umsetzen.

CT/9000 erstellt eine umfassende Datenbank für die Software-Entwicklung, die alle Dokumente und Beschreibungen umfaßt, die als Teil des Software-Engineering-Prozesses entwickelt wurden. Alle Informationen in der Datenbank sind so gekennzeichnet, daß sowohl Cross-Referenz als auch das Verbinden von Daten aus verschiedenen Dokumenten ermöglicht werden. Es werden sowohl grafische als auch textliche Informationen unterstützt.

CT/9000 erzeugt Hardcopy-Information als Laserdrucker-Ausgabe, so daß Text und Grafik ohne weiteres miteinander verbunden werden können. Alle vom System CT/9000 gespeicherten Informationen können über Network-Links zu Großrechnern oder zu anderen CT/9000-Workstations übertragen werden.

Bestimmen Sie Prozesse und Entitäten auf höchster Ebene

Anhand der Beschreibung des Anwendungsbereichs für das System CT/9000 wenden wir die in Kapitel 2 beschriebenen Unterschritte an, um eine objekt-orientierte System-Analyse auszuführen.

Überprüfen Sie die Beschreibung des Anwendungsbereichs und wählen Sie Objekte aus

Die Objekte werden definiert, indem alle in der Beschreibung des Anwendungsbereichs enthaltenen Substantive herausgeschrieben werden. Die nachstehende Objekt-Tabelle für das System CT/9000 ist das Ergebnis dieses Arbeitsschrittes.

Objekt-Tabelle für das System CT/9000

Objekt-Bezeichnung	Zuordnung
CASE-Workstation CT/9000	
Synonym: Workstation-Umgebung, CT/9000	
Computer-Software	
Synonym: Programme	
Systeme	
Dialog	
Software-Ingenieur	
interaktive Einrichtungen	
Synonym: Maus	
Tastatur	
Bildschirm	
Fenstertechnik	
Pull-down-Menüs	
Dokumentations-Aktivitäten	
Notation	
Datenmodelle	
Aufgaben-Gliederung	
Dateninhalt-Darstellung	
Steuerungs-/Prozedur-Darstellung	
Verfahren	
Projektplanung und -Kontrolle	
Konstruktionsschritte	
Entwurfs-Darstellungen	
Code-Erzeugung	
Programm-Tests	
Änderungen	
Datenbank	
Dokumente	
Synonym: Darstellungen, Information, Text, Grafik	
Software-Engineering-Prozeß	
Hardcopy	
Synonym: Ausgabe	
Laserdrucker	
Network-Links	
Großrechner	

Überprüfen Sie die Beschreibung des Anwendungsbereichs und wählen Sie Prozesse aus_____

Prozesse werden definiert, indem alle Verben aus der Beschreibung des Anwendungsbereichs herausgeschrieben werden.
Die nachstehende Prozeß-Tabelle für das System CT/9000 ist das Ergebnis dieses Arbeitsschrittes.

CT/9000 Prozeß-Tabelle

Prozeß	Auslöser	Objekt
führt	CT/9000	Dialog
benutzt	Software-Ingenieur	Einrichtungen
ausgeführt	Interaktion	Bildschirm
		Fenster
		Pull-down-Menüs
beschreiben	Software-Ingenieur	Software
kombinieren	Aktivitäten	Notation
		Modelle
		Gliederung
		Darstellung
unterstützt	CT/9000	Verfahren
		Projektplanung
		Kontrolle
wird erstellt	Software	Konstruktionsschritte
umsetzen	Konstr. Schritte	Entwurfs-Darstellungen
umfaßt	Verfahren	Code-Erzeugung
		Programm-Tests
		Änderungen
	Datenbank	Dokumente
		Darstellungen
ermöglicht	Datenbank	Cross-Referenz
verbinden	Daten	Dokumente
unterstützt	Information	
	Text	
	Grafik	
erzeugt	CT/9000	Hardcopy
	Laserdrucker	Hardcopy
verbunden	Text, Grafik	Hardcopy
übertragen	Information	Network-Links
	Information	Großrechner
	Information	andere Workstations

Ordnen Sie Prozesse und Objekte physikalischen Systemelementen zu

Erarbeiten Sie eine Kriterienliste für die Zuordnung und setzen Sie Prioritäten

Kriterien für die Zuordnung des Systems CT/9000

1. Der Gesamtpreis des Systems (eine Installation) einschließlich Hardware darf 10.000 Dollar nicht überschreiten.
2. Als Hardware müssen Standard-Systeme genügen; die Hardware braucht nicht zusammen mit der Software verkauft zu werden.
3. Die Software sollte hardwareunabhängig sein; die hardwareabhängigen Bestandteile müssen vom Rest der Software entkoppelt werden.
4. Die Software sollte betriebssystemunabhängig sein; jede Kopplung mit dem Betriebssystem muß vom Rest der Software entkoppelt werden.
5. Bei der Dialog-Schnittstelle muß der Ansatz der „dritten Generation" berücksichtigt, also Fenstertechnik und Maus benutzt werden.
6. Jeder Schritt des Software-Engineering-Prozesses muß durch automatische, halbautomatische oder manuelle Verfahren unterstützt werden.
7. Der Gebrauch manueller Verfahren bei der Dokument-Erstellung sollte nicht gefördert werden.
8. Ein im Handel erhältliches Datenbank-System sollte benutzt werden; im Idealfall sollten mehrere Datenbanksysteme unterstützt werden.
9. Die während eines Arbeitsschrittes erzeugten Informationen müssen in einer Datenbank katalogisiert und auf einfache Art und Weise zu anderen Arbeitsschritten weitergeleitet werden.
10. Das System muß evolutionär entworfen werden, d.h., die Grundarchitektur muß das Hinzufügen neuer Funktionen in minimaler Integrationszeit unterstützen.
11. Interaktive Displays sollten hochauflösend sein und fortgeschrittene Entwurfs- und Interaktions-Fähigkeiten aufweisen.
12. Die Hardcopy-Ausgaben sollten Druckqualität besitzen.
13. Das System sollte die Änderungskontrolle und andere Funktionen des Konfigurations-Managements unterstützen.
14. Das System CT/9000 sollte mehr als ein hervorragendes Entwurfswerkzeug sein; es sollte mit den Benutzereingaben „intelligent" umgehen.
15. Die Systemleistung muß mit der typischen Entwicklungs-Anwendung von Workstations im Einklang stehen (entsprechende Leistungsdaten müssen spezifiziert werden).

Sehen Sie mindestens zwei alternative Zuordnungen vor_____
Beurteilen Sie die Realisierbarkeit jeder Zuordnungs-Alternative anhand bestimmter Kriterien_____

Das Produkt CT/9000 schließt von der Natur der Sache her große Unterschiede bei den Systemalternativen aus. Dennoch lassen sich im Rahmen der CASE-Anwendung einige unterschiedliche Zuordnungen vorschlagen.

Die Workstation CT/9000 umfaßt Hardware, Software, Menschen, Datenbank, Dokumenten und prozedurale Systemelemente, die folgendermaßen zugeordnet werden:

Zuordnungsalternative 1

Hardware: Die Workstation wird auf einer 32-Bit-Mikrocomputer-Workstation implementiert, die das Betriebssystem UNIX unterstützt.

Software: Ablaufanalyse und Entwurfsbeschreibung werden unterstützt; die Software benutzt jedoch eine sehr einfache Dialog-Schnittstelle und relativ primitive Bildschirmanzeigen; die Hardcopy-Ausgaben werden auf Geräten mit niedriger Auflösung erzeugt. Projektplanung, Implementierung und Test werden von der Software nicht unterstützt. Eine anspruchsvolle Analyse der Beschreibungen ist nicht vorgesehen.

Menschen: Der Software-Ingenieur benutzt die Hardware-/Software-Elemente als Entwurfswerkzeug. Alle Entwurfsentscheidungen stammen von außerhalb des Systems, d.h., jegliche Intelligenz wird vom Benutzer eingebracht.

Datenbank: Das Datenbanksystem XYZ wird zum Speichern von Beschreibungen benutzt, die während der Anwendung der Software erstellt werden.

Prozedural: Das System CT/9000 dient ausschließlich zur Erstellung von Software-Beschreibungen. Es wird weder zur Projektplanung und -Kontrolle benutzt, noch forciert es die Dokumentation und/oder Änderungskontrolle.

Beurteilung der Realisierbarkeit von Alternative 1 anhand der aufgestellten Kriterien:

Alternative 1 wurde als ein „Schnellschuß"-Produkt vorgeschlagen, das es der CaseTools Corp. ermöglicht, ihr System innerhalb von 12 Monaten auf den Markt zu bringen. Obwohl die Zuordnung den Kriterien 1 bis 4, 8 und möglicherweise 15 entspricht, erfüllt sie die verbleibenden Kriterien nicht und wird deshalb als unzulänglich betrachtet.

Alternative 2

Hardware: Die Workstation wird auf einer 32-Bit-Mikrocomputer-Workstation implementiert, die das Betriebssystem UNIX unterstützt.

Software: Ablaufanalyse und Entwurfsbeschreibung werden unterstützt; eine Schnittstelle der dritten Generation wird unterstützt und umfaßt Fenstertechnik und Maus. Eine begrenzte regelbasierte Generierung von Softwarebeschreibungen wird durch die Software unterstützt. Hardcopy-Ausgaben werden für einen Laserdrucker generiert. Projektplanung, Implementierung und Test werden von der Software nicht unterstützt. Eine anspruchsvolle Analyse der Beschreibungen ist nicht vorgesehen.

Menschen: Der Software-Ingenieur benutzt die Hardware-/Software-Elemente als Entwurfswerkzeug. Eine gewisse Evaluierungsfähigkeit wird automatisiert sein, aber der größte Teil wird von außen in das System eingebracht. *Datenbank:* Das Datenbanksystem XYZ wird zum Speichern von Beschreibungen benutzt, die während der Anwendung der Software erstellt werden.

Prozedural: Das System CT/9000 dient ausschließlich zum Erstellen von Software-Beschreibungen. Es wird weder zur Projektplanung bzw. -Kontrolle benutzt, noch forciert es die Dokumentation und/oder Änderungskontrolle.

Beurteilung der Realisierbarkeit von Alternative 2 anhand der aufgestellten Kriterien:

Alternative 2 wurde als „Kompromiß"-Produkt vorgeschlagen, das es der CaseTools Corp. ermöglichen soll, ihr Produkt innerhalb von 18 Monaten auf den Markt zu bringen. Die Zuordnung erfüllt die Kriterien 1 bis 5, 8 bis 11 und eventuell 15. Die Kriterien, denen nicht entsprochen wird, sind von nachrangiger Bedeutung. Diese Alternative könnte möglicherweise in Betracht kommen.

Alternative 3

Hardware: Die Workstation wird auf einer 32-Bit-Mikrocomputer-Workstation implementiert, die das Betriebssystem UNIX unterstützt.

Software: Ablaufanalyse- und Entwurfsbeschreibung werden unterstützt; eine Schnittstelle der dritten Generation wird unterstützt und umfaßt die Voraussetzungen für Fenstertechnik und Maus. Eine erweiterte regelbasierte Generierung von Softwarebeschreibungen wird durch die Software unterstützt und enthält Daten über Inkonsistenzen, Versäumnisse und Übereinstimmung mit den Anforderungen. Software-Unterstützung (verbunden mit einem Datenbank-System) für die Dokumentation und Änderungskontrolle ist vorhanden. Hardcopy-Ausgaben für einen Laserdrucker werden generiert. Projektplanung, Implementierung und Test werden von der Software unterstützt.

Menschen: Der Software-Ingenieur benutzt die Hardware-/Software-Elemente als Entwurfswerkzeug. Wesentliche Bewertungsfunktionen sind automatisiert.

Datenbank: Die Datenbank-Systeme XYZ, ABC oder PQR werden unterstützt; sie speichern die während der Anwendung der Software erzeugten Beschreibungen.

Prozedural: Das System CT/9000 wird bei allen Schritten im Prozeß des Software Engineering eingesetzt. Es unterstützt sowohl die Dokumentation als auch die Änderungskontrolle.

Beurteilung der Realisierbarkeit von Alternative 3 anhand der aufgestellten Kriterien:

Alternative 3 wurde als „endgültiges" Produkt vorgeschlagen, das die CaseTools Corp. innerhalb von 24 Monaten auf den Markt bringen könnte. Die Zuordnung erfüllt alle Kriterien, wird jedoch unter firmenpolitischen und wirtschaftlichen Gesichtspunkten als nicht realisierbar erachtet.

Schlußfolgerung: Die Entscheidung fällt zugunsten von Alternative 2 aus. Die nachstehende Objekt-Tabelle zeigt die spezifischen CT/9000-Objekte:

CT/9000 Objekt-Tabelle für Zuordnung 2

Objekt-Bezeichnung	Zuordnung
CASE-Workstation CT/9000	32-bit-Mikrocomputer Software, Unix DBMS XYZ
Synonym: Workstation-Umgebung CT/9000	
Computer-Software	Analyse, Entwurfs-Darstellungen einschl. DFDs, Data Dictionary, PDL, Sourcecode, Standard-Text und Grafik
Synonym: Programme Systeme	
Dialog	Dialogschnittstelle
Software-Ingenieur	Benutzer
interaktive Einrichtungen	kompatibel mit Mikrocomputer
Synonym: Maus Tastatur Funktionstasten	
Bildschirm	Hardware kompatibel mit Mikrocomputer
Fenstertechnik	Software
Pull-down-Menüs	Software
Dokumentations-Aktivitäten	prozedural
Notation	Software, prozedural
Datenmodelle	Software, prozedural
Aufgaben-Gliederung	Software, prozedural
Dateninhalt-Darstellung	Software, prozedural
Steuerungs-/Prozedur-Darstellung	nicht unterstützt
Verfahren	prozedural
Projektplanung und -Kontrolle	nicht unterstützt
Konstruktionsschritte	prozedural
Entwurfs-Darstellungen	Software
Code-Erzeugung	nicht unterstützt
Programm-Tests	Software
Änderungen	nicht unterstützt
Datenbank	DBMS XYZ

Objekt-Bezeichnung	Zuordnung
Dokumente	Software, DBMS XYZ
Synonym: Darstellungen Information Text Grafik	
Hardcopy	Laserdrucker
Synonym: Ausgabe	
Laserdrucker	IJK-Drucker
Network-Links	nicht unterstützt
Großrechner	nicht unterstützt

Arbeiten Sie eine verfeinerte Beschreibung des Anwendungsbereichs für jedes zugeordnete Systemelement aus_____
Überprüfen Sie die Zuordnung noch einmal gemeinsam mit dem Kunden_____
Rechnen Sie mit der Notwendigkeit von Iterationen_____

Nun müßte eine verfeinerte Beschreibung des Anwendungsbereichs für jedes der in Alternative 2 beschriebenen Systemelemente erarbeitet werden. Da wir uns jetzt auf die Software konzentrieren, folgt nachstehend eine verfeinerte Beschreibung des Anwendungsbereichs für die Software-Komponente des Systems CT/9000.

CT/900 – Beschreibung des Anwendungsbereichs

Die CT/9000-Software besteht aus Support-Software für die allgemeinen Funktionen Computer-Grafik, Textverarbeitung, Dialog-Schnittstelle, Datenbank-Schnittstelle und Ausgabe-Verwaltung. Außerdem umfaßt die CT/9000-Software Analyse-/Entwurfs-Anwendungs-Software zur Erstellung/Analyse von Software-Beschreibungs-Komponenten und die automatisierte Generierung bestimmter Analyse- und Entwurfsbeschreibungen.

Die CT/9000 Software unterstützt den Benutzer über einen interaktiven Dialog zwischen Benutzer und Workstation dabei, Programme und Daten zu beschreiben. Außerdem erzeugt die CT/9000-Software Hardcopy-Dokumentation der in der CT/9000-Datenbank gespeicherten Software-Engineering-Information.

Der interaktive Dialog zwischen dem Benutzer und dem System CT/9000 verläuft folgendermaßen: Jede Interaktion findet in einem „Aktivitäts-Kontext" statt, der CT/9000 bekannt ist; zu jedem gegebenen Zeitpunkt sind nur die in dem jeweiligen Aktivitätskontext relevanten Befehle für den Benutzer verfügbar. Die Befehle können über ein Pull-down-Menü oder durch Tastencodes ausgewählt werden. Die Befehle werden in Hauptfunktionen des Systems CT/9000 zugeordnet und hierarchisch organisiert. Typ und Bezeichnung der Befehle sollten die Funktion implizieren.

Zu jedem gegebenen Zeitpunkt sollten diejenigen Befehle, die für einen bestimmten Kontext relevant sind, hervorgehoben werden. Eine „Hilfe"-Funktion ist für jeden Befehl verfügbar. Oft benutzte Befehle sollten zu „Befehlsmakros" zusammengefaßt werden, so daß bestimmte Aktivitäten für den Benutzer beschleunigt werden können. In allen Fällen sollte der Benutzer davor geschützt sein, daß sich aus der Wahl eines unkorrekten Befehls katastrophale Folgen ergeben. Der Benutzer sollte den Ablauf durch eines oder mehrere Fenster beobachten können, die als Folge von Befehlen erscheinen und verschwinden.

Die Systemdokumentation wird durch die Entwicklung einer Informationshierarchie erstellt, die sowohl Text als auch Grafik umfaßt. Die bildlichen Darstellungen umfassen eine Notation und eine Symbol-Grammatik, die Informationsfluß, Informationsinhalt, Informationsstruktur, Programmstruktur und Steuerstruktur darstellt. Generierungs- und Analyse-Funktionen werden benutzt, um bildliche Dokumentations-Komponenten zu erzeugen. Einige Dokumentations-Komponenten bestehen aus Text in natürlicher Sprache oder aus Text in einer Kunstsprache wie etwa einer Programmiersprache oder PDL. Die Dokumentations-Komponenten werden hierarchisch gegliedert und repräsentieren zunehmend feinere Details. Jede Ebene der Dokumentationshierarchie sollte von jeder anderen Ebene aus zugänglich sein. Die jeweils auf einer Ebene enthaltene Information kann auf einer niedrigeren Ebene zu detaillierterer Information zerlegt werden. Jegliche Dokumentation kann mit einer Druckqualität entsprechenden Auflösung als Hardcopy ausgedruckt oder auf dem Bildschirm ganz oder teilweise dargestellt werden. Die Dokumentations-Komponenten sollten so gekennzeichnet werden, daß alle mit einem Projekt oder Unterprojekt verbundenen Komponenten als Gruppe referenziert werden können.

Im Kontext von CT/9000 dient der Begriff „System" zur Bezeichnung einer Gruppe von Dokumentationskomponenten, die die folgenden allgemeinen Typen umfassen: (1) beschreibender Text, (2) bildliche Darstellungen mittels einer speziellen Notation und Symbolik, (3) tabellarische und textliche Darstellungen der zu verarbeitenden Daten-Elemente und -Strukturen, und (4) Programmiersprachen-Sourcecode. Jede Dokumentationskomponente muß mit anderen, verwandten Komponenten verbunden werden. Ein Systemelement besteht aus einer Gruppe von Dokumentations-Komponenten, die hierarchisch organisiert sind.

Der Kunde — in diesem Fall die CaseTools Marketing-Gruppe — hat die Beschreibung des Anwendungsbereichs für die CT/9000-Software überprüft und folgendermaßen kommentiert:

Kommentare zur Beschreibung des Anwendungsbereichs für das System CT/9000

1. Aus der Beschreibung sollte hervorgehen, daß die Software so weit wie möglich vom Betriebssystem und der Datenbankverwaltung entkoppelt sein sollte.

2. Aus der Beschreibung sollte hervorgehen, daß die Software von der Hardware entkoppelt sein sollte.

3. Verdeutlichen Sie, was mit „Erstellung/Analyse von Software-Engineering-Dokumentation" gemeint ist.
4. Wir würden gern ein Beispiel für den im dritten Abschnitt erwähnten „Aktivitätskontext" sehen.
5. Welche Arten von „Befehlen" werden im Dialog verwendet? Beispiele?
6. Kann die „Hilfe"-Funktion ein- und ausgestellt werden? Wie weitgehend ist die Hilfe?
7. Welche vorläufige Notation soll implementiert werden? Ist sie erweiterungsfähig?
8. Wie sind die verschiedenen Arten der Dokumentation miteinander verbunden?
9. Welche Leistungsanforderungen und Entwurfs-Randbedingungen werden vorausgesetzt?

Jede dieser Fragen müßte im Rahmen der Iteration für diese Beschreibung des Anwendungsbereichs der Software auf System-Ebene beantwortet werden. Wahrscheinlich würden viele Fragen während der Software-Problem-Analyse beantwortet werden – also während der nächsten Aktivität des Software Engineering, die auf das System CT/9000 angewendet wird.

Verfeinern und klären Sie den Anwendungsbereich der Software_____

Das für die Entwicklung der CT/9000-Software verantwortliche Arbeitsteam hat die Review-Kommentare zur Kenntnis genommen und wird versuchen, sie zu berücksichtigen, wenn in den nächsten Schritten eine objekt-orientierte Analyse unternommen wird. Die grundlegende Beschreibung des Anwendungsbereichs für die CT/9000 Software bleibt unverändert.

Bestimmen Sie Objekte und Operationen_____

    Bestimmen Sie Objekte und Operationen, indem Sie die Beschreibung des Software-Anwendungsbereichs als Richtlinie nehmen_____
    Benutzen Sie Objekte, um die Informations-Absender und -Empfänger zu bestimmen_____
    Benutzen Sie Objekte, um Datenspeicher festzulegen_____
    Benutzen Sie Objekte, um Datenelemente und Steuerdaten zu ermitteln_____
    Benutzen Sie Operationen, um Daten- und Steuer-Transformationen zu bestimmen_____

Eine Objekt-Tabelle wird auf der Grundlage der Beschreibung des Anwendungsbereichs erstellt. Unter jedem Objekt erfolgt eine Objektbeschreibung, die kursiv gedruckt ist.

Objekt-Tabelle

Objekt-Bezeichnung	Typ
Support-Software	abstrakt

Software, die zur Unterstützung aller Anwendungsfunktionen benutzt wird und als Schnittstelle zu Hardware und Betriebssystem fungiert

Synonym: allgemeine Computer-Grafik
　　　　　Textverarbeitung
　　　　　Dialog-Schnittstelle
　　　　　Datenbank-Schnittstelle
　　　　　Ausgabe-Verwaltung

Anwendungs-Software　　　abstrakt

Software, die Analyse-/Entwurfs-Funktionen ausführt, die für den Benutzer von unmittelbarem Interesse sind

Dokumentations-Komponenten　　Datenelement
(DK)

Grundeinheit der Informations-Darstellung; Einzelheiten werden später beschrieben

Synonym: Programme
　　　　　Daten
　　　　　Hardcopy-Dokumentation

Darstellungen　　　Datenelement

grafische und Text-Notation, die Analyse oder Entwurf beschreibt

Dialog　　　abstrakt

die Gesamtheit der Befehle, Eingabe-Aufforderungen (prompts) und Antworten beim Dialog zwischen Benutzer und CT/9000-Software. Eingabeeinrichtungen sind Maus und Tastatur. In allen Fällen sollten Befehle und Eingabe-Aufforderungen (prompts) einheitlich und verständlich sein

Benutzer　　　Absender

Jeder Benutzer erstellt Dokumentations-Komponenten auf einer individuellen Workstation

Workstation　　　abstrakt

umfaßt Hardware und Software

CT/9000-Datenbank　　　Datenspeicher

On-line-Speicher für alle Dokumentations-Komponenten und andere Softwarebeschreibungen

Aktivitätskontext　　　abstrakt

die Menge von Symbolen, Regeln und Analyse-Merkmalen, die für eine bestimmte CT/9000-Funktion relevant sind

Befehle　　　Datenelement

jede vom Benutzer gewählte Aktion, die bei CT/9000 zu Eingabe, Verarbeitung oder Ausgabe führt

Objekt-Tabelle (Fortsetzung)

Objekt-Bezeichnung	Typ
Typ	Datenelement

Einige Befehlstypen sind definiert. Diese korrespondieren mit Hauptfunktionen und Funktionen der nächsten Ebene und umfassen Dokument-Verwaltung, Zeichnungs- und Textverwaltung, Textverarbeitung, Analyse, Hierarchieverwaltung, Änderung.

Befehls-Makros	Datenelement

eine Folge von Befehlen, die gespeichert sind und vom Benutzer mit einem einfachen Befehl aufgerufen werden können

Pull-down-Menü	Datenelement

ein Fenster, das Befehle enthält, die mit einer Hauptfunktion verbunden sind. Aufruf über Maus oder Tastatur

Tastencodes	Datenelement

Tastatur-Befehle, die auch mit der Maus angewählt werden können. Außerdem erfolgen alle Texteingaben über die Tastatur.

Hilfe-Funktion	Datenspeicher

eine spezielle Datei mit Erklärungen, Richtlinien und Eingabeaufforderungen (prompts), die angezeigt werden, wenn die Hilfs-Funktion aufgerufen wird

System-Dokumentation	Datenelement

eine Sammlung von Dokumentations-Komponenten, die mittels der Hauptfunktionen entwickelt wurden. Die System-Dokumentation ist hierarchisch organisiert, und jede Komponente kann von anderen, verwandten Komponenten aus aufgerufen werden.

Die Objekt-Tabelle wird fortgesetzt, bis alle in der Beschreibung des Anwendungsbereichs der CT/9000-Software enthaltenen Objekte erfaßt sind. Jedes dieser Objekte wird nach dem oben gezeigten Muster klassifiziert und beschrieben.
Als nächstes wird eine Objekt-Operationstabelle erstellt.

Objekt-Operations-Tabelle

Operation	Objekte	Typ
beschreiben	Programme	Datentrans.
	Daten	
gespeicherte	Information	Datentrans.
	Datenbank	
erzeugt	Hardcopy-Dokumentation	Datentrans.
ausgewählt	Befehle	Steuertrans.
organisiert	Befehle	Datentrans.
hervorgehoben	Befehle	Datentrans.
	Funktion	

Objekt-Operations-Tabelle (Fortsetzung)

Operation	Objekte	Typ
zusammengefaßt	Befehle	Datentrans.
	Befehls-Makros	
geschützt	Benutzer	
	katastrophale Folgen	
erscheinen	Fenster	Steuertrans.
verschwinden	Fenster	Steuertrans.
erstellt	Systemdokumentation	Datentrans.
	Dok.Komponenten	
umfaßt	Hierarchie	Datentrans.
	Text	
	Grafik	
darstellt	Notation	Datentrans.
	Fluß	
	Inhalt	
	Struktur	
bestehen	Komponenten	Datentrans.
	strukturiertes Deutsch	
	PDL	

Die Objekt-Operations-Tabelle wird fortgesetzt, bis alle in der Beschreibung des Anwendungsbereichs für die CT/9000- Software enthaltenen Operationen erfaßt sind.

Falls noch Unklarheiten bestehen, sollten Sie einen Prototyp entwickeln, um mit seiner Hilfe die Anforderungen zu klären_____

    Beurteilen Sie den Anwendungsbereich der Software und stellen Sie fest, ob die Entwicklung eines Prototyps sinnvoll ist_____
    Entwickeln Sie eine verkürzte Darstellung der Anforderungen mit Hilfe eines objektorientierten Ansatzes_____
    Entwickeln Sie einen Prototyp auf dem Papier_____
    Entwickeln Sie einen verkürzten Prototyp-Entwurf_____
    Konstruieren, testen und verfeinern Sie den Software-Prototyp_____
    Präsentieren Sie den Prototyp dem Kunden, der die Applikation erprobt und Änderungen vorschlägt_____
    Wiederholen Sie die Prototyp-Schritte iterativ, bis alle Anforderungen formalisiert wurden oder bis sich der Prototyp zu einem Softwareprodukt entwickelt hat_____

Ein Prototyp für die CT/9000 Benutzer-Schnittstelle wird entwickelt, damit die CaseTools Corp. Marketing-Gruppe (der Kunde) die „Benutzerfreundlichkeit" des Entwurfs beurteilen kann. Die Abbildungen C.1 und C.2 zeigen zwei der vielen „Bildschirm-

masken", die entworfen wurden, um die Form des Dialogs mit der CT/9000-Workstation-Software zu veranschaulichen. Ein funktionierender Prototyp der Benutzerschnittstelle würde in der Realität mit Hilfe eines Prototyp-Werkzeuges entwickelt. Aus naheliegenden Gründen kann der funktionierende Prototyp nicht in dieses Beispiel aufgenommen werden.

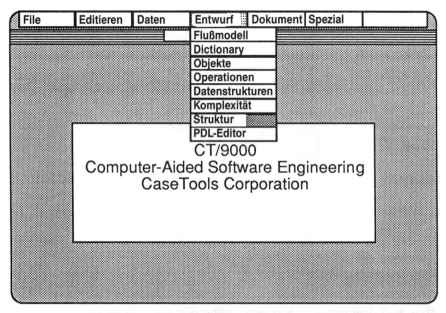

Abb. C.1 Prototyp eines Bildschirm-Rahmens für das System CT/9000

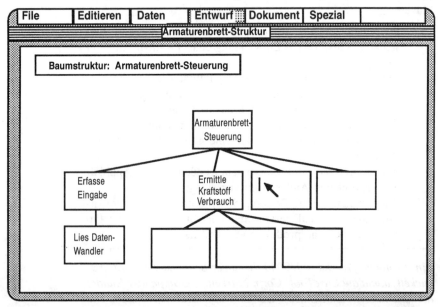

Abb. C.2 Prototyp einer Bildschirmmaske für das System CT/9000

Erstellen Sie ein Flußmodell der Software⎯⎯⎯

Verwenden Sie Datenflußdiagramme, um zu zeigen, wie sich Daten durch die Software bewegen⎯⎯⎯
Zeigen Sie mit Hilfe von Flußdiagrammen, wie die Steuerdaten die Software beeinflussen⎯⎯⎯
Wenden Sie Flußmodell-Bewertungs-Regeln an⎯⎯⎯

*An diesem Punkt wird der Blickwinkel, unter dem wir unser Beispiel betrachten, enger. Eines der Elemente der CT/9000-Software ist ein **PDL-Editor zur schrittweisen Verfeinerung** (PDLESV), der es dem Entwickler ermöglicht, Detailentwürfe in PDL mit Hilfe unterstützender Software zu erstellen. Eine verfeinerte Beschreibung des Anwendungsbereichs für den PDLESV wird erarbeitet, und es wird ein Flußmodell erstellt.*

PDL-Editor zur schrittweisen Verfeinerung

Der PDL-Editor zur schrittweisen Verfeinerung des Systems CT/9000 (PDLESV) ermöglicht es dem Benutzer, detaillierte Entwurfsbeschreibungen von Programm-Modulen in der PDL zu erstellen [*wie in Kapitel 4 beschrieben*]. Der Entwurf wird in einem Prozeß der schrittweisen Verfeinerung erarbeitet, wobei jede Beschreibung auf jeder beliebigen Detailebene zu detaillierteren PDL-Beschreibungen erweitert (konkretisiert) werden kann. Unterschiedliche Ebenen des Prozedurentwurfs können in der gleichen Moduldatei gespeichert und anhand der Ebenen-Nummer abgerufen werden.

Der Benutzer arbeitet mit dem Editor über standardisierte Pull-down-Menüs und Tastatureingaben. Die PDL-Darstellung jedes Moduls wird Teil der Dokumentation, die in einer Moduldatei der CT/9000-Software-Engineering-Datenbank gespeichert wird.

Abb. C.3 zeigt ein Datenflußdiagramm der Ebene 01 für den PDLESV. Der Benutzer kann zwischen drei Befehlsklassen wählen: PDL-Eingabe-Befehle, Datei-Verarbeitungs-Befehle und PDL-Anweisung-Erweiterungs-Befehle. Die PDL-Eingaben erfolgen in einem interpretativen Modus, so daß die korrekte Syntax gewahrt bleibt. Außerdem kann der Benutzer für übliche Prozeduren (wie etwa if-then-else, case) und für benutzerdefinierte Funktionen auf „PDL-Makros" zurückgreifen. Alle PDL-Anweisungen werden in einer Moduldatei gespeichert, die von dem PDLESV und anderen CT/9000-Funktionen (z.B. Hardcopy-Ausgabe), die außerhalb des Bereichs dieser Funktion liegen, gelesen werden kann.

Abb. C.4 zeigt ein DFD der Ebene 02 für den PDL-Editor zur schrittweisen Verfeinerung. Der PDLESV wird über einen oder mehrere Menübefehle, die über die Maus „angeklickt" werden können, mit dem Informationsfluß entlang eines der drei gezeigten Hauptpfade gestartet. Die Informationsfluß-Pfade korrespondieren mit den oben beschriebenen Befehlskategorien.

Vom Konzept her hat die mittels PDLESV erzeugte Datenstruktur die in Abb. C.5 dargestellte Form. Ein Modul wird mit einer Menge von PDL-Anweisungen der Ebene 01 beschrieben. Eine Untermenge dieser Anweisungen wird auf die Ebene 02 erweitert, um zu einer präzisen Detail-Darstellung zu gelangen. Dieser Prozeß der „schrittweisen Verfeinerung" wird fortgesetzt, bis eine ausreichende Detaillierung erreicht ist. Die Erweiterung kann, wie die Abbildung zeigt, sowohl nach der Depht-first- als auch nach der Breadth-first-Methode erfolgen.

Erstellen Sie ein Data Dictionary, um Objektinhalte zu beschreiben

Data Dictionary für den PDLESV

Befehle = allgemeine.Befehle + PDLESV.Befehle
allgemeine.Befehle = *von der System-Support-Software für die Menü-Auswahl erfaßt*
PDLESV.Befehle = [Eingabe.Befehle | Datei.Befehle | Erweiterungs.Befehle]
PDL = *eine zu definierende Kombination aus Syntax und Pseudocode*
Eingabe.Befehle = [wähle.Makro | einrücken | unterstreiche.Schlüsselwörter]
Datei.Befehle = [öffne | schließe | sichere | sichere als | lösche | drucke]
Erweiterungs.Befehle = [erweitere.Anweisung | übernimm.Datei | definiere.Ebene]
Modul.Datei = Vorspann + PDL + Zeiger
wähle.Makro = [Bedingung | Schleife.while | Schleife.until | case | Makro-Name]
Einrücken = *dieser Befehl impliziert, daß bei der Darstellung der Modul-Steuerstruktur automatisches Einrücken erfolgt*
unterstreiche.Schlüsselwörter = *dieser Befehl bewirkt, daß alle PDL-Schlüsselwörter auf dem Bildschirm unterstrichen werden*

Das Data Dictionary wird fortgesetzt, bis alle Datenelemente auf den DFD-Ebenen 01 und 02 definiert und erweitert worden sind.

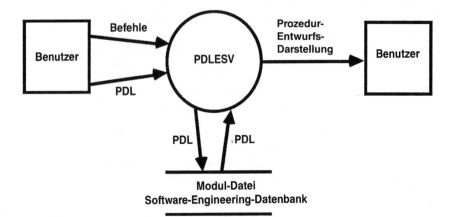

Abb. C.3 DFD der Ebene 01 für PDL Editor für Schrittweise Verfeinerung

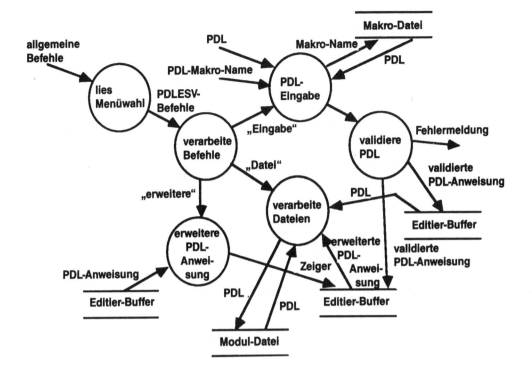

Abb. C.4 DFD der Ebene 02 für den PDL-Editor zur schrittweisen Verfeinerung

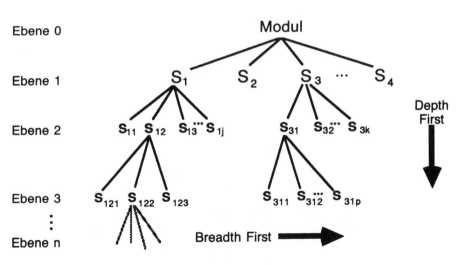

Abb. C.5 Konzeptionelle Datenstruktur für den PDLESV

Beschreiben Sie den Ablauf von Daten- und Steuer-Funktionen_____

Zu Abbildung C.4:

Funktions-Bezeichnung: **Lies Menüwahl**
Diese Funktion stellt die Verbindung zu den System-Support-Funktionen für die allgemeine Verarbeitung der mit der Maus angewählten Funktionen jedes Pull-down-Menüs her. Die System-Support-Funktionen stellen die allgemeine Auswahl-Information für diese Funktion bereit (allgemeine Befehle), die (über tabellengesteuerte Algorithmen) in den entsprechenden, vom Benutzer gewählten Befehl (PLDESV-Befehl) übersetzt wird. Die Befehls-Information wird zu einer Transaktion weitergeleitet.

Funktions-Bezeichnung: **Verarbeite Befehle**
Diese Transaktion akzeptiert Information, die von der PDLESV-Funktion, die die Verbindung zu den System-Support-Funktionen für die allgemeine Menü-Verarbeitung herstellt, weitergegeben wurde. Sie ermittelt den Befehlstyp und leitet Steuerbefehle zu der entsprechenden Befehlsverarbeitungsfunktion weiter.

Funktions-Bezeichnung: **PDL-Eingabe**
Diese Funktion akzeptiert PDL-Eingaben über die Tastatur. Außerdem verarbeitet sie PDL-Makro-Aufrufe, indem sie auf die in einer Makro-Datei gespeicherten Makros zugreift und die mit dem Makro verbundene PDL in den Eingabetextstrom der PDL-Anweisungen einbindet.

Funktions-Bezeichnung: **Validiere PDL**
Diese Funktion validiert alle PDL-Eingaben des Benutzers durch Syntaxprüfung, wobei der korrekte Gebrauch von Schlüsselwörtern, Begrenzern und Sonderzeichen überprüft wird. Die Validierung geschieht interpretierend während der Eingabe jeder Anweisung. Die Funktion erzeugt unter jeder unkorrekten PDL-Anweisung eine Fehlermeldung. Die validierten PDL-Anweisungen werden in einem Editier-Buffer für die weitere Verarbeitung und/oder Anzeige gespeichert.

Funktions-Bezeichnung: **Verarbeite Dateien**
Diese Funktion wickelt alle Datei-Verarbeitungs-Funktionen des PDLESV ab. Sämtliche Befehle wie Öffne, Schließe, Sichere etc. werden über diese Funktion verarbeitet. Außerdem enthält diese Funktion eine Merge-Funktion, um mit Hilfe der im Editier-Buffer gespeicherten Informationen verschiedene Verfeinerungsebenen für ein Modul zu erzeugen. Diese Funktion hat eine direkte Schnittstelle zur Modul-Datei.

Funktions-Bezeichnung: **Erweitere PDL-Anweisung**
Diese Funktion ermöglicht es dem Benutzer, eine zu erweiternde PDL-Anweisung auszuwählen. Er setzt Zeiger innerhalb einer Datenstruktur, so daß innerhalb einer Modul-Datei Prozedurdetails auf mehreren Ebenen festgehalten werden können. Er speichert Informationen im Editier-Buffer, die zum Schluß über die Merge-Funktion miteinander verknüpft werden, um die PDL-Beschreibung eines in der Modul-Datei enthaltenen Moduls zu erzeugen.

Beginnen Sie, über die Software-Validierung nachzudenken___

Anforderungen an die Software-Validierung
Die Validierung des PDLESV muß eine Teststrategie umfassen, die eine korrekte Verarbeitung aller PDLESV-Befehle und die Zulässigkeit der PDL-Eingaben sicherstellt. Außerdem muß die Integrität der Modul-Datei gewährleistet sein, und spätere Modifikationen der Datei müssen korrekt ausgeführt werden. Folgende Testklassen werden nach der Implementierung des PDLESV durchgeführt:
Klasse 1: Test, um die korrekte Erfassung allgemeiner Menü-Befehle und die Übersetzung in spezielle PDLESV-Befehle zu überprüfen.
Klasse 2: Test, um sicherzustellen, daß PDL-Text korrekt eingegeben und die PDL-Makros korrekt referenziert, generiert und in den PDL-Text eingebunden werden können.
Klasse 3: Test zur Validierung der Erweiterungsfähigkeit der PDL auf jeder Detailebene.
Klasse 4: Test zur Validierung der korrekten Darstellung verschiedener Ebenen des Prozedurentwurfs innerhalb einzelner Modul-Dateien.
Klasse 5: Tests zur Validierung des korrekten Erstellens der Modul-Datei und des ordnungsgemäßen Zugriffs auf die Modul-Datei.
Klasse 6: Tests, um sicherzustellen, daß Modifikationen einer vorhandenen Modul-Datei korrekt abgespeichert wurden und problemlos aufgerufen werden können.
Klasse 7: Tests, um sicherzustellen, daß andere CT/9000-Funktionen problemlos auf in der Modul-Datei gespeicherte Information zugreifen können.

Die oben beschriebenen Test-Klassen sind ein erster „Umriß" für die Testplanung. Bei umfangreichen Projekten kann jetzt die Entwicklung einer Teststrategie beginnen. Der Entwurf detaillierter Testfälle wird jedoch noch zurückgestellt, bis der Programm-Entwurf vollständig ist.

Fügen Sie alles zusammen, um eine *Software-Spezifikation* zu bilden___
Überprüfen Sie die Spezifikation auf Korrektheit, Konsistenz und Vollständigkeit___
Sehen Sie Iterationen vor; widerstehen Sie der Versuchung, sich sofort ins Entwerfen oder Programmieren zu stürzen___

Die Software-Spezifikation für die CT/9000-Software enthält alle in den vorhergehenden Analyse-Schritten entwickelten Informationen, die wie in Kapitel 3 beschrieben organisiert sind, sowie zusätzliche Informationen in bezug auf die Hauptfunktionen der Software (hier nicht dargestellt).

Verfeinern Sie die *Software-Spezifikation* als Vorbereitung für den Entwurf____

Die beim Software-Entwurf erforderlichen Arbeitsschritte richten sich nun auf den PDL-Editor zur schrittweisen Verfeinerung, der in den vorhergehenden Problem-Analyse-Schritten spezifiziert wurde.

Verfeinerung des Flußmodells

Die weitere Verfeinerung des DFD der Ebene 02 (Abb. C.4) führt zur Entwicklung eines DFD der Ebene 03 für den in Abb. C.6 dargestellten PDLESV. Das Datenflußdiagramm hat Transaktions-Charakteristika (Transaktionszentrum bei **VerarbeiteBefehle**) und benutzt einen einzigen Datei-Zugriffs-Prozeß (**lies/schreib-Modul-Datei**).

Beginnen Sie mit dem Datenentwurf, indem Sie Ihre während der Problemanalyse geleistete Arbeit ausbauen____

Überprüfen Sie das Data Dictionary und wählen Sie in Frage kommende Datenstrukturen aus____
Wenn komplexe Datenstrukturen aufgestellt werden müssen, vereinfachen Sie deren Organisation____
Wählen Sie geeignete interne Datenstrukturen aus____
Wenn es bereits ein geeignetes System für die Datenbank-Verwaltung gibt, erwerben Sie es!____

Datenentwurf für den PDLESV

Aus dem Data Dictionary und den entsprechenden Datenflußdiagrammen ist zu ersehen, daß folgende Datenstrukturen ins Auge gefaßt werden sollten:

Modul-Datei
Editier-Buffer
Makro-Datei

Datenstruktur-Name: **Modul-Datei**
Jede Modul-Datei enthält einen Vorspann, PDL-Anweisungen-Records und ergänzend dazu beschreibende Informationen. Das Data Dictionary wird erweitert, um eine detaillierte Beschreibung aufzunehmen.

Modul.Datei = Vorspann Information / Vorspann + {PDL-Anweisungen-Record}^{n} + ergänzende beschreibende Informationen
Vorspann = Datei-Name + Modul-Name/Deskriptor + Dokument-Komponenten-Bezeichner + Versions-Bezeichner + Erstellungs.Datum + Datum der letzten Modifikation + Autorenname + Projekt-Bezeichner
PDL-Anweisungen-Records = Anweisungs-Ebenen-Anzeiger + Anweisungs-Text + Next-Zeiger + Depth-Zeiger + Back-Zeiger
Ergänzende beschreibende Information = Ablaufbeschreibungs-Zeiger + Restriktions-Text-Zeiger + Randbedingungen-Zeiger + Grafik-Zeiger

Datei.Name = *acht Zeichen ID* +.+ MOD
Modul.Name/Deskriptor = *bis 32 alphanumerische Zeichen*

.
.
.

Anweisungs-Ebenen-Anzeiger = [1|2|...|8]
Anweisungs-Text = gültige PDL-Anweisung
Next-Zeiger = *Adresse der nächsten PDL-Anweisung auf der gleichen Ebene*
Depth-Zeiger = *Adresse der PDL-Anweisung, die eine Erweiterung jener PDL-Anweisung einleitet, die den Zeiger enthält*
Back-Zeiger = *Adresse der Anweisung, die erweitert wurde; erscheint nur als letzte Anweisung der Erweiterung*

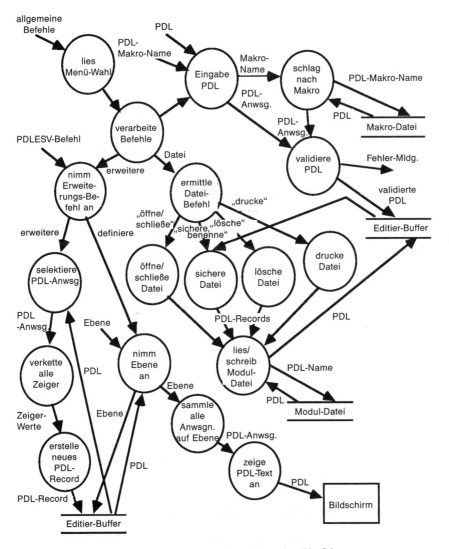

Abb. C.6 DFD der Ebene 03 für PDL-Editor zur schrittweisen Verfeinerung

Die Erweiterung wird für alle Datenobjekte fortgesetzt.

Datenstruktur-Name: **Editier-Buffer**
Der Editier-Buffer ist eine speicherresidente Abbildung der aktuellen PDL-Darstellung eines Moduls. Die Datenstruktur wird als mehrfach verkettete Liste – auch als Ringstruktur bezeichnet – implementiert.

PDL-Anweisungen auf einer gegebenen Detailebene werden unter Benutzung des **Next-Zeigers** direkt an den Editier-Buffer angehängt. Kommt jedoch eine neue Detail-Ebene hinzu (weil z.B. eine PDL-Anweisung erweitert werden soll), wird das PDL-Anweisungen-Record im Editier-Buffer um eine **Depth-Zeiger**-Adresse erweitert, und alle PDL-Anweisungen auf der neuen Detailebene werden an den Editier-Buffer angehängt. Dieses Vorgehen ist in Abb. C.7 grafisch dargestellt.

Editier-Buffer = {PDL-Anweisungen-Record}^{n}
PDL-Anweisungen-Record = Anweisungs-Ebenen-Indikator + Anweisungs-Text + Next-Zeiger + Depht-Zeiger + Back-Zeiger

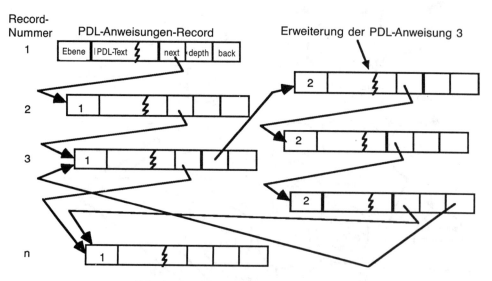

Abb. C.7 Listenstruktur für Editier-Buffer

Datenstruktur-Name: **Makro-Datei**
Die Makro-Datei enthält mit Namen versehene PDL-Makros, die über den Namen referenziert und in den Modul-PDL-Text eingebettet werden können.

Makro-Datei = Name + {PDL-Anweisungen-Record}^{n} + eom
Name = NAME = + *Makro-Name, bis zu 32 alphanumerische Zeichen*
eom = *end-of-macro-Anzeige*

Erarbeiten Sie den Architekturentwurf

Verfeinern Sie zur Vorbereitung des Entwurfs Ihr Flußmodell

Stellen Sie fest, ob das Flußmodell Transformations- oder Transaktions-Charakteristika hat_____

Erarbeiten Sie die Programmstruktur mit Hilfe einer Transformations-Abbildung, wenn Transformationsfluß vorhanden ist_____

Arbeiten Sie das Transformationszentrum heraus, indem Sie die Grenzen des ein- und ausgehenden Datenflusses bestimmen_____
Erstellen Sie eine Gliederung für die erste Ebene der Funktionsstruktur_____
Führen Sie eine Gliederung der zweiten Ebene aus, um eine vorläufige Programmstruktur zu erhalten_____
Verfeinern Sie die Verarbeitungsbeschreibungen für jedes Modul in der Programmstruktur
Verfeinern Sie den „Rohentwurf" der Programmstruktur mit Hilfe grundlegender Entwurfs-Prinzipien_____

Erarbeiten Sie die Programmstruktur mit Hilfe der Transaktions-Abbildung, wenn ein Transaktionsfluß vorhanden ist_____

Bestimmen Sie das Transaktionszentrum und die Fluß-Merkmale jedes Aktionspfades_____
Bilden Sie das DFD auf eine für die Transaktions-Verarbeitung geeignete Programmstruktur ab_____
Schlüsseln Sie die Transaktionsstruktur und die Struktur jedes Aktionspfades auf und verfeinern Sie beide_____

Die Evaluierung des DFD der Ebene 03 für die CT/9000-PDLESV-Software (Abb. C.6) ergibt, daß die meisten Funktionen eine gute funktionale Unabhängigkeit aufweisen und keiner weiteren Verfeinerung bedürfen. Die Funktion **Validiere PDL** weist jedoch keine ausreichende Bindung auf und muß deshalb weiter verfeinert werden, bevor man zur Architektur-Abbildung übergehen kann. Abb. C.8 zeigt das DFD der Ebene 03, wobei die Funktion **Validiere PDL** weiter konkretisiert wurde.

Das DFD der Ebene 03 (Abb. C.8) ist durch das allgemeine Merkmal des Transaktionsflusses gekennzeichnet. Der vom Transaktionszentrum (**Verarbeite Befehle**) ausgehende Fluß läßt sich in drei Bereiche unterteilen (s. Abb. C.8). Der Fluß in Bereich I ist Transformation. Der Fluß in Bereich II ist ein weiterer Transaktionsfluß. Der Fluß in Bereich III hat geringfügige Transaktions-Eigenschaften und zwei Transformations-Aktions-Flüsse.

Eine Gliederung der ersten Ebene des in Abb. C.8 dargestellten DFD zeigt die Programmsubstruktur in Abb. C.9. Diese Struktur wurde mittels einer Transaktionsabbildung gewonnen. Jeder der Bereiche (Abb. C.8) wird auf die Programm-Substrukturen der Abb. C.10, 11 und 12 abgebildet. Die Programm-Substruktur für Bereich I wurde mit Hilfe einer Transformations-Abbildung erarbeitet. Die Aufgabe der **Datei-Verarbeitungs-Steuerung** wird von der Funktion **Ermittle-Datei-Befehl** (und dem entsprechenden Modul) in Abb. C.11 erfüllt. Das Modul **Erweiterungs-Verarbeitungs-Steuerung** dient sowohl als Transaktions-Steuerung als auch als Verteiler für die Transaktions-Substruktur in Abb. C.12.

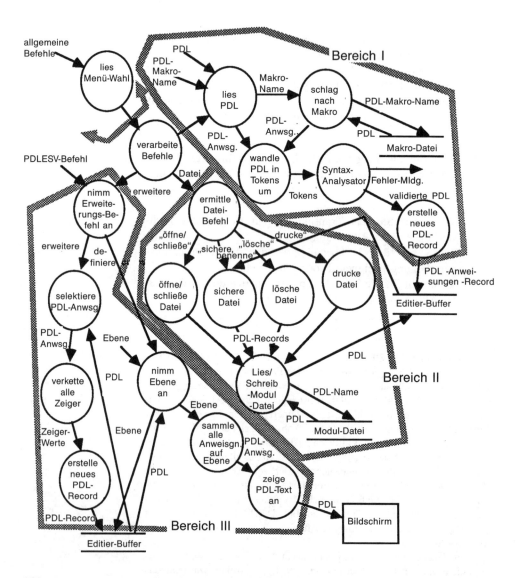

Abb. C.8 Verfeinertes DFD der Ebene 03 für PDLESV

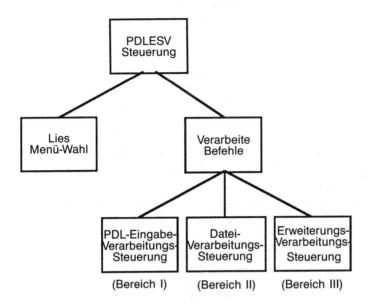

Abb. C.9 Gliederung der ersten Ebene für PDLESV-Abbildung

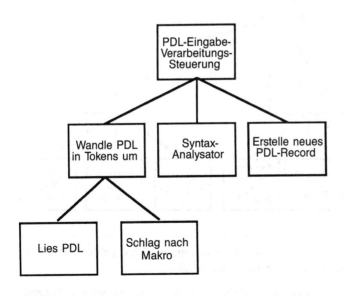

Abb.C.10 Gliederung der zweiten Ebene für Bereich I

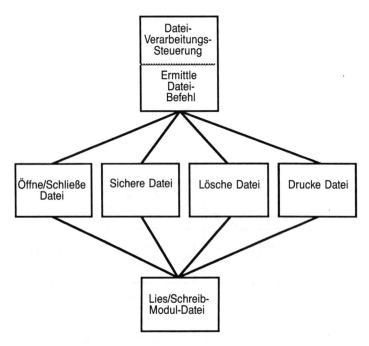

Abb. C.11 Gliederung der zweiten Ebene für Region II

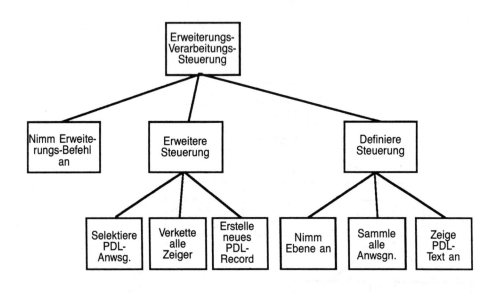

Erarbeiten Sie einen Prozedurentwurf für jedes in der Programmstruktur dargestellte Modul

Wenden Sie die Philosophie der Strukturierten Programmierung an, wenn Sie den Prozedurentwurf erarbeiten

Verfeinern Sie die Ablaufbeschreibung für jedes Modul_____
Benutzen Sie eine Programm-Entwurfs-Sprache, um die Datenstrukturen und die prozedurale Logik zu repräsentieren_____

Für jedes der in den Abb. C.9 bis C.12 beschriebenen Module müßte ein Prozedurentwurf erstellt werden. Für unser Beispiel beschränken wir uns jedoch auf einen vollständigen Prozedurentwurf für ein einziges Modul, **VerarbeiteBefehle** *(s. Abb. C.9).* **VerarbeiteBefehle** *ist ein Verteiler für die gesamte Transaktions-Architektur.*

Prozedur-Entwurfs-Beschreibung

Modul-Name: **VerarbeiteBefehle**
Ablaufbeschreibung: Dieses Modul empfängt PDLESV-Befehle aus dem Pull-down-Menü der System-Support-Schnittstelle ? und ermittelt die Befehls-Kategorie, damit Steuerbefehle und Befehls-ID zu der entsprechenden Befehlssteuerung weitergeleitet werden können.

Schnittstellen-Beschreibung:
  Eingabe: PDLESV-Befehl (siehe Data Dictionary)
  Ausgabe:
    1. Befehls-Bezeichner, der mit einem bestimmten PDLESV-Befehl verbunden ist und zu einem untergeordneten Modul weitergeleitet wird
    2. Fehler-Anzeige, wenn der empfangene PDLESV-Befehl nicht erkannt wird

Aufgerufene Module: PDL-Eingabe-Verarbeitungs-Steuerung, Datei-Verarbeitungs-Steuerung, Erweiterungs-Verarbeitungs-Steuerung
Datenstrukturen: Dieses Modul benutzt eine interne Tabelle, die alle gültigen PDLESV-Befehle enthält, ein entsprechendes Kategorien-Listing im Bereich von 1 bis 3 und eine numerische Befehls-ID, die zur Kennzeichnung der Befehle in allen weiteren Verarbeitungsschritten dient. Die Tabelle enthält bis zu 64 Befehlen und ist in ihrer Form wie Tabelle C.1 gestaltet.

Tabelle C.1 PDLESV-Befehls-Tabelle

PDLESV.Befehl	Befehls-Kategorie (Code)	Befehls-ID
Selektiere.Makro	1	1
Einrücken	1	2
unterstreiche.Schlüsselwörter	1	3
öffne	2	4
schließe	2	5
{...die weiteren Befehle werden hier nicht aufgeführt}		
Befehl n	1, 2 oder 3	n
edt {Ende der Tabelle}	0	0

Ein Prozedurentwurf für das Modul **VerarbeiteBefehle** *wird mittels der in Kapitel 4 beschriebenen PDL definiert.*

```
procedure VerarbeiteBefehle (input: PDLESV Befehl,
    Befehls-Tabelle; output: Fehler-Anzeige);
type
    Befehls-Tabelle [1..n] = record
        Befehls-Name: char;
        Kategorie-Code: integer;
        Befehls-ID: integer;
    end;
type Bef-Kategorie, Bef-Id, Bef-Zaehler:integer;
type PDLESV-Befehl: char;
type Bef Gefunden-Flag, Fehler-Anzeige: boolean;
Bef-Zaehler:= 0;
Bef Gefunden-Flag: = false;
do while Befehl-Tabelle Eintraege vorhanden
inkrementiere Bef-Zaehler um 1;
if PDLESV-Befehl = Befehl.Name
    then begin
        Bef-Kategorie := Kategorie-Code [Bef-Zaehler];
        Bef.ID := Befehl-ID [Bef-Zaehler];
        Bef Gefunden-Flag := true;
    else Fehler-Anzeige := true;
endif
enddo
if Bef Gefunden-Flag = true
    then
        case of Bef-Kategorie:
            when Bef-Kategorie = 1 select
                PDLEingabeVerarbeitungsSteuerung (Bef-ID);
            when Bef-Kategorie = 2 select
                DateiVerarbeitungsSteuerung(Bef-ID);
            when Bef-Kategorie = 3 select
                ErweiterungsVerarbeitungsSteuerung(Bef-ID);
        endcase
    else return Fehler.Anzeige;
endif
end;
```

Entwickeln Sie eine vorläufige Teststrategie, um Daten- und Programmstruktur miteinander in Einklang zu bringen

In dieser Phase konzentrieren wir uns auf zwei Aufgaben: (1) eine Modul-Test-Strategie für jedes einzelne PDLESV- Modul zu entwickeln, und (2) eine Integrations-Methode für alle Module der PDLESV-Programmstruktur zu entwickeln.

Im Rahmen unseres Beispiels erarbeiten wir eine Modul-Test-Strategie für das Modul **VerarbeiteBefehle** *(eine ähnliche Modul-Teststrategie müßte für jedes Modul der Programmstruktur entwickelt werden) sowie eine Integrations-Methode für die gesamte PDLESV-Software.*

Modul-Test-Strategie für das Modul VerarbeiteBefehle

1. Entwickeln Sie einen Test-Treiber, der alle gültigen (und ein oder zwei ungültige) PDLESV-Befehle in das Modul **VerarbeiteBefehle** eingibt. Entwickeln Sie außerdem Stümpfe für jede der von **VerarbeiteBefehle** aufgerufenen Befehls-Steuerungen. Jeder Stumpf sollte seinen Aufruf bestätigen und ein Echo der ihm zugeführten Werte erzeugen.
2. Führen Sie innerhalb des Moduls alle Anweisungen mit Hilfe von Testfällen anhand der Basis-Pfad-Technik aus.
3. Führen Sie Schleifentests für die einfache *Do-while*-Schleife des Moduls aus.
4. Evaluieren Sie die Fehlerbehandlung, indem Sie einen „falschen" Befehl in das Modul eingeben und den Wert der Fehler-Anzeige (s. PDL) überprüfen, der zum Modul-Test-Treiber zurückgegeben wird.
5. Überprüfen Sie die Grenzen der in der Befehls.Tabelle enthaltenen Datenstruktur (s. PDL), indem Sie die Zuordnung des ersten und des letzten Eintrags testen. Überprüfen Sie die Gültigkeit der Grenze von 64 Einträgen.

Vorläufige Integrationstest-Strategie

Die allgemeine Integrations-Test-Strategie für die PDLESV-Software erfolgt nach der „Sandwich"-Methode. Dabei werden folgende Arbeitsschritte empfohlen:
1. Die Programm-Steuerungs- und -Eingabe-Substruktur der höchsten Ebene (Abb. C.9) wird — mit Hilfe der Top-down-Strategie — als erstes integriert. Zunächst wird das Modul **LiesMenüWahl** mit dem Modul **PDLESV-Steuerung** zusammengefügt und überprüft, ob Befehle korrekt erfaßt werden. Als nächstes wird das Modul **VerarbeiteBefehle** hinzugefügt. Zum Überprüfen der korrekten Befehlsverarbeitung werden nun alle Modul-Tests ausgeführt. Anschließend werden die drei Befehlssteuerungen integriert; wir beginnen beim Modul **PDLEingabeVerarbeitungsSteuerung** und gehen von links nach rechts vor (Abb. C.9).
2. Die Module im Bereich I (Abb. C.10) werden als Cluster von oben nach unten, beginnend beim Modul **PDLEingabeVerarbeitungsSteuerung**, integriert. Die Integration des Moduls **SyntaxAnalysator** kann noch zurückgestellt werden, wenn in dieser Phase nicht genügend Zeit dafür vorhanden ist.
3. Die Module des Bereichs II (Abb. C.11) werden als Cluster von oben nach unten, beim Modul **DateiVerarbeitungsSteuerung** beginnend, integriert. Die Integration wird im Depth-first-Verfahren durchgeführt, wobei wir in der Programm-Unterstruktur von links nach rechts vorgehen (Abb. C.11). Das Modul **Lies/SchreibModulDatei** muß

dabei so früh wie möglich getestet werden, um die Integrität der Modul-Datei-Datenstruktur sicherzustellen.
4. Die Module des Bereichs III (Abb. C.12) werden als Cluster, beginnend mit einem Untercluster von Modulen (das Modul **ErweitereSteuerung** und die ihm untergeordneten Module) von unten nach oben integriert (Abb. C.12.). Als nächstes werden die Module **NimmErweiterungsBefehlAn** und **ErweiterungsVerarbeitungsSteuerung** hinzugefügt. Zum Schluß wird der Untercluster **DefiniereSteuerung** integriert.

In allen Fällen sollten die für jedes Modul entworfenen Modultests ausgeführt und bei der Integration regressiv benutzt werden.

Fügen Sie alles zu einem *Entwurfs-Dokument* zusammen_____
Überprüfen Sie das *Entwurfs-Dokument* auf Übereinstimmung mit den Software-Anforderungen und auf technische Qualität_____

Das Entwurfs-Dokument für die PDLESV-Software würde alle in den bisherigen Phasen erarbeiteten Informationen umfassen. Sie wären wie in Kapitel 4 beschrieben organisiert.

Für das in den Abb. C.9 bis C.12 dargestellte vorläufige Design müßten Entwurfs-Reviews und für jede Prozedurentwurfs-Beschreibung aller Module der PDLESV-Programm-Struktur Entwurfs-Walkthroughs ausgeführt werden.

Benutzen Sie das Entwurfsdokument als Leitfaden_____
Legen Sie anhand der Programmstruktur fest, in welcher Reihenfolge die Module codiert werden_____

> Codieren Sie zuerst die Module, die sich auf einer niedrigen Ebene der Programmstruktur befinden_____
> Erstellen Sie den Code für die globalen Datenstrukturen_____
> Überprüfen Sie die inneren Datenstrukturen und entscheiden Sie, wie diese mit Programmiersprachenkonstrukten implementiert werden können_____
> Definieren Sie alle Dateien, indem Sie sich an Programmiersprachen-Konventionen halten_____

Erstellen Sie den Sourcecode in einer Programmiersprache, indem Sie den Prozedurentwurf als Leitfaden nehmen_____ Erlernen Sie die Grundlagen eines guten Programmierstils und wenden Sie sie an_____
Prüfen Sie den entstandenen Code auf Korrektheit und Lesbarkeit_____

Im Rahmen unseres Beispiels wird nun der Pascal-Sourcecode für das Modul **VerarbeiteBefehle** *erstellt. Selbstverständlich müßte dies für jedes der PDLESV-Module geschehen; als Leitfaden würde dabei der Prozedurentwurf dienen. Alle in Kapitel 5 beschriebenen „Codierregeln" wären dabei anzuwenden.*

```
const MaxBefehle = 64
type
     n = 1..MaxBefehle;
     BefehlRec = record
          Name: char;
          KategorieCode = 1..3;
          Id: integer;
     end;
     BefehlsTabelle = array [1..MaxBefehle] of
     BefehlsRec;


procedure VerarbeiteBefehle (var PDLESVBefehl: char; var
BefTbl: BefehlsTabelle; var FehlerAnzeige: boolean; var
CommandId: integer);
{
---------------------VORSPANN---------------------------
Ablaufbeschreibung: Dieses Modul empfängt PDLESV-Befehle von
der / für die ? Pull-down-Menue-System-Suppport-Schnittstelle ?
und ermittelt die Befehls-Kategorie.
Der BefehlsId wird der entsprechenden Befehls-Steuerung zugeleitet.
Schnittstellen-Beschreibung:

Eingabe:  PDLESV-Befehl (siehe Data Dictionary)
          BefehlsTabelle

Ausgabe:  BefehlsId, verbunden mit einem bestimmten Befehl
          und weitergeleitet zu einem untergeordneten Modul.
          FehlerAnzeige, empfangener PDLESV-Befehl kann
          nicht identifiziert werden.

Datenstrukturen: Dieses Modul benutzt eine interne Tabelle,
die alle gültigen PDLESV-Befehle enthält, ein entsprechendes
Kategorie-Listing im Bereich von 1 bis 3 und einen numerischen
Befehls-Id, der den Befehl in allen weiteren Verarbeitungsschritten
kennzeichnet. Die Tabelle enthält bis zu 64 Befehlen und hat
die Form der Tabelle C.1 des Entwurfsdokumentes. (noch mal mit dem
vorherigen vgl.!)
Autor: Scott McMahon
Datum: 1. Mai 1988
Kritiker: A. Frederick, L. Shapiro
Modifikationen: keine
-----------------------------ENDE VORSPANN
```

```
{
var BefKategorie, BefId, BefZaehler: integer;
var BefGefundenFlag, FehlerAnzeige: boolean;
Begin
BefZaehler:= 1;
BefGefundenFlag:= false
while BefTbl[BefZaehler].Name <> "edt" und
        BefGefundenFlag: = false
    do begin
    if PDLESVBefehl = BefTbl[BefZaehler].Name
        then begin
        BefKategorie:=BefTbl[BefZaehler].Kategorie.Code;
        BefId:=BefTbl[BefZaehler].Id;
        BefGefundenFlag:=true
        end;
    BefZaehler := BefZaehler + 1; end;
if BefGefundenFlag = true
    then begin
        case BefKategorie of
        1: PDLEingabeVerarbeitungsSteuerung (BefId);
        2: DateiVerarbeitungsSteuerung (BefId);
        3: ErweiterungsVerarbeitungsSteuerung (BefId);
        otherweise FehlerAnzeige:= true
        end;
    end;
    else FehlerAnzeige:= true
end;
```

Der Pascal-Sourcecode für das Modul **VerarbeiteBefehle** *wird einem formalen technischen Review (auch als „Code-Walkthrough" bezeichnet) unterzogen. Das Code-Walkthrough wird ausgeführt, um Korrektheit, Lesbarkeit und Übereinstimmung mit dem Entwurf zu überprüfen. Warum führen Sie nicht Ihr eigenes Walkthrough mit dem obigen Code durch?*

Entwickeln Sie einen Testplan, der sowohl die Strategie als auch die näheren Einzelheiten beschreibt

    Definieren Sie eine Methode, um jedes Modul in der Programmstruktur zu testen

Zum Schluß des Prozedurentwurfs wurde eine vorläufige Modultest-Strategie durchgeführt. Nachdem die Codierung beendet ist, wird die Modultest-Strategie nun noch einmal überprüft und verfeinert. Wir nehmen uns das Modul **VerarbeiteBefehle** *noch einmal vor und verfeinern die ursprüngliche Teststrategie, um die Pascal-Implementierung in das Testverfahren einzubeziehen.*

Modul-Test-Strategie für VerarbeiteBefehle

1. Entwickeln Sie einen Test-Treiber, der alle gültigen (und ein oder zwei ungültige) PDLESV-Befehle in das Modul **VerarbeiteBefehle** eingibt. Der Treiber muß die Datenstruktur der Befehls-Tabelle enthalten, die durch ein „edt"-Zeichen abgeschlossen ist. Außerdem muß der Treiber zum Schluß des Tests den FehlerAnzeigeWert zurückgeben.

2. Für die von dem Modul **VerarbeiteBefehle** aufgerufenen Befehls-Steuerungen müssen drei Stümpfe erstellt werden. Jeder Stumpf sollte seinen Aufruf bestätigen und ein Echo der ihm zugeführten Werte erzeugen.

3. Führen Sie innerhalb des Moduls alle Anweisungen mit Hilfe von Testfällen anhand der Basis-Pfad-Technik aus. Vorsicht: Vergewissern Sie sich, daß Sie die in der While-do-Anweisung enthaltene zusammengesetzte Bedingung und die durch die CASE-Anweisung implizierten Bedingungen berücksichtigen.

4. Führen Sie Schleifentests für die einfache While-do-Schleife des Moduls aus. Testen Sie 0, 1, 2, m, $n-1$, n Schleifendurchgänge, wobei n die Zahl der Einträge in der Befehlstabelle und $2 < m < (n-1)$ ist.

5. Evaluieren Sie die Fehlerbehandlung, indem Sie einen „falschen" Befehl in das Modul eingeben und den FehlerAnzeigeWert überprüfen, der zum Modul-Test-Treiber zurückgegeben wird.

6. Überprüfen Sie die Grenzen der in der Befehls-Tabelle enthaltenen Datenstruktur, indem Sie die Zuordnung des ersten und letzten Eintrags testen. Überprüfen Sie die Gültigkeit der Grenze von 64 Einträgen.

Entwickeln Sie eine Integrationsstrategie zur Konstruktion des Gesamtsystems_____
Integrieren Sie Module, indem Sie sowohl im Top-down- als auch im Bottom-up-Verfahren testen_____

Integrationstest-Strategie

Die allgemeine Integrations-Test-Strategie für den PDLESV erfolgt nach der „Sandwich"-Methode. Dabei werden folgende Arbeitsschritte empfohlen:

1. Die Programm-Steuerungs- und -Eingabe-Substruktur der höchsten Ebene (Abb. C.9) der höchsten Ebene wird − mit Hilfe der Top-down-Strategie − als erstes integriert. Zunächst wird das Modul **LiesMenü-Wahl** mit dem Modul **PDLESVSteuerung** zusammengefügt und überprüft, ob Befehle korrekt erfaßt werden. Als nächstes wird das Modul **VerarbeiteBefehle** hinzugefügt. Zum Überprüfen der korrekten Befehlsverarbeitung werden nun alle Modul-Tests ausgeführt. Anschließend werden nacheinander die Befehls-Steuerungen integriert; wir beginnen beim Modul **PDLEingabeVerarbeitungs-Steuerung** und gehen von links nach rechts vor (Abb. C.9).

Testfälle für die Phase 1 werden mit Hilfe der Äquivalenz-Untergliederung und Grenzwertanalyse entworfen.

Testreihe 1: Von jeder der Befehls-Kategorien 1, 2 und 3 werden Werte des PDLESV-Befehls ausgeführt. In allen Fällen sollte die Verzweigung zur entsprechenden Befehls-Steuerung überprüft werden.

Testreihe 2: Der PDLESVBefehl, der dem ersten bzw. dem letzten Eintrag in der BefehlsTabelle entspricht, wird eingegeben. Die Verzweigung zur entsprechenden BefehlsSteuerung sollte überprüft werden.

Testreihe 3: Alle mit den Modulen **LiesMenüWahl** und **Verarbeite Befehle** verbundenen Modul-Tests werden noch einmal ausgeführt.

2. Die Module des Bereichs I (Abb. C.10) werden als Cluster von oben nach unten, beim Modul **PDLEingabeVerarbeitungsSteuerung** beginnend, integriert. Die Integration des Moduls **SyntaxAnalysator** kann noch zurückgestellt werden, wenn in dieser Phase nicht genügend Zeit dafür vorhanden ist.

In ähnlicher Form wie die für die Phase 1 definierten werden Testreihen für die Phase 2 definiert.

3. Die Module des Bereichs II (Abb. C.11) werden als Cluster von oben nach unten, mit dem Modul **DateiVerarbeitungsSteuerung** beginnend, integriert. Die Integration wird im Depth-first-Verfahren durchgeführt, wobei wir in der Programm-Unterstruktur von links nach rechts vorgehen. Das Modul **LiesSchreibModulDatei** muß dabei so früh wie möglich getestet werden, um die Integrität der Datenstruktur der Modul-Datei sicherzustellen.

In ähnlicher Form wie die für die Phase 1 definierten werden Testreihen für die Phase 3 definiert.

4. Die Module des Bereichs III (Abb. C.12) werden als Cluster beginnend mit einem Untercluster von Modulen (**ErweitereSteuerung** und die ihm untergeordneten Module) von unten nach oben integriert. Als nächstes werden die Module **NimmErweiterungsBefehlAn** und **ErweiterungsVerarbeitungsSteuerung** hinzugefügt. Zum Schluß wird der Untercluster **DefiniereSteuerung** integriert.

In ähnlicher Form wie die für die Phase 1 definierten werden Testreihen für die Phase 4 definiert.

Definieren Sie eine Test-Strategie zur Programmvalidierung, die vor der Freigabe ausgeführt wird_____

Validierungs-Test-Strategie

Die Validierung des PDLESV muß auf einer Teststrategie beruhen, die korrekte Tests aller PDLESV-Befehle und eine korrekte Eingabe der PDL sicherstellt. Außerdem muß die Integrität der Modul-Datei gewahrt bleiben, und anschließende Modifikationen der Datei müssen korrekt ausgeführt werden. Die folgenden Testklassen werden nach der Implementierung des PDLESV ausgeführt.

Klasse 1: Tests, um die korrekte Erfassung allgemeiner Menü-Punkte ? / Befehle ? und die Übersetzung in spezielle PDLESV-Befehle zu überprüfen

Klasse 2: Test, um sicherzustellen, daß PDL-Text korrekt eingegeben werden und PDL-Makros korrekt referenziert, generiert und in den PDL-Text eingebunden werden können

Klasse 3: Test zur Validierung der Erweiterungsfähigkeit der PDL auf jeder Detailebene

Klasse 4: Tests zur Validierung der korrekten Darstellung verschiedener Ebenen des Prozedurentwurfs innerhalb einer Modul-Datei

Klasse 5: Tests zur Validierung des korrekten Erstellens von Modul-Dateien und des ordnungsgemäßen Zugriffs auf die Modul-Dateien

Klasse 6: Tests, um sicherzustellen, daß Modifikationen einer Modul-Datei korrekt abgespeichert wurden und problemlos aufgerufen werden können

Klasse 7: Tests, um sicherzustellen, daß andere CT/9000-Funktionen problemlos auf in der Modul-Datei enthaltene Information zugreifen können

Entwerfen Sie Tests mit Hilfe von White-Box-Techniken

Definieren Sie Testfälle, indem Sie die Basis-Pfad-Technik benutzen

Zeichnen Sie ein Flußdiagramm; benutzen Sie dabei den Entwurf oder Code als Richtschnur

Ermitteln Sie die zyklomatische Komplexität des Flußdiagramms

Legen Sie eine Grundmenge von linear unabhängigen Pfaden fest

Definieren Sie Testfälle, die die Ausführung jedes Pfades der Grundmenge veranlassen

Auch für dieses Beispiel betrachten wir wieder das in der PDL dargestellte und in Pascal implementierte Modul **VerarbeiteBefehle**. *Jeder der oben beschriebenen Schritte wird auf weitere ausgewählte PDLESV-Module angewendet.*

Mit dem Pascal-Sourcecode für das Modul **VerarbeiteBefehle** als Leitfaden wird ein Programmablaufplan (Abb. C.13) erstellt. Die zyklomatische Komplexität läßt sich mit Hilfe eines der beiden nachstehenden Algorithmen errechnen:

$V(G)$ = Zahl der eingeschlossenen Bereiche + 1
$\quad = 7 + 1$
$\quad = 8$

oder

$V(G)$ = Zahl der einfachen Bedingungen + 1
$\quad = 8$

Somit umfaßt die Grundmenge für das Modul **VerarbeiteBefehle** acht unabhängige Pfade. Nachstehend ein Satz von Basispfaden:

Pfad 1: 1-2-8-14-15
Pfad 2: 1-2-3-8-9-9a-15
Pfad 3: 1-2-3-8-9-10-10a-15
Pfad 4: 1-2-3-8-9-10-11-11a-15

Pfad 5: 1-2-3-8-9-10-11-12-15
Pfad 6: 1-2-3-4-5-6-7-2-...-8-...
Pfad 7: 1-2-3-4-6-7-8-2-...
Pfad 8: 1-2-3-4-6-7-8-2-3-8-...

Testfälle zur Ausführung jedes der Basispfade sind in Tabelle C.2 enthalten.

```
1:      BefZaehler:= 1;    (noch mal mit Programm vgl.)
1:      BefGefundenFlag:= false;
2,3:    while BefTbl[BefZaehler].Name <> "edt" und
              BefGefundenFlag1 = false
        do begin
4:        if PDLESVBefehl = BefTbl[BefZaehler].Name
             then begin
5:             BefKategorie:=BefTbl[BefZaehler].Kategorie.Code;
5:             BefID.=BefTbl[BefZaehler].Id;
5:             BefGefundenFlag:=true
             end;
6:        BefZaehler := BefZaehler + 1;
7:      end;
8:      if BefGefundenFlag = true
          then begin
             case BefKategorie of
9, 9a     1: PDLEingabeVerarbeitungsController (BefId);
10, 10a   2: DateiVerarbeitungsSteuerung (BefId);
11, 11a   3: ErweiterungsVerarbeitungsController (BefId);
12           otherweise FehlerAnzeige:= true
             end;
13        end;
14        else FehlerAnzeige:= true;
15      end;
```

Benutzen Sie Schleifentest-Techniken, um Fehler in Schleifen zu entdecken

Die einzige Schleife im Modul **VerarbeiteBefehle** ist folgendes Code-Segment:

```
while BefTbl[BefZaehler].Name <> "edt" and
      BefGefundenFlag = false
   do begin
      if PDLESVBefehl = BefTbl[BefZaehler].Name
         then begin
            BefKategorie:=BefTbl[BefZaehler].Kategorie.Code;
            BefID:=BefTbl[BefZaehler].Id;
            BefFoundFlag:=true;
         end;
      BefZaehler := BefZaehler + 1; end;
```

Tabelle C.2 TESTFÄLLE – Durch VerarbeiteBefehle abgedeckte Funktionen

Pfad	Eingabe PDLESV-Befehl	Erwartete Ergebnisse BefId	FehlerAnzeige
1	ungültiger Befehl	undefiniert	true
2	gültiger Befehl, Kat. 1	entsprechende BefId	false
3	gültiger Befehl, Kat. 2	entsprechende BefId	false
4	gültiger Befehl, Kat. 3	entsprechende BefId	false

Anmerkung: Das Testen der Pfade 2, 3 und 4 erfordert eine Reorganisation der Records in der Befehls-Tabelle, so daß beim ersten Eintrag Übereinstimmung erreicht wird.

5	gültiger Befehl, Tabellen-Fehler	1,2 oder 3	true

Anmerkung: Der Test des Pfades 5 erfordert, daß der erste Tabelleneintrag eine ungültige BefKategorie enthält.

6	gültige Befehle, Kat. 1,2,3	entsprechende BefId	false
7	ungültiger Befehl	undefiniert	true

Anmerkung: Dieser Test impliziert eine Situation, in der keine Übereinstimmung erzielt und das Ende der Tabelle erreicht wird.

8	ungültiger Befehl	undefiniert	true

Anmerkung: Dieser Test ist faktisch mit dem Test des Pfades 7 identisch.

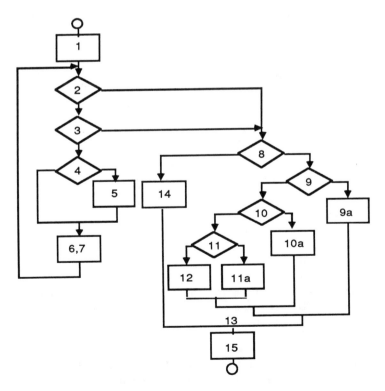

Abb. C.13 Programmablaufplan zu der obigen PDL

Schleifentests erfordern einen Satz von Testfällen für 0, 1, 2, m, $n-1$ und n Schleifendurchgänge, wobei n die Zahl der Einträge in der Befehls-Tabelle und $2 < m < (n-1)$ ist.

Schleifendurchgänge = 0
Um diese Schleife auszuführen, muß der erste Eintrag in der BefehlsTabelle auf „edt" gesetzt werden. Dies macht die Tabelle jedoch wertlos und ergibt in diesem Zusammenhang keinen Sinn.

Schleifendurchgänge = 1
Um diese Schleife auszuführen, muß der erste Eintrag in der BefehlsTabelle so gesetzt werden, daß er dem Wert des an das Modul **VerarbeiteBefehle** geleiteten PDLESV-Befehls entspricht.

Schleifendurchgänge = 2
Um diese Schleife auszuführen, muß der zweite Eintrag in der Befehls Tabelle so gesetzt werden, daß er dem Wert des an das Modul **Verarbeite Befehle** geleiteten PDLESV-Befehls entspricht.

Schleifendurchgänge = m
Um diese Schleife auszuführen, muß der $m$te Eintrag in der BefehlsTabelle so gesetzt werden, daß er dem Wert des an das Modul **VerarbeiteBefehle** geleiteten PDLESV-Befehls entspricht.

Schleifendurchgänge = $n-1$
Um diese Schleife auszuführen, muß der $n-1$te Eintrag in der Befehls Tabelle so gesetzt werden, daß er dem Wert des an das Modul **Verarbeite Befehle** geleiteten PDLESV-Befehls entspricht.

Schleifendurchgänge = n
Um diese Schleife auszuführen, muß der $n$te Eintrag in der BefehlsTabelle so gesetzt werden, daß er dem Wert des an das Modul **VerarbeiteBefehle** geleiteten PDLESV-Befehls entspricht.

Ein alternativer Test für n Durchgänge durch die Schleife besteht darin, einen ungültigen PDLESV-Befehl einzugeben.

Entwerfen Sie Testfälle mittels Black-Box-Techniken

Äquivalenzklassenbildung
Der Eingabe-Bereich für die PDLESV-Software läßt sich in folgende Äquivalenzklassen untergliedern:
Klasse 1: PDLESV-Befehle, die über Menü-Funktionen oder Tastatur aufgerufen werden
Klasse 2: PDL-Anweisungen, die über die Tastatur aufgerufen werden
Klasse 3: PDL-Records, die von der Modul-Datei empfangen werden
Klasse 4: Information, die im Editier-Buffer gespeichert ist und für eine Vielzahl von Programmfunktionen als Eingabe benutzt wird

Die zu entwerfenden Testfälle sollten für jede Klasse sowohl gültige als auch ungültige Eingaben enthalten. Spezielle Testfälle für die Äquivalenzklasse 1 wären beispielsweise:

Klasse 1, Test 1
Testdaten: Der gültige PDLESV-Befehl **öffne**
Erwartete Ergebnisse: Das System sollte zur Eingabe eines Modul-Datei-Namens auffordern. Nachdem der entsprechende Name eingegeben oder „neu" gewählt wurde, sollte das System die Datei laden und nach Ausführung des Befehls die PDL der Ebene 1 anzeigen. Wenn „neu" gewählt wurde, sollte das System eine neue Datei eröffnen und ein leeres Fenster für die PDL-Eingaben darstellen.

Klasse 1, Test 2
Testdaten: Ein ungültiger PDLESV-Befehl **öffne**
Erwartete Ergebnisse: Das System sollte mit der Fehlermeldung antworten, daß ein ungültiger Befehl „üffne" eingegeben wurde. Der Tester sollte überprüfen, ob keine Schäden an Dateien oder Verarbeitungsfunktionen aufgetreten sind.

Überprüfen Sie die Software-Test-Strategie, um sicherzustellen, daß sie vollständig ist_____
Machen Sie sich klar, daß Debugging eine Konsequenz der Software-Tests ist_____
Wenden sie einen Satz von Debugging-Prinzipien an, wenn ein Fehler oder ein Symptom entdeckt wurden_____

Nun würde ein Walkthrough durch die PDLESV-Test-Strategie und Test-Prozedur durchgeführt, um sicherzustellen, daß die Tests sowohl auf den Modul- als auch auf den Integrationsebenen vollständig sind und daß alle Systemanforderungen erfüllt wurden. Dieses Walkthrough und alle notwendigen Korrekturen oder Ergänzungen sind dem Leser als Übung überlassen.

Kritik:

pos.:
- Objekt orient. Analyse (inkons.)
- Übergang von Analyse nach Design
- Testbeteiligen

fehlende Dinge:
- Im Bereich "Entwurf" wird kein Hinweis gegeben, wie bei Multitasking Systemen eine Aufteilung der SW in Tasks vorgenommen werden soll, und wie dies Dokumentiert wird.
Die schlüssige Darstellung welche Tasks wann aktiv sind erscheint jedoch für das Verstehen derartiger SW als enorm wichtig.

Literaturverzeichnis

Im folgenden ist eine Liste interessanter deutschsprachiger Titel zu in diesem Buch dargestellten Themen zusammengestellt.

Dabei werden entweder ebenfalls alle Phasen der Softwareentwicklung dargestellt oder auf bestimmte Phasen oder Themen vertieft eingegangen.

Eine Ausnahme bildet dabei der erste angegebene Titel, der eine hochinteressante Betrachtung der gesellschaftlichen Implikationen enthält.

Baber, R.L.
Softwarereflexionen
Springer, Berlin u.a., 1986

Balzert, H.
Die Entwicklung von Software-Systemen
BI, Mannheim Wien Zürich, 1982

Balzert, H. (Hrsg.)
CASE – Systeme und Werkzeuge
BI, Mannheim Wien Zürich, 1989

Boehm, B.W.
Wirtschaftliche Software-Produktion
Forkel, Wiesbaden, 1986

Gerken, W.
Systemanalyse
Addison-Wesley, Bonn u.a., 1988

Gewald, K. / Haake, G. / Pfadler, W.
Software Engineering
Oldenbourg, München Wien, 1985

Hausen, H.-L. / Müllerburg, M. / Sneed, H.
Software-Produktionsumgebungen
Rudolf Müller, Köln-Braunsfeld, 1985

Kimm, R. / Koch, W. / Simonsmeier, W. / Tontsch, F.
Einführung in Software Engineering
de Gruyter, Berlin, 1979

Kurbel, K.
Programmentwicklung
Gabler, Wiesbaden, 1987

Kurbel, K.
Programmierstil in Pascal, Cobol, Fortran, Basic und PL/1
Springer, Berlin u.a., 1985

Myers, G.J.
Methodisches Testen von Programmen
Oldenbourg, München, 1987

Rothhardt, G.
Praxis der Softwareentwicklung
Hüthig, Heidelberg, 1987

Sneed, H.
Software-Entwicklungsmethodik
Rudolf Müller, Köln-Braunsfeld, 1986

Sommerville, I.
Software Engineering
Addison-Wesley, Bonn, Reading, 1986

Spitta, T.
Software Engineering und Prototyping
Springer, Berlin u.a., 1989

Wix, B. / Balzert, H. (Hrsg.)
Software-Wartung
BI, Mannheim Wien Zürich, 1988

Index

Abstraktionen 111-116
Adaptation 23
Ada 99
Aktionspfad 140
Anforderungsanalyse 22

Badewannen-Kurve 5
Basis-Pfad-Testen 199-203
Bedingung 145
Beschreibung, verfeinerte 50
Black-Box-Techniken 211-216
Bottom-up-Integrations-Strategie 106
~-Verfahren 192-197
Breadth-first-integration 194

CASE 87
change control board 232
COBOL 2
Codieren 14, 23
Codierung 165-168
C 25, 74, 99
C++ 74

data based management systems 121
Data Dictionary 85-87, 116, 118
~ Structured Systems Development 77
Datenentwurf 116
~ flußdiagramm - Schichtung, hierarchische 77, 80, 81
Datenfluß-Modell 67
Datenkopplung 109
Datenstrukturen 100, 118
~, globale 171
~, lokale 173
Debugging 217
Depth-first-integration 192, 193
DFD-Notation 78, 79

Entitäten 38
Entwurfs-Dokument 157-160
Entwurf 14
Ereignisfluß 83

Feuerwehr-Modus 239
First-in-First-out-Struktur 63
Flußmodell 65, 76
~-Bewertungs-Regeln 84
FOCUS 75
FORTRAN 2, 74, 99, 173

Geheimnisprinzip 108
Grenzwertanalyse 215

Implementierungsdetails 66
Implementierungsmodell 43, 70
information hiding 108
Informationsbereich 66
Informations-Indeterminiertheit 8
Integrationstest 190
INTELLECT 75
Iterationen 52, 94

Jackson System Development 77

Kommentare 181, 182
Komplexität, zyklomatische 201, 204
Korrektur 23
Kurzbeschreibung 36

Lebenszyklus 13-15
LISP 74

Modell, essentielles 43
~-Kombination 20
Modula-2 99
Modulablaufbeschreibung 104
Modultest 190
Modulvorspann 178-180

NOMAD 75

Objekte 38, 64
Objektklasse 58
Operationen 64

Papier-Prototyp 16
Pascal 25, 74, 99, 173
Planungs-Überlegungen 47
Problemanalyse 55-96
Program design language 149
Programmentwurfssprache 88
Programmierung, strukturierte 145-149
Programm-Layout 182
Programmstruktur, vorläufige 133
PROLOG 74
Prototyp 72
~-Entwicklung 15-19
~-Entwurf, verkürzte 74

Quicksort 209, 210

Randbedingungen 33-36
Realzeit-Software 8
Regressionstests 198, 231

SAGE 75
Schleifen, einfache 208
~, unstrukturierte 209
~, verkettete 209
~, verschachtelte 208
Schleifentest-Techniken 207-211
Sequenz 145
Software-Anforderungs-Analyse 14
~-Architektur 99
~-Entwurf 22, 97-163
~-Konfigurations-Management 232
~-Krise 10
~-Projekt-Planung 22
~-Qualitätssicherung 249-256
~-Spezifikation 91, 92, 226
~-Validierung 90
~, eingebettete 9
~, kaufmännische 9
~, technisch-wissenschaftliche 9
Sourcecode 174-177
Standpunkt, funktionsorientierter 38
Steuerfluß 82
Systemanalyse 22
~-Analyse und -Design-Technik 77
Systemelemente, physikalische 43
~funktion, allgemeine 30-37
~-Software 8
~test 190

TELON 75
Testen 14, 189-224
Top-down-Integration 194
~-Verfahren 192-197
~-Verteilung 130
Transaktions-Abbildung 138
~-Charakteristika 126
~struktur 142
Transformationszentrum 129

Unterfunktionsstruktur 142
Unterklasse 58
Validierungstest 190, 197
Verarbeitungsbeschreibungen 135
Verbesserung 23
Vierte Generation 18-20

Wartung 14, 225-241
Wasserfall-Modell 13
White-Box-Testen 191, 199
Wiederholung 145

Zergliederung, vertikale 69
Zuordnungen, alternative 44